영화, 그 매혹의 정치

영화 ──────
그 매혹의 정치

현대적 주체성의 구성과
한국 대중영화 1919-1979

김청강 지음

책과함께

일러두기
1. 논문, 영화, 공연 등은 〈 〉, 단행본, 잡지, 신문 등은《 》, 신문기사는 " "로 표시했다.
2. 인용문의 강조는 모두 이 책의 지은이가 표시한 것이다.

시작하며

　2001년 미국 일리노이주립대학교 낸시 에이블먼Nancy Abelmann 교수님 수업의 조교로 '영화로 보는 한국 사회Korean Society through Film'를 참관하며 한국의 고전 영화를 처음 접했던 것이 벌써 20년이 넘었다. 그때 〈오발탄〉, 〈하녀〉, 〈남과 북〉, 〈미워도 다시 한 번〉 등 1960년대 한국의 '황금기' 영화를 처음 접하며, 생경하면서도 아름다웠던 오래된 한국 영화에 매료되었던 기억이 아직도 생생하다. 이후 1950-60년대 한국 영화를 하나씩 찾아보기 시작하며 어느새 박사학위논문을 이 시기 한국 영화에 관해 쓰게 되었다.

　당시에는 한국 고전 영화를 접하는 것조차 쉽지 않았다. '예술의전당' 구석에 있던 한국영상자료원이 한국 고전 영화를 볼 수 있는 유일한 장소였는데, 그곳 시사실에서 상영하는 고전 영화를 할아버지, 할머니들 틈에 섞여 앉아서 보거나, 자료원이 개방하고 있던 얼마 안 되는 VHS 테이프를 비디오 열람석에 앉아서 하루에 몇 편이나 보곤 했다. 그래도 볼 수 없는 영화들은 현 한국영상자료원 원장이신 김홍준 선생님의 해설이 곁들여진 EBS 프로그램 〈한국 영화 특선〉을 녹화해

보거나 녹화본을 가지고 있는 사람들을 애타게 수소문해 찾아보기도
했다. 한국의 고전 영화가 유튜브에 영문 자막까지 달고 스트리밍되는
요즘을 생각하면 정말 아날로그적인 시대의 공부 방법이라 하지 않을
수 없다.

　이렇게 이른바 '황금기'로 불리는 1950-60년대 한국 영화들을 접
하며 가장 먼저 떠오른 질문은 다음 두 가지였다. 첫째, 한국전쟁이 끝
난 지 얼마 되지 않은 그 곤궁한 시절에 어떻게 매년 100편에서 200편
에 가까운 영화들이 쏟아져 나올 수 있었는가? 둘째, 이 시기 많은 영
화가 분명한 상업적 극영화들임에도 불구하고 왜 때로는 노골적으로
때로는 우회적으로 국가의 정치적 슬로건을 전달하는가? 이 질문들
에 답하면서―어쩌면 당연한 귀결이라고 할 수 있지만―한국의 억압
적 정치체제인 이승만의 권위주의와 박정희의 군사 독재 아래 체계화
되었던 영화생산 시스템이 이 같은 영화를 만들어낸 결정적 요소임을
명확히 감지하게 되었다. 또한 그와 같은 정치, 경제 구조에서 만들어
진 한국의 대중영화를 자율적인 예술 작품 혹은 상품으로만 여겨서는
'해석 불가'하다는 생각에 이르게 되었다. 아무리 상업적인 목적으로
만들어진 영화여도 시대의 구조에서 벗어날 수 없다는 것이 나의 생각
이었다.

　이러한 문제의식에 대한 답을 담아 박사학위논문 〈한국 황금기 코미
디 영화 연구: 장르, 산업 그리고 대중문화South Korean Golden-Age Comedy
Films: Genres, Industry, and Popular Culture〉를 완성했다. 박사학위논문에서
는 텔레비전 시대가 본격적으로 열리기 이전인 1950-60년대 한국의
'황금기' 코미디 영화가 국가와 관객을 매개하는 과정을 살펴보며, 상

업적으로 흥행했던 장르인 코미디 영화가 어떻게 오락성과 상업성을 유지하는 가운데 당대의 정치적 선전을 뒤섞으며 관객과 만났는지 분석했다.

박사학위논문 집필 이후 10여 년의 시간이 지나는 가운데 예전에는 볼 수 없었던 많은 영화가 한국영상자료원을 중심으로 발굴, 복원, 디지털화되었다. 이뿐만 아니라 한국 영화는 한류의 열풍을 타고 '제3세계' 영화에서 명실상부한 '세계 영화'로 그 지위가 변화했다. 20년 전 연구의 불모지나 다름없던 '한국 영화' 연구 또한 이제는 세계 영화 연구의 중요한 한 부분이 되었다. 2023년에 한국 영화에 관련된 영문 연구서만 12권이 출간되었다고 하니 실로 엄청난 변화라고 하지 않을 수 없다. 나 또한 확장된 아카이브를 통해 식민지 시기 영화, 해방기 영화, 수많은 황금기 대중영화의 복원본을 만날 수 있었다. 소수의 '남겨진 영화surviving cinema'를 중심으로 엮어 내었던 박사학위논문 또한 당연히 수정, 확장될 필요가 있었다.

새롭게 발굴된 영화, 특히 초기 식민지 시기와 해방 이후의 영화를 새롭게 접하거나 다시 보면서 가장 크게 (재)인식하게 된 것은 당대의 영화가 관객들에게 얼마나 새롭고 즐거운 뉴미디어로 받아들여졌는가 였다. 영화관에 관객이 몰렸던 것은 이 새로운 매체에 대한 호기심, 놀라움, 즐거움이었다. 물론 오랫동안 영화 상영이 국가의 '선전'과 긴밀하게 연동되어왔던 것은 사실이지만 그 기반에는 영화에 매혹되었던 관객들이 존재했다. 철저하게 통속적인 대중영화에서 갑자기 국가 시책의 장광설이 등장하거나, 지루한 선전 속에도 관객의 시선을 낚아채는 공연과 스펙터클의 매혹이 난무하는 것, 그리고 그 가운데 국가나 공동체에 대한 집중을 만들어내는 영화적 순간들, 그것이 의식적이든 무의식적이든 식민주의, 군사주의, 권위주의 체제가 지속되었던 50년이 넘는 기간 동안 한국의 관객이 자주 접한 한국 영화(들)이었다. 이러한 한국 영화의 역사는 자유주의적이거나 자본주의적인 방식으로 발달했던 구미 영화사의 '모델'에 따라 서술되기 어렵다. 또한 같은 이유로 한국 영화에서 종종 발견되는 산만한 텍스트적 '비균질성'이 가난한 한국 영화의 '非걸작'들의 특성이라면, 비균질성에 대한 해석 또한 필요할 것이다.

이 책은 영화 텍스트뿐만 아니라 식민지 시기에 영화를 보던 관객의 관행, 혹은 국가나 기관을 중심으로 영화를 만들던 문화적 관행이 한국의 권위주의 시대까지 상당히 오래 지속되었다는 점에 중점을 두며 보다 긴 시간의 흐름 속에서 한국 영화사를 재서술하고자 했다. 이 시기 조선/한국의 관객들이 스크린을 통해 접한 것은 스크린에 펼쳐진 '매혹'의 조각들이었지만, 이 매혹의 조각들이 궁극적으로는 대중을 각각 다른 '국민'으로 유인하는 장치가 되곤 했기 때문이다. 학계에서는 흔히 '해방 이후'의 영화를 식민지하에 만들어진 영화와 구분 짓는다. 그러나 영화를 보며 정치적 선전을 접했던 것은 해방 전이나 이후나 마찬가지로 조선/한국 관객들이 가장 자주 경험한 '친숙'한 영화 관람의 형태였다. 관람 문화로만 따진다면 식민 이전이나 이후에 큰 차이가 없었다. 이 책은 식민지 시기와 식민 이후의 영화 속에서 다양한 '국민화'가 불/연속되는 지점을 탐색하며, 이 시기의 영화사를 탈-식민적 시각으로 재구성했다.

영화의 '매혹'과 '선전'이 동행하는 지점, 대중이 '주체화/국민화'되도록 요구되었던 역사적 순간, 그 순간이 과거의 식민지 문화 관행과 어떻게 연결되는지에 관한 새로운 이야기의 계보들이 이 책에 펼쳐진다. 때로는 일제의 '신민'으로, 때로는 반공 국가의 '국민'으로 때로는 민주적 '시민'으로 호명되었던 대중의 주체성이 각 역사적 상황마다 새롭게 재맥락화되는 과정이 이 책에 담겼다. 그리고 이렇듯 형체가 불분명했던 대중이 '국민화'되는 과정에 국가, 영화, 관객이 만나 서로를 '매혹'하는 지점에서 국민적 정체성이 팽팽하게 조율, 절충되었음을 주장한다. 이 책의 제목이 '영화, 그 매혹의 정치'인 점도 이러한 이유다. 다소 생소한 방법론을 취했지만, 영화의 순간이 정치-문화적 순간이 되는 장field에 관심이 있는 독자라면 얼마간 흥미를 느끼며 이 책을 읽을 수 있을 것이라 생각한다.

　책을 마치는 데 너무 많은 시간이 흘렀다. 이제는 볼 수 없는 많은 고마운 얼굴들, 아직도 내게 곁을 내주는 고마운 이들을 떠올려본다. 사학과를 졸업했던 내가 미국에서 한국 영화를 공부하게 된 데에는 돌아가신 나의 지도교수 낸시 에이블먼 선생님의 영향력이 지대했다. 한국 고전 영화를 접할 기회가 전혀 없었던 내가 미국 일리노이의 옥수수밭 한가운데에서 이 영화들을 처음 접했던 것은 실로 기적과 같은 일이었다. 한국 영화의 과거로 한 걸음씩 내딛을 수 있도록 이끌어주신 선생님의 사랑은 선생이 되고 난 지금 생각해보니 더욱 감사하다. 논문이 책으로 나오는 것을 보며 하늘에서 환하게 웃고 계시리라 생각한다. 나의 박사학위논문 커미티였던 라모나 커리Ramona Curry, 테드 휴스Ted Hughes, 로날드 토비Ronald Toby, 안진수Jinsoo An 선생님께도 멀리

서나마 감사의 말씀을 전한다. 그들의 친절함, 지성, 예리한 코멘트로 박사학위논문이 모양새를 갖출 수 있었다. 또한 석사과정 지도교수 김자현-하부시 선생님, 연세대학교 사학과의 방기중 선생님께도 하늘로 감사의 말씀을 올려드린다.

박사학위논문을 쓰며 한국에서 자료조사를 하는 동안 대중예술평론가 이영미 선생님을 중심으로 많은 대중예술을 공부하는 사람들을 만났다. 이영미, 이순진, 이길성, 강옥희, 이승희, 이호걸, 최승연 등 초기 멤버들, 그리고 10년이 넘도록 그 모임에서 만났던 수많은 연구자들이 모두 나에게 큰 스승이었다. 2009년 박사과정 졸업 후에도 많은 곳을 거쳐 지금 이 자리에 다다랐다. 어디를 가나 나는 운 좋게도 고마운 사람들을 많이 만났다. 콜로라도주립대학교 볼더 캠퍼스University of Colorado, Boulder, 한양대학교 비교역사문화연구소RICH와 2017년 부임한 한양대학교 연극영화학과를 통해 일일이 열거할 수 없는 많은 사람을 만나 교류했다. 그사이 만난 수많은 동료, 선후배 선생님들, 학생들이 쉽지 않았던 연구 생활을 지속하는 데 큰 힘이 되어주었다. 필요할 때마다 자료를 내어주고 연구의 등불을 꺼트리지 않도록 긍정의 힘을 주었던 이들 모두에게 나의 인생 여정의 한 부분을 함께해주어 진심으로 고맙다는 말을 전한다.

오래된 연구를 책으로 내는 데 자신이 없었던 나에게 지속적으로 용기를 주며, 어색했던 초고를 정성 들여 읽어준 나의 동료이자 친구 김계원, 박정미, 이소영, 정지희 그리고 연세대학교 사학과의 사랑하는 선후배와 동기들, 한국 영화를 공부하는 일에 아낌없는 지지를 보여주셨던 김홍준 한국영상자료원 원장님께는 특별한 감사의 말씀을 전한다.

이 책의 일부는 논문으로 간행되었고, 여러 국내, 국제 학술대회에서 발표되었다. 많은 부분이 개고되었으며 해당 부분은 각 장의 주석으로 표시했다. 한국연구재단의 저술출판지원사업은 이 긴 프로젝트를 끝낼 수 있는 실질적 원동력이 되었다. 책의 출판을 선뜻 맡아준 도서출판 책과함께에도 깊은 감사의 마음을 전한다.

마지막으로 이 책을 쓰며 보낸 긴 시간을 함께해준 사랑하는 나의 가족 우증, 주협, 사랑, 수아와 부모님께 이 책을 바친다.

2025년 5월
김청강

차례

서론

'매혹'의 영화

 1941년에 제작된 극영화 〈반도의 봄〉은 조선 영화인들이 〈춘향전〉을 만들기 위해 고투하는 내용을 담은 '영화에 관한 영화'다. 영화 속 여주인공 정희는 기획사의 연습생으로 소속 악단에서 노래를 배운다. 그러던 어느 날, 영화 〈춘향전〉의 주인공이었던 여배우가 갑자기 출연을 그만두자, 정희는 대체 여주인공으로 발탁된다. 이 갑작스러운 '스타 탄생'이 이루어지는 영화의 초연 날, 극장 앞은 영화를 보기 위해 모여든 관객들로 꽉 차 있다. 영화관 앞에 줄지어 선 관객들의 모습은 엑스트라를 동원해 따로 연출한 것이 아니라 극장 밖 실제 관객을 실사 촬영하여 삽입한 것으로 보인다. 카메라를 의식한 몇몇 사람들은 자신들을 촬영하고 있는 카메라를 흥미롭게 쳐다보기도 한다. 극영화에 우연히 끼어든 이 다큐멘터리적 순간은 당대의 극장 앞 풍경을 생생히 보여주는 영상적 에스노그래피ethnography(민족지)다.

 〈반도의 봄〉이 보여주었던 '영화 구경'의 에스노그래피는 단지 이 영화가 만들어진 시기만이 아니라 영화가 조선에 처음 소개되었던 20세기 초부터 1960년대까지도 종종 보이던 영화관 앞의 풍경이었다. 다음 두 기사는 1900년대 초와 1950년대 중반의 영화관 앞 풍경을 다음과 같이 묘사한다.

근일 동대문 안의 전기 철도사에서 활동사진기를 구입하고 활동사진을 상영하였더니 관람객이 쇄도하여 오후 8시부터 10시까지 전차를 타고 끊임없이 관객이 몰려 **인산인해를 이루어** 매일 저녁 매표액이 백 여원이요 차표 값도 또한 그러한데 엊그제는 새문안의 협률사에도 이와 같은 기계 일좌를 설치하고 활동사진을 상영하였더니 수천 명의 관객이 장내를 매웠다.

― 《황성신문》, 1903년 7월 10일[1]

좌석 지정제 실시 칠십일을 경과한 서울시내 각 극장의 실태를 살펴보면 다음과 같다. … **전과 같이 출입구를 막을 정도로 사람들이 꽉 차서 서로 밀고 떠미는 혼란**이 완전히 없어지고 입장만 하면 제각금 마련된 자리에 앉아 좌석을 구하기 위해서 걱정을 할 필요가 없어졌다. 그리고 이제는 극장 특히 개봉관 같은 곳은 입장자들의 수준이 높아져서 동시에 질서가 잡혀졌기 때문에 영화 연극을 충분히 감상할 수 있게 되었으며 특히 이로 인해서 음악회의 질서와 감상 조건은 지극히 좋아졌다는 것이다.

― 《조선일보》, 1956년 2월 13일

"인산인해"를 이루고 "수천 명이 장내를 매운" 풍경과 "서로 밀고 떠미는 혼란"의 모습은 영화관에 몰려든 사람들과 그 열기를 고스란히 보여준다. 이처럼 영화가 조선에 소개된 때부터 '황금기'인 1950-60년대에 이르기까지 스크린이 전시하는 다양한 볼거리 그리고 그것이 수반하는 "놀라움"[2]은 관객을 극장으로 이끌었다. 위 《조선일보》 기사는

〈반도의 봄〉 개봉 영화를 보기 위해 극장에 몰려든 관객들이 건물을 겹겹
으로 둘러싸고 있다.

1955년 정부가 시행한 '지정좌석제' 이후 극장이 제법 질서가 잡혀가
고 있다고 설명하지만, 사실은 1960년대 중반까지도 극장의 관객들
은 여전히 "서로 밀고 떠미는" 가운데 영화를 보는 경우가 많았다.[3] 말
도 통하지 않는 해외의 영화, 새로운 물건의 광고, 정치적 선전, 아도로
크 쇼attraction show, 가수의 노래, 그리고 자국인이 연기하는 국산 극영
화 등 관객이 보고자 했던 것이 무엇이든 극장이 펼쳐내는 다양한 것

의 '혼성'의 감각과 이야기에 사람들은 매혹되었다.

이렇듯 관객들이 극장으로 몰려들었던 상황과 달리 식민지 조선에서는 1919년까지도 영화 제작이 이루어지지 않았다.* 조선의 첫 연쇄극 〈의리적 구토〉(1919)와 첫 극영화로 알려진 〈월하의 맹서〉(1923)가 제작된 이후에도 식민지 시기 내내 조선의 영화 제작 편수 자체는 대중매체라고 불리기에 민망할 정도로 소수에 그쳤다. 식민지 시기 동안 연간 영화 제작 편수가 가장 많았던 1941년에도 25편의 영화가 만들어졌을 뿐이고, 그나마 제작된 대부분 영화는 '선전영화'에 속했다.** 해방 직후에도 영화 제작의 상황은 크게 좋아지지 않았다. 오히려 식민 말기에는 '웰메이드' 선전영화가 제작된 것에 비해, 무성으로 영화가 제작되는 등 영화 제작이 '퇴보'하고 있다는 지적들도 도처에서 흘러나왔다.[4]

사정이 이렇다 보니 영화관은 대개 외화나 뉴스영화를 상영했고, 국산 영화는 수급이 어려운 형편이었다. 1954년 이승만 정부가 '극장세 면세 조치'를 단행하고서야 〈춘향전〉(이규환, 1955)과 〈자유부인〉(한형모, 1956) 같은 히트작이 나왔으며, 1959년이 되어야 약 100여 편의 국산 영화가 만들어졌다. 국도극장, 명보극장 등 국산 영화 전용관이 생긴 것도 국산 영화 수급이 바탕이 된 1950년대 후반이었다. 또한 1950년

---

* 연구자에 따라서는 1919년 김도산이 만든 연쇄극 〈의리적 구토〉를 '영화'로 보지 않는 경우도 있다. 이 책에서는 '완성된 형식'으로서의 영화가 아니라 '움직이는 사진', 대량 복제라는 영화 매체의 특성을 가진 것은 '영화'로 볼 수 있다는 입장을 취했다.

** 한국영상자료원의 데이터베이스 KMDB에 따르면 1920년대부터 1945년까지 제작된 한국 영화의 편수는 약 150편이고, 연간 제작 편수가 10편이 넘은 것은 일본의 전쟁이 시작된 이후인 1938년 이후다. 1941년이 25편으로 가장 많은 수를 차지한다.

대 중반 혹은 후반까지도 상당수의 극장에서는 영화와 다양한 공연이 교차 상연되었다.[5] 도시와 농촌의 문화 격차도 여전히 심했으며, 지방에서는 태평양전쟁과 한국전쟁을 통해 익숙해진 선전영화 상영의 방식인 '순연(순회 상영)'이 1960년대까지도 지속되었다.[6] 이런 면에서 극장 안에서의 훈련된 '감상'을 전제하는 예술로서의 영화, 광범위하게 편재한 전 지구적이고 지역적으로 동시적co-eval인 힘을 발휘하는 대중 매체로서의 '한국 영화'는 어쩌면 오랫동안 한국 영화의 역사에는 낯선 것이었다고 할 수 있다.

그럼에도 관객들은 "인산인해"를 이루며 극장에 모여들었으며 스크린 위에 펼쳐진 '놀라운' 것을 구경하고자 "서로 밀고 떠미는" 속에서 영화를 보았다. 이렇듯 관객들을 영화관으로 이끈 영화의 힘은 무엇이었을까? 이 책은 20세기 대중매체로서의 한국 영화의 '대중을 이끄는 힘'을 영화 매체가 가진 원초적이면서도 다양한 '매혹'의 지점에서 찾는다.

미국 초기 영화의 '매혹'에 관한 흥미로운 논의를 끌어낸 톰 거닝은 할리우드의 내러티브 영화가 탄생한 1906년 이전의 초기 영화early cinema의 특징을 스펙터클을 통한 "매혹"에 둔다. 세르게이 에이젠슈타인의 몽타주 이론이 '매혹'이라는 단어를 쓴 것에 착안하여(매혹의 몽타주montage of attraction) 거닝은 초기 영화가 전시하는 단편적인 "축제마당, 써커스, 버라이어티 쇼, 동전 박물관"과 "보드빌vaudeville" 같은 인기 있는 대중 공연 등 "볼거리"를 통해 특별한 내러티브가 없더라도 관객에게 즐거움을 주는 영화를 "매혹의 영화cinema of attraction"라 칭했다. 매혹의 영화는 파편적인 이미지나 사운드의 배열을 통해 '전시 효과'

를 노린 영화들이며, 넓은 의미에서 지배적인 영화-언어film language를 의도적으로 벗어나고자 했던 아방가르드 영화와도 실천 원리에 있어서 같다. 내러티브 영화가 우세해진 이후에도 장르 영화(뮤지컬과 같은)로 그 성질이 종종 나타난다. 그에 따르면 초기 영화의 매혹은 보이지 않는 세계를 시각화한 멜리아스적 환상성illusion에서뿐만 아니라 포토-리얼리즘의 근간이 되는 뤼미에르적 "사실성actuality"에도 발견된다.[7]

또한 매혹의 영화는 영화 매체나 텍스트적 특성뿐만 아니라 관객의 관람 행위와도 긴밀히 연결된다. 1906년경 그리피스가 내러티브 영화를 만들어낸 이래로 인과관계가 명확하고 컨티뉴이티가 전제된 '내러티브 영화'는 극영화의 전형으로 여겨졌다. 내러티브 영화는 관객들이 영화 밖의 세상을 잊고 영화의 내러티브에 '몰입'하여 영화 안에 조형된 세상인 디제시스diegesis 속 주인공에게 "동일시"하는 관람성을 훈육한다.[•] 이에 반해 '초기 영화'는 내러티브에 대한 몰입보다는 "전시exhibition"를 중심으로 하는 영화다. 이 경우 관객은 내러티브 영화가 코드화한 의미를 해독하는 관객-위치viewing-position에서 벗어나 자신의 '즐거움'을 찾는 적극적인 위치를 차지하게 된다.[8] 거닝이 주장한 바와 같이 관객은 움직이는 이미지에 "속은" 어리석은 관객이 아니라 스크린에 비친 환영이 현실이 아니라는 것을 명확하게 인지하며 향유했던

• 이른바 '고전적 할리우드 영화'의 전형적인 스타일에 관한 책으로는 다음을 참고. David Bordwell, Janet Staiger and Kristin Thompson, *The Classical Hollywood Cinema: Film Style and Mode of Production to 1960*, Columbia University Press, 1985. 고전적 할리우드 영화에 전형적인 영화 스타일이 있다는 이들의 가설은 여러 면에서 도전받았다. 그러나 자본주의적 기업화를 통해 만들어낸 영화가 일정한 스타일을 갖추고 있었다는 사실도 부인하기는 어렵다.

근대의 소비자였다.

거닝은 이러한 초기 영화 관람 형태를 1906년 이전의 할리우드 영화라는 시간성에 주로 한정했다. 그러나 '할리우드의 초기 영화'라는 시간성과 관객성을 한국 영화의 '초기'와 등치시키기는 어렵다. 구미에서 벌어진 '초기적' 관람 형태가 한국 영화에는 오랫동안 편재하며 지속되었기 때문이다. 스크린을 향해 달려오는 기차를 보고 "패닉과 열광"에 가까운 반응을 보였던 초창기 프랑스의 관객들과 마찬가지로 '활동사진' 혹은 '영화 구경'에 나선 조선/한국 관객들도 이 새로운 매체에 환호했다.[9] 그러나 식민지 시기 내내 조선의 관객들이 환호했던 것은 대개 수입된 해외의 영화들이나 문화영화, 뉴스영화, 실사영화, 소수의 극영화였다. 1920년대 후반 구미와 일본 등 다른 나라에서는 토키영화가 등장하면서 영화는 하나의 언어를 기반으로 '자국화'되기 시작했지만, 조선에서는 식민지의 이중 언어 상황[10]과 낮은 일본어 문자 해득률[•]로 인해 하나의 자국어를 기반으로 한 내셔널 시네마라는 것이 성립할 조건이 갖추어지지 않았다. 따라서 조선인은 자국어 기반의 '해독'이 필요한 내러티브 영화가 아닌 '매혹의 조각'이 두드러지는 영화들을 오랫동안 향유해왔다.

해방 이후에도 이와 같은 영화 보기의 습관habits은 급변하지 않았는데, 이중어를 한국어로 '정화'해야 하는 복잡한 상황, 한국 영화 수급의 부족, 2차 세계대전 동안 일제의 수입 통제로 상영이 금지되었던

• 이상길에 의하면 1943년 당시 조선인의 일본어 해득률은 22퍼센트에 불과했는데, 같은 식민지였던 타이완의 문자 해득률이 62퍼센트인 것과는 큰 차이를 보인다. 이상길, 《라디오, 연극, 키네마: 식민 지식인 최승일의 삶과 생각》, 이음, 2022, 196쪽.

미국의 초기 영화들이 극장 상영의 상당량을 차지하고 있었기 때문이다. '국산 영화'가 인접 대중문화보다 영화관에서 우위를 차지하는 것은 1950년대 후반에 겨우 시작되었고, 1950-60년대 많은 한국 영화는 관객을 극장으로 이끌기 위해 마치 20세기 초기 영화들처럼 공연성, 문화적 이접성, 전시적·연극적 '혼성hybridity'에 기댄 영화를 만들어냈다. 또한 앞의 《조선일보》 기사에서도 보이듯 해방 이후 1950년대까지도 한 사람이 지정된 좌석에 앉아서 영화를 보는 관람 행위 자체가 '감상'의 형태로 정립되지 않았다. 일제 말기를 거치면서 수많은 야외 상영을 통해 영화를 접했던 사람들은 좁은 극장의 '질서 있는' 공간에 빠르게 훈련되지 못했으며, 서로 밀쳐가며 때로는 영화에 대한 느낌을 즉각적으로 발설해가며* 영화를 '구경'하는 것은 오랫동안 한국 영화의 자연스러운 영화 관람의 형태였다.[11]

조선/한국뿐만 아니라 영화 관람에 '몰입'을 방해하는 외부적 조건은—예를 들면 변사의 해설이나 질서 없는 관람 행위—일본을 포함한 아시아 영화 관람의 후진성으로 여겨지곤 했다. 일본에서는 1차 세계대전 이후 할리우드의 내러티브 영화와 비견하여 두드러지는 일본 영화 관람성의 후진성 극복을 위해 "순영화"로의 발전을 꾀했고, 이것을 일본 영화가 세계 영화로 발돋움하기 위한 조건들로 인식했다.[12] 그러나 순영화로의 추구로부터 '세계 영화'로 이어졌던 일본 영화의 선형적 발전 궤도는 식민지를 경유하여 전쟁과 독재를 겪은 한국의 상황과

• 1960년에 개봉한 김기영 영화 〈하녀〉를 보는 도중 남편을 유혹하는 하녀를 보고 중년의 여성들이 "저년 죽여라"라고 외쳤다는 것은 유명한 사례다.

는 상이했다. 조선/한국에서의 영화 관람은 이른바 '황금기'로 불리는 1960년이 되어서야 차차 근대적 질서에 울퉁불퉁하게 편입되기 시작했다. 그렇다면 한국영화사의 이러한 '발달 속도'의 '차이'는 어떻게 이해할 것인가?*

'매혹'의 통치술

앞서 톰 거닝이 "매혹의 영화"라는 개념을 에이젠슈타인의 몽타주 개념에서 착안했다는 지점으로 다시 돌아가 보자. 거닝이 기초한 에이젠슈타인의 몽타주 개념**은 소비에트 영화의 선동, 다른 말로는 '아지agitation'를 위해 사용되었다. 에이젠슈타인은 "매혹의 몽타주" 개념을 설명하면서 연극에 사용된 다양한 '매혹'이 사실은 "목적에 맞게 선택된 효과적인 매혹"임을 강조한다. "매혹"은 극이 갖는 궁극적인 주제 전달을 위한 관계성 안에서 선택되어야 한다는 것이다. 따라서 단순한 "스턴트stunt"와는 대별된다.[13] 이는 거닝이 강조하는 매혹의 영화의 "전시"적 특성과 이를 관람하는 관객의 독립적 관람성의 개념과는 다르다. 독립적 유닛으로서의 '매혹의 조각'은 그 순간의 '전시적' 효과

• 흔히 이런 '다른 속도'는 발전주의적 세계관에서 '지연' 혹은 '지체'된 것으로 여겨지곤 한다. 그러나 이 책에서는 이와 같은 선형적 시간성에서 벗어나 한국 영화의 속도가 제1세계 영화들과는 '다른 것'이었음을 주장한다.

•• 세르게이 에이젠슈타인이 주장한 몽타주 개념은 영화의 '연결'을 의미한다. 에이젠슈타인은 영화 에디팅을 통해 단독적인 이미지들이 충돌하여 관객에게 충격을 주는 '충돌의 몽타주' 개념을 주장했다.

를 가진다는 것이 거닝의 주장이라면, 에이젠슈타인은 그러한 매혹이 하나의 주제와 영화의 목적으로 연결되어 "이념의 착상"이 이루어지는 현상을 강조한다. 소비에트, 독일, 일본, 조선 연극의 좌파 프로파간다에 많은 대중적 공연, 예를 들어 댄스, 팬터마임, 아크로바틱 체조 등의 어트랙션이 동원되었던 것도 이를 통한 이데올로기적 효과에 관계되어야만 의미가 있다고 파악하는 것이다.[14] 에이젠슈타인의 '매혹의 몽타주' 이론이 설명하듯이 관객을 매혹하는 것은 매체 자체가 가진 '효과'이나 관객은 결국 영화의 '목적'에 유인된다는 지적은 영화가 권력의 도구화에 놓였던 영화의 역사를 설명하는 데에 있어서 매우 중요하다.

영화의 정치적 이용이 가장 강력했던 예는 주로 '억압적인' 사회 체제 아래에서 생산된 영화들에서 찾을 수 있다. 사회주의 혁명을 위한 러시아 영화는 할리우드의 "'즐거운 스펙터클', 전통적인 이야기, 해피엔딩" 등 대중에게 접근하기에 쉬운 요소들을 적극적으로 사용했다.[15] 러시아 영화의 프로파간다 방식을 사사한 나치나 이탈리아 영화감독들 또한 영화의 조각에 착상시키기 위한 다양한 '대중적 요소'를 영화에 사용했다. 이탈리아 파시스트 영화 연구자 재클린 라이히는 이탈리아의 파시즘 영화는 기본적으로 "오락적 속성entertainment"에 크게 기대고 있으며, 완전히 상업적이지도 완전히 정치적이지도 않은 "다성multiplicity"을 지녔다고 지적했다.[16] 때로는 예술적 심미주의에 매료되었던 독일의 파시즘 영화와 같이 탈역사적ahistoric이면서도 순수하게 '영화적'인 미학적 매혹을 통해 관객을 사로잡기도 했다. 수전 손택은 레니 리펜슈탈의 프로파간다 영화가 가진 "아름다움"에 대한 집착과 매혹이 정치적 맥락(나치즘)을 잊게 할 만큼 강력했다고 지적했다.[17] 다시 말해, 영화의 도구적 지향이 강했던 영화들도 관객을 매혹하기 위해 애썼다는 것이다.

권력과 시각장이 연동되는 것은 이처럼 다양한 속성의 매혹을 '이접'하는 방식뿐만 아니라 카메라의 렌즈의 '집중'을 통해 생성되기도 한다. 미셸 푸코는 시각의 권력은 판옵티콘과 같이 "메커니즘이 만들어내는 관계 속에, 개개인들이 포착되는 장치"의 형태에서 비롯된다고 했다.[18] 시각의 권력이란 눈이나 카메라가 자연스럽게 포획할 수 있는 것을 담고 있다기보다 무엇인가 선별하여 주의를 집중시키고, 그밖의 것은 배제하도록 만드는 권력 구조를 말한다. 이는 조나단 크래리가 설명한 대로 "'[시각적] 주의attention'"가 "정돈되고 생산적인 세계를 유지하기 위한 주체"를 만들기 위해 "다른 것들을 배제하면서 감각장의 어떤 내용물들만을 선택적으로 고립시킬 수 있는 상대적 능력"이며 근대의 과학적 혹은 미학적 시각장이라 한 것과도 통한다.[19] 크래리는 근대인의 감각을 자극하는 근대의 시각장은 "각각의 (사물의) 관찰자가 주관적 한계들을 넘어서게 하고 지각을 자신의 것으로 삼을 수 있게 하는 수단"이며 "인간의 시각기능의 우발적인 생리학적 구조에서 비롯된 것"이라 했다. 즉 찰나적 관찰에서 과학적 방식으로 선별, 계량화됨으로써 본래가 산만하고 일률적이지 않았던 인간의 시각은 한 방향으로 주체화될 수 있다는 것이다.[20] 그에 따르면 유인과 자극을 통해 통제되는 시선을 생산해내는 과정, 그리고 이를 일상화하는 가운데 주체가 구성된다.[21] 이는 근대에 탄생한 시각장이 단순하고 '자연스러운' 것이 아니며 일정한 목적으로 선별적으로 구성된다는 것을 의미한다.

그렇다고 하여 영화의 목적성, 효과가 일방적인 권력으로 수렴된다는 가정은 위험하다. 루이 알튀세르가 주장했듯이 인간의 총체적 주체화 과정은 단순히 일방적인 '주입'으로 가능한 것이 아니라 누군가를 호명interpellation했을 때 뒤를 돌아보는 것과 같은 주체의 자발적 인식과 쌍방적 교류를 통할 때 가능하기 때문이다.* 다시 말해, 이데올로기적 장치들을 통해 관객이 반드시 '주체화'된다는 보장도 없지만, 동시에 그 가능성과 실패의 교차 가운데 영화가 사회적으로 기능할 수 있다는 것이다. 지크프리트 크라카우어는 영화가 이러한 '목적'에 당도했을 때 포토리얼리즘에 기반을 둔 '영화적인 것'의 "고유한 가능성"은 "무산"된다고 했다. 뉴스영화, 다큐멘터리, 프로파간다와 같이 사실을 '기록'하는 영화나 조형적 특성이 강한 극영화나 모두 카메라가 포착한 '물질'이 관객이 보고 있던 것을 "깡그리 잊게 만드는" 순간을 제공하여 의외의 효과를 낳을 수 있다는 것이다. 따라서 아이러니하게도 극영화나 사실적 영화가 모두 가정하고 목적했던 '효과'가 있을지라도 영화 관람자는 영화를 보는 어느 순간에 그 효과와 목적에 배치되

• 알튀세르에 의하면 근대 자본주의 이데올로기는 이데올로기적 국가장치(Ideological State Apparatus)인 종교, 교육, 가족, 정치, 상업 조합, 커뮤니케이션 기관(인쇄 매체, 라디오, 텔레비전 등) 그리고 문화기관(문학, 예술, 스포츠) 등을 통해 '총체적 주체화'로 나아간다. Louis Althusser, "Ideology and Ideological State Apparatus," in *Lenin and Philosophy and Other Essays*, Monthly Review Press, 1971. 반면 영화가 내포한 이데올로기는 주로 주체에게 위에서 찍어 누르는 방식으로 강압되거나 이식되는 것과 같은 방식으로 이해되기도 한다. 이는 영화 매체를 이데올로기의 도구로 삼았던 파시스트나 사회주의 국가의 영화 프로파간다가 '일방향'의 위력을 가지고 있다는 일반적 생각 때문일 것이다. 그러나 영화는 어떤 경우에도 완전히 자율적이지도 완전히 권력에 복속되지도 않았다. 관련 이탈리아와 독일의 파시스트 영화에 관한 연구는 다음의 책 참고. Ricci, Steven, *Cinema and Fascism: Italian Film and Society, 1922-1943*, University of California Press, 2008 ; Linda Schulte-sasse, *Entertaining the Third Reich: Illusions of Wholeness in Nazi Cinema*, Duke University Press, 1996.

는 순간을 마주할 수 있다.[22] 이런 면에서 매체의 사회적 효과, 즉 주체화는 일정 부분 자유주의적 통치술에 기반을 둔다고도 볼 수 있다. 미셸 푸코 또한 인간을 통치하려면 "인간의 자유, 인간이 하고 싶어하는 것, 인간이 행해서 득이 되는 것, 인간이 행하고자 생각하는 것을 우선적으로 사유해야 한다"고 주장했다.[23] 인간의 선택이 어느 쪽으로 향할 것인가에 대해 고민하지 않고는 인간 통치가 불가능하다는 것이다. 장 보드리야르가 권력은 "교환적"이고 모든 권력에 일방향적인 것은 없으며, 권력은 대상을 "유혹"했을 때 "새로운 피를 수혈받는" 효과를 내며 더욱 강력해진다고 주장한 것과 같이 말이다.[24] 따라서 우리는 관객이 영화의 어떤 부분에 자신의 '즐거움'을 투사했는지, 혹은 메시지를 주체화했는지 알기 어렵다. 이른바 '매혹의 영화'와 같은 산만한 전시적 영화를 보는 가운데에도 영화의 목적론에 '집중'할 가능성도 있을 것이고, 단순히 즐거운 스펙터클에 경도될 수도 있다. 이처럼 영화를 통해 '주체화'가 얼마나 가능했을까에 관해서는 직접적인 경험연구를 통하지 않고는 파악하기 어려운 것이 사실이다. 그럼에도 그러한 이념의 착상이 가능하다는 가정하에서 영화는 역사 속에서 오랫동안 도구화되어왔다.

한국 영화의 '매혹'과 '선전'

극이나 영화의 '매혹'이 "관계성interelationality"을 만들어내 "이념의 착상"이 가능하다는 에이젠슈타인의 논의는 선전성이 강했던 영화를 만들어냈던 한국의 영화 역사와 강력히 연동된다. 1919년부터 '조선 영화'가 제작되기 시작하며 자국vernacular 영화라고 부를만한 것이 영화로 제작되기 시작했으나 식민지 상황에서 식민정치가 개입되지 않은 영화는 없었다. 그 최초부터 일제의 자본, 기술, 인력과의 긴밀한 관계(혹은 간섭) 속에서 태어났기 때문이다.[25] 가령 조선 최초의 극영화로 일컬어지는 〈월하의 맹서〉도 조선총독부 체신국이 조선인의 저축을 장려하기 위해 만든 선전영화였으며, 현존 최고最古의 무성영화 〈근로의 끝에는 가난이 없다〉(1920년경), 현존하는 최고最古의 유성영화 〈미몽〉(1936)은 체신국과 조만교통국의 후원을 받아 만들어진 계몽영화였다. 이후에도 다수의 조선 영화는 전쟁기 선전영화, 위생영화, 기록영화, 군국주의 영화의 대다수가 "교육과 계몽"을 위한 것이었으며, 이러한 특성은 "조선/한국 영화의 강력한 흐름"이라고도 볼 수 있다.[26] 1937년 일본이 본격적인 전쟁을 시작하고 영화를 국가적 차원에서 관리하기 시작하면서 선전영화가 급속도로 늘어났음은 물론이다.•

해방 이후에도 남한 영화는 뉴스영화, 문화영화, 극영화의 형태로 분화·발전했지만, 한국전쟁으로 인한 물자 부족, 박정희 정권의 군사주의 독재를 거치면서 자본주의적이거나 자유주의적인 형태의 영화 제작은 사실상 불가능했다. 남한의 영화는 극영화라 할지라도 국가가

• 1934년 '활동사진취체규칙'을 시작으로 최초의 영화법인 조선영화령(1940년 제정)은 영화 제작을 국가 주도의 방식으로 일원화했고, 1942년에 이르러서는 조선영화주식회사라는 이름으로 조선에 있던 모든 영화사를 통폐합하여 이른바 시국에 맞는 영화생산을 도모했다. 이른바 "영화신체제"의 시작이었다. 영화신체제에 관한 연구로는 한국영상자료원, 《고려영화협회와 영화신체제》, 한국영상자료원, 2007 참조.

제시하는 '우수영화'의 기준을 맞추어 영화를 제작함으로써 자본을 조달할 필요성이 있었고, 국가가 정한 검열의 기준을 맞추고자 일정한 "교육과 계몽"의 사회적 역할을 수행했으며, 이는 1989년 '문화공보부'에서 '문화부'로 바뀌며 영화에서 '공보'의 역할이 공식적으로 혹은 상징적으로 줄어들 때까지 지속되었다.

이런 제작 조건 속에서 탄생한 많은 조선/한국 영화는 영화를 통해 매체적 '즐거움'을 소비하는 관객의 욕망을 충족시키면서도, 이와 함께 영화의 중간에 노골적 정치 메시지를 전달하는 구도를 오랫동안 지속해왔다. 지금은 영화 상영 전에 상품의 광고를 접하는 것에 익숙한 시대지만, 오랫동안 한국에서는 영화 상영의 앞뒤에 이어진 〈대한뉴스〉나 문화영화를 봐야 했다.[27] 대중이 원하던 '매혹'의 끝에 '선전'이 자리하는 '산만한' 관람 형태는 한국의 관객에게는 오랫동안 자연스러운 관람 형태였던 것이다. 또한 브라이언 이시스가 "황금기 영화"를 대체적으로 "프로파간다적"이라 지적할 만큼[28] 대다수의 독재체제하에 만들어진 영화에는 이와 같은 국가의 '간섭의 순간'들이 자주 발견된다. 조선/한국의 대중영화에는 태생적으로 지닐 수밖에 없었던 교훈과 계몽의 '지루함'을 극복하기 위해 "본래 내세우고 있었던 이야기를 깡그리 잊게 만드는 장면"들이 자주 돌출되었던 것이다.* 따라서 한국의 관객들은 근대의 신문물에 매혹되는 주체적 소비자로서의 관객성을 지녔

---

* 크라카우어는 '연극적인' 영화들도 극적인 요소로 영화를 지속하다가 '영화적'인 순간을 드러내어 원래의 이야기를 깡그리 잊어버리는 순간이 있음을 지적한다. 여기에서는 극영화의 순간에 침입한 외부의 목소리가 극영화를 보고 있는 순간을 '깡그리 잊게' 하는 부분을 빗대었다. 지크프리트 크라카우어, 《영화의 이론: 물리적 현실의 구원》, 문학과지성사, 2024, 545쪽.

음과 동시에 그 매혹에 수반된 정치적 이념을 받아들이게 되는 '복속된' 관객성을 가지고 있었다는 점을 기억해둘 필요가 있다.

물론 모든 한국 영화가 이런 선전적 형태를 띠고 있거나 순전한 매체적 '몰입'이 가능한 극영화가 부재했다는 뜻은 아니다. 특히 1950-60년대 황금기에 이르러서는 할리우드식 영화 제작이 영화 만들기의 모델로 여겨지면서 이와 같은 영화 관람의 '산만함'은 현격히 줄어든 순수하게 '재미와 감동'을 추구한 극영화, 혹은 예술성을 추구하는 영화들도 생산되었다. 그러나 비록 이런 영화라 할지라도 불안정한 형태의 비균질성이 드러난다는 점은 유의할 만하다. 가령 한국영화사의 '정전canon'에 속하는 작가주의적 '판테온'에 오른 영화들—유현목의 〈오발탄〉(1961), 김기영의 〈하녀〉(1960)—에도 이러한 특징들은 잘 드러난다. 잘 알려져 있다시피 사실주의 영화로 알려진 〈오발탄〉의 "니코틴 키스" 장면은 〈Love is Many Splendor Things〉의 한 장면을 직접 인용한 것이다.[29] 치통을 움켜쥐고 고통스럽게 걸어 올라가는 서울의 판자촌이나 목을 맨 시체가 걸려 있는 청계천의 폐허가 사실적 photographic reality으로 드러나는 이 영화에 돌연 '니코틴 키스'와 같은 당대를 지배하던 할리우드적 '매혹'이 기이하게 삽입되어 전체 영화 맥락과 충돌하는 순간이 보인다. 또한 한국영화사에서 가장 '조형적' 장르 영화라 여겨지는 〈하녀〉에도 어울리지 않는 '선전영화'적 순간이 등장한다. 서양의 드레스를 차려입은 환상적으로 조형된 여공들이 공장에서 어떤 취미 활동을 할 것인가를 뜬금없이 '민주적으로 토론'하거나, 기계를 돌리며 정갈한 모습으로 일하는 여공들을 전시하는 듯한 장면 같은 것 말이다. USIS에서 다큐멘터리 선전영화를 만들던 김기영

〈오발탄〉'니코틴 키스' 장면. 원작 소설에는 등장하지 않는 비(非)리얼리즘적 장면이다.

〈하녀〉 서구적인 드레스를 차려입은 공장 여성 노동자들이 어떤 '취미'를 가질까에 대하여 열띤 토론을 하고 있다.

의 과거가 슬쩍 내비치는 이런 장면은 전체적 스릴러/공포 장르와 엇나간다. 그렇다면 이처럼 당대의 정치적·역사적 맥락이 깊숙한 개입한 구조 안에서 생존하던, 비균질적 요소가 다분한 조선/한국 영화의 이러한 기묘한 충돌 상태는 무엇으로 설명할 수 있을까? 어쩌면 이러한 비균질성이 돌출되는 순간들을 제3세계 '생존' 영화로서 한국 대중영화의 '고고학적 특징'이라고도 볼 수 있지 않을까?

이 책은 조선/한국 영화가 오랫동안 보여주는 이러한 '비균질적 요소'의 다양한 형태를 식민지, 분단, 독재 안에서 성장한 제3세계 영화로서 한국 영화의 '고고학적 특징'으로 파악한다. 영화의 제작 구조 자체가 매우 취약했던 조선/한국 영화는 영화의 '인접 문화'의 직접 인용, 충돌, 매끄럽지 않은 프로파간다적 장광설의 삽입 등 기묘한 미디어적 배치mediatic dispositif를 만들어냈다. 영화에 갑자기 "침입"한 인접 문화로부터 유인된 다양한 볼거리, 들을 거리, 연극과 영화를 혼합한 연쇄극,* 변사의 해설, "공연적인 것"들의 삽입,[30] 극영화 속 과도한 선전의 언설들, 지나친 영어 대사가 과장되게 남발되고, 할리우드 영화의 한 장면이나 미8군 무대를 뜯어 붙인 듯한 쇼, 라디오를 듣는 듯한 '말 많은' 영화의 장면들같이 관객을 매혹할 수 있는 것들은 영화의 곳곳에 배치되었다. 이순진은 이와 같은 영화의 "이접성disjunctiveness"을 무성영화 시기에 한정했는데,[31] 이 책에서는 영화의 초기적 성격, 다양한 인터-미디어적 요소를 '초기'가 아닌 1960년대 '황금기'까지 지속된 한국 영화의 관행이었다고 파악한다. 그 가운데 국가가 전달하고자 하는 이념과 관객의 욕망이 충돌을 일으키며 협상되었다고 보는 것이다.

요컨대 한국의 많은 대중영화는 일정한 시각적 관계망을 통해 관객에게 직접적으로 내비칠 수 있는 미학적·오락적 속성을 필요로 했다. 그리고 이러한 매혹을 수반하지 않고는 영화의 이데올로기의 전달 또

---

* 이순진에 따르면 이러한 연쇄극의 상영방식은 해방 이후에도 지속되었다. 이순진, 〈조선 무성영화의 활극성과 공연성에 대한 연구〉, 중앙대학교 박사학위논문, 2009, 각주 109 참조.

한 불가능했다. 대중영화는 개별 작품이 가진 내러티브뿐만 아니라 영화 텍스트가 '산만하게' 전시하는 매혹의 파편들을 통해 관객을 '집중'시켜 일정한 '주체성'을 형성하고자 했다. 이러한 순간적 '집중' 속에서 주체 구성의 가능성이 생기기 때문이다. 미리암 한센은 영화가 관객에게 제공하는 '경험'은 고정불변된 어떤 것이 아니라 잠시 모였다 흩어지는 찰나적인 의미에서의 공공성이라고 했는데,[32] 영화는 이러한 방식으로 주체성 형성에 간여했다. 그리고 무엇보다 중요하게 이 주체성은 종종 근대 국가의 '주권' 영역으로 수렴되었다. 수잔 벅-모스가 지적했듯이 "주권"은 "영화 이미지와 놀라운 교류"[33]를 해왔다.

전쟁 그리고 대중의 '국민화'

> 영화는 보이는 세계를 카메라에 담아냄으로써(그것은 일반적 현실이거나 상상 속의 우주일 수도 있다) 감춰진 정신적 흐름을 들여다보는 열쇠 역할을 한다. … 생각지도 못한 역동성을 지닌 기호로 탈바꿈된다.
>
> — 지그프리트 크라카우어

영화와 주권이 놀라운 교류를 하는 예는 전쟁기에 두드러져 나타났다. 1차 세계대전 이후와 2차 세계대전 사이의 독일 영화에서 파시즘의 그림자를 읽어낸 크라카우어 또한 이 시기의 대중영화는 "보이는 세계를 카메라에 담아냄으로써 감춰진 정신적 흐름"을 보여주는 "역동성의 기호"라고 역설했다. 그는 영화의 "힘"은 미학 요소에만 있을 수 없으며, "근본적으로 미학을 추구하는 그러한 문헌들은 영화를 마치 (정치와는 관련 없는) 자율적인 구조인 양 취급"했다고 비판했다. 그에 따르면 시대의 정신을 반영하는 "역동적인 기호"인 영화는 특히 "전쟁"을 거치면서 "세계(를 보여주는)의 얼굴"이 되어 당대의 관객을 매혹하고 또한 관객의 욕망을 투영한다.[34] 그가 영화와 전쟁에 주목했던 사실은 흥미로운데, 전쟁은 특별히 국가에 복무하는 '공공적 상상'과 이를 통한 근대적 주체를 생산하는 중요한 역사적 시점이었기 때문이다.

사카이 나오키도 "전쟁은 국민적 주체의 확립을 위한 가장 이상적인 무대"[35]라고 하며 주체의 확립을 위해 영화와 문학이 중요한 역할을 했다고 주장했다. 전쟁을 통한 '국민' 범주의 (재)설정은 법의 구성하는 권력constituting power이 주권의 범주를 변형시키며 새로운 인구를 '국민'이라는 이름으로 균질화하는 '정치적인 것'이기 때문이다.[36] 주체성이란 고정불변된 것이 아니라 역사적·사회적·문화적 권력의 맥락에 따라 변화하는 것이며,[37] 전쟁은 '주체화'가 가장 역동적으로 일어나는 시간이자 공간이다. 개인 혹은 국가의 정체성은 끈끈한 혈연과 문화를 중심으로 하는 본질주의적 '민족'과 같이 하나로 고정되지 않으며 맥락에 따라 '상상'된다. 베네딕트 앤더슨이 주장했듯이 근대 민족-국가는 끊임없이 매체—프린트 매체나 박물관과 국가 기억장치 같은—를 통해 상상되고, 전파dissemination되어 '국민'의 경계를 형성하는 데 기여했다.[*] 앞서도 잠시 언급했듯이 영화 또한 이와 같은 다양한 매체와 더

---

[*] 잘 알려진 대로 베네딕트 앤더슨은 그의 저작 《상상의 공동체》를 통해 근대 민족국가의 개념이 혈연으로 연결된 본질적인 것이 아니라 근대의 인쇄술의 발달에 따라 상상된 "공동체"라고 규정했다. Benedict Anderson, *Imagined Communities: Reflections on the Origin*

불어 20세기 근대전이나 파시스트 독재, 러시아 혁명 혹은 제국주의 침략에 간여하며 "전쟁의 기계"이자 "욕망하는 기계"[38]로 쓰였다.

영화와 전쟁 그리고 국민화에 관한 위 논의는 한국의 역사적 상황에 특별히 더욱 시사하는 바가 크다. 1910년 한일합병, 1937년 아시아-태평양전쟁, 1950년 한국전쟁, 민주 혁명, 군부 쿠데타와 독재, 계엄과 긴급조치가 일상적으로 내려졌던 1970년대까지의 한국은 몇 차례의 현대전(혹은 유사 전쟁)을 겪어왔다. 그 가운데 국민-주권의 경계는 급격히 유동할 수밖에 없었는데, 비유하자면 주권에 관한 '예외상태•'가 전

---

and Spread of Nationalism, Verso, 2006. 앤더슨의 '상상' 개념은 '공상'을 의미하는 것이 아니며, 주체화를 하는 데 중요한 역할을 한다는 점에서 '정신적' 영역에만 머물지 않는다. 파사 채터지가 〈누구의 상상된 공동체인가?〉를 통해 앤더슨이 주장하는 민족국가는 상상하는 주체가 규정되지 않았기 때문에 문제적이라고 정면으로 반박했지만, 채터지가 주장하듯이 민족의 "정신"이 민족을 규정한다고 보는 것도, 다른 의미에서 매우 본질주의적인 민족에 대한 이해이기도 하다. 그럼에도 어떤 역사적 상황에서 누가, 어떻게 민족을 상상하는가에 대한 구체적인 맥락을 제시해야 한다는 채터지의 물음은 다양한 역사적 과정에서 민족이 규정되는 과정에 세밀한 관찰이 필요하다는 점을 역설한다는 점에서 중요하다. Partha Chatterjee, "Whose Imagined Community?" in *Empire and Nation: Selected Essays*, Columbia University Press, 2010.

• 칼 슈미트는 "(공법이 존재하는 국가의) 주권자는 예외상태(독재나 계엄 상태)를 결정하는 자"라고 주장했고, 이는 "공법과 정치적 사이의 불균형점", 내전, 봉기, 레지스탕스와 같이 "법률적인 것과 정치적인 것이 교차하는 모호하고 불확정적 경계선"을 의미한다. 나치가 제정한 '국가와 민족 보호에 관한 긴급조치'가 그 좋은 예다. 이 조치를 통해 공법적 권리는 나치가 패망하기까지 12년간 '예외상태'에 머물렀다. 정치적 계엄 상태, 전쟁 상태, 전시법, 미국의 애국법 등이 주권에 일정한 '유예'를 가한다는 점에서 모두 '예외상태'라 할 수 있을 것이다. 조르조 아감벤, 김항 옮김, 《예외상태》, 새물결, 2009. 한국의 주권은 1910년 일제의 병합에 의해 상실되었고, 해방 이후 분단, 미군 점령, 정부 수립 이후에도 주권의 심한 유동성을 겪었다. 가령 1961년 정치를 장악한 박정희 군사정부는 유신, 긴급조치 등을 통해 잦은 공법적 '예외상태'를 만들어냈다. 이는 한국 사회에서 자행된 '예외상태'의 상례화라고도 볼 수 있다. 유신헌법의 예외상태의 상례화에 관해서는 이상록, 〈'예외상태 상례화'로서의 유신헌법과 한국적 민주주의 담론〉, 《역사문제연구》 35, 2016 참조.

등의 스위치처럼 켜졌다 꺼졌다를 반복했던 불안정한 주권국가의 과정을 거쳐왔다고도 할 것이다. 칼 슈미트는 본질적으로 주권을 구성하는 것은 '우리'와 '적'을 구분하고 이를 균질화하는 정치라고 했다. 이러한 구분은 "선과 악", "미와 추", "이익과 해악"과 같은 본질적이고 절대적인 도덕적 판단에 따른 것이 아니다. "정치적인 것"은 실질적 사회-문화적인 가치와 독립된 것이며, 사람들의 "상태"와 "소속beloning"을 정의하고 권한을 부여하는 것이다.[39] 전쟁, 특히 전면전total war은 "사회에서 갈등과 차이를 몰아내고 국경선 내에서 남과 북, 흑과 백, 자본주의와 사회주의"를 통합하는 정치의 장이었다.[40] 이 가운데 영화는 변동하는 주권 혹은 '국민'을 가시화하는 중요한 미디어 장치였다.

가령 1940년대 조선 영화의 한순간을 살펴보자. 그 안에는 '통합하는 정치의 장'이 명확하게 펼쳐지는 순간을 목격할 수 있다. 2011년부터 한국영상자료원에서 발굴, 출간한 '발굴된 과거' DVD 시리즈에는 다양한 식민지 시기의 영화들이 담겨 있다. 이 가운데 〈병정님〉(방한준, 1944)은 조선인 남성이 일본의 병사가 되는 과정을 경쾌한 톤으로 그려내며, 병사들이 훈련소 내부에서 신체를 단련하는 과정을 보여준다. 1944년에 일본이 조선에서의 징병제 실시를 긍정적으로 선전하고자 했던 이 영화의 스틸컷은 훈련소에 입소한 조선인 병사들이 일본어 구

• 조르조 아감벤 또한 공법적 국가에서 헌법이 중지되는 전시 상황, 긴급조치 등의 예외상태를 통해 주권의 역사가 빈번히 변동하는 것임을 지적했다. 발터 벤야민 또한 1930년대 독일에서 창궐하는 군사주의와 파시즘을 보며 일상의 정치적 통치에서 벗어난 "예외상태가 일상이 되는 사회"를 우려했다. 칼 슈미트, 김효전·정태호 옮김, 《정치적인 것의 개념: 서문과 세 개의 계론을 수록한 1932년 판》, 그린비, 2012: 조르조 아감벤, 위의 책.

〈병정님〉 조선인 군사들이 구령에 맞추어 체조하는 장면.

령에 맞춰 체조하는 장면을 포착한다. 이탈리아의 미래주의자들이 파시즘과 전쟁, 전쟁을 이끄는 기계들의 기하학적 단순성과 모던한 감각을 찬양했듯이* 개개인의 신체가 감시망 안에 질서 있게 배열된 이 장면은 파시즘적 시각 권력의 구조를 잘 드러낸다.

이 이미지에서 누가 한국인이고 누가 일본인인지 표면적으로는 드

• "우리 미래주의자는 27년 전부터 전쟁은 아름답지 않다는 주장에 반대해왔다. 우리는 다음과 같이 주장한다. 전쟁은 아름답다. 왜냐하면 가스 마스크, 거대한 메가폰, 화염 방사기, 그리고 작은 탱크 덕분에 전쟁은 예속된 기계에 대한 인간의 우월성을 확립해주기 때문이다. 전쟁은 아름답다. 왜냐하면 꿈에 그리던 인간 신체의 활기를 열어주기 때문이다. 전쟁은 아름답다. 왜냐하면 기관총에서 나오는 화려한 난초로, 꽃피는 목장을 풍요롭게 하기 때문이다. 전쟁은 아름답다. 왜냐하면 그것은 총소리, 대포, 휴전, 파괴의 향기와 냄새를 하나의 교향곡으로 묶어내기 때문이다. 전쟁은 아름답다. 왜냐하면 거대한 탱크, 기하학적 비행기의 편대, 불타는 마을 위로 올라가는 나선형의 연기, 그리고 많은 다른 것과 같은 새로운 건축을 창조하기 때문이다. 미래주의자 시인과 예술가여! 새로운 시와 조형을 위한 그대의 투쟁이 빛날 수 있도록 전쟁 미학의 원리를 기억하라!"(이탈리아/에티오피아 이전 마리네티 선언문). 발터 벤야민, 이윤영 옮김, 〈기계복제 시대의 예술작품〉(1936), 《사유 속의 영화》, 문학과지성사, 2011에서 재인용.

러나지 않는다. 그러나 확실한 것은 흔히 '민족 말살'의 핵심으로 불리는 조선인 징병제도가 실시되는 광경의 사진적 진실성이 배열된 신체를 통해 조형적으로 완결된 형태로 전시된다. 조르주 바타유는 "기존의 동질적인 사회의 위기 속에서 여러 가능성이 분출되어 나오는 가운데, 오히려 파시즘이 출현할 수 있는 가능성이 존재한다. … 파시즘이 여러 다양한 계급을 통합하는 데 성공했기 때문이다. … 특히 군대(민병대)를 통해 프롤레타리아트를 매혹의 정서적 과정 안으로 통합시킴으로써 이질적 요소들을 동질성의 경계 안으로 끌어들인다"라고 지적했다.[41] 같은 맥락에서 푸코가 18세기 프랑스 군인의 신체는 "아직 형태가 없는 진흙이었고, 미숙한 신체였으며, 조립될 수 있는 기계"였지만 근대를 투과하며 "아름답고 건강한, 어깨가 넓은" 형태로 주조되었다고 한 것과 같이[42] "어디에나 존재하고 모든 것을 장악하는" 미시 권력이 카메라를 통해 일상에 투과되는 것이다. 〈병정님〉을 보는 관객 또한 '이질적인' 조선인이 일본인으로 매끄럽게 '동질화'되는 과정을 영화를 통해 직면하게 된다. 국가에 적합한 국민과 부적절한 국민은 선별되어 '자연화naturalization'되고, 이질적인 것(과거, 조선인)은 동질적인 것(현대, 일본인)으로 만들어지며, 영화는 '동질화'의 움직임만을 담는 것이다.

무엇보다도 중요한 사실은 이와 같은 시각적 '동질화' 혹은 시각적 유인을 통해 주체성을 구성하는 방식이 해방 이후 그리고 한국전쟁기를 거치면서 대한민국의 군사주의적 '국민화' 과정에 '재활성화'되었다는 점이다. 식민지 시기의 영화 〈병정님〉이 보여주는 것과 마찬가지로 한국전쟁 이후 남한의 군대와 학교에서는 군사적 훈련이 실행되었고,

대한민국의 학생들은 학교에서 북한을 가상의 '적enemy'으로 상정하여, 남학생은 총검술을 연마하고 여학생들은 가상의 부상자를 치료하는 연습을 했다. 매주 조회에서는 국기를 바라보며 '국가에 충성을 다할 것'을 맹세했으며, 운동장에 우향우 좌향좌로 정렬하고, 구령에 맞추어 '국민체조'를 했다. 이 같은 국면에서 균질화된 신체는 성별적으로 위계화되고[43] 인종주의적으로 단일한 국민국가의 '상상' 속에 위치된다. 조선인이 일본인으로 '되어becoming'가는 데에 '구성의 권력'이라는 힘이 발휘되었듯이 조선인이 '대한민국인'이 되어가는 데에도 '구성의 권력'이 힘을 발휘했던 것이다.

물론 성격이 다분히 달랐던 전쟁 생황을 같은 맥락에 놓고 탐구하는 것에 의문이 있을 수 있다. '미친 독재자' 혹은 '천황'이라는 상징 아래 국민이 '광기'에 동참했던 파시즘의 역사는 종종 일본을 포함한 독일, 이탈리아 등 파시스트 국가만의 특수성으로 여겨졌기 때문이다. 그러나 최근에는 나치 독일의 국민화 과정도 여타 국가들의 국민화 과정과 마찬가지로 의례, 의식의 조직적인 훈련을 통해 이루어졌고, 국민화 과정의 억압성이나 폭력성이 파시스트 국가만의 "특수한 길"이 아니었으며, 국민국가가 구축되는 과정에서 광범위하게 나타난 현상으로 파악하는 연구들이 계속되고 있다.* 국민으로 '주조'되지 않은 대중을 "국

---

* 더 나아가 사카이 나오키와 다카시 후지타니는 일본의 다민족국가 구상을 미국식 민주주의에 기초한 다민족국가 구상과는 근본적으로 다른 "특수성"에 근거한 것으로 파악해온 기존 연구들을 비판적으로 바라본다. 이들은 황국신민화 혹은 제국화 과정은 타민족을 문화적으로 '말살'하는 일방향적인 폭력을 동반하면서도, 동시에 제국 내의 소수민에게도 제국의 신민으로서 참여할 것을 요구 혹은 허락하는 다인종 국민국가로서의 특성을 가지고 있었다는 점을 지적한다. 사카이 나오키 외, 《총력전하의 앎과 제도》, 소명출판, 2014; Takashi Fujitani,

민화"하는 현상은 어느 국가에서나 발견된다는 것이다.[44] 이와 같은 측면에서 살핀다면 일본의 신민이 되는 과정으로부터 시작하여 냉전기 한국의 반공적 주체 혹은 민주적 국민으로 구성되는 과정은 매우 다른 정치체(들)의 움직임이라고 여겨지지만, 국민의 '소속을 정하는 정치'라는 측면에서는 동질하다. 그리고 그 가운데 영화라는 매체가 대중을 국민화하는 중요한 기제였음은 부인할 수 없다.

'방법'으로서의 트랜스-전쟁과 탈식민적 한국 영화의 역사

이처럼 1945년 이전과 이후의 역사는 어느 정도 동질적 메커니즘 아래에서 만들어진 '국민화' 과정이었음에도, 민족적 상상에 기반을 둔 국민국가의 역사는 1945년 이전과 그 이후를 '단절'했다. 남한은 자유민주주의와 반공이라는 이념 아래 '북한'을 남한과 단절했고, 남북한은 모두 식민의 역사를 냉전주의적으로 전유했다. 일본도 20세기의 절반이 제국이었던 역사를 단절하고 '패전'을 겪은 민족국가로 자신들을 재맥락화했다. 1945년 이전에 생활화되었던 군사훈련을 전격적으로 폐지했고, '민주화'와 '평화'라는 담론으로 그 정체성을 전환했다. 식민지였던 남한과 북한은 냉전적 경쟁 구도 가운데 더욱 심화된 남성주의적 군사문화에 기반을 둔 독재체제를 지속하면서 '식민 후'를 지독하게 겪

Race for Empire: Koreans as Japanese and Japanese as Americans during World War 2, University of California Press, 2011.

고 있었다.* 결과적으로는 일본과 조선이 '겹쳤던' 35년간의 역사는 마치 존재하지 않았던 것처럼 1945년 이후 양국에서 모두 부인disavowal되는 가운데 민족-국가 형태로 재구성된 것이다.

영화도 마찬가지였다. 해방 후 식민지 시기에 만들어진 영화는 '민족영화' 대 '친일영화'라는 식의 구도 아래에서 오랫동안 분류, 계보화되었다.** 따라서 이 시기 영화는 상당히 오랜 기간 이분법적 구도하에서 환원주의적으로 논의되어온 것이 사실이다. 식민지 영화가 담고 있는 다양한 문화적 얽힘entanglement과 그것이 해방 후 영화에 지속된 형태는 해석되지 않은 채 남아 있었다. 릴라 간디가 식민주의 이후에 각 국가가 식민/제국의 과거를 망각하는 것은 민족국가의 욕망이자 "자의적인 역사적 기억 상실"이라 했듯이,[45] 식민주의가 휩쓸었던 과거의 불편한 기억을 부인하며 이 시기를 민족주의적 국가로 확정하고자 하는

• 마루카와 데쓰시는 동아시아에서의 냉전이 분할선의 선분 부근(특히 남한과 타이완)에서 가장 격렬한 폭력체제(독재체제)를 계속 발동시켜왔다며, 한국전쟁 중 샌프란시스코조약(1951)으로 '독립'하게 된 일본의 냉전은 여타 동아시아 국가들의 냉전과 그 결이 크게 달랐음을 지적했다. 마루카와 데쓰시, 장세진 옮김, 《냉전문화론: 1945년 이후 일본의 영화와 문학은 냉전을 어떻게 기억하는가》, 너머북스, 2005, 40-41쪽. 남한의 근대적 군사주의에 관한 자세한 연구로는 문승숙, 《군사주의에 갇힌 근대》, 또하나의문화, 2007 참조. 정영권도 한국전쟁과 베트남전쟁의 경험과 이를 재현한 전쟁 영화를 통해 형성된 반공관이 남한을 '병영국가화'하는 데 크게 이바지했음을 지적했다. 정영권, 《적대와 동원의 문화정치: 한국 반공영화의 제도화 1949-1968》, 소명출판, 2015, 235-236쪽.

•• 민족영화 대 친일영화라는 한국영화사 서술은 1969년에 이영일이 《한국영화전사》를 쓰면서부터 확고히 되었다. 이영일의 《한국영화전사》는 이영일 개인의 작업이라기보다 1960년대까지의 영화를 정리하고, 이후의 영화정책을 새롭게 모색하는 가운데 쓰인 책이다. 이 책은 텔레비전이 새로운 대중미디어로 전격적으로 보급되기 직전인 1960년대 말에 쓰였다. 영화 매체의 위상에 큰 변곡점이 생기는 시점에 한국의 영화 역사를 정리할 필요가 있었을 것으로 보인다. 이 책을 통해 한국 영화 '미학'의 위상을 재고하는 가운데 '리얼리즘'의 계보가 형성되었다.

욕망은 일종의 탈식민적 "망각의 정치"였다.

한국영화사에 탈식민적 관점이 반영되기 시작한 것은 비교적 최근에 이르러서다. 이는 밀레니엄을 지나며 '문자'로 존재했던 식민지 시기의 영화가 하나씩 (재)발굴되면서 가능했다.[•] 오랫동안 "빈 아카이브"에 가까웠던[46] 식민지 시기 영화가 해외의 아카이브에서 상당량 발견되었고, 해외에 무국적으로 떠돌던 영화의 조각들은 '한국 영화'라는 범주 안에서 아카이빙되기 시작했다. 그러나 원본을 보지 못한 채 구전으로만 한국의 '민족적 리얼리즘 영화'라고 알려졌던 〈수업료〉(최인규/방한준, 1940)나 〈집 없는 천사〉(최인규, 1941)와 같은 영화에서 일본제국을 위한 명백한 '선전' 장면을 확인하거나, 조선인 배우들이 일본어로 능수능란하게 연기하고 말하는 것을 직접 목도하게 되면서 해방 이후 새롭게 구성된 '민족'이라는 개념을 식민지 시기의 영화에 투영하여 해석하는 것에 '곤란함'을 느끼기 시작했다. 여러 연구자 또한 '일국사' 중심의 영화사 서술의 난감함을 표현했다.[••]

• 정종화에 따르면 이때부터 발굴된 조선 영화는 〈군용열차〉(서광제, 1938), 〈어화〉(안철영, 1939), 〈지원병〉(안석영, 1941), 〈집 없는 천사〉(최인규, 1941), 2005년에는 〈미몽〉(야마자키 후지에/양주남, 1936), 〈반도의 봄〉(이병일, 1941), 〈조선해협〉(박기채, 1943), 2006년에는 〈병정님〉(방한준, 1944), 2007년에는 〈청춘의 십자로〉(안종화, 1934), 2014년에는 〈수업료〉(최인규/방한준, 1940)가 수집되었다. 정종화, 《조선 영화라는 근대: 식민지와 제국의 영화교섭사》, 박이정, 2020, 23-24쪽. 2019년에는 무성영화 〈근로의 끝에는 가난이 없다〉(1920년대 추정)가 발굴되어 초기 조선의 무성영화의 일면을 살펴볼 수 있는 좋은 자료가 되고 있다.

•• 김려실은 "나는 발굴된 한국 영화를 실제로 보고 낙담하고만 한국인이다. 이 영화들 중 몇 편이 이른바 친일영화라는 것은 이미 알고 있었지만 그렇다 해도 스크린에 투영된 그 시절의 광기를 마주하는 것은 괴로운 경험이었으며, 국가권력에 대한 개인의 무기력함을 통감하지 않을 수 없었다"라고 서술하고 있다. 김려실, 《투사하는 제국 투영하는 식민지: 1901~1945년의 한국영화사를 되짚다》, 삼인, 2006, 12쪽. 이영재도 "한국영화사는 (불)가능한가?"를 질문하며,

앤드루 힉슨에 따르면 '내셔널 시네마' 담론은 고정된 것이 아니며 국민국가를 기본으로 국가나 산업의 위기 순간에 주로 생긴다.• 이런 면에서 본다면 한국영화사에서 밀레니엄은 매끄러운 국민국가 단위의 '내셔널 시네마' 역사서술의 (불)가능성이 드러난[47] 한국영화사 "서술의 위기"의 순간이었다고 할 것이다. 이후 식민지 시기의 조선과 일본 영화 사이에서 벗어나 식민지 영화의 '혼종'적 측면을 연구한 논문들이 다수 등장했다. 조선 영화와 할리우드 영화와의 관계를 탐구하거나[48] 일본과 조선 영화의 자본, 스태프와의 긴밀한 관계,[49] 그런 혼재 안에 발견되는 조선 영화산업의 식민성[50] 혹은 당대 영화에 드러나는 이중 언어 상황에 집중하는 연구가 등장했던 것도 크게는 이러한 맥락 안에서 이루어졌다고 할 수 있다.[51] 이런 다양한 연구는 식민지 시기 조선 영화를 보는 시각을 입체화는 첫걸음들이었다.••

발굴은 "누구나 원했던, 누구도 원치 않았던" 것이었다고 한다. 이영재, 《제국 일본의 조선 영화: 식민지 말의 반도 – 협력의 심정, 제도, 논리》, 현실문화, 2008, 28쪽.

• 영국의 영화학자 앤드루 힉슨은 내셔널 시네마가 "예술", "문화", "질(quality)", "민족 정체성" 등을 어떻게 정의하느냐에 따라 유동적으로 구성되며, 이러한 기준에 따라 다양한 민족영화의 경계가 설정된다고 한다. 민족을 상상하는 하나의 매체로서의 영화에 주목하는 대표적인 논저로는 Mette H. Jort and Scoot Mackenzif ed. *Cinema & Nation*, Routledge, 2000 참조. 한국 영화의 내셔널리티와 국가영화사 서술에 관한 논의로는 김한상, 〈영화의 국적 관념과 국가영화사의 제도화 연구: '한국영화사' 주요 연구 문헌을 중심으로〉, 《사회와 역사》, 80권, 2008 참조.

•• 한국영상자료원은 1950–60년대 황금기 영화를 포함한 많은 한국 영화를 2000년대 중반부터 집중 수집, 복원, 디지털화하기 시작했다. 한국영상자료원이 영상서비스를 '한국고전영화', VOD서비스, 네이버 TV 등 다양한 플랫폼을 통해 넓히면서, 자료와 영화 실물을 접하기 어려웠던 영화들이 국내외 연구자들과 일반에 대폭 개방되었다. 한국 영화를 일국사적 시각에서 벗어나 보다 넓은 역사적 맥락에서 영화를 바라보는 연구들, 작가주의 감독 중심의 영화 연구, 배우 연구, 장르 연구 등 다양한 연구가 축적되었다. 이와 같은 연구의 확장은 아카이브의 확장 안에서 가능했다. 이 시기에 발간된 대표적인 저서로 김소영, 《근대성의 유령들》, 현실

그럼에도 식민 이전과 이후를 연속선상에 놓고 해석하는 연구는 여전히 소수에 속한다. 테드 휴즈는 한국의 문학과 영화의 시각성에 관한 연구를 진행하면서, 근대의 시각 문화가 카프의 글쓰기와 영화 만들기에서 모더니즘으로, 모더니즘에서 일제하 동원 문화로, 그리고 박정희 시대에는 발전주의적 동원 문화로 옷을 갈아입는 과정을 매우 흥미롭게 전개시켰다.[52] 이 논의의 흥미로운 지점은 이러한 변화 혹은 재맥락화가 과거를 '부인disavowal'하는 과정을 통해 가능했다는 것이다. 이영재 또한 오영진의 식민지 시기 극작 〈맹진사댁 경사〉가 해방 후 〈시집가는 날〉의 영화화에 전유되는 과정을 탐구했는데, 제국의 지방으로서 형성된 '조선'의 표상이 남한 영화에 탈맥락적으로 '한국'의 표지로 부활했던 현상 또한 주목할 만하다.[53] 안진수는 해방 후 한국 대중영화가 식민지 시기를 '부인'함으로써 새롭게 한국의 대중영화로 재탄생된 지점을 흥미롭게 분석했다.[54] 그에 따르면 식민 과거의 '부인'은 한국 대중영화의 '현재'를 보여주는 중요 지표였다.

이 책은 위의 선행연구들과 같은 맥락에서 식민지 시기를 '암흑기'로, 그 이후를 '해방'으로 보는 단절적 시각에서 벗어나 해방 이후에 반복된 과거의 경험과 그 경험의 장기-지속long-duree을 설명하고자 한다.* 1945년을 역사의 분기점으로 삼는 방법을 넘어, 영화가 조선 대

문화연구, 2000; 비슷한 시기에 발간된 《한국 영화와 근대성》, 《매혹과 혼돈의 시대》는 황금기 한국 영화에 대한 보다 역사적인 접근을 공저의 형태로 모아 놓은 최초의 시도였다. 주유신 외, 《한국 영화와 근대성: 〈자유부인〉에서 〈안개〉까지》, 소도, 2001; 안진수 외, 《매혹과 혼돈의 시대: 50년대의 한국 영화》, 소도, 2003. 이 외에도 이영일의 《한국영화전사》 및 증언록이 재출간되어 많은 연구자에게 한국영화사를 이해하는 데 큰 도움을 주었다.
• 권명아는 이런 이유로 식민 지배의 문제를 '과거사'로 놓고 해결하려는 태도보다는 "식민

중에게 소개되어 자리를 잡는 시기부터 식민화, 그리고 일본의 아시아-태평양전쟁이 본격적으로 시작되었던 1937년 전후의 맥락과 한국전쟁과 박정희의 유신시대까지의 한국 대중영화를 연속과 부인이 점철된 관계 속에서 살펴보는 것이다. 그리고 식민주의와 전쟁이 관통하고 전시 병영 문화로 국가적 통치가 이루어졌던 이 시기를 트랜스-전쟁Trans-War의 문화가 지속된 하나의 틀 안에서 살펴본다.• '트랜스-전쟁'이란 전쟁을 관통하는 사회의 시간 흐름의 '연속성'을 살펴보는 관점이자, 공간적으로도 전쟁을 관통한 지역들을 모두 포괄할 수 있는 개념이다. 김수연과 린페인이 지적했듯이 트랜스-전쟁기를 관통하는 동아시아의 대중문화는 하나의 문화적 양식cultural mode을 형성하는 것은 아니지만, 새로운 (서술의) 시간 단위를 제시하고 이를 통해 기존의 역사적 시간대를 중심으로 축적된 지식체계를 해체하는 데 중요한 요소다.[55] '트랜스-전쟁'은 전쟁에 관한 직접적인 연구가 아니며, 전쟁을 관통하며 만들어진 제도, 사상, 주체, 문화에 관한 통괄적인 연구다. 근대 초부터 식민과 군부독재 그리고 전쟁 속에서 주권과 국민적 주체성을 변동시켜왔던 한국의 역사에서 '트랜스-전쟁'이란 관점은 이 권위

지배를 받았다는 것은 과연 무엇일까? 식민 지배는 우리에게 무엇을 남겼는가?'를 질문하는 것이 중요하다고 지적한다. 그러나 이 책을 쓰고 있는 2024년을 지나는 시점에서도 이러한 사유가 학계의 자장에서 크게 공유되고 있지는 않은 듯하다. 권명아, 《식민지 이후를 사유하다》, 책세상, 2009, 14-15쪽.

• 트랜스-전쟁이라는 개념은 일본사에서 아시아-태평양전쟁 이전과 이후의 연속성과 불연속성에 관한 논쟁에서 촉발되었고 주로는 영미권 학계에서 점차 그 지평이 넓혀져 사용되는 용어다. 임성모, 〈방법으로서의 '관전사'〉, 《제도와 문화현상》, 선인, 2020; 같은 선상에서 'Transwar'에 관한 논의로는 Reto Hofmann and Max Ward, "Introduction: The Long Transwar in Asia," in *Transwar Asia*, Bloomsbury, 2022.

주의 시대를 묶는 매우 유용한 방식일 것이다.

이 책은 '트랜스-전쟁'이라는 통시적 관점에서 한국 영화가 시작된 1919년부터 1937년의 아시아-태평양전쟁기와 냉전 군사주의적 국가 문화가 지속된 1979년까지의 대중영화에 집중하여 식민의 그림자가 새로운 냉전, 민주주의, 독재의 일상에 얽혀온 과정들을 살펴보고자 한다. 영화가 '지배적' 영상미디어였던 이 시기의 대중영화를 중심으로 당대의 국가 정치가 영화의 '매혹'을 통해 어떻게 대중의 주의를 집중 시켜 주체화의 정치를 추동했는지, 또 식민 경험과 포스트-식민의 문화가 '매개'되며 어떤 지점에서 무엇이 '활성화'되었는지 그 계보를 추적하는 것이다. 물론 앞서 언급했듯이 이러한 영화를 통한 '국민화'가 총체적인 것이라고 주장하는 것은 아니다. 이 책은 '국민화'를 위해 어떤 미디어적 매혹이 영화에 표출되는지를 계보적으로 탐색하는 가운데, 다양한 '국민화'의 이념이 균질화하고자 했던 정치와 그럼에도 봉합하지 못했던 영화의 균열의 순간 또한 살펴보며 현대적 '주체화' 과정의 복잡성을 추적한다.

책의 구성

이 책은 총 7장으로 이루어져 있다. 1장에서는 20세기 조선에 도착한 '영화'가 어떤 방식으로 조선의 관객을 매혹했는지 상호 미디어적

• 현재 한국에서는 이 개념에 대해 거의 "반응이 없는" 상태다. 임성모, 위의 글, 169쪽.

관점에서 살펴본다. 영화 제작의 역사가 시작되기 전 영화에 열광하던 '감상의 시기'는 조선인 관객들의 '취향'이 형성된 시기였다. 이 시기에 쌓인 영화 관람의 취향은 선전영화의 제작에도 반영되기 시작했다. 조선의 자본주의적 근대화를 위해 제작한 선전영화 〈근로의 끝에는 가난이 없다〉와 〈미몽〉은 이른바 선전영화가 '조선의 관객'을 매혹하기 위해 어떤 상호 미디어성을 구현했는지 예시한다. 이를 통해 식민지적 통치성이 어떻게 조선 사회에 작동했는지 분석한다. 또한 자본주의와 식민화가 전쟁을 통해 확산되던 1930년대에 가장 근대적이고 대중적인 공연인 악극단이 어떻게 자본주의적 방식으로 발전하며 영화와 상호적 관계를 맺었는지 살펴본다. 그러나 전쟁이 가속화된 1930년대 말에 이르러서는 악극 공연은 나치나 이탈리아와 '협력'적 공연 형식을 만들어내게 되고 이후에는 노골적인 선전에 동원된다. 악극단의 매혹적인 공연들이 녹아들어 간 '조선식 파시즘 영화'에는 조선인을 '제국의 신민'으로 호명하는 제국의 정치가 강력하게 작동되었지만, 이러한 미디어적 배치가 관객에게 얼마나 설득력을 갖추었는지는 의문으로 남는다.

2장에서는 해방 이후 냉전적 국제 구도 속에서 남한의 영화 제도와 문화가 어떻게 군국주의적이고 파시즘적 일제의 정치를 바탕으로 군사주의적 냉전 문화의 형성으로 이어지는지 살펴본다. 해방이 되자마자 영화계의 중심적 담론은 '국가' 중심의 영화 제작으로 모였는데, 이는 파시즘적 영화 제작 체제하에서의 영화 제작 경험을 탈식민적으로 전유한 것이었다. 더 나아가 식민지하 일제의 제국주의적 선전을 주도했던 악극의 선명한 이데올로기적 메시지 전달과 이를 이용한 영화 제작은 반공영화에 전유되어, 대한민국의 반공적 국민화에 기여했다. 이승만의 하수인 역할을 자처했던 정치 깡패 임화수가 설립한 '한국연예주식회사'는 악극을 기반으로 하고 인기 있었던 코미디언의 코미디를 통한 '반공-엔터테인먼트'를 만들어냈다. 이러한 행보는 일제하 선전영화가 '신민화'에 복무했던 것과 마찬가지로 반공적 국민화라는 이데올로기에 영화가 복무했던 역사를 되풀이한 것이었다.

3장에서는 한국전쟁 이후의 '오락'적 산업이 어떻게 '할리우드화'되며 냉전적 방식으로 전유되었는지를 살펴본다. 특히 과거의 식민지 악극 무대에서 적극적으로 활동했던 세대가 어떻게 새로운 '미국적' 세대 혹은 문화로 교체되며 관객을 매혹했는지 살펴본다. 이 과정에서 '식민지적 과거 문화'를 떠올리게 하는 '신파'와 같은 영화들은 부인되고, '냉전'의 맥락에서 재활성화되기 쉬운 '밝고 즐거운' 악극 공연들이 선택적으로 영화화되어 냉전 상황에 적합한 영화로 선택되었는지 밝힌다. 당대 최고의 스타였던 김시스터즈가 '어트랙션'으로 등장하는 〈청춘쌍곡선〉, 〈오부자〉 등의 영화는 이러한 변화를 예시하는 영화다. 이 영화들은 초기 영화가 드러내는 카메라의 "쇼맨십"을 과장되게 보여주며 관객을 영화관으로 이끌었다. 동시에 과거의 식민지적 악극의 아이콘을 냉전적 상황으로 차용, 변형함으로써 변화한 냉전적 지형도 안에서 풍요롭고 행복한 미국처럼 한국의 모습을 과장되게 그려냈다. 그러나 이러한 '할리우드화'된 영화들 또한 한국의 현실을 완전히 봉합할 수 없었으며, 전쟁과 가난이 휩쓸었던 한국의 모습이 돌출되어 나오기도 했다.

4장에서는 4·19 이후 한국 영화에 주목했다. 1960년에 이승만 독재정권을 무너뜨린 4·19는 한국 사회가 '민주주의적' 사회로 변화하고자 하는 열망이 증폭되었던 사건이었다. 그러나 약 1년 후인 1961년 5·16을 기점으로 한국은 또다른 독재체제가 형성되었고, 민주화가 이루어진 1987년 이전까지 유지되었다. 이 장은 '짧은 1년간의 민주주의'의 시간으로 여겨지는 4·19 이후의 영화들의 시각장을 살펴본다. 4·19 시기 이루어진 절차적 민주주의의 진전, 그리고 영화 속에서 이상적인 근대 도시의 매혹적인 시각장은 한국의 '리얼리즘'을 드러낸 것이라고 여겨졌으며 '민주주의적인 것'들이 '발전된 한국상'으로 인식되는 감각을 생성했다. 그러나 이와 같은 '민주주의적 시민'에 대한 '환상적인' 상상이 박정희 독재체제에까지 이어진다는 점은 아이러니하다. 이러한 표상은 박정희가 주창한 발전주의에 기반한 '한국적 민주주의' 국가관과 배치되지 않으며, 박정희의 '한국적 민주주의'라는 이율배반적 개념을 받치는 중요한 지지대 역할을 했다. 이 장에서는 1960년대 초반 4·19 직후 생산된 서울을 배경으로 한 '중산층 가족' 영화들을 중심으로 어떻게 민주주의가 시청각적으로 코드화되고, 발전되고 안정된 서울이라는 평균화·규범화된 시각장을 만들어냈는지 살핀다.

5장에서는 영화의 시각장을 통해 '적합한' 국민에 대한 '선별'이 어떤 방식으로 이루어지는지 살펴본다. 아시아-태평양전쟁과 한국전쟁 하에 활성화된 전시 문화는 '씩씩한 남성상'과 이를 보조하는 여성상을 만들어냄으로써 '국민화'의 성별성이 자연스러운 감각으로 생성되었다. 해방 이후의 영화에 등장하는 '성장하는' 한국 남성의 이미지는 이제 식민지의 '어린이'에서 독립투사나 국가 영웅이라는 '남성 어른'으로 자라나는 흥미로운 과정을 보여준다. 또한 1950-60년대 훈련소 영화와 전쟁 영화에 나타나는 영화의 코드들은 일제하 군국주의적 상황에서 국가를 위해 자신을 희생한다는 자기희생적 파시즘 문화를 재활성화시키며 박정희 군사주의 정부의 군사주의적 국가관에 복무한다. 그러나 이러한 남성성은 1960년대 말 북한의 도발에도 쉽게 무너질 수밖에 없는 불안한 것이었다. 〈남정임 여군에 가다〉와 같은 B급 코미디 영화에는 '성 전도'된 형태로 여성과 남성을 재현하는데, 이 영화에서 여성은 국가의 주체로 부름을 받는 '주체'로 호명됨과 동시에 남성성은 무력화시키는 이중성을 보인다.

6장에서는 '민주주의 국민'이라는 새로운 국민에 대한 상상이 식민 과거를 지워내는 방식에 대해 탐구한다. 냉전하에 일본과 새로운 '우방' 관계를 맺게 된 정치적 상황은, 대중영화를 통해 일본과의 과거를 정리하고 새로운 방식으로 한국민의 주체성을 구성하는 방식을 만들어냈다. 〈청춘극장〉, 〈현해탄은 알고 있다〉, 〈돌아온 사나이〉 같은 영화는 '아시아-태평양전쟁'에 얽힌 기억을 아련한 청춘의 노스탤지어로 그려낸다는 점에서 식민지에 대한 '청산'되지 않은 감정들이 드러난다. 그러나 종국에는 '아시아-태평양전쟁'의 기억은 '흉터'로 재현되며 완전히 잊히기를 강요받는다. 1960년대의 영화가 이러한 '대중 기억'을 만들어내는 것은, 일본에 협력했던 '중간적' 위치에 살았던 주체들의 모호함을 삭제하고 오롯이 대한민국의 주체로 소환하기 위한 '정치적인 것'이었다.

마지막으로 7장은 이 책의 에필로그에 해당한다. 1970년대는 유신과 긴급조치의 발동을 통해 법적 "예외상태"가 상례화된 시기였다. 이 시기는 텔레비전 보급을 통해 영화 관객이 줄어들었을 뿐만 아니라

1972년 박정희 정부의 유신 선포 이후 국가는 '국책영화'라는 이름으로 국민을 위한 선전영화를 만들기 시작했다. '국책영화'라는 이름으로 영화가 만들어지면서 '자유주의적 통치술'마저 그 자리를 상실한 시기였다. 이 장은 1970년대 한국의 국책영화들이 국가의 주변부적 인물들을 규율하여 '적합한 국민'을 만들어내고자 했던 역사를 살펴본다. 국가의 균등 발전에 대한 불만을 잠재우고자 시작된 '새마을운동'의 일환으로 만들어진 '새마을 영화'는 국가의 주변부적인 위치에 있던 여성, 어린이를 적극적으로 국가 안으로 호출하여 마을을 이끄는 지도자 격으로 위상을 격상시켰다. 국책영화 〈아내들의 행진〉과 〈수녀〉는 도시의 교육이 어떻게 농촌의 무지몽매한 사람들을 깨우고 주변부적 사람을 중심인물로 만들려고 했는지 예시한다. 흥미롭게도 많은 1960년대 영화들이 남성을 마을과 국가의 지도자로 묘사했던 것과 달리 이 영화들에서 여성은 마을을 '대통합'하는 산업의 역군이자 마을의 지도자로 위치시켰다. 죽어서라도 자신을 희생한 여성, 말을 할 수 없는 '벙어리'로 멸시받던 여성이 마을을 발전시키고 '계몽'하여 마을을 통합한다. 그러나 영화 속 국가의 지나친 선전은 오히려 영화적 설득력과 개연성을 잃게 만들며 '국책'의 메시지마저 더이상 통하지 않는 유신시대의 '말더듬이' 영화를 생산해냈다.

1장

영화의 '매혹'과 식민지의 선전영화

1. 식민지적 통치성과 조선의 초기 영화

1919년은 조선의 식민 통치에 있어서 변화가 많은 해였다. 정치적으로는 고종이 서거하고 3·1운동이 발발하여 총독부의 정책이 '무단통치'에서 '문화통치'로 기조를 바꾸게 되었고, 경제적으로는 대가뭄으로 인해 대중들의 농작이 평년 수확량의 58퍼센트에 이르는 등 극심한 경제난을 겪고 있었다.[1] 조선인의 일본의 식민 정책에 대한 정치적 반발감이 심했던 것은 물론이고, 70만 명에 달하는 궁민이 발생함에 따라 '구제'의 문제뿐만 아니라 경제적·사회적 안정을 위한 대책이 필요했다. 흥미로운 것은 이 시기 '문화통치'의 성격이다. 1910년대 헌병제에 기반을 둔 무단정치와는 달리 문화정치는 "산업개발, 교통 및 위생 제도의 정비, 그리고 지방제도의 개혁" 등 사회 구조의 변화를 집중적으로 홍보했고,[2] 조선인을 위생적이고 발전된 "제국의 신체"로 훈련하기 위한 캠페인을 왕성하게 전개했으며,[3] "경제 발전"의 노력을 통해 "개인의 생활 개선"과 "근검저축" 및 "적극 노동"이 강조되기 시작했다.[4] 이런 면에서 문화정치는 개인을 근대적이고 자본주의적인 국가의 일원으로 끌어안고자 하는 적극적 주체화, 다른 말로는 '동화'를 위한 적극 행정을 실시한 정치였다고도 볼 수 있다.

푸코는 근대 국가의 특징을 '처벌punishment'을 중심으로 한 전근대적 통치에서 사람들의 삶을 '관리'하는 체계로의 변화로 설명한다. 그에 따르면 18세기 유럽에서는 "출생률, 이병률, 수명, 생식력, 건강 상태, 질병의 발생빈도, 식생활과 주거 형태를 포함한 인구"가 통치의 대상으로 등장했는데,[5] 사람들의 일상과 삶이 통치의 대상으로 포섭되기 시작한 것이다. 같은 맥락에서 1920년대에 식민지 조선에 인구관리를 위한 법적·문화적 제도들이 정비된 것은 식민지인을 근대적 제국에 '적합한' 인구로 훈련하는 본격적인 근대 식민지적 통치성이 시작되었음을 의미한다. 조선총독부는 새롭게 일본의 인구로 편입된 조선인을 위생적이고 근면하며 건강한 자본주의적 세계에 적합한 인구로 만들기 위해 조선인을 '학습'시키는 데 상당한 노력을 기울이기 시작했다.

흥미롭게도 조선에서 영화가 만들어지기 시작한 시기는 '문화정치'를 통한 식민지 통치의 시작과 그 궤를 같이한다. 1919년 무렵에야 조선의 첫 영화 〈의리적 구토〉가 만들어졌고, 이어 조선총독부에서도 영화를 제작하기 시작했다. 20세기 초반에 외국 회사의 판촉을 위해 사용되었던 환등회나 활동사진 상영, 라디오, 레코드 등 다양한 근대 소비 문화가 도시를 중심으로 빠르게 확산되자 새로운 매체를 활용한 새로운 방식의 문화주의적 '통치술'이 등장하기 시작한 것이다. 대표적으로 1920년에는 조선총독부하에 '활동사진반'이 설치되었다. 총독부는 영화를 교육적·계몽적 목적으로 만들어 배급하고자 했다. 영화를 통한 식민지인의 규율과 계몽은 타이완에서 먼저 시행되었지만, 조선의 활동사진반만큼 체계적으로 관리된 것은 아니었다. 활동사진반은 1920년대 중반까지 '정보위원회'를 꾸려 조선의 통치를 위한 선전에 힘썼고, 이후에는 내무국 사회과에서 직접 통설하여 운영했다.[6] 조선총독부가 처음 영화에 주목한 것은 조선인의 근대적 계몽을 위한 '파급력' 때문이었다. 총독부 관리들은 당시의 영화라는 매체에 대해 다음과 같이 이해하고 있었다.

1. 영화는 **동적이기 때문에 정열적**이다. 정열이라는 것은 공명하는 힘이 있으며, **군중을 동시에 감화시키는 힘**이 있다. 그 감화력에 의해 영화를 효과적으로 사회교화에 이용할 수가 있다.
2. 영화는 **시각본위**이기 때문에 이해를 잘 시키는 특질을 가지고 있다.
3. 네가 필름을 **다량으로 복제하여 각지에서 동시에 상영**할 수가 있으며, **야외에서의 영상 설비**가 간단하기 때문에 대중에게 다가서기가 쉽다.[7]

총독부 관리들은 사진 및 그림과는 달리 "움직임"이 있으며 이것이 "정열", 즉 군중을 감화시키는 힘이 있다고 파악했다. 이들이 "다량 복제"를 통한 대중 파급력 등을 언급한 것은 발터 벤야민도 지적한 바와 같이 영화 매체의 중요한 특성이었고, 총독부 영화 제작의 최초부터 인식된 것이었다.[*] 영화의 내용 규제를 위해 만들어진 '활동사진필름 검열규칙'(1926)이 일본 본토에서보다도 조선에서 먼저 제정된 사실로 유추해 볼 때, 영화를 통한 식민 통치는 계획적으로 이루어졌다고 볼

• 물론 영화의 파급력을 인지하고 이를 일종의 정치적 수단으로 동원하려고 한 것은 총독부만은 아니었다. 가령 카프 또한 대중의 프롤레타리아 운동을 위하여 영화를 선전에 동원하는 방식을 모델로 삼아 영화를 제작했다. 러시아에서의 영화 선전을 보고 감동한 서광제의 글 참조. 서광제, "러시아 명감독 에이젠슈테인의 강연", 《동아일보》, 1930년 9월 7-23일 연재.

수 있다.[8] 물론 일제가 영화를 통치에 사용하려던 것은 조선에만 해당하는 것은 아니고 근대화의 속도가 미치지 못했던 일본의 농촌에도 해당하는 것이었다.[9] 아직 충분히 근대화되지 않은 일본의 농촌이나 조선 및 만주와 같은 '근대화' 교육이 필요한 곳에서 어떤 내용의 영화를 어떤 방식으로 상영할 것인가를 놓고 조선총독부뿐만 아니라 행정가, 영화 종사자들은 골몰했다.

조선총독부가 선전영화를 만드는 데 있어서 중요하게 생각했던 것은 영화의 선전 내용을 식민지인에게 설득력 있게 전달하는 것이었다. 영화를 계몽적으로 이용할 수 있다고 믿었지만, 오히려 풍속을 문란하게 만들 가능성도 존재했기 때문이다. 따라서 어떻게 조선인에게 건전하고도 계몽이 되는 영화를 만들 것인가는 중요한 문제였다. 총독부의 관리인들은 조선인이 이미 쌓아올린 관람성에 큰 관심을 보였다. 그들은 일본 영화보다는 "음악이나 사랑 이야기를 다루는 순수 오락영화"인 서양 영화에 오래전부터 친숙해져 있으며 "비극이 많았던 일본 영화보다는 내용이 밝고 재미있는 미국 영화"를 좋아했다는 것을 조선 관람객의 특징으로 파악했다.[10] 이는 조선에 영화가 도래한 19세기 말부터 제작이 지연되었던 20년간의 "감상의 시기"를 통해 조선에 특별한 관람 문화가 쌓인 결과 생긴 취향에 대한 상당히 정확한 분석이기도 했다.*

주지하다시피 처음 영화가 조선에 소개된 것은 19세기 말이었다. 구미에서는 이미 18세기부터 대중에게 익숙한 오락이었던 환등회magic

---

• 조선에는 다른 나라와 달리 제작에 앞선 '감상의 시기'가 존재했음을 최초로 언급한 이는 임화다. 임화, 〈조선영화론〉, 정재형 엮음, 《한국 초창기의 영화이론》, 집문당, 1997.

lantern show가 개항과 함께 들어왔으며, 곧이어 '활동사진'이라는 이름으로 1899년 고종 황제 및 황실 인사 등 소수 특정 계급에게 영화가 선보였다. 처음에는 제한적으로 상영되던 영화가 비교적 대중에게 많이 노출된 것은 1903년경 영미연초회사나 전기회사들이 기업을 홍보하면서부터였다. 물건을 팔기 위해 동원된 이 '오락거리'는 이내 그들이 파는 물건보다도 인기 있는 '볼거리'가 되었으며, 1907년경에 이르면 원각사, 연흥사, 단성사, 장안사, 가부키좌 등 극장에서도 영화를 상영하기 시작했다. 1910년에 이르면 경성고등연예관이라는 상설영화관이 생길 정도로 영화의 파급력은 빠르고 컸다.*

이 시기 조선인의 관람 행위는 여타 구미의 근대인과 마찬가지로 '근대적 볼거리'를 탐닉하며 보는 '구경꾼'으로서의 성격이 강했다.** 초기 영화 관람의 장소 중 하나가 근대적 신문물을 접할 수 있는 박람회의 일부라는 사실은 '구경꾼'으로서의 초기 관객의 성격을 잘 보여준다. 가령 1915년 열린 조선물산공진회는 조선총독부 시정 5년의 경영 실적을 선전함과 동시에 새로운 물품을 보려는 구경꾼들을 불러 모았는데, 구경꾼의 숫자는 총 116만여 명으로 당시 경성 인구 24만여 명의 5배를 넘었다.[11] 공진회에는 전통연희, 곡마단 공연, 디오라마 전

• 극장의 설립은 조선이 식민지화된 시기와 맞물리기 때문에 일본과 조선 사이의 비대칭적 자본주의적 과정을 동반했음을 주목할 필요가 있다. 일본의 대자본이 투입되어 조선의 극장가를 잠식해 나가는 과정과 조선인 극장의 대응과 변화에 관한 자세한 연구는 한상언, 《조선영화의 탄생》, 박이정, 2018을 참고할 것.

•• 바네사 슈와르츠는 파리의 다양한 볼거리 문화를 통해 어떻게 프랑스의 근대 시각문화가 폭발했는지 밝히고 있다. 이는 '국가'의 경계를 넘어서는 것으로 다양한 '구경거리'는 서로 참조하며 구경꾼의 다양한 욕망을 자극했다. 바네사 R. 슈와르츠, 노명우·박성일 옮김, 《구경꾼의 탄생: 세기말 파리, 시각문화의 폭발》, 마티, 2006.

시, 활동사진 등이 볼거리로 전시되었는데, 구경꾼들은 무료로 제공된 영화를 쉽게 구경할 수 있었다. 이곳에 모인 사람들이 본 것은 "석천도 조선소 작업의 실황, 지포제작소 기계 제작의 실황, 삼월오복점, 특사 동해도 기차여행, 남만주철도주식회사 특사 만주 풍속, 대일본맥주회사 맥주 양조의 실황" 등 뤼미에르 형제가 최초로 만들어 상영한 〈열차의 도착〉과 같은 다양한 실사의 조각들이었다.

조선에서 영화 제작이 어느 정도 활발해지기 시작한 1920년대 말에도 박람회에서 영화를 보는 관람객의 패턴은 여전했다. 1929년 조선물산회에는 〈The River〉나 〈The Luck of the Navy〉 등 당시 대중에게 인기가 있었던 외국 영화들이 볼거리로 제공되었고 이를 위한 오케스트라나 변사도 동원되었다.[12] 두 영화 모두 당시로서는 최신 영화였고, 미국의 강이나 바다 등 다큐멘터리적 광경과 극영화가 섞인 볼거리가 풍부한 영화였다. 〈The River〉의 경우 움직이는 영상과 스틸-이미지가 교차하는 형식에 인터타이틀로 극의 내용이 설명되었던 것으로 추측된다.* 박람회가 아니더라도 1920년대 내내 지방이나 대도시 근교의 변두리 지역에서도 지역의 회관이나 마을의 공공시설에서 무료나 저렴한 입장료로 "선전이나 상품 판촉"을 위한 초기 영화의 상영이 지속적으로 이루어지고 있었다. 활동사진의 상영은 관객들을 불러 모으는 데 여전히 효과적이었다.[13] 초기 영사 형태인 환등회도 사라지지 않고

• 〈The River〉는 프랭크 보제이기(Frank Borzage)의 1928년 영화, 〈The Luck of the Navy〉는 프레드 폴(Fred Paul)의 1927년의 영화로 보인다. 〈The River〉는 유튜브에서 시청 가능하다. https://www.youtube.com/watch?v=ubvBvaJzkh4. 유튜브에서 볼 수 있는 영상이 당시 조선에서 보았던 영상과 같은 형태였을지는 확신하기 어렵다.

교육이나 선전에 동반되어 줄곧 상영되었고, 심지어는 1950-60년대까지도 환등회가 이루어진 기록이 있다.* 이른바 '초기 영화'의 상영 관습이 상당히 오랫동안 지속된 것이다.

극장에서 상영되었던 영화들도 이른바 톰 거닝이 주창한 "매혹의 영화"에 가까운 것들이었다. 당시 극장에서는 각종 연극과 더불어 서커스, 마술, 전통연희 등도 여전히 행해지고 있었으나 점차 영화 상영이 극장업의 대세를 이루기 시작했다. 신파극단을 이끌던 이기세는 "하필이면 시네마의 발흥"으로 인해 연극은 "하루아침의 꿈처럼 쇠락"했다고 당시의 상황을 묘사했다. 극장에는 기존의 연극이나 연희보다 영화를 보기 위해 오는 관객이 증가하기 시작했다.[14] 1916-25년 사이에 조선에서 상영된 활동사진 150여 편은 미국의 오락적 영화들이었으며, 이는 같은 기간 미국에서 만들어진 영화의 78퍼센트에 해당했다. 이뿐만 아니라 초기 영화의 경우 영사의 길이가 짧았기 때문에, 그 짧은 시간을 메우기 위해 다양한 공연이 교차하여 상영되는 것이 중요한 특징이었다. 유선영은 조선의 초기 관객이 영화 가운데에서도 구미의 "코미디, 유흥물, 기차 영화, 쫓고 쫓기는 희활극"을 좋아했으며 그 이유를 '굿'과 같은 '놀이'로서의 전통연희가 "유흥성, 외설성, 해학성"을 가지고 있었고, 이것이 조선인의 '취향'이었기 때문이라고 설명한다. 비교적 짧은 시간에 조선인들의 '취향'이 형성되었다는 것이다.[15]

---

* 환등회에 관한 기사는 당대의 신문에 상당히 많이 보도되었다. 1924년 《조선일보》나 《동아일보》에 실린 환등회에 관한 기사만 12건이며, 1950년대와 1960년대에도 공공장소에서 환등회가 행해졌음을 알 수 있다. 몇몇 예는 다음과 같다. "환등회의 대성황", 《조선일보》, 1924년 7월 8일; "등반사진전시회 등 개최", 《조선일보》, 1956년 3월 26일.

이렇듯 해외 영화와 다양한 연희가 여전히 극장을 지배하며 조선인들의 '보는 취향'을 형성하는 가운데 조선인 또한 영화를 만들기 시작했다. 최초의 연쇄극으로 알려진 〈의리적 구토〉는 신파극으로 인기를 얻었던 김도산이 제작했는데, "경성의 장충단, 한강철교, 홍릉"을 실사한 영상물이 상영되었다는 기록이 있다.[16] 안종화는 당대의 연쇄극이 연극을 그대로 스크린에 비추는 형태에 불과한 것으로 "영화적 매력"이 없는 기형적 형태의 영화였으며, "클로즈업"과 같은 영화만의 장치가 부재한 당대의 연쇄극이 "영화적이지 못하다"라고 꼬집어 비판하기도 했다.* 이와는 달리 《매일신보》 기사는 〈의리적 구토〉에 관하여 "자동차가 움직이는 장면, 기차가 달리는 모습의 실사" 등을 통해 "서구의 영화와 견줄만한" 영화라고 평가하기도 했다.[17] 다시 말해 이 영화들이 보여준 것이 영화적 완성도 여부를 떠나서 이 '움직이는 이미지' 그 자체가 관객을 매혹했다는 것이다.

무성영화 시대의 스타 나운규 또한 당대의 조선 관객의 취향을 반영하여 영화를 만들었다는 증언을 하기도 했다. 그는 자신의 영화를 연극 공연의 프롤로그나 에필로그로 붙이거나, 공연을 재연한 화면을 스크린에 비추어 영화와 공연을 교차시키기도 했는데,[18] 연극과 영화가 교차되며 상영되던 당시의 관람 형태를 반영한 것이었다. 또한 서양 활극의 인기를 따라 그와 같은 영화를 만들었던 것으로 보인다. 조선

• 안종화, 《한국영화 측면비사》, 춘추각, 1962, 48쪽. 안종화가 십여 년 후 연출한 〈청춘의 십자로〉(1934)에서 보여준 다양한 쇼트 사이즈와 클로즈업의 사용, 속도감 있는 연출을 생각해보면 연극이나 여타 공연과 다른 '영화적'인 것에 대한 인식은 그 초창기부터 분명했던 것으로 보인다.

의 영화 가운데 가장 민족주의적인 텍스트로 알려진 〈아리랑〉의 경우에도 나운규는 "졸음 오는 사진이 아니었고, 우스운 작품이었다. 느리고 어름어름하는 사진이 아니었고 템포가 빠르고 스피드가 있었다. 외국 영화를 흉내 낸 이 작품이 그 당시 조선 관객에게 맞았던 것이다"라고 스스로 영화의 특성을 밝힐 정도였다.[19]

조선 영화 제작의 편수가 늘어나기 시작한 1930년대에도 여전히 구미의 '재미난' 영화에 대한 쏠림현상은 지속되었고, 일본 영화는 인기가 없는 편이었다. 영화를 보는 관객은 대폭 증가하여 조선인 극장의 관객 수는 1930년 511만여 명, 1937년 1100만여 명, 1940년 2100만여 명에 달했다.[20] 이렇듯 조선인이 새로운 매체인 영화에 열광했던 것은 분명하며 구미의 영화나 우습고 즐거운 것을 좋아하는 취향 또한 어느 정도 형성되어 있었다. 총독부가 '활동사진취체규칙'(1934)을 통해 수입 영화 편수를 규제하기 시작했지만, 전쟁이 한창이던 1937-42년 무렵까지도 조선의 관람객은 오락적인 할리우드 영화에 몰렸다.[21] 유선영은 이러한 현상이 일본 영화를 피하기 위한 조선인의 민족주의적 소비였음을 강조했지만, 구미 영화에 대한 관람의 쏠림현상은 "새로운 세계의 감각을 일깨우는 중요한 통로"였으며,[22] 최신 매체를 통한 오락을 경험하고자 했던 취향과 욕망의 발현이었다.

이렇듯 조선인의 '매혹의 영화'에 대한 취향이 상당히 확고한 것이었기 때문에 조선총독부 또한 이러한 경향을 선전영화에 녹여내고자 노력했다. 1923년 조선 최초의 영화 제작 이후 조선의 영화가 대중적이고 오락적인 영화를 만들기 시작하자, 활동사진반에서 선전영화를 만들 때도 당대 관객의 취향을 반영하는 것을 중요하게 생각했다.

이를 위해 당대의 외국 영화 혹은 다양한 인접 문화를 다양하게 반영했다. 조선총독부를 통해 지원받아 제작된 김소랑의 연쇄극 〈호열자〉(1920)는 이러한 상황이 반영된 대표적인 선전영화였다. 이 극은 콜레라 예방을 위한 위생 관리를 선전하는 영화로 제작되었다. 내용은 단순하다. 두 마을이 있는데 한 마을은 위생적인 생활을 했고, 다른 마을은 그렇지 못해 호열자(콜레라)에 걸렸다는 내용이다.

이처럼 다소 단순한 '위생' 계몽을 위한 이야기를 전달하고자 총독부가 대중극단의 인기에 기대었다는 점은 흥미롭다. 김소랑의 취성좌는 신파극으로 유명한 극단이었으며,• 여배우 마호정은 당시 매우 인기 있는 여배우였다.•• 취성좌의 인기에 기대어 만들어진 〈호열자〉는 연극의 실사와 공연이 섞인 형태의 연쇄극으로 알려져 있는데, 때로는 연극만 공연할 때도 있었고, 때로는 연극을 실사 촬영하여 연극과 교차적으로 상영했을 것으로 보인다.••• 취성좌는 대중적인 레퍼토리인

• 김남석, 〈극단 취성좌 연구〉, 《어문논집》 53, 2006, 395쪽. 취성좌는 경우 초창기부터 "돈벌이(돈벌이) 극단"으로 여겨졌다는 평가가 있었는데, 일본의 신파극을 비판의식 없이 상연했다는 측면에서 한국연극사에서 중심적으로 다루어지지 않았다. 취성좌가 중심이 되어 만든 영화도 짧은 기록만이 존재할 뿐 이에 대한 연구는 거의 찾아보기 힘들다. 그럼에도 취성좌에 대해 안종화는 "연기진으로나 작품의 수준으로나 가장 신망 받는 극단"이었다고 호평하기도 했다. 실제로 취성좌의 공연은 대중에게는 매우 인기가 있었던 것으로 보인다.

•• 안종화, 앞의 책, 51-52쪽. 남성이 여성의 역할을 대신했던 여형배우의 전통이 사라지고 본격적으로 여성이 무대에 섰던 파격이 시작되면서 취성좌의 공연은 큰 인기를 얻었다.

••• 취성좌가 중심이 된 〈호열자〉의 무대 공연은 신문지상에 자주 등장한다. 이에 관한 북한의 연구로는 최창호·홍강성, 《라운규와 수난기 영화》, 평양출판사, 1999, 196쪽 참조. 이때 경험에 비추어 영화와 연극을 동시에 상영하는 연쇄극을 시도했을 것으로 추측할 수 있다. 한상언은 〈호열자〉와 1922년의 종두예방영화 〈인생의 구〉가 같은 영화일 가능성을 제기한다. 한상언, 앞의 책, 276쪽.

〈춘향가〉 공연을 실사영화로 촬영하여 연극과 영화를 교차 상영하는 연쇄극을 1922년경까지 지속했다. 당연히 두 매체를 오가며 스타를 중심으로 인기 있는 레퍼토리를 상영했을 때 극/영화의 효과가 극대화되었을 것이고 관객은 이에 깊은 흥미를 느꼈을 것으로 짐작할 수 있다.

최초의 극영화로 알려진 〈월하의 맹서〉 또한 조선총독부와 체신부의 의뢰로 만들어진 저축 독려를 위한 선전영화였다. 1923년 《동아일보》 기사에 의하면 총독부, 체신부가 "저금 사상"을 전파하기 위하여 만들어진 2천 척에 달하는 "필름"이었으며 "경성을 비롯하여 각 지방"에서 저금 사상을 선전했다.[23] 영화를 연출한 윤백남은 일본에서 유학할 당시 모리 고이치라는 친구를 사귀었는데 그의 소개로 식산은행의 전신인 수형조합에서 일한 적이 있었다. 이것이 인연이 되어 이 영화를 만들게 되었다. 영화의 내용은 주색잡기와 노름에 빠졌던 영득의 빚을 애인 정순의 아버지가 저축한 돈으로 갚아준다는 이야기다.[24] 최초의 상영은 영화관이 아닌 다방에서 이루어진 것으로 보인다.[25] 이 시기 총독부 활동사진반에서 제작한 선전영화 〈우의羽衣천녀 이야기〉(1926) 또한 제국의 신민들에게 조선을 선전하는 영화였는데, 이 영화도 극영화의 형식을 차용하고, 명승지 금강산과 얽힌 전설들―나무꾼, 사냥꾼, 선녀―등을 등장시켜 관객의 흥미를 자아내게 했다.[26] 이른바 계몽영화도 관객을 시선을 끌고 그들의 취향을 반영하기 위해서는 당대에 인기 있었던 인접 문화나 기록영화에 가까운 '활동사진'의 조각들을 적극 활용했던 것이다.

이와 같은 경향은 초기 영화에 머물지 않았고, 조선 영화에 자주 등장하는 특징이 되었다. 이상길이 지적했듯이 조선 영화의 시발점 자체가 최신 미디어에 관심이 있던 문인과 지식인의 상호 미디어적 "혼종성"에 바탕을 둔 것이었기에, 영화에 이와 같은 "미디어 간의 연결"이 "촘촘"하게 드러났던 것은 조선 영화의 큰 특징이라고 볼 수 있다.[27] 영화라는 매체의 파급력을 여러모로 중요하게 생각한 조선총독부가 식민 통치를 위한 다양한 근대화 정책을 선전하기 위한 목적으로 취성좌와 같은 상업적 극단의 레퍼토리와 스타, 그리고 영화라는 신매체를 사용한 '볼거리'를 제공하여 '구경꾼'을 유인하려 했던 점, 그리고 조선 영화의 '시작'이 사실상 조선총독부의 교육과 선전을 위한 것이었다는 점은 이런 의미에서 주목할 만하다.[*] 현존하는 두 영화 필름은 이러한 '매혹의 정치'가 어떻게 작동하는지 더욱 선명하게 보여준다.

2. 매혹의 선전영화: 〈근로의 끝에는 가난이 없다〉와 〈미몽〉

1920년대에 제작되었을 것으로 추정되는 현존하는 최고最古의 무성영화 〈근로의 끝에는 가난이 없다〉(이후 〈근로의 끝〉)[**]는 초기 조선 영화

• 물론 이 선전영화를 여러 의미에서의 '조선 영화'의 시작이라 하기에는 무리가 있을 수 있다. 이영일은 형식적으로는 연쇄극과는 다른 영화의 형태를 갖춘 영화를 최초의 영화로 분류했지만, 선전영화라는 점에서 조선 영화로서 부적격하다고 보았다. 이영일, 《한국영화전사》, 소도, 2004, 58쪽. 이효인은 조선 영화의 '기원'을 1927년 성립된 "조선영화예술협회"에서 찾는다. 일제에 '저항'적 요소를 가지고 있는 영화를 '조선 영화'로 상정하고 있다. 이효인, 《한국 근대 영화의 기원》, 박이정, 2017.
•• 이 영화는 2019년 러시아 고스필모폰드에서 발굴되어 2021년 수집과 디지털 작업을 거쳐 유튜브에 공개되어 있다. https://www.youtube.com/watch?v=rgxi3m-8jjM.

가 관객의 취향을 반영하여 매혹하면서도 근대인으로서의 조선인을 훈육하는 방식을 매우 잘 전시한다. 〈근로의 끝〉은 제목이 보여주듯이 〈월하의 맹서〉와 마찬가지로 근면한 근로자의 생활과 저축의 중요성을 일깨우는 영화이자 '자본주의 정신'을 배양하기 위한 영화다. 영화는 '저축'이라는 개념이 일상화되지 못했고, 은행이나 저축과 관련된 사기가 횡행했던 당시의 대중들에게 저축의 긍정적인 측면을 일깨우려 했다. 영화가 상영된 정확한 장소는 알 수 없으나 총독부에서 "근검저축 및 부업"을 강조하기 위해 순회강연을 조직했던 것으로 유추해 볼 때, 이와 같은 상영이 같이 이루어졌을 가능성도 높다.[28] 조선어와 일본어 인터타이틀이 동시에 제공되었던 것으로 보아 관객은 조선인과 일본인 모두로 상정된 듯하다. 당대의 외국 무성영화가 종종 보여주는 아이리시-인, 아이리시-아웃, 다양한 카메라 움직임을 적극 차용했다.

영화의 내용은 매우 단순하다. 같은 마을에 사는 고무신 장사꾼 복돌과 나무꾼 효원은 친구다. 어느 날 복돌은 우연히 길에서 가방을 줍게 된다. 배가 고팠던 복돌은 먹을 것을 사고 싶은 충동을 강하게 느끼지만, 꾹 참고 경찰서에 신고하여 상금을 타게 된다. 그 상금으로 저축하니 장사도 더 잘되고 더 부지런한 생활을 하게 된다. 그러던 어느 날 친구 효원은 자신이 모았던 돈을 길에 떨어뜨려 잃어버린다. 그때 복돌은 저축해두었던 돈으로 효원을 도와준다. 결국 부지런히 일해 저축하면 안전하게 부를 지킬 수 있고 행복해질 수 있다는 메시지를 전하는 것이다. 궁극적으로는 근대적 근로의 중요성, 저축을 통한 부의 축적, 타인의 물건에 대한 유혹이 있어도 경찰서에 신고할 수 있는 윤리 등 '근대인'으로서의 조선인을 훈육하는 것이다.

〈근로의 끝〉 가방을 호떡으로 착각해
씹는 장면.

〈황금광 시대〉 배가 고파 구두 밑창을
뜯어 먹는 장면.

〈근로의 끝〉 엎치락뒤치락하는
전형적인 슬랩스틱 코미디 장면.

〈근로의 끝〉 이규설. 찰리 채플린이
자주 짓던 표정이다.

〈근로의 끝〉해의 얼굴.
애니메이션 삽입 장면.

〈달세계 여행〉애니메이션
삽입 장면.

　총독부의 첫 극영화 〈월하의 맹서〉와 비슷한 내용이지만, 흥미로운
것은 이 영화가 채용한 영화의 스타일이다. 이 영화는 특별히 해외 영
화 구경에 익숙한 관람객의 관람성을 고려하여 만들어진 것으로 보인
다. 특히 중요한 참조점은 채플린의 코미디 영화였다. 채플린 영화는
당시 조선에서 가장 인기 있는 영화이기도 했는데,ㆍ〈근로의 끝〉은 채
플린 영화와 같은 무성 코미디의 스타일을 전격적으로 빌려왔다. 위
그림에서 보듯 가방을 호떡으로 착각하여 씹는 장면은 〈황금광 시대〉
(1925)에서 채플린이 배가 고파 구두 밑창을 뜯어 먹는 장면을 연상하

- 박선영은 채플린의 연기가 일본과 한국의 대중극단에서도 모방되어 공연되었음을 밝혔다.
  윤대룡, 이원철은 '조선의 채플린'이라고 불리기도 했다. 박선영, 〈잡후린과 애활가〉, 《조선영
  화와 할리우드》, 소명출판, 2014, 167-170쪽.

게 한다. 전체적으로 엎치락뒤치락하는 슬랩스틱 코미디 영화의 문법을 기본으로 구사하고 있으며, 영화 중간에는 감독인 이규설이 카메오로 출연한다. 그는 당시 희극에서 흔히 볼 수 있는 익살맞은 표정을 짓고 이 모습은 카메라에 클로즈업된다. 이 또한 채플린 영화에서 흔히 볼 수 있는 장면이다. 이처럼 미국의 코미디 영화를 차용한 방식으로 영화는 자칫 지루할 수 있는 선전의 내용, 즉 저축 장려의 목적을 달성하는 곳까지 관객을 지루하지 않게 끌고 간다. 영화 중간에는 마치 조르주 멜리에스의 〈달세계 여행〉(1902)을 오마주하듯 해의 얼굴이 애니메이션으로 삽입되어 관객이 영화를 통해 느낄 감정을 알려주는 역할을 한다. 중간에 간혹 카메라를 흔들어 어지러운 상황을 연출하거나 프레임의 아래위를 뒤바꾸는 "시각적 쇼맨십의 마스터"를 보여주며 관객의 흥미를 유도하기도 한다.

이렇게 선전영화 〈근로의 끝〉은 "오락"으로서의 영화의 성질에 매우 충실하면서도, 당대 관람객들의 취향, 즉 그들을 매혹하여 시선을 집중시킬 수 있는 볼거리를 제공한다. 이전의 연쇄극이 무대를 '실사'하

• 〈황금광 시대〉는 1926년에 조선극장에서 최초 상연된 것으로 보인다. 당대의 영화인 이경손은 이 영화를 "상반은 전혀 돈과 밥의 고민을 보여주고 하반은 사랑과 인정에 대한 것을 그리어 노았다"라고 평한다. "〈황금광의 시대〉", 《동아일보》, 1926년 5월 4일.

•• 이 영화의 유튜브 해설을 맡은 정종화 또한 영화의 이런 부분이 관객들에게 "오락"의 요소로 작용했을 것이라 해설한다. 앞의 유튜브 참조.

••• 톰 거닝은 미국의 초기 영화에 이런 "시각적 쇼맨십"이 나타났다고 서술하는데, 말하자면 자신이 터득한 카메라 테크닉을 "마스터(master)"했음을 과시하는 영화들을 의미한다. 그는 할리우드의 초기 관객들이 이런 "쇼맨십"을 통한 움직이는 이미지를 즐겼다고 한다. Tom Gunning, "An Aesthetic of Astonishment: Early Film and the (In)Credulous Spectator," in Leo Braudy and Marshall Cohen ed., *Film Theory and Criticism*, Oxford University Press, 1999, p.118.

여 스크린에 비춘 것과 달리 다양한 쇼트 사이즈, 클로즈업, 빠른 속도의 에디팅들이 사용된 것으로 보아 '영화적' 연출이 진전된 상황도 관찰된다.* 이처럼 연출된 영화는 근대적 신문물 소비에 열광하던 초기 관객들에게 매체적 즐거움과 더불어 근면, 성실, 정직, 절약과 저축 등 자본주의 정신을 자연스럽게 체득시킨다.

물론 이 영화가 얼마나 자본주의적 정신을 관객에게 심어주었을지는 미지수다. 박선영이 지적한 바와 같이 채플린의 영화가 버스트 키튼이나 해롤드 로이드에 비해 열렬한 환영을 받았던 이유가 채플린 영화가 가지고 있는 "근대 자본주의 사회에서 철저하게 소외된 아웃사이더"적 특성, 혹은 규율되지 않은 신체에 있었다면,[29] 〈근로의 끝〉에는 이와 반대되는 자본주의적 주체화에 그 목적이 있었기 때문이다. 채플린 영화가 가진 가난에 대한 비애의 감정들이 소거되고, 근면이 부를 축적하는 중요 요소라는 막스 베버식의 정신주의적 자본주의가 얼마나 설득력 있게 조선인 관객들에게 다가갔을지는 알 수 없다. 그러나 돈을 보관할 수 있는 새로운 자본주의적 '방법'을 배우고 이를 이용하는 '근대적' 관객들도 존재했을 가능성 또한 완전히 배제할 수는 없다.

이와 같은 자본주의적, 혹은 물질적 근대를 조선인의 신체에 각인시키는 영화는 사회기관을 통해 지속적으로 이루어졌다. 현존하는 최고最古의 토키영화 〈미몽〉 또한 이런 의미에서 경성의 근대화된 도시의

---

* 전반적으로 1920년대 일본이나 조선에서 상영된 영화들은 마치 극의 '기록'을 하는 정도의 수준에 머물렀지만, 나운규가 〈아리랑〉을 제작하면서는 이러한 밋밋한 연출은 좀더 활동적이고 서양적인 영화로 발전한 것으로 보인다. 한상언, 〈1920년대 초반 조선영화의 형식적 특징〉, 《한국콘텐츠학회논문지》 Vol.13. No.12, 2013.

다양한 매혹과 향유가 전시된 영화로 볼 수 있다. 만선일보, 조만철도 국, 경기도의 지원을 받아 만들어진 이 영화는 새로운 사랑과 욕망을 따라 집을 나간 유부녀 애순의 비극적 자살을 다루기에 극영화적 구조를 차용하고 있지만, 전체적인 영화의 목적은 조선인에게 교통질서를 훈육하고 근대적 질서를 '계몽'시키기 위한 것이었다. 여주인공은 당대의 대중 스타 문예봉이 맡았으며, 영화는 전반적으로 여주인공을 중심으로 그녀가 다니는 장소성에 대한 매력을 선명히 드러낸다.

짧은 줄거리는 다음과 같다. 어느 날 남편과 다투고 집을 나간 애순은 백화점에서 쇼핑하다가 지갑을 잃어버린다. 지갑을 찾아준 남자에게 반해 남편과 딸을 버리고 집을 나온 애순은 시내의 한 호텔에서 그 남자와 동거를 시작한다. 그러나 얼마 후 부민관에 무용 구경을 간 애순은 남자 무용수에게 반하게 된다. 기차를 타고 다른 지역 공연을 위해 이동하는 그를 애순은 자동차로 따라간다. 운전수에게 속도를 내라고 재촉하는 가운데 애순이 탄 차는 마침 길을 가던 애순의 딸을 치게 된다. 딸을 다치게 한 죄책감에 애순은 독약을 마시고 죽는다.

영화의 중반쯤 애순의 딸이 학교에서 '자동차 길에서 신호를 지키는 법'에 대한 교육을 받는 설정이 빠진다면, 〈미몽〉은 바람난 유부녀를 처단하는 윤리적 성격의 극영화라고 해도 무리가 없다. 이 때문에 이 영화는 "정신주의적 설교와 전쟁 프로파간다가 전혀 보이지 않는" 영화로 이해되거나,[30] 신여성의 재현을 중심으로 영화를 분석하기도 한다.[31] 혹은 이 영화가 결국에는 "집을 나간 엄마"라는 위험한 여성상을 자살하게 만들어 여성의 섹슈얼리티를 규제하거나,[32] 식민지 인민의 전반적인 "각성"을 촉구하는 영화였다고도 해석된다.[33] 이 영화가 만들어진

1936년경 영화가 평양유한회와 같은 계몽단체를 통해 교도소 등의 감화기관에서 사용되었던 점에서 〈미몽〉 또한 이러한 '감화'의 목적이 있었을 것이라 유추되기도 한다.[34]

이와 같은 영화의 '내용'도 흥미롭지만, 영화가 전시하는 근대의 물질성은 더욱 흥미롭다. 역사학자 염복규는 이 영화에 나타나는 경성의 '근대적 볼거리'에 초점을 맞추어 관객의 시각에 펼쳐지는 장소들을 재추적하는 흥미로운 작업을 했다. 포드자동차 대리점, 화신백화점, 경성전기 사옥, 조선호텔, 여의도비행장, 부민관, 엽주미용실, 조선호텔-용산 구간 도로의 위치를 과거의 지도와 현재의 지도를 놓고 추적하여 과거의 그 장소가 현재의 어디에 해당하는지를 찾아냈다.[35] 오래된 영화의 '현재'의 모습을 추적한 것도 흥미롭지만, 이 영화가 상영되었을 당시로 돌아가서 생각해본다면 영화는 조선의 발전된 도시 경관에 익숙하지 않았던 관람객에게 당대의 '지금, 여기'를 고현학적으로 보여주는 상당한 '볼거리'를 제공했을 것이다. 경성을 중심으로 물질적 근대화가 급속히 진행되자 도시화된 조선의 모습도 제국의 다른 지역의 관객들에게 상당한 '볼거리'가 되었을 것이기 때문이다.

이상길은 1930년대 경성은 그 자체로 하나의 미디어를 형성하고 있었다고 파악한다. 특히 당대 "삶과 풍속에 대한 관찰과 기술을 통해 시대의 특징을 포착하는" 고현학을 통해 이 시기의 "기술, 물건, 건축, 유행, 풍습" 등을 알 수 있다고 한다.[36] 이 영화에서 카메라는 마치 고현학을 하는 관찰자의 시선에서 도시화된 경성을 프리젠테이션한다. 근대의 상징인 '철도'를 '자동차'가 따라간다는 설정과 자동차와 철도의 교차편집을 통해 긴박하게 연출된 속도감은 근대가 만들어낸 '속도감'을 흥미롭게 전시한다. 가부장적 윤리가 규율하지 못하는 애순이 추동하는 과도한 '근대의 속도'는 이 영화의 명확한 매혹 지점이다.

이러한 '고현학적 시각'은 영화의 형식에도 독특한 미학을 발생시킨다. 이광욱은 〈미몽〉이 일반적인 할리우드 내러티브의 여러 규칙(180도 법칙, 아이라인 매치 등)과 어긋나며 어느 곳으로도 집중되지 못한다고 분석한다. 〈미몽〉이 이렇듯 다층성을 드러낸 것은 이를 보는 관객을 특정한 주체로 상정하지 못했기 때문이며 그 결과 여러 측면에서 "머뭇거림"이 있는 영화가 되었다고 한다.[37] 이는 매우 흥미로운 분석인데, 사실상 영화는 도시 경성을 배경으로 한 '선전영화'였지만, 이들이 상정한 관객이 특정한 민족적 관객에 대한 상상을 바탕으로 한 '상상된' 민족적-주체라기보다 근대의 문물에 매혹될 만한 모든 사람을 대상으로 할 수 있기 때문이다. 관객은 경성을 보고자 했던 '구경꾼'으로 파악할 수 있을 것이며, 구경꾼의 시선이란 애초에 찰나적 집중만을 요하는 산만한 것일 수 있다. 집중되거나 일관성이 결여된 영화적 시점이나 컷, 불연속으로 점철된 이 영화가 전시하는 것은 단순 '구경거리'로 작동했을 가능성이 있다.

다양한 도시의 구경거리 가운데에서도 이 영화가 가장 '집중'한 부분은 이 발전된 거리를 누리는 문예봉이라는 배우/여성이 가진 위험한 섹슈얼리티다. 애순은 경성 거리를 활보하던 여성 산책자Flâneur이자 여혐적 시선에 노출된 신여성이며, 경성에 도달한 근대적 풍요를 누리는 데 주저하지 않는 '소비하는' 여성이다. 근대를 향유하는 이 여성은 결국에는 '자살'이라는 엔딩으로 처벌되지만, 그녀를 보는 '찰나'에 관객은 종종 전복적인 모습을 보게 된다. 가령 연인과의 동거가 시작된 호텔에서 외설스러운 포즈로 담배를 피우며 이죽거리는 얼굴은 그녀가 남성적 시선male-gaze에 대상화된 여성이라기보다 그 일탈을 즐기는 매혹의 객체로 보인다. 또한 당대의 남성 무용수 조택원의 공연 실황을 담은 부분에서는 '반라'의 젊은 남성을 무대 위에 위치시키고 여성이 이를 바라보는 여성-시선female-gaze이 창출되는 장면 또한 흥미롭다. 젊은 무용수의 근육으로 다져진 몸매는 이내 애순에게 욕정의 대상이 된다. 로라 멀비가 주창했듯이 할리우드 영화가 남성 시선으로 여성을 스펙터클화하여 볼거리로 만드는 영화문법을 만들어냈다면,[38] 이 장면에서는 오히려 여성의 욕망적 시선으로 바라보기가 적극적으로 이루어진다. 따라서 영화가 마지막에 애순이 자살하는 이야기로 내러티브를 마무리하지만, 이러한 위험한 섹슈얼리티를 규제하려고 했던 태도와 달리, 영화를 보는 순간순간마다 관객들은 애순의 '위반'에 매혹된다. 통제가 느슨한 산만한 전시성과 윤리를 위반하는 데에서 나오는 매혹은 영화가 전달하는 '교통질서'나 '여성 윤리'에 관한 메시지를 자주 무력화시킨다.

종합하자면, 1919년 독립운동이 끝나고 혁명 뒤의 사상적 소강상태에서 조선은 근대적 통치성 안에 놓여 있었으나 실제로는 무국적의 근대 주체였다고 볼 수 있다. 카메라는 관객을 매혹하는 동시에 근대적 주체로 호명하려 했다. 그러나 이때 호명된 주체는 정치와 무관한 개인이자 정체성이 불분명한 근대인이었다. 〈근로의 끝〉과 같은 영화를 통해 자본주의적 생태를 '저축'과 '근로'를 통해 훈육하고자 했지만, 〈미몽〉에서는 지나치게 자본주의화되어 '소비'를 일삼는 근대 주체의 모습을 사실상 통제 불가능한 모습으로 그렸다. 이처럼 근대적 주체성

〈미몽〉담배를 피우는 애순.

〈미몽〉애순이 바라보는 무대 위의
조택원.

에 대한 훈육은 조선인이 어떤 '국민적' 주체가 될 것인지까지 '상상'하
고 있지는 못했다. '근대인'으로서의 주체화는 전쟁을 통한 이동이 활
발해지고 조선과 일본의 접점이 넓어지면서, 조선인이 일본인으로 되
어가는becoming 과정에서 점차 강화되기 시작했다.

3. 제국 속으로: 투어리즘, 어트랙션, 악극*

서론에서 언급한 영화 〈반도의 봄〉으로 돌아가보자. 이 영화는 영화
사와 악극단이 하나의 종합적 엔터테인먼트 회사로 활동하던 당대의

풍경을 잘 보여준다. 영화 막바지에 영화배우 김소영(정희)이 자신이 출연한 영화 〈춘향전〉이 개봉하는 날 밴드와 함께 무대에 서서 '어트랙션'을 하는 모습이 담겨 있다.•• 조선옷을 얌전히 차려입은 정희의 무대 공연과 영화 상영이 교차하는 이 장면은 조선/제국의 관객들이 흔히 접할 수 있었던 극장 안의 풍경으로 짐작할 수 있다. 흥미롭게도 영화는 〈춘향전〉을 만든 영화감독과 정희가 더 좋은 영화를 만들기 위해 기차를 타고 제국으로 떠나는 것으로 끝난다. 떠나는 그들에게 "이번에 군이 가는 일은 그 사명이 중요하네. 군은 우리 조선 영화인의 사절로 파견하는 것이니 동경의 각 촬영소를 방문하고, 그리고 그곳 내지인과 서로 의견을 교환하여, 군이 돌아오는 때는 많은 수확을 가져오길 우린 고대하네"라는 격려의 말이 전해진다. 제국적 맥락에서 조선의 영화인들이 영화를 제작하고 유통시키지 않으면 살아남기 어려웠던 당대의 상황이 고스란히 드러나는 장면이다. 이 장면은 악극과 영화가 비교적 왕성하게 제작되기 시작한 1930년대 악극/영화계의 상황을 보여주는 에스노그래피에 가깝다.

〈반도의 봄〉의 마지막 장면이 보여준 바와 같이, 1930년대가 되면서 조선의 도시는 더욱 번화했고, 일본제국의 주요 도시들은 일본(내지)을 중심으로 조선과 만주를 잇는 만선 루트로 연결되어, 광역적인 관광

• 이 절은 필자의 논문 〈'조선'을 연출하다: 조선악극단의 일본 진출 공연과 국민화의 (불)협화음 (1933~1944)〉, 《동아시아문화연구》 62, 2015의 일부를 축약, 개고했다.

•• 박선영은 이 장면을 '무대인사'의 초기의 예로 파악하고 있다. 영화에 등장했던 배우가 무대인사나 공연을 하는 관행은 1950-60년대까지 이어졌다. 박선영, 〈1950년대 말-1960년대 초 극장의 영화 상영 관행: 실연무대와 무대인사를 중심으로〉, 《은막의 사회사》, 한국영상자료원, 2017, 93쪽.

〈반도의 봄〉영화를 상영하기 전 여배우가 무대에 서서 관객들에게 노래를 부르는 장면. 보통 영화나 연예 프로 상영 사이의 빈 시간에 행해진 이와 같은 무대를 '아도로크'라고 불렀다.

조선악극단의 상경(도쿄) 공연 전경(一高南印, 《朝鮮の演劇》, 北光書房, 1944). 사실상 조선에서와 거의 동일한 무대라고 해도 과언이 아니다. 조선의 탑으로 추정되는 뒷배경이 후지산으로 추정되는 산의 배경으로 변경되었다는 점만이 달라 보인다.

산업을 형성하기 시작했다. 일본 내지에서의 '만주붐'과 '조선붐'을 기반으로 한 식민지 투어리즘은 "제국의 교통, 통신네트워크"와 긴밀한 관계를 맺으며 날로 성장했다. 이 시기 조선의 국경을 넘어 제국 내 다른 지역의 관객들을 가장 매혹했던 것은 대중극이나 대중음악 등의 대중공연물이었다. 테일러 애트킨스는 일본에서의 '조선붐'을 최초의 '한류'로 파악하며[39] "아리랑", "도라지타령", "최승희"의 무용 등을 그 예로 든다. 그는 이런 문화의 소비가 제국주의적 측면은 있었으나, 이와는 별도로 조선의 음악을 사랑하는 일본 팬들이 존재했으며 일본 대중문화에도 상당한 영향을 끼쳤음을 밝혔다.[•] 일본여행협회에서는 '만선일주코스'와 '조선일주코스' 등을 개발하여 본격적인 해외여행 시대의 개막을 알렸고, 이에 조선철도와 남만주철도를 이용한 다양한 관광코스들이 개발되어 자본주의적·소비주의적 '국민'의 개념이 확장되었다.[40] 그뿐만 아니라 이러한 투어리즘의 중심이었던 식민도시 경성에도 대중문화 시설들이 설립되면서 '중간층 문화'가 확산되고 있었다.[41] 극장, 교통, 백화점, 라디오, 레코드 등 근대적 시설이 도입되고, 특히 유행가 레코드의 가격이 낮아지면서, 대중문화는 대중의 일상을 파고들기 시작했다. 이제 조선은 제국의 '발전된' 일부이자 '(이등) 시민'으로서 위치되고 있었다.

이 시기에 영화와 더불어 근대적인 청각적 감각을 만들어내며 각광을 받았던 레코드 산업과 악극단 사업은 근대적인 새로운 시청각성에 기대어 대중문화 산업의 선두에 서게 되었다. 초기의 악극은 영화가 시작되기 전 손님을 모으기 위해서 행해진 아도로크쇼(어트랙션쇼 attraction show의 일본식 발음)라고도 불렸는데, 이 사실에서도 알 수 있듯이 악극은 종종 대중의 흥미를 끌기 위한 '볼거리'로서 자본주의적 연

• 조선악극단의 주요 작곡가 가운데 한 사람인 김해송이 만들었던 선구적인 재즈풍의 음악에 대한 음악학적 분석들이 증가하고 있는 것도 한류의 원조로서의 조선악극단에 대한 관심에서 비롯된 것으로 보인다. 성기완, 〈김해송과 조선 스윙 장단〉, 《대중음악》 통권 9호, 2012; 이소영, 〈김해송의 대중가요에 나타나는 재즈 양식〉, 《대중음악》 통권 9호, 2012; 이준희, 〈김해송 무대음악 활동 초탐〉, 《대중음악》 통권 9호, 2012.

예물을 포괄한 것이었다.[*] 일본 진보 극단인 신협의 단원이자 일본판 〈춘향전〉의 연출자 무라야마 도모요시는 조선의 악극은 원래 "레코도 유행가수의 선전책으로 가수의 유행가, 짧은 창, 피리연주 등에 약간의 극적인 요소와 무용을 첨가"한 것이며, 일본의 이른바 "레뷰, 쇼치쿠, 다카라즈카 소녀가극" 등이 참고가 되어 만들어진 것이라고 증언한다.[42] 백현미는 조선의 레뷰의 시작을 1929년 프랑스 레뷰영화 〈몬파리〉의 단성사 상영과 그 인기에서 비롯된 것이라 지목하기도 했다.[**]

이처럼 악극의 정확한 기원을 알기 힘들지만, 어찌 되었든 조선에서의 악극은 1930년대 급부상한 도시 중심의 쇼-문화였다. 1936년 《조선일보》의 한 기사에서 HCI 씨는 악극이란 "우리가 종래에 말고 보고 듯든, 극이나 또는 '스도리(스토리)'의 곡절이 복잡한 활동사진이나와는 판이한 것"이라 하며 "단지 관중에게 노래와 말과 춤과 쟈즈음악을 홍수적으로 제공하야 이를 보고 듯는 사람으로 하여금 조금도 머리를 써서 생각할 여유가 업시 하로밤을 즐기게 하는 것"이며 **"도회생활에 신**

• 지금까지 식민지 시기에 행해졌던 악극 형식에 대한 연구는 악극의 초기 성립 과정을 파악하려는 시도, 악극에서 사용된 대중음악이나 무용을 연구, 1930-40년대 향토가극을 중심으로 악극의 형태와 민족적 색채에 관한 연구가 있다. 최승연, 〈악극 성립에 관한 연구〉, 《어문논집》 49, 2004; 이규성, 〈한국 악극의 수용과정과 경연 활동에 관한 연구〉, 동국대학교 석사학위논문, 2005; 김영희, 〈일제강점기 '레뷰춤' 연구〉, 《한국무용사학》 9호, 2008; 김호연, 《한국 근대 악극 연구》, 민속원, 2009; 정명문, 〈반도가극단의 후기 가극 연구: 〈숙향전〉의 극작전략을 중심으로〉, 《한국극예술연구》 제40집, 2013. 특히 김호연의 연구는 현재 남아 있는 신문이나 잡지, 그리고 유성 음반기의 기록을 정리하여 악극의 다양한 레퍼토리를 소개하고 있다는 점에서 악극에 관한 가장 괄목할 만한 연구 성과라고 할 수 있다.
•• 백현미는 레뷰의 유행이 아주 단기적으로 존재했다고 했으나, 악극 공연 속으로 흡수되었다고 볼 수도 있을 것이다. 백현미, 〈어트렉션의 몽타주와 모더니티: 1920년대 경성의 레뷰와 가극을 중심으로〉, 《한국극예술연구》 제32집, 2010.

경이 피로한 사람들이 … 위안"을 얻게 하려는 것이라 했다.[43]

이와 같이 새로운 형식의 대중문화였던 악극은 무라야마 도모요시가 언급했듯이 일본의 여러 쇼단의 공연을 참조하며 만들어졌다. 다음은 악극의 중요한 참조점 중에 하나였던 다카라즈카를 본 가수 신카나리아의 회고담이다.

> (타카라즈카의) 무대는 화려했고 서양풍이 많이 가미되어 있었다. 댄싱팀의 율동같은 것은 국내에서 볼 수 없는 것이었다. 특히 프리마돈나 "미즈노에 타키코"의 연기와 노래는 나를 황홀하게 했다. "미즈노에"는 이미 그녀의 트레이드 마크가 되다시피한 흰 연미복에 검은 넥타이 실크해트에 지팡이를 짚고 연희를 했는데 그녀의 다양한 제스처는 정말 멋졌다.[44]

신카나리아의 회고에서 보듯이 악극은 "서양풍"이었으며, 남성의 옷인 연미복을 차려입은 일본인 여성의 구미적 댄스는 관객을 매혹하고도 남았을 것이다. 일본인의 공연이 "서양풍"인 까닭은 일본의 다카라즈카나 가극 자체가 미국의 보드빌이나 서양의 레뷰 공연에 영향을 깊게 받았기 때문이기도 하다.* 근대적이고 서양적인 매력을 통해 근대적 즐거움과 여가를 누리고자 했던 소비자는 신카나리아의 고백처럼

---

* 1942년 미국과의 전쟁이 시작되고 미국산 오락이 금지되기 이전까지 미국의 대중문화는 일본 대중문화를 상당히 지배하고 있었다. 가령 다카라즈카의 창립자이자 한큐전철의 창업자 고바야시 이치조는 미국으로 진출하려고 지속적으로 시도했고, 이 염원은 1939년 다카라즈카의 샌프란시스코 공연을 통해 성취된다. 달리 보면 근대적 문화상품으로서의 세계적 무대 공연에 대한 갈망은 일본 내지의 공연단이나 조선의 공연단이 다르지 않았을 것이다. 《歌劇》, 1939년 참조.

조선악극단 전단지에 실린 이난영. 일본 다카라즈카의 여배우와 유사한 의상을 착용하고 있다.

쇼치쿠 소녀가극단의 미즈노에 다키코.

악극의 매력에 흠뻑 빠졌다.

　조선에서 이 시기 가장 활발한 활동을 한 악극단은 조선악극단이었다. 그들의 '제국적' 행보는 이 시기 많은 악극단 활동의 전범이 되었다. 원래 조선악극단은 1932년 오케레코드라는 일본 데이치쿠의 자회사로 설립되었다. 이때는 업계의 후발주자였으나, 당시 1원 50전에서 2원 정도 하던 레코드 가격을 1원으로 내리는 등 파격적인 마케팅을 해 나가며, 타 회사들을 압도하기 시작했다. 이어 오케레코드는 레코드 산업에 그치지 않고 오케연주단과 오케그랜드쇼라는 레뷰단을 조직하여 레코드 흥행을 겸비한 쇼단의 흥행을 기획했다. 오케레코드를 중심으로 성장한 오케그랜드쇼단은 당시 가장 적극적인 연예 흥행을 펼치고 있었다. 이철이라는 최고의 프로듀서와 일본의 사정을 잘 아는 문화부장 김상진, 오케무용연구소, CMC 악단, 최고의 작곡가와 가수(손목인, 박시춘, 김해송, 이난영, 장세정 등)를 아우르는 최고의 스태프를 대동하고, 조선악극단은 야심 차게 제국을 향한 진출의 문을 두드렸다. 오케그랜드쇼단은 1933년 경성, 평양, 부산 등의 전 조선 흥행을 거쳐, 1935년부터 도쿄, 오사카, 교토, 나고야 등지의 동포를 중심으로 일본 공연을 시작했다. 조선에서는 일본 내지로의 흥행을 위해서는 이를 이어주는 루트가 필요했는데, 일본과 만-선을 잇는 관광루트는 새로운 근대적인 대중문화상품을 더 큰 시장에서 판매하고자 했던 조선인 흥행사들의 '해외 진출'의 욕망을 현실화시킬 수 있는 초석이었다. "교통이 불편하니까 되도록 편안하게 돌 수 있는 철도를 연결해 가지고 쫙 도는"[45] 루트, 즉 만선 관광루트를 통해 조선의 연예산업은 국경을 넘을 수 있었다.

조선악극단이라는 이름으로 본격적인 해외 공연을 펼친 것은 1939년 3월에 요시모토 라인을 통해서 이루어졌다. 이때 조선악극단은 일본 쪽 흥행사였던 요시모토와 일본 진출을 상담하면서 오케그랜드쇼단에서 조선악극단으로 이름을 바꾸었다. 요시모토 기획부는 오케그랜드쇼단이 조선에서는 유명할지 모르지만, 일본에서 흥행을 위해서라면 향토성을 강조하는 것이 좋다며 '조선악극단'으로 개명할 것을 제안했고, 단장 이철은 이를 받아들였다. 조선악극단뿐만 아니라, 빅타악극단도 반도가극단으로, 콜롬비아악극단도 조선 음계에서 따온 라미라 가극단으로 이름을 바꿨다. 이는 모두 일본에서의 조선붐과 일본 흥행을 위해 '조선'이라는 표지를 염두에 둔 개명이었다.* 이러한 요시모토 측의 조선악극단에 대한 '향토성'의 요구와 악극단들의 개명은[46] 일본

에서의 '조선붐'의 문화현상을 반영한 것이었다.[••]

조선악극단의 첫 공연은 일본 문화계로부터 상당한 호평을 이끌어 냈다. 일례로, 조선악극단의 첫 공연이 끝난 직후인 1939년 4월 일본 《키네마 준보》는 조선악극단의 공연에 관해 다음과 같이 상세하게 보도했다.

〈춘앵부〉는 노래, 무용, 음악이 조합된 쇼이다. 전 20경 중 독창이 12개, 무용이 4개, 반도인의 개인 연기가 3개로 이루어져 있다. 이런 조합은 다소 산만할 수 있지만 각자가 버라이어티를 만들며 완급조절이 잘 되었다. 노래가 단순하게 들리는 것을 피하기 위해 동시에 진행된다. 무용도 1인이 하는 것이 없고 다른 사람들이 금방 결합하고, 장구와 손풍금, 피리가 조화를 이룬다. 공연 전체가 확장되기도 하고 줄어들기도 하면서 노래와 무용이 결합하고, 쇼 전체가 생기가 있으면서 간극이 없고 보기에 좋으며, 아주 훌륭하게 쌓아올려졌다. … 손목인은 각 가수의 공연의 사이사이에 손풍금, 피아노 등을 치며 가수의 노래를 돕는다. 조선풍의 쎄트를 썼다.[47] (번역은 인용자)

• 박용구는 콜롬비아악극단이 라미라가극단으로 개명한 것 역시 이러한 맥락에서 이루어진 것이라 증언한 바 있다. 국립예술자료원, 《예술사 구술총서 001 : 박용구, 한반도 르네상스의 기획자, 1914년-》, 국립예술자료원, 2011, 265쪽.

•• 1939년 3월과 12월에 두 번의 일본 공연을 마친 조선악극단은 1940년 2월에 《朝鮮樂劇團 第1輯》를 발행하며, 더욱 적극적인 홍보에 나섰다. 이 홍보물은 당시 다카라즈카나 쇼치쿠 소녀가극단에서 홍보용으로 제작한 홍보물과 유사하게 제작되었는데, 오케레코드 시절인 1933년부터 당시(1940년)까지의 조선과 일본 그리고 북지의 흥행 기록과 레코드 취입, 라디오 방송 출연 기록, 위문공연 기록, 그리고 영화 〈노래조선〉의 제작과 일본 영화 〈영특한 부인〉에 출연한 실적이 기록되어 있다. 또한 이 홍보물은 조선악극단 스타들의 사진, 라인업, 일본방문 소식과 일본에서의 공연에 대한 일본인의 반응 등을 자세히 기록하고 있다. 1939년 첫 흥행에서 실연했던 레퍼토리는 재즈, 민요, 코미디 등 다양한 장르가 섞여 있었다.

조고리 씨스터즈. 좌로부터 이준희, 김능자, 이난영, 장세정, 서봉희.

아리랑 뽀이스. 좌로부터 송희선, 김해송, 이복본, 박시춘.

이같이 조선악극단의 쇼는 특히 하모니에 관해 찬사를 많이 받았다. 같은 공연을 본 일본의 소설가 다카미 준高見順도 "일본에도 아리랑보이즈와 같은 목소리를 가진 기예자들은 많이 있지만 이들과 같이 서너 가지 기능을 한꺼번에 하는 사람들은 없다"라고 평하며,[48] 조선악극단원들의 기악 능력을 높이 샀다. 이렇듯 조선악극단의 공연은 제국 내의 조선붐과 악극단의 계획에 따라 철저하게 기획된 문화상품이었다.

조선붐을 타고 엔터테인먼트 기업화에 매진했던 야심가 오케레코드 사장 이철은 악극뿐만 아니라 영화 제작에도 꽤 큰 관심을 보였다. 마치 영화 〈반도의 봄〉에서 악극단과 영화사가 한 회사 안에서 같이 움직인 것과 같이, 그는 조선악극단의 공연을 영화화하는 데에도 큰 관심을 기울였다. 그 예가 1936년 영화 〈노래조선〉의 제작이다. 이 영화는 애초에 뮤지컬 영화로 기획되어 오케그랜드쇼단이 오사카에 방문했을 때 실제 공연을 찍은 화면과 조선에서 찍은 〈춘향전〉을 이어 붙인 것으로 알려져 있다. 이어 1941년 〈노래의 낙원으로 간다〉를 황국

영화사와 찍기로 계약한 것도 관광지로서의 조선을 제국의 상품으로 만들고자 했던 노력의 일환이었다.° 특히 〈노래의 낙원으로 간다〉에서는 조선의 경주나 부여, 금강산 등을 배경으로 민요공연의 촬영을 기획했다. 조선의 경치를 투어리즘적 측면에서 제국에 소개하려는 의도였다.[49] 안타깝게도 위 두 영화는 현재 남아 있지 않아 정확한 모습을 알기 어렵다. 그러나 초기 영화들이 조선의 곳곳을 보여주는 기록 영상과 극영화를 동시에 상영했듯이, 조선악극단을 중심으로 한 공연을 조선의 명소에서 찍어 보여주는 전시exhibition적 특성이 강했을 것으로 추측할 수 있다.

다행히 조선악극단이 출연한 일본 영화 〈영특한 부인思ひつき夫人〉(도라지로 사이토, 1939)이 영상으로 남아 있기에 어떠한 방식으로 악극이 영화화되었는지 약간의 힌트를 얻을 수 있다.°° 이 영화는 '가정보국'을 위해 《아사히신문》에 연재된 동명 만화를 도호東寶영화사에서 영화화한 것이었다. 영화의 내용은 지혜로운 부인이 국가를 위해 가정에서 어떤 일들을 할 수 있을지 몇백 가지의 비법을 알려준다는 것인데, 이를테면 남편의 바지로 여성용 쓰봉(바지) 만드는 법 등에 관한 아이디어를 제공하는 가벼운 스타일의 선전영화였다. 전시기에 흔한 선전영화 유형이었다. 영화의 신문광고에는 이 영화를 보면 "즐겁게 여러 가

• 〈노래조선〉의 경우 제작이 확인되나 〈노래의 낙원으로 간다〉는 제작이 되었는지 확실치 않다. 〈노래조선〉에 출연한 것으로 알려진 조선 제일의 트럼페터 현경섭이 남긴 사진에는 영화에 담겼을 것으로 추측되는 사진이 남아 있다. 이준희, 〈조선 제일 트럼페터 현경섭이 남긴 사진 속 영화 이야기〉, 영화천국 Vol.42, 2015, 63쪽, https://www.kmdb.or.kr/story/160/3551.
•• 당시 조선의 신문에는 이 영화의 제목이 〈영특한 부인〉으로 소개되었다. 영상은 유튜브에서 확인이 가능하다. https://www.youtube.com/watch?v=2o9L3Y5RIes.

지 아이디어를 배울 수 있고, 씨름장사 쌍엽산과 중구천혜자의 대화를 들을 수 있으며, 하루빈 교향악단, 시립오케스트라의 아름다운 음악, 조선악극단의 쇼와 요시모토의 코미디를 볼 수 있다"라고 광고했다.[50] 조선악극단, 하얼빈 악극단 그리고 요시모토의 코미디언들이 〈영특한 부인〉에 공동 출연한 것은 지루한 선전영화에 관객의 관심을 끌기 위한 "어트랙션"으로서의 역할을 한 것은 분명하다.

조선악극단은 이 영화에 약 2분가량 출연한다. 이 영화는 〈노래조선〉이나 〈노래의 낙원으로 간다〉와 같이 뮤지컬 영화로 처음부터 음악 장르영화로 만들어진 것이 아니기 때문에, 조선악극단의 공연 모습은 중간에 인서트된다. 영화의 내러티브상 주인공 '영특한 부인'이 극장에 공연 구경을 간 상황이 설정되어 있고 곧 조선악극단의 공연 광고가 달린 표지판이 나온다. 이후 무대에는 조선악극단이 등장한다. 먼저 김정구의 〈돈타령〉이 CMC 악단의 연주에 맞추어 나오고 이어 다수의 악극단원이 무대에 등장해 〈새날이 밝아오네〉라는 노래를 합주한다. 장구를 치고 있는 여성들은 이미 잘 짜인 동선으로 움직이며 활발한 노래의 정서를 전달한다. 선전영화가 '볼거리'를 통해 관객을 매혹하고 지루한 선전을 전달하는 전형적인 모습이었다. 이러한 전형성은 '코드화'되어 이후 많은 영화에 등장하는데, 〈수업료〉 같은 잔잔한 영화에도, 가미카제 조종사를 그린 〈사랑과 맹세〉(최인규, 1945)와 같은 본격적인 선전영화에도 이와 같은 농악 장면이 등장했다. 〈미몽〉에서 반라의 매혹적인 남성적 몸매와 아방가르드적 무용을 선보였던 조택원도 선전영화 〈병정님〉에서는 전통의상을 입고 한국무용을 선보인다. 이렇듯 조선풍 공연은 제국의 지방색을 드러내는 "어트랙션"으로 제국

1939년 5월에 개봉한 일본 영화 〈영특한 부인〉 촬영 당시의 기념사진(대한민국 역사박물관, e뮤지엄).

의 관람객들에게 유통되기 시작했으며 이러한 어트랙션 이후에 '선전'
은 따라오는 레퍼토리와 같은 것이었다.

조선악극단이 이 시기 가장 활발한 행보를 보였던 것도 조선악극
단의 레퍼토리가 '선전극'에 쉽게 녹아들 수 있는 것이었기 때문이다.
가령 조선악극단의 일본 공연을 주선했던 요시모토사는 주로 코미디
와 만담 등을 했던 흥행사였는데, 특히 일본 전시체제하에서는 황국위
문단을 전지로 보내는 등 전시체제의 위문 문화와 깊이 관련하고 있
었다.[51] 조선악극단의 일본 공연도 "개그나 코미디가 우수한 단원들이
많아서 명랑하게 웃을 수 있는 요소가 많다"라는 평가를 받았는데,[52] 조
선악극단이 다른 악극단에 비해 이복본이라는 코미디언을 중요 참가
자로 내세운 것도 요시모토와의 결합을 일부 설명해준다. 이러한 결합
을 통해 전시기의 우울한 시국에 웃음을 선사함으로써 조선인과 '함께
웃는다'는 공통의 감각을 만들어냈다.

물론 '조선'의 향토성 자체가 제국적 지형 안에서 '볼거리'가 되는 것은 선전영화가 아닌 극영화에서도 마찬가지였다. 조선에서 제작된 후 쇼치쿠 배급라인을 통해 일본에서 개봉되었던 〈어화〉(1938)의 경우도 영화의 내러티브와는 상관이 없이 영화의 시작과 끝에는 일반 농민들, 아이들이 섞여 〈쾌지나 칭칭나네〉를 부르며 춤추는 장면이 나온다. 마치 'K 군무'의 전형을 보여주는 듯한 이 장면은 시작과 끝을 알리는 설정 쇼트임과 동시에 관객을 극으로 끌어들이는 좋은 "어트랙션"으로 기능한다. 이뿐만 아니라 영화는 여주인공이 지방에서 서울로 상경하는 과정을 보여주면서 카메라가 그 여정에 동반하듯 여행길을 전시한다. 가는 길에 우람한 폭포가 떨어지는 광경을 경쾌한 음악과 함께 1분 이상이나 보여주는 장면은 관람객에게 관광 책자의 생생한 화보를 보는 듯한 생동감을 보여준다. 이후 카메라는 경성에 도착한 여주인공의 행로를 쫓는데, 돈화문 버스정류장이나 당대의 버스 모습, 모던보이/모던걸이 등장하는 카페, 기생집 등 도시의 발전된 모습과 경성에서 접할 수 있는 소비 문화가 전시된다. 이는 지방vernacular의 문화를 '타지'에 내보내기 위한 전략적 '전시'였다고 볼 수 있다. 일본이 독일과 처음으로 만든 합작 영화 〈사무라이의 딸〉(아놀드 팽크스/이타미 만사쿠, 1937; '신대지'로도 알려짐)에 "후지산과 화산 같은 일본의 자연 풍광뿐만 아니라 벚꽃, 기모노를 입은 일본 여성들, 스모, 일본 무용, 노와 같은 전통 예능"을 삽입하여, 서양 관객들에게 일본의 전형적인 이미지를 전시했던 것과 같이 한국의 풍경은 제국 내 유통을 위한 '매혹'으로 자리 잡기 시작했다.[53]

이와 같이 1930년대 많은 '합작' 영화에서 볼거리를 전시하는 관습

〈어화〉장엄한 폭포 앞에 여주인공과 이 모습을 찍는 남성. 마치 당대의 화보를 찍는 장면을 영상으로 남긴 것과 같은 착각이 들 정도다.

은 초기 영화 관람의 연장선에서 살펴볼 수 있다. 때로는 영화에 공연 장면이 인서트되기도 했고 때로는 극에 영상을 삽입하여 이접적인 공연이 행해지기도 했다. 일례로 조선악극단의 경우 쇼치쿠 경성 직영 극장인 쇼치쿠 메이지좌에서 여러 차례 공연했는데, 1941년 8월에 쇼치쿠 소녀가극단이 조선에 원정 공연을 왔을 때는 쇼치쿠 소녀가극단의 레퍼토리인 〈쇼치쿠행진곡松竹行進曲〉을 김해송이 편곡하여 조선악극단과 합동 공연하기도 했다. 기록에 의하면 이는 쇼치쿠에서 상영된 영화의 일부를 새롭게 "아렌지"하여 연주한 것이다.[54] 이후 이 공연에 대한 평을 보면 "영화의 내용 일부를 짤러 단편적 구성"을 했고 한 개의 무대에서 "스토리"와 주제가를 기본으로 극의 전개를 펼쳐 흥미롭다고 평가했다.[55] 마치 연쇄극과 같은 초기 영화적 상영이 지속된 것이다. 이러한 현상을 두고 안재석은 식민지 말기의 뮤지컬 영화에서 "어트랙션"이 "영화 속으로 들어갔다"고 표현했는데,[56] 이처럼 1940년대 전시기에 영화와 악극은 어느 매체가 더 앞선다고 할 수 없을 만큼 혼종적으로 교차되고 있었다. 영화와 악극의 교차는 이 시기 가장 특징적인 매체적 '이접'의 흔적이었다.

그러나 아시아-태평양전쟁이 시작되자 이러한 자본주의적 방식의 공연이나 영화는 정치적 상황에 더 큰 영향을 받게 되었다. 악극단들이 전쟁 위문단으로 조직되면서 동아시아권에 강제적 순연을 하면서 극이나 공연의 내용도 변화했다. 영화 또한 파시즘적 미학이 도입되면서 이전과는 다른 형태의 선전영화들이 만들어졌다. 악극은 '일회성'이라는 특성이 강하기 때문에, 기획자나 공연자가 어떤 관객을 만나느냐에 따라 공연의 내용이나 수용의 방식이 상이했다. 그러나 선전영화가 다수 만들어지기 시작하면서 복제성과 균일한 시각을 반복적으로 재생하는 영화라는 장치 속에 자리잡은 악극은 '국민'이라는 동일한 이름을 만들어내는 데 무력하게 복무하게 되었다. 식민지의 연예인들은 "국민으로 참여한다는 환상 혹은 현실"을 대면할 수밖에 없었다.[57]

4. '국민'을 위한 파시스트 '스펙터클'

1931년 만주사변을 통해 일본이 동아시아에 세력 확장을 위한 야심을 드러내었다면, 1937년 시작된 중국과의 전쟁은 1941년 미국의 전쟁 참가로 아시아-태평양전쟁으로 확장되었다. 1945년 전쟁이 종식되기까지 이어진 '총력전Total War'의 시작이었다. 총력전은 각 국가의 온 국민이 참여하여 싸우는 '국민의 전쟁'을 의미한다. 국가는 전투가 일어나는 '전방'과 이를 지원하는 '후방'으로 나뉘어, '전방'에서는 적을 향한 전투가, '후방'에서는 전방을 위한 지원이 대대적으로 일어난다. 따라서 군사적 전략과 직접적 전쟁 수행뿐만 아니라 이를 위한 대대적인 국민과 사회의 통합을 요구하는 것으로, 전쟁의 수행 자체가 일종의 대대적인 '국민화'를 동반한 것이었다.

　일본과 같은 제국의 '총력전'은 일본 본국의 국민뿐만 아니라 식민지인까지도 '국민'으로 호명하여 전쟁에 동참시키는 이른바 '내선일체'를 적극적으로 실행하게 되는 실험의 장이 되었다. 일제는 식민지 초창기부터 조선인을 제국에 동화시키는 것을 목표로 했지만, 전시기 이전까지 이러한 목표는 이데올로기로만 남아 있었지 실행에 옮겨지지는 않았다. 그러나 전시기를 거치면서 본격적인 국민화 정책이 펼쳐지자, 조선인은 국민의 이름으로 부름을 받기 시작했고, 신민을 수행performance하며 '동화'를 실질적으로 경험하게 되었다. 배타적 인종주의를 기반으로 배제의 정치를 펼치고 있었던 나치나 이탈리아의 파시스트들과 달리, 일본은 같은 황색 인종의 화합을 추구하는 '오족협화'나 '대동아공영'이라는 슬로건을 통해 국민의 균질화 정책을 펼쳤는데, 이를 위해 대중문화의 심미적 장치들이 동원되었음은 물론이다. 이 과정에서 제국과 식민지 사이의 '차이'를 비가시화하고, 이를 가능한 한 하나의 국민으로 '보이게 하는' 문화의 접점을 찾는 것, 그것이 식민 말기 전시체제하의 대중문화가 가진 가장 큰 도전이었다. 신민의 수행은 신토에 절을 한다거나, 천황폐하 만세를 외치는 행위를 통해서 실천되면서, 점차 식민지인에게 현실의 문제가 되었다.[58] 조선인들은 '총력전'을 통해 제국 일본의 인구로 급속히 받아들여짐과 동시에 그에 걸맞은 식민지인으로서의 행위를 요구받았다.

　총력전 전시체제하 일본의 영화 만들기에 나타난 두드러진 변화는 다른 파시스트 국가들과 결속을 다지는 것이었다. 1937년 일-독-이 협정과 독-일 문화협정(1938)이 체결된 이후로 파시스트 국가를 축axis으로 영화 매체의 활용이 집중되기 시작했고, 전 (제)국적으로 영화 신체제라는 이름 아래 영화사 통폐합을 통한 영화 제작의 일원화와 선전물 제작이 왕성해졌다.[59] 일본에 도래한 새로운 세계인 독일-이탈리아-일본의 파시스트 연합은 새로운 '세계'로 구성되기 시작했다. 미국과 구미를 향해 있던 글로벌 쇼 문화는 파시스트 세계의 일환으로 재구성되었다. 실패한 독-일 합작의 예지만 독일과 일본 사이에는 〈사무라이의 딸〉과 같은 합작 영화들이 시도되었고, 조선과 일본 사이의 합작 영화들도 무수히 만들어졌다.[60] 이 시기에 만들어진 영화는 대개 선전영화였다. 아시아 각 대륙을 돌며 〈그대와 나〉(1941)와 같은 노골적인 선전영화를 만들었던 조선인 허영이 일본에서는 '히나쓰 에이타로'라는 이름으로, 인도네시아에서는 '후융'으로 살았듯이* 다양한 국가적 정체성을 한 신체에 담는 것이 일본 파시스트 국가의 '협력'적 선전영화의 목표였다.

악극단의 공연 또한 이런 정치적 상황에 깊게 맞물려 돌아갔다. 가령 1939년 12월에 조선악극단이 다시 일본에 발을 내디뎠을 때 가장 먼저 한 일도 야스쿠니신사에 참배하는 것이었다.[61] 조선의 언론은 대개 조선악극단의 공연을 '일본에서의 성공'에 초점을 맞추어 보도했지

---

* 허영은 일본인 히나쓰 에이타로라는 이름으로 활동하다 일제 말기 인도네시아에 정착하여 인도네시아인 '후융'으로 그곳에서 삶을 마감했다. 자세한 허영의 삶에 대해서는 Micheal Baskett, *Attractive Empire: Transnational Film Culture in Imperial Japan*, University of Hawaii Press, 2008, 3장 참조.

다카라즈카 교향악협회 제122회 연주회 모습. 본격적인 파시스트적 동맹이 드러난다.

만,[62] 일본의 언론들은 조선악극단의 '위문'을 강조하여 보도했다. 일례로《마이니치신문》은 조선악극단의 일본 제1회 공연에서 있었던 '육군군의학교 부속병원' 위문 장면을 자세히 소개했다. "이철이 먼저 가희들을 소개"하고 이어서 "단소, 장고, 피리 등이 동반된 민요, 무용, 유행가 등을 하면서 프로그램을 하였"으며 "장세정이 〈라트라비아타〉, 이화자가 〈아리랑〉을 불렀고 마지막에는 〈애국행진곡〉을 다 같이 합창으로 부르며 위문을 끝냈다"라고 보도했다.[63] 조선악극단의 일본 공연이 '선전과 협력'에 우선하고 있음을 명확하게 보여주는 대목이다. 《마이니치신문》은 극장 공연에서도(화월극장) 피날레는 장세정, 남인수, 이난영, 이연권 등 4명의 스타가 부른 군국가요 〈아버지여, 당신은 강했습니다父よ, あなたは強かった〉로 소개하며 이들 공연의 목적이 '군 위문'이었음을 강조했다.[64]

1941년부터 전쟁이 미국과 일본의 싸움으로 확장되자 정치 상황은 급격히 변화했고, 이른바 급진적인 국민화가 진전되었다. 이제 '위문'을 위한 공연뿐만 아니라, 조선과 일본을 하나의 공동체로 형상화하는 '국민극', '국민영화'에 대한 요청이 제기되기 시작했다. 1941년에

이탈리아 피렌체역에서 사진을 찍는 쇼치쿠 소녀가극단. 《가극》, 1939년 2월호. 독일-이탈리아-일본의 친선 공연을 위해 방문. 조선의 악극단이 일본과의 친화를 위한 친선 공연을 펼치는 동안 일본의 가극단들은 파시스트 국가들과의 친선을 다지고 있었다.

만들어진 조선연예협회와 조선연극협회는 공연 문화가 국가의 신체에 조직적으로 참여하는 길을 만들었고, 이후 이 두 단체가 통합되면서 1942년에 발족된 조선연극문화협회는 이러한 변화를 더욱 가속했다. 조선악극단조차도 조선 자본으로서의 흥행의 독자성은 거의 사라지고, 극단들은 신체제하에서 인종 간의 차별을 초극하는 논리를 뒷받침할 '국민극'을 제작하고 이를 통해 다민족국가로서의 일본제국의 구상에 조직적으로 참여하기를 촉구받았다.

이러한 정치적 요구는 이에 참여하는 대중문화인 자신들을 규율하는 것이기도 했다. 극장에서 국민의례를 시행하게 했던 것은 이 시기 국민화 과정을 압축적으로 보여준다고 할 수 있다. 이승희는 1941년 이후의 연극계의 일련의 "조직화"와 극장에서 "관주가 사회하여 일동이 기립하여 궁성요배, 전몰장병에게 묵도, 황국신민서사 제창의 순서를 맞춘 다음 상영을 할 것" 등의 지침을 통해, 국민화 과정의 의례가 행해지고 있었음을 지적했다.[65] 또한 국민화는 이러한 수행성을 통해서뿐만 아니라, 참가자의 '좋은 국민'이 되겠다는 선언을 통해 연습되기도 했다. 조선악극단의 단장 이철도 시국의 급격한 변화에 따라 조선연예협회장직을 맡으면서, 다음과 같은 선언을 했다.

> 황국위문을 한다거나 백의용사를 위문할 수 잇는 직능의 단체적 행동을 생각할 때 무어보다도 봉사적인 역할일 께다. 이런 점에서 이동극단이 보다 청각적인 데 비해 위문연예단이 보다 시각적인 소이로 여기에 대한 책임져 활약를 약속하고 싶다.[66]

이러한 이철의 선언을 방증하듯이 조선악극단에도 1942년을 기점으로 좀더 '일본화' 혹은 '국민화'된 레퍼토리가 많이 생겨난다. 앞서 조선악극단의 공연이 '서양적인 것'과 '조선적인 것'의 혼성의 '오족협화'를 가시화하는 것이었다면, 이제는 '국어(일본어)' 사용이 화두가 되고, '일본적인 것'과 '조선적인 것'의 혼성이 중요해지기 시작했다.

단적인 예로 1942년부터 조선악극단의 공연은 일본적인 것과 조선적인 것을 혼성한 극, 그리고 '국어(일본어)' 사용이 강화되었다. 1941년경부터 국민극 요소가 증가하고 이것이 제3차 일본 공연에도 그대로 이용되었다. 이러한 변화는 국민극에 대한 총독부의 요구가 늘어나면서 내선일체를 극작에 반영한 것이었다. 조선악극단은 극작에 유능했던 조명암을 영입하여 기존의 레퍼토리들과는 다른 국민극들을 만들었다. 1942년에 부민관에서 공연된 〈야마사쿠라山櫻〉는 조명암의 작품으로 조선인 징집을 축하하기 위해 특별히 만들어진 극이었고, 이후 1943년에 있었던 3개월간의 일본 공연의 주요 레퍼토리기도 했다. 또한 이제 〈춘향전〉과 같은 유명한 '조선 표' 레퍼토리보다는 〈흥보전〉과 같이 인과응보라는 단순한 플롯과 희극적 요소를 많이 가미할 수 있는 극을 공연했다. 1939년 첫 일본 흥행 이후로 줄곧 조선적인 것을 내세웠던 조선악극단이 1943년 일본 공연에서는 '조선'이라는 표지를 약화하고, '국민'의 모습으로 재현했다는 것은 이 시기의 커다란 변화이자 조선인이 국민화되는 새로운 '연출'이었다. 군복을 입은 연예인들의 사진을 통해 모두가 전면전에 참가하는 국민임을 강조했던 현상은 이 시기의 군국주의적 문화에 흔히 발견되는 것이었다.

영화도 마찬가지였다. 1940년 1월 '조선영화령' 공포 이후 조선의 영화계는 정치가 급진적으로 개입하기 시작했고, "국민"을 위한 영화를 만들어낼 것을 강력히 요구받았다. 영화 신체제의 시작이었다. 영화의 제작, 배급, 흥행에 이르는 모든 과정을 일원화한 1942년 사단법인 조선영화주식회사(이후 조영)가 출범하면서, 이전에 세워졌던 조선의 영화 기업인 고려영화협회나 조선영화사 등 대기업들도 모두 조영으로 통합되었다. 조영은 의정부에 "변전실, 영사실, 현상실, 녹음실, 음악실" 등을 구비한 1000평 규모의 스튜디오를 조성하고 전속 영화인 월급제를 시작했고, 1년에 극영화 6편, 문화영화 5편, 뉴스영화 12편을 제작했다.[67] 조선의 영화 기반이 무너질 수 있다는 불안 속에서도 다수의 영화인은 영화인 등록제에 이름을 올리고 조영에 합류했다.

이준식은 영화인들이 협력을 강행했던 이유로 네 가지 사항을 지적

조선악극단 공연 포스터. 《매일신보》, 1943년 7월 20일. 조선의 옷을 벗고 중성적인 '국민복'을 입은 모습이 눈에 띈다.

한다. 첫째는 조선인 영화사가 일본과 합작 영화사로 합병되는 것을 신분적 상승으로 파악하고 있었다는 것, 둘째는 영화 제작에서 자본의 부족 문제를 국가가 쉽게 해결할 수 있었다는 점, 셋째는 해외 영화 규제를 통해 해외시장을 개척할 수 있다는 점, 마지막으로 영화가 건전 오락으로서 국민에게 '국어(일본어)'를 가르치고 건전한 윤리 의식을 키울 수 있다는 점이다.[68] 조선 영화의 생존을 위해, 그리고 어려운 제작 여건에서 영화인들은 시국에 협력하는 방향에서 영화를 만들었다는 것이다.

이 시기 영화 제작 상황의 변화는 앞서 언급한 영화 〈반도의 봄〉에 민족지적으로 생생하게 드러난다. 영화의 중후반에 갑자기 '반도영화주식회사' 설립의 발표와 제작에 대한 새로운 지침이 만들어졌다며, 이에 대해 관련 부서의 담당자가 설명하는 장면이 나온다.

협력과 지도 덕분에 반도영화주식회사를 설립하고, 오늘 발대식을 거행함에 여러분의 도움을 얻은 것을 발기인의 한 사람으로 영광으로 생각합니다. 영화 제작기업은 다른 어떤 기업보다도 매우 어려움은 여러분도 아시는 바와 같습니다. 즉 여기에 종사하는 자는 예술적 양심을 가지고 임하며 각 부서에 일하는 사람들이 혼연일체가 되어 종합적 진가를 발휘하여야 합니다. 오늘까지 반도 영화 제작은 오랫동안 가시밭길을 걸어왔습니다. 오늘날 나라는 중대한 시국에 직면하고 있습니다. **이 시대에 맞추어 대중이 향하고 있는 것을 분명히 하고 생활향상을 꾀하는 내선일체 원칙과 함께 황국신민의 책임을 다할 수 있게 진정한 문화제인 훌륭한 영화를 만드는 것**은 한시도 잊어서는 안 되는 중대한 책임이며, 이 회사를 설립하는 이유입니다. 이후 여러분과 일치협력하여 국민문화 진전에 공헌하는 영화를 만들어 사명을 다하고자 합니다. 덧붙여 말하고 싶은 것은 이 회사를 창립하는 데 있어서 진력을 다해 주신 촬영소 여러분께 뜨겁게 감사의 말씀을 드립니다.

연설이 진행되는 동안 카메라는 이 연설이 행해지는 공간을 압도적인 카메라술로 전시한다. 질서 있게 중앙에 배열된 탁자를 두고 사람들이 줄 맞추어 앉아 있으며, 카메라는 설명을 듣는 사람들의 얼굴을 하나하나 패닝한다. 정돈된 화면의 감각은 이전의 선전영화가 공연을 뒤섞은 '전시성exhibit'을 통해 관객을 매혹했던 방식을 순식간에 위축시킨다. 롱테이크와 패닝을 사용하여 연결성이 강조된 압도적 시각성은 독일 파시즘 영화 미학의 강력한 개입을 명징하게 보여준다. 마치 레니 리펜슈탈이 〈의지의 승리〉에서 질서 있는 파시즘적 화면 구성을 통해 압도적인 시각적 연출을 했듯이 말이다. 〈반도의 봄〉이 영화 내내 끌어온 이야기를 '깡그리 잊어버리게' 만드는 이 장면은 실제로 당대 조선의 영화사가 처한 '현실'의 순간을 극단적으로 드러낸다.

이러한 파시즘적 시스템 아래에서 영화는 '향토적'인 것들 또한 '국민적'인 것으로 재배열할 필요가 있었다. 가령 《삼천리》가 주최한 좌담

〈반도의 봄〉반도영화주식회사 설립과 제작에 대한 새로운 지침을 발표하는 장면.

회에는 '국민적'인 것을 어떻게 연출할 것인가에 대한 진지한 논의를
담고 있다. 좌담회가 열린 것은 대표적인 선전영화이자 조선군 보도부
에서 제작한 〈그대와 나〉가 한창 촬영되고 있을 때였다. 이 좌담회에서
는 이른바 "오족협화"의 균형을 맞추는 것에 대하여 진지하게 논의가
벌어졌다. 영화 제작자 이노우에 아사지井上淺茅는 조선 영화의 발전을
위해서 조선의 영화는 "조선의 문화와 풍속, 기타의 **정취와 향토색을
존중해야겠지만 이것이 내선일체를 목표하는 데서** 출발하여야 하며,
따라서 조선만을 상대로 할 것이 아니라 내지와 대륙까지를 상대로 제
작"해야 한다고 강조했다. 그는 "발은 조선"에 두되 손은 "내지와 대륙"
에 두어야 한다는 신체적 비유를 통해 다민족국가성을 표현했다.[69]

더욱 중요한 점은 이와 같은 극단적인 '동화'의 이미지는 궁극적으
로는 군국주의적 방식으로 발현되었다는 것이다. 가령 〈그대와 나〉의
감독 허영 또한 같은 좌담회에 참석했는데, 그는 중학교까지만 조선에

서 다니고 일본에서 15년에 가까운 세월을 보냈기 때문에 조선에 대한 지식이 거의 없었다. 이 좌담회에서 '국민'을 위한 영화를 만들기 위해 그는 "조선을 알려면 지원병 훈련소에 가보라"는 말을 들었다며 군인을 '국민'의 모범적인 모습으로 상정했다.[70] 일본-이탈리아-독일의 파시스트 연맹이 만들어지면서부터는 독일의 군사훈련 모습은 '발전된 국가'의 시민의 모습으로 이상화되었던 영향이었다. 나치의 신체 훈련과 군국주의적 훈련의 이미지는 이 시기 신문과 잡지에 가장 자주 등장하는 이미지였고, 타락한 퇴폐문화의 온상지인 미국과 달리 정신 훈련과 신체 훈련을 병행하여 건전한 병사로 만들어내는 나치 문화는 배워나가야 할 선진문화로 여겨졌다. 하신애는 〈젊은 모습〉과 같은 영화에서 젊은 조선인이 일본 군인으로 "되어가는" 모습을 보여주기 위해 여러 가지 시련을 겪으며 이를 극복하는 모습을 통해 "하나의 신체"로 만들어졌다고 했다. 영화의 카메라는 종종 궁성요배의 모습을 포착한다든지, 열병식 장면들을 통해 조선인이 단일한 신체로 만들어지는 과정을 보여주었다.[71]

같은 맥락에서 "병사가 되는 과정"을 가장 잘 보여주는 선전영화인 〈병정님〉은 이제 '지원병'이 아닌 국민의 일부로서 '징병' 대상이 되는 조선인이 훈련받고 군사가 되는 모습을 세미-다큐멘터리 형식으로 구현했다. 영화는 근대적이고 편리한 훈련소 내부의 모습을 샅샅이 보여줄 뿐만 아니라, 과학적이고 합리적인 신체 측정과 어려울 때 따뜻한 상담까지 해주는 일본인 상사의 인자함마저 보여준다. 풍요로운 식당 내부에 산처럼 쌓여 있는 고기와 밥, 또한 남는 시간에는 당대 가장 유명한 기악인들의 공연까지 관람하는 등 '훈련소'는 마치 일본인이라면

나치의 군사훈련 모습.《조선일보》, 1940년 6월 24일.
신문 기사는 훈련받는 나치의 모습과 이른바 소년단
(유겐트)에 대해 자세히 소개한다.

누릴 수 있는 발전된 삶이 미래주의적으로 전시된다. 영화는 이전의 많은 조선 영화가 관객을 매혹하기 위해 삽입했던 공연적 어트랙션 또한 곳곳에 배치한다. 모든 발성이 일본어로 된 이 영화에 동원된 "어트랙션"은 중국을 대표하는 리샹란의 노래, 〈미몽〉에서는 반라의 몸으로 아방가르드적 춤을 추던 조택원이 전통 무용을 하는 등 '오족협화'의 이상을 보여주는 '다인종'으로 구성된 국가-신체를 구성해낸다. 이는 기존에 관객을 매혹했던 많은 미디어적 장치를 파시스트 미학을 도입하여 유려하게 재배치한 것이라 할 수 있을 것이다.

그러나 무엇보다도 영화의 마지막을 장식하는 열병식 장면은 결국 이 영화가 파시스트적 미학을 동원하여 '균질화'의 감각을 만들어낸다는 점에서 더욱 주목된다. 조선인과 일본인이 구별되지 않으며, 질서 있게 걸어 나가는 일본의 아들들이 있을 뿐이고 이를 환영하는 인파가 있다. 레니 리펜슈탈이 〈의지의 승리〉에서 비행기 위에서 내려온 히틀러를 열렬히 맞이하는 군중을 교차 편집하여 파시즘 권력의 압도적 힘을 보여주었던 것과 같이 〈병정님〉의 막바지에 병사의 시가행진 모습과 환영 인파의 병렬은 나치의 프로파간다 영화처럼 '파시스트'적 문법으로 재탄생된다. 미국에서도 2차 세계대전 중에 이른바 전쟁 프로파간다를 만들기 위해 동원된 프랑크 카프라 같은 상업영화 감독이 그들의 적인 나치가 생산한 〈의지의 승리〉를 연구함으로써 효율적인 '프로파간다'의 문법을 배웠듯이,[72] 파시스트적 문법을 통해 국민의 일상을 규율하는 시각장의 활용은 급작스러운 '국민화'가 필요한 곳이면 어디에서든 사용되는 '모듈' 같은 것이었다.

이러한 모든 장치에도 불구하고 이 시기 국민극이나 선전영화가 흥행에 성공하거나 '국민화'라는 이데올로기로 관객을 '주체화'시키는 데 효율적이었는지는 쉽게 파악하기 힘들다. 내선일체의 '균질화' 미학이 사실은 조선인이나 일본인 관객 모두에게 설득력이 없을 가능성이 높기 때문이다. 일례로 사단법인 조선영화주식회사 상무 나카타 하루야스中田晴康는 본인이 태국을 방문했을 때의 경험을 예로 들며 '선전극'이 식민지인에게 통하지 않을 수 있다는 우려를 표했다. 그는 치앙마이에서 일본의 선전방송을 "유언비어"라고 비웃는 태국인의 태도를 보면서 대동아도 "여러 기후풍토도 다르며 민심도 가지각색이기 때문에" 사람들이 선전영화를 보았다고 그 선전을 믿게 된다고 생각해서는 안 된다고 강조했다. 그는 "때, 장소의 변화에 따라 여러 효과가 다르다는 것을 주의"해야 하며 때로는 "반대의 결과를 초래"할 수도 있다고 경고했다.[73] 투어리즘적 측면에서 조선붐이 일 때만 하더라도 불평등한 인종 간의 차이는 기본적으로 전제되고, 이를 제국의 입장에서 '다른 지방'으로 쉽게 소비할 수 있었다. 그러나 전쟁기의 '국민화'는 인종 간의 평등을 가정하고 피의 결합으로 조선인과 일본인이 균질한 관계로 된

〈병정님〉의 마지막 장면. 훈련을 마치고 정렬하여 행진하는 군인들과 이를 환영하는 일반 시민의 모습.

다는 이데올로기인데, 이러한 상상에는 "진행할수록 불가능한 것"으로 감각되는 불안이 도사리고 있었던 것이다.[74] 내선일체를 강조한 영화와 극들이 늘어나고 조선인이 당국에 협조하고 있더라도, 제국이 식민지인의 내면을 파악하는 것은 불가능했기에 어쩌면 제국의 '국민화' 프로젝트는 항상 불안을 내포한 정치였다고 할 수 있을 것이다.

1930-40년대 전시체제라는 역사적 상황은 조선인을 제국의 일부로서 호명하게 했고, 그것이 때로는 '조선적인 것'이라는 차이 혹은 차별이 드러나는 문화로, 때로는 차별의 감각을 무화한 '내선일체의 상상'으로 나타났다. 이러한 호명에 표면적으로는 조선인도 자신을 '조선의 미'를 가진 객체이자 '국민'의 한 사람으로 연출하며 화답했다. 또한 영화나 무대를 만들어내면서 이 과정에 참여한 사람들의 정체성에도 극단적 변화가 동반되기도 했을 것이다. 물론 이러한 극이나 영화에 사상을 '착상'시켜 관객들을 주체화하는 데 얼마나 설득력이 있었는지를 파악하는 것은 불가능하다. 그럼에도 중요한 사실은 이런 극을 만들어내는 경험 그 자체가 창작에 참여한 모든 사람의 신체에 흔적 identification을 남겼다는 점이다. 해방 이후 각종 정치적 선전에 악극과 영화가 동원되는 방식은 비록 그 주체가 '한국인'으로 옮겨졌으나 주체화의 수단으로 사용되었다는 점에서는 동일했다.

해방 후 악극인들은 미8군 무대를 통해 할리우드로 진출을 시도하기도 했고, 영화인들은 국가가 필요로 하는 선전영화를 만드는 가운데 악극이나 인접 문화가 가지고 있는 매혹을 다시 시대의 맥락에 맞게 담기 시작했다. 일부는 반공연예인단으로 조직되어 새로운 국가의 "조국통일전선에 이바지하여 애국정신 고취와 전의앙양을 목적으로 건전한 국민예술운동"을 전개했다.[75] 이러한 예능인의 행로는 식민지 시기를 통해서 경험된 '연예가 정치와 조우하는 방식'이 해방 이후에까지 확장되었음을 보여준다. 식민지 상황에서 '국민화'를 연출했던 경험이 이들 예능인의 신체에 남아 있었고, 해방 이후의 냉전 국가가 주도하는 '반공적 국민화'에 다시 동원되었던 것이다.

2장

반공-엔터테인먼트의 탄생

1. 해방과 영화, 식민 정치의 유산들

1945년 원자폭탄 투하로 길었던 아시아-태평양전쟁이 끝났다. 해외에 거류하던 한국인은 속속 한국으로 돌아왔고, 일본인은 서둘러 조선 땅을 떠나야 했다.[1] 동시에 미군 주둔과 소련의 감독 아래 한반도는 나뉘었고 사람들도 좌-우 진영으로 나뉘었다. 1948년 남, 북에 각각 정부가 수립되었고 사회는 급속히 변했다. 그러나 1950년 6월 25일 또 다른 전쟁, 한국전쟁이 시작되었고, 사람들은 남과 북 그리고 글로벌 냉전이 깊숙이 개입한 또 한 번의 전쟁을 겪어야 했다. 실로 급박한 역사적 변화라 하지 않을 수 없다. 이런 변화에 따라 1945년과 1950년을 전후로 한국은 급속한 인구변동 속에서 새로 유입된 인구와 빠져나간 인구들을 선별하여 관리하는 '국가-만들기nation-building'가 그 어느 때보다도 활발하게 진행되었다.

영화인들도 변화된 정치적 상황에서 발맞추어 새로운 '민족영화'를 만들고자 했다. 1946년 초에 좌, 우 합작과 민족적 영화의 재건을 목

• 이 장은 필자의 논문 〈현대 한국 영화 재건 논리와 코미디 영화의 정치적 함의(1945-60): 명랑하고 유쾌한 '발전 대한민국' 만들기〉, 《진단학보》112호, 2011의 일부를 수정, 보완했다.

표로 한 조선영화동맹이 만들어졌다. 식민지 시기와 마찬가지로 영화
는 남북 양쪽에서 냉전이라는 새로운 정치의 선전매체로 사용되기 시
작했다.[2] 이들은 가능한 수단을 동원해서 계몽영화를 만들어 전국적 순
회를 하며 새로운 국가의 탄생을 알렸다. 조선영화동맹의 다수는 이미
일제하 전시 동원 체제에서 영화를 제작한 경험이 있었기 때문에 영화
를 '선전' 도구화하는 것은 남북 모두에게 자연스러운 일이었다. 다량
으로 만들어진 '뉴스영화'는 이 시기 가장 많이 상영된 영화였다.

　해방 당시 서울에는 16개의 극장이 있었으나 1949년에는 19개 관으
로 증가했다. 영화관에서 상영된 영화들은 소수의 국산 극영화, 미군
정의 허락을 받아 중앙영화배급사에서 직배된 미국 영화, 혹은 뉴스영
화를 포함한 비非극영화 등이었다. 그러나 극장으로 '볼거리'를 위해 모
여든 관객들은 영상의 종류를 가리지 않았다. 관객들은 초기의 관객들
이 실사영화에 몰렸듯이 뉴스영화 등 비극영화에도 몰렸다. 이길성에
의하면 이 시기 극장에서 영화와 공연은 50퍼센트의 비율로 이루어지
고 있었다. 또한 이 시기에 많이 상영된 영화로는 2차 세계대전의 실상
을 담은 미국에서 배급한 영화들과 1948년 정권 수립기를 전후로 하여
〈민족의 절규〉나 〈여수순천반란사건〉 같은 정권 홍보나 반공 영화들이
었다.[3] 이길성은 이러한 영상물들이 영화관에서 상영된 것은 오락이 부
족했던 당시의 대중들이 여가 시간을 활용하기 위한 여가선용의 대상
이었다고 추정했는데, 이를 통해서 대중들은 "오락적인 기능과 더불어
쉽게 국제적 관심 이슈들에 대한 정보"를 얻을 수 있었다.[4] 이런 면에서
이른바 황금기가 시작되어 국산 극영화가 극장에 충분히 수급되기 이
전의 영화 관람문화는 볼거리 중심의 초기 영화적 관람의 연속이었다

고 보아도 좋을 것이다.

극장에 몰린 관객들의 욕망에 부합하기 위해 극영화의 제작도 다시 시작되었다. 선두에 섰던 것은 아시아-태평양전쟁 시기에 가장 활발한 활동을 한 영화인 최인규였다. 그가 이른바 내선일체를 위한 군국주의 영화 〈사랑과 맹서〉를 만들어 개봉한 것이 해방을 불과 3개월 앞둔 1945년 5월 24일이었다. 아시아-태평양전쟁의 가장 막바지까지도 선전영화를 찍었던 최인규는 빠르게 태세를 전환하여 해방이 되자마자 '독립'의 수사가 강조된 〈자유만세〉(1946), 〈독립전야〉(1948), 〈죄 없는 죄인〉(1948) 등 해방 3부작 영화를 만들었다. 〈자유만세〉가 〈사랑과 맹서〉를 만든 지 약 1년 뒤인 1946년 10월 22일에 개봉했다는 점에서 그가 얼마나 긴급하게 자신의 과거를 '전환'했는지를 알 수 있다. 최인규의 이런 빠른 행보는 새로운 민족-국가를 위한 영화를 만드는 것을 통해 의식적으로 식민지적 '친일'의 기억을 삭제하며, '자유'나 '독립'을 기조로 한 새로운 민족-국가의 틀에 자신을 정박시키는 행위였다.[5]

관객들에게 보여줄 만한 국산 극영화를 만들기 위해서 다른 영화인들도 앞다투어 영화 제작에 나서기 시작했고, 이를 위한 국가적 지원을 요구하기 시작했다. 이 시기 대다수의 영화인은 이미 일제의 '신체제'에서 영화를 만들었던 경험이 있었다. 1장에서 언급했듯이 1941년 영화 신체제의 시작을 알리면서 조선에 존재하는 모든 영화사를 통폐합하여 만들어졌던 사단법인 조선영화주식회사(조영)는 선전영화를 만드는 국가의 거대한 조직이었다. 물론 이러한 시스템하에서 영화는 국가의 '선전' 도구로 쓰일 수밖에 없는 한계를 가지고 있었지만, 국가가 제작을 보장하는 제도로서의 '신체제 시스템'은 영화인들에게 어느 정도 긍정적인 인상을 남긴 것으로 보인다. 따라서 이 시기 영화인들의 영화산업 육성을 위한 논의들은 일제하 신체제의 경험을 기반으로 국가 주도의 산업 육성으로 쏠리는 경향이 있었으며, 이러한 논조는 1950년 한국전쟁을 겪으며 더욱 강화되었다. 전쟁 후에는 이른바 국가의 지원에 기반한 '기업화' 논의도 확산되었는데, 모든 면에서 자본, 시설, 인력이 부족했던 한국 영화인들은 국가의 지원을 통해 영화산업을 발전시켜야 한다는 인식을 공유했다.

이 장에서는 한국전쟁 이후 영화를 제작했던 영화사 가운데 1950년대 메이저 제작사라고 할 수 있는 임화수의 한국연예주식회사(이하 '한국연예')를 중심으로, 해방과 전쟁을 거치며 국가 주도적 '기업화'를 시도한 영화 재건 담론이 어떻게 형성되었는지 그리고 종국에는 그렇게 태어난 대중영화가 어떻게 국가의 정치에 깊이 연루될 수밖에 없었는지를 살펴보고자 한다. 임화수와 한국연예는 1960년 4·19 이후에 이승만과의 정치적 결탁, 그리고 각종 폭력과 비리에의 연루로 인해 급속도로 역사 속에서 잊혔다. 그러나 한국연예의 영화 만들기는 해방 이후 지속적으로 주장되어왔던 국가가 보호, 지원하는 영화산업의 "폭력적인" 형태의 발현이었다.[6] 임화수는 국가의 보호와 육성을 전제하는 가운데 당대의 냉전 지형을 흡수하며 '영화 기업화'를 시도했다. 또한 임화수의 이런 행보는 1960년대 한국 영화 황금기의 '신필름'과 같은 친정부적 대기업 영화사들의 생존방식의 전범이 되었다는 점에서 더욱 중요하게 살펴볼 필요가 있다.[7]

더불어 국가 주도의 산업 구조는 단순히 영화 제작 방식의 변화뿐만 아니라 영화의 내용까지도 지배할 수밖에 없었다는 점 또한 기억해둘 필요가 있다. 한국연예의 많은 영화는 식민지 시기 선전영화와 마찬가지로 다분히 상업적이고 근대적인 다양한 공연의 흔적을 영화에 담아 관객을 매혹하면서도 계몽적이며 반공적인 메시지를 설파하는 이중적 성격을 지니고 있었다. 이 영화들은 식민지 시기의 '선전영화'의 형식과 유사한 '반공 엔터테인먼트'라고 불릴 수 있을 것이다. 더욱 주목할 것은 이를 통해 '반공'의 개념은 좀더 선명한 방식으로 대중에게 다가가기 시작했다는 점이다. 한국전쟁은 군-민이 뒤엉켜 싸우고 양민 학살과 대량 사상자를 낳은 '냉전' 속의 '열전'이었으며, 그 경험이 사회에 미친 파장은 실로 엄청난 것이었다. 피비린내 나는 전투, 부상, 추위, 배고픔, 가족·친지·애인·친구와의 죽음과 이별 그리고 극심한 이데올로기 갈등은 많은 사람에게 트라우마를 남겼다. 또한 전쟁을 통해 대상이 모호하고 다소 추상적이었던 '반공Anti-communism' 개념은 '반북Anti-North Korea'이라는 구체적 대상을 찾았고, 김일성은 대중적인 수준에서 국민의 '주적'으로, 북한에 동조하는 자는 '빨갱이'로 낙인이 찍히기 시작했다.* 더구나 한국전쟁이 평화조약이 아닌 정전협정으로 막을 내렸기 때문에 '북괴가 대군을 만들어 언제든지 남침할지도 모른다'라는 불안은 전후에 남북을 신경증적으로 곤두서게 했다. 이런 의미에서 한국전쟁 직후의 '반공'은 공산주의에 반대하는 하나의 '이념'이기 이

• 물론 빨갱이에 대한 혐오의 정치의 시작은 이보다 더 거슬러 올라갈 수 있다. 일제하 전시체제기 방공운동과 관해서는 이태훈, 〈일제 말 전시체제기 조선방공협회의 활동과 반공선전전략〉, 《역사와 현실》 93, 2014; 여순사건과 한국전쟁 중 '빨갱이' 만들기의 정치와 반공문화에 관해서는 김득중 외, 《죽엄으로써 나라를 지키자: 1950년대 반공, 동원, 감시의 시대》, 선인, 2007; 김득중, 《빨갱이의 탄생: 여순사건과 반공국가의 형성》, 선인, 2009 참조.

전에 "전쟁 체험에 대한 감정의 발산"이었으며,[8] 사람들의 정서 및 감정과 연관된 것이었다. '한국연예'가 집중적으로 제작했던 코미디 영화는 해방과 한국전쟁 후 남한의 냉전 이데올로기가 대중의 일상과 어떤 방식으로 조우했는지를 잘 보여준다. 국가 이데올로기와 교훈성이 쇼와 코미디 같은 '순수 오락'과 섞인 형태의 '반공 엔터테인먼트'는 신생 대한민국에 대하여 끊임없이 밝고, 유쾌하고, 희망적인 이미지를 생산하면서도 적대적 반공, 애국주의, 민족주의 등의 코드를 영화에 적극적으로 삽입하여 북한을 '주적'으로 여기는 배타적이고 반공적인 국민화를 추구했다.

2. '냉전' 문화 산업의 형성

해방 이후 첨예하게 대립되었던 좌-우의 이데올로기적 갈등은 남과 북이라는 공간으로 분열되었다. 남북은 각자 자신들의 국가적 정통성을 주장하며 상대보다 우월한 국가 형태를 만든다는 '냉전적' 국가 만들기를 시작했다. 이는 '민족국가'를 '이데올로기'로 나눈다는 측면에서 이전과는 완전히 다른 새로운 '이데올로기적' 국가 만들기의 형태였다. 북한에서는 계획경제와 강력한 중앙집권적인 국가 구조를 통해 국가 체제를 갖추는 데에 급속한 성과를 보였던 반면,[9] 남한에서는 자유민주주의와 자본주의를 기본 이념으로 자율성을 기본 방침으로 한 국가 구조를 지향했다. 북한이 1946년 토지개혁을 마치고 "혁명 완수"를 선포한 것에 비해,[10] 남한은 여러 사상이 대립하고 있던 자유주의적 구조 아래 있었기에 국가적 통합성 구성의 속도에 있어서는 북한에 비해 뒤쳐졌다.

더구나 미군정은 다수 국민의 반일 정서를 무시하고 일제하 한반도 재산의 약 80퍼센트에 해당했던 적산을 미군정에 관련이 있는 개인이나 단체에 불하하면서 친미적 기업가들을 육성했다.[11] 이러한 상황은 1948년 정부 수립 이후 이승만 정권기까지 이어졌다. 또한 한국전쟁 이후 1957년까지의 원조경제 체제에서는 은행이 국가의 통솔 아래에 있었기 때문에 이승만 정권은 원조금 분배라는 줄 세우기를 통해 권력을 독점적으로 행사할 수 있었다.[12] 이러한 불공정한 사회경제적 구조는 북한이 언제든지 다시 남침할 수 있다는 불안감으로 정당화되었다.

영화계 또한 이러한 냉전적 사회 맥락 속에서 영화 만들기를 지속했다. 해방 직후 남한의 많은 영화인이 이제는 자유롭게 영화를 만들 수 있을 것이라는 기대를 했지만, 1940년대 이른바 '영화 신체제'를 통해 조선의 군소 영화사를 흡수 통합했던 사단법인 조선영화주식회사의 시설들이 일부 미군정에게 흡수되면서, 미군정이 남한의 영화 제작을 상당 부분 통제했다. 또한 일제의 영화 검열의 핵심을 이어받은 '활동사진의 취체에 관한 포고령'이 발표되어 좌익 활동이 규제되기 시작했다. 친일영화 상영의 묵과,* 친미적 인물들에게 적산 극장을 불하하는 경우가 생기면서 영화인들의 반발을 사기도 했다. 국산 영화 제작자들은 미군정의 시설을 빌려서 16밀리로 무성영화를 제작하기도 했는데,

---

* 이 시기 신문의 문화면을 살펴보면 미군정의 잘못된 영화 정책과 중앙영화배급사의 독단적 영화 배급에 관한 반발이 상당하다. "외국영화의 수입과 그 영향", 《서울신문》, 1946년 5월 26일: "조선극장문화 위협하는 중앙영화사의 배급 조건", 《경향신문》 1947년 2월 2일.

식민지 시기에 이미 사단법인 조선영화주식회사나 다른 합작 영화사에서 상당히 발전된 형태의 토키영화를 제작한 경험이 있던 많은 영화인에게 이런 상황은 엄청난 퇴보로 여겨졌다.[13] 할리우드 영화의 수입이 미국의 직배회사인 중앙영화배급사를 통해 독점되고, 태평양전쟁 시기에 수입이 중단되었던 1930-40년대 영화까지 한꺼번에 덤핑 배급되면서 한국 영화계에서 국산 영화 제작은 거의 생각하기 어려운 상황이었다.* 게다가 식민지 시기에 영화를 만들었던 인력들이 대거 월북하면서 남한의 영화계는 공백이 컸다.[14]

이러한 역사적 맥락 아래에서 영화인들이 제기한 영화 재건을 위한 담론들은 흥미롭다. 가장 첫 번째로 제기된 영화 재건 논의는 좌파와 우파의 영화인들이 모여서 만든 조선영화동맹의 '국영화' 제안에서 시작되었다.** 조선영화동맹은 한편으로는 미군정이 시행한 검열 제도와

---

* 배급에서의 이러한 심한 불균형은 1962년 영화법이 제정되기 이전까지 계속되었다. 이 시기(해방 후 2년 4개월 동안) 중앙영화배급사에 의해서 배급된 영화의 숫자는 600편이 넘는다. 특히 중앙영화배급사가 배급한 대부분 영화가 전시기 일제에 의해 배급 중단되었던 영화들이어서 더욱 비판을 받았다. "국산 영화의 위기/긴급한 대책 강구하라", 《서울신문》, 1948년 4월 23일; "외국영화독점일색/지난달 서울 흥행계", 《동아일보》 1948년 12월 12일. 1950년대 후반에는 국산 영화 제작이 활발하게 이루어졌지만, 숫자상으로는 여전히 할리우드 수입 영화의 삼분의 일 수준에 머물렀다. 《한국영화자료편람》, 78쪽 참조. 미군정기 영화 정책에 관한 연구로는, 조혜정, 〈미군정기 영화 정책 연구〉, 중앙대학교 박사학위논문, 1997; 배수경, 〈한국 영화 검열제도의 변화〉, 김동호 외, 《한국영화정책사》, 나남출판, 2005; 송낙원, 〈해방 후 남북한 영화 형성기(1945~1953)〉, 정태수 엮음, 《남북한 영화사 비교연구》, 국학자료원, 2007, 28-29쪽.

** 조선영화동맹은 해방 이후 최초의 좌, 우 합작 영화 조직이었으나 그 대부분은 일제하의 카프에 속해 있던 좌파적 경향이 강했다. 그러나 일본의 파시즘적 영화회사인 조선영화주식회사에 참여했던 우파적 경향의 사람들 혹은 전향한 사람들도 이 조직에 대거 참여했다. 조선영화동맹의 미군정기 활동에 관해서는 이효인, 〈해방 직후 한국 영화계와 영화운동〉, 《한국 영화의 풍경(1945-1959)》, 문학사상사, 2003 참조.

'영화상영허가제'가 "민주주의적 재건을 저해하고 영화 상영의 자유를 압박하는 것"이라며 철폐를 주장하며 각을 세우는 동시에[15] 다른 한편으로는 그들은 미군정에 '국가'로서의 책무를 요구하기도 했다.

- 영화 제작 및 산업에 소요되는 기재시설을 **국가적 견지에서 기획**하여 수입 및 수출, 교재, 문화, 계몽, 기록 및 극영화의 제작
- 배급은 외래자본과 국가경제의 절약을 위하고 민족문화의 앙양을 위한 기획정책으로서 시행할 것이며 상설관 건설 및 경영
- 이론 기술진 확보 및 양성을 위해 영화과학연구소를 시설하고 영화인(예술가, 기술자)을 외국 파견
- 사영(민간기업)에 대해서는 기술적인 조치와 문화적, 기획적인 측면에서 **국가에서 적극적인 지도와 원조**
- 전문적인 영화학교의 설립과 학교, 직장, 공장, 농촌, 산촌, 어촌마다 영화실 설비[16]

조선영화동맹의 위 요구 조항들을 살펴보면 이들은 영화산업이 근대국가에서 교육적 가치가 높음을 지적하면서 국가가 영화 제작 인프라를 구축할 것을 촉구했다. 그들은 도시를 중심으로 발달한 영화산업을 지방과 산간벽지, 어촌, 공장 지대 등까지 넓혀야 함을 주장했고, 심지어는 국가가 영화 제작에 필요한 기술과 문화 인재를 해외에 파견, 육성해야 한다고 주장했다. 일례로, 일제하에서 좌파적 입장을 고수하다가 일제 말기에는 친일영화 〈군용열차〉를 제작함으로써 전향했던 서광제는 해방 이후에 정부가 "수입쿼터제를 도입할 것과 수입 영화에 관세를 책

정할 것 그리고 국가 차원에서 극장과 스튜디오를 건립하자"라는 의견을 제시하기도 했다.[17]

이들의 주장이 흥미로운 것은 이들 영화인이 미군정의 영화 정책이나 영화에 대해서는 비판적이면서도, 국가가 적극 개입하여 영화산업을 일으켜야 한다는 논리에는 의구심을 갖지 않는다는 것이다. '사기업'에 대한 국가의 지원을 상정하고 있다는 지점만 제외한다면, 그들의 요청 사항은 식민지 말기 '영화 신체제' 아래에서 이루어진 영화 만들기 방식과 대동소이했다. 이러한 논의를 주도했던 조선영화동맹의 안종화, 서광제, 김정혁, 박기채, 김한, 이병일, 이창용 등의 영화인들은 실제로는 1940년대 말 영화 신체제하에서 적극적으로 친일영화를 만들었다는 점에서 이들이 가진 영화 제도에 대한 인식은 처음부터 한계를 가진 것이었을 수도 있다.* 가령 김정혁은 1941년 일제가 '조선영화령'을 반포함과 동시에 신체제의 "국가적인 산업"으로 영화가 등장하게 된 것을 반기며 '조선영화령'을 통해 "난잡, 무질서의 현금現今 제작 상태에서 얼마간이나마 구원될 것을 생각할 때 즐거운 일이라 아니할 수 없다"라며, 이를 통해 "영화의 국민문화로서의 향상을 도모하는 한편 그 자체의 질적 발전을 도모하는 의미"를 명확히 가졌다며 새로운 국가 중심의 시스템을 환영했던 인물이었다.[18]

또한 사단법인 조영에 근무하며 선전영화를 만들던 사람들의 조영에 대한 기억 또한 그리 나쁘지만은 않았다. 함완섭의 증언에 의하면

---

* 조선영화동맹의 핵심 멤버였던 이들은 일제 말 영화 신체제에 적극 협력, 독려했던 인물들이다. 이효인, 위의 글, 69~71쪽.

이 당시 경제적 어려움을 겪고 있던 많은 영화인은 일제하에서 월급을 받던 국가 주도의 일본 영화사를 실상 호의적으로 받아들였다.[19] 1장에서 논의한 〈반도의 봄〉에서 보이듯 영화 제작을 위한 자금 조달에 항상 허덕였던 당시 조선인에게 국가가 나서서 영화를 "보호 육성"하는 시스템이 그들에게 나쁜 것만은 아니었기 때문이다.[20] 조영은 어쩌면 이러한 시스템을 짧게나마 체화embodiment하는 계기이기도 했다. 의식적이든 무의식적이든 영화 신체제하에서 친일영화를 제작했던 '수치의 기억'은 영화산업을 일구는 '효율의 기억'으로 환치되어 민족국가의 영화산업 진흥의 논리로 탈바꿈된 것이다. 이렇듯 조선영화동맹이 주장했던 국가 중심의 영화산업 육성 정책의 요구는 사실상 프로파간다를 만들어내는 기본 조건이기도 했고, 국가의 조력 없이는 영화를 만들 수 없었던 당시의 상황을 보여주기도 한다. 그러나 이러한 좌우를 통합한 영화 제도에 관한 논의는 대한민국 정부의 수립, 여수순천반란사건 이후 생긴 국가보호법 제정을 통해 반공의 기치가 강화되면서, 남한의 정치적 상황에 맞게 변화하기 시작했다. 1949년 "유령단체"로나마 지속되던 조선영화동맹의 등록이 취소되며 이후 남한에서 완전히 사라지게 되었다.[21]

1950년 한국전쟁이 발발하자 국가를 중심으로 한 냉전적 영화산업 육성에 관한 논의는 더욱 강력하게 확산되었다. 전쟁을 겪으며 생긴 반공주의는 '체험'을 동반한 강력한 것으로 바뀌기 시작했고 '빨갱이'에 대한 혐오적 감정은 남한의 배타적 냉전 정치 구도의 핵심이 되었다.[22] 이러한 구도에서 한국전쟁기에 영화산업이 후퇴했을 거라는 일반적인 가정과 달리, 전쟁 동안의 영화 만들기 경험은 이후의 이른바 '황금기'

영화의 초석이 되었다.[23] 식민지 시대에 영화계에서 훈련받지 않은 신인인 신상옥, 김기영, 이형표 심지어는 최초의 여성 감독인 박남옥•과 같은 새로운 영화인들이 미군 아래에서 뉴스영화나 문화영화를 만들며 성장할 수 있었기 때문이다. 한국전쟁 이후 아시아재단 자문관으로 파견되었던 존 밀러가 정릉 촬영소를 방문한 아시아재단 초대 단장인 로버트 블럼에게 한국 영화의 생산력은 "현재 너무 과열되어 있으므로 미국의 장비 지원도 필요 없을 것"이라고 말할 정도로 이 시기의 영화 만들기는 실질적 성장을 이루고 있었다.•• 물론 부인할 수 없는 사실은 이 시기에 만들어진 영화는 대개 미군의 시설을 빌려 만든 선전영화였고 개별적인 영화사에 의한 극영화 제작은 매우 힘든 상태였다는 것이다. 전쟁 직후 남겨진 영화 제작 설비는 다음과 같이 파악된다.

1. 라보라토리: 상남 미공보원 영화 제작소, 국방부 대공사진중대, 국방부 정훈국 촬영대, 진해 협동영화 제작소
2. 촬영기: 아이모 타-렛트 신형 2대, 아이모 10대, 미제 빠르보 3대, 16밀리 영화 촬영기 스페셜 5대, 횔모 8대
3. 조명기: 전부 동원하면 약 400킬로와트
4. 녹음기: 전부 4대(35밀리, 16밀리)

• 박남옥의 경우 식민지 시기 전시하에 뉴스영화를 만들었던 과거의 이력을 바탕으로 한국전쟁기에 다시 영화를 만들기도 했다. 박남옥, 《박남옥: 한국 첫 여성 영화감독》, 마음산책, 2017.
•• 아시아재단 자문관으로 파견되었던 존 밀러(John Miller)가 정릉 촬영소를 방문한 아시아재단 초대 단장인 로버트 블럼에게 한 말. 이순진, 앞의 글(2016), 37쪽에서 재인용.

5. 필름: 35밀리, 16밀리의 네거, 포지, 사운드 할 것 없이 전무

6. 편집대[24]

당연히 개인 회사가 극영화를 제작하는 일은 거의 상상하기 힘들었고, 전쟁이 끝난 이후에도 영화 제작에 필요한 주요 시설들은 주한미군 공보부에 속해 있었기 때문에 이들을 통하지 않고는 영화를 만들기 힘들었다. 주한미군 공보부 앞에는 영화를 찍기 위해 여러 영화인이 줄을 길게 서는 진풍경도 벌어졌다.*

한편, 북한에서는 영화의 교육적 중요성이 일찌감치 인정된 다른 여러 공산주의 국가와 마찬가지로 이미 소련의 강력한 원조로 인해 카메라, 라이트, 값싼 필름이 수입되고 스튜디오조차 새롭게 지어진 상황이었다.[25] 한국전쟁 이후에도 북한에서는 국유화된 영화 제작 시스템으로 빠르게 영화를 만들어내고 있었고, 이에 비해 열악한 상황에 있던 남한의 영화 제작자들은 신문이나 잡지 등 공적 영역을 통해 영화산업의 국가 지원이 매우 긴급하며 필수 불가결한 일임을 주장하기 시작했다.

조선영화동맹에 의해 주장되던 영화 국유화의 논리는 이내 북한보다 좋은 영화를 만들어내기 위한 경쟁적 냉전 논리로 변화하기 시작했다. 북한을 '주적'으로 상정한 반공적 분위기가 사회 전반적으로 형성되었고 칼 슈미트가 역설한 대로 "적과 우리"를 구분 짓는 새로운 반공적 국가이념으로 대한민국의 주권이 형성되기 시작했다. 이 상황에서

---

* 당시 유명 여배우였던 복혜숙은 〈무영탑〉에 출연 중이었는데, 이 영화 촬영 당시 카메라가 한 대밖에 없어서, 〈마의태자〉를 찍는 모습을 구경하며 촬영 차례를 기다렸다고 술회한다. 《명랑》, 1956년 10월호.

영화의 국가적 역할은 더욱 강조되었다.[26]

국사다난한 전시에 있어서는 이것이 가진바 사명은 일선과 후방을 연결한
정신무장을 강화시키고 육성편린하는데 나아가서는 **자국의 힘을 대외적으**
로 선전하며 아울러 국민에게 사기를 증발시킴으로서 **총력전의 정신선봉**이
되는 것이므로 어느 나라를 막론하고 **전시에 소용되는 선전력을 〈영화, 라**
디오, 신문〉의 순위로 정부에서 적극 협력한다는 것이다.[27]

1954년 이규환이 잡지《신영화》에 쓴 이 글은 영화가 전시기에 국민
의 정신을 고양하는 데 얼마나 중요한 산업인지를 역설하고 있다. 한
국전쟁이 끝났지만 사람들의 뇌리에는 아직도 이데올로기적 전쟁이
지속되고 있는 것을 느낄 수 있으며, 식민지 시기 전시체제의 "총력전"
의 논리 또한 여전히 표출된다. 준전시 상황인 한국에서 영화, 라디오,
신문과 같은 매스미디어가 정부에 적극 협력해야 한다는 점에는 한 치
의 의문도 없었다. 같은 글에서 이규환은 그해 영화제 참가 차 일본 도
쿄에 들렀다가 "북한의 선전영화의 질을 보고 크게 놀랐다"라고도 서
술했다. 그는 북한이 다음해에 아시아 영화제에 참가할 것이라는 소식
을 듣고, 남한도 어서 질 좋은 영화를 만들어 해외 영화제에 출품해야
한다고 역설한다. 남한의 영화 발전이 북한과 대결 구도 아래에 놓이
게 된 것이다.
글의 막바지에서 그는 영화는 "반공정신을 키우기에 매우 중요한 매
체"임을 강조하며, 그렇기에 국가가 "시나리오 작가, 영화감독, 배우,
스태프 등을 양성할 필요"가 있으며, "모든 설비는 국가 재정으로 뒷

받침되어야 함"을 강조하고 글을 맺는다. 같은 지면에서 영화배우 전택이는 한발 더 나아가서 영화인의 신분보장과 젊은 인재 양성을 위해 심지어는 영화인의 군 입대도 면제해야 한다는 논리까지 펼친다. 남북의 대치 상황에서 영화 제작을 국가의 중요한 산업이자 전투와 맞먹는 '전쟁 기계'임을 인식시키기 위한 영화인들의 목소리는 강력했다.[28]

이러한 영화인들의 요구에 발맞추어 정부 또한 여러 가지 영화 정책을 만들기 시작했다. 정부는 1954년에 '국산 영화 입장세 면세 조치'를 취하고 1958년에는 '우수 국산 영화 제작 보상제도'를 실시했다. 1954년 국산 영화 입장세 면세 조치는 국산 영화 제작에 활기를 불어넣고 국민에게 외화에 비하여 싼값에 영화를 볼 수 있는 기회를 제공하고자 한 조치였다. 이는 미군정이 할리우드 영화를 120원에 상영하고, 국산 영화의 가격은 200원에서 300원으로 책정했던 불균등한 상황에서 단비와 같은 조치였다. '우수 국산 영화 제작 보상제도'는 우수한 영화를 제작한 회사에게 수익률이 높은 외화 수입권을 준다는 다소 아이러니한 제도였음에도, 영화를 통해 해외 진출과 국위선양을 꾀하던 여러 영화인과 정부의 의지가 담긴 제도였다. 영화인들 사이에서는 수입 영화 숫자를 제한하여 국산 영화의 발전을 도모하자는 "쿼터제"를 도입할 필요가 있다는 의견들도 개진되었다.[29]

그러나 실제로는 국가 정책이 합리적인 기업화를 이끌만한 수준에 이르지는 못했다. 일부 개인들이 정부와 긴밀한 관계를 맺으며 은행으로부터 실상 거저 주는 돈이나 다름없는 대출을 받고, 적산 극장이나 시설 등을 싼값에 불하받으며 영화산업을 확장했기 때문이다. 예를 들어 수도영화사 사장 홍찬은 안양 스튜디오를 대규모 대출을 받아 지을

1953-60년 한국 영화 제작 편수

구분	1953	1954	1955	1956	1957	1958	1959	1960
극영화	6	18	15	30	37	74	111	87
문화영화	7	10	3	11	22	43	50	46

자료:《한국 영화자료 편람》, 1976;《문화영화목록》, 2004.

수 있었고,[30] 심지어는 할리우드를 직접 방문하여 카메라와 다른 장비들을 구입하기도 했다. 적산 극장을 불하받은 사람에게도 막대한 이윤은 쏟아졌다.[31] 미군정의 적산 불하 방침은 주로 극장의 관리인이나 임차인에게 불하를 우선적으로 하는 것이었는데, 홍찬은 이를 통해서 수도극장과 국도극장을 불하받았다. 평화극장의 일개 점원이었던 임화수도 극장을 불하받으면서 일약 영화계의 실력자가 될 수 있었다.

이러한 상황에서 1955년의 〈춘향전〉과 1956년의 〈자유부인〉의 흥행 성공은 한국 영화산업의 가능성을 보여준 괄목할 만한 성과였다. 이후 많은 전주錢主는 너도나도 영화 제작에 나섰고 1958년부터는 영화 제작의 편수는 놀랍도록 증가했다. 위의 표에서 보는 바와 같이 1959년에는 71개의 영화사가 무려 111편의 영화를 제작했고,[32] 1950년대 말에 들어서면 국산 영화 관객 수가 외화 관객 수를 처음으로 넘어서기 시작했다.* 국산 영화 관객 수의 증가는 새로운 형태의 관람문화

---

* 최금동, 〈잘만 하면 될 수 있다: 먼저 책을 판단할 줄 아는 '머리'〉,《국제영화》, 1960년 4월호. 이 글에서 최금동은 드디어 국산 영화 관객 숫자가 외화 관객 숫자를 넘어섰다며 흥분을 감추지 못했다. 그는 국산 영화 가운데 10만 관객을 넘어선 영화가 4-5개에 이르는 것에 비해, 외국 영화가 10만 관객을 넘는 영화는 없었다며 국산 영화의 상업적 가능성에 대해 고무되어 이 글을 썼다.

의 시작을 의미했고 이에 발맞추어 상업영화 장르의 분화도 급속도로 이루어졌다. 문화영화의 증가에 비해 극영화 편수가 급속도로 증가했다는 점 또한 특기할 만한 일이다. 한국전쟁 와중에 파괴되었던 극장의 재건축 및 신축과 영화 제작에 필요한 스튜디오들도 새롭게 건축되며 영화산업의 활성화를 위한 작업은 계속되었다.[33] 1957년경에는 세 개의 스튜디오—삼성, 안양, 그리고 정릉—가 지어졌다.* 충무로가 한국 영화의 산실이 된 것도 이때부터다. 20세기 초반과 해방 직후의 관람객들이 외국 영화를 즐기는 관람객이 대다수였다면, 이제 '국산 오락'이 대량으로 보급되고 이를 즐길 수 있는 조건이 마련된 것이다.

그러나 국산 영화 제작의 증가가 한국 영화의 시스템적 성공의 지표는 아니었다. 일부 영화인들은 은행 대출이 정부와 일정 관련이 있는 일부 인사에게만 쏠리는 것과 그 부실한 경영을 지적하며 영화기업의 성숙을 촉구했다. 1960년 《사상계》에서 오영진은 이러한 1950년대 말을 회상하며, 영화산업은 "융자 대상으로서도 병종丙種에 속"하기 때문에 제작자의 실질적인 자본 없이는 영화 제작이 힘에 부쳤고, (영화) 기업체를 "낙하산" 식으로 불하받고 그들에게만 운영 적자를 메우기 위하여 환납 불필요한 융자를 받았다고 비판했다. 그는 이런 현상에 대하여 "은행의 채무는 곧 공짜로 얻는 돈이라는 관념이 한때 정당간부

• 1950년대 후반 대부분의 영화는 오픈 세트가 있었던 삼성스튜디오에서 촬영되었다. 안양 촬영소는 1960년대에 신필름에게 넘어가 할리우드식 한국 영화를 만들어내는 초석이 되었으며, 당시 아시아 최대의 스튜디오였다. 1957년에 《한국일보》는 당시에 지어지고 있는 영화 촬영소를 탐방하는 글을 연재했다. 《한국일보》, 1957년 11월 3일; 1957년 11월 10일; 1957년 11월 17일; 전조명의 증언, 《한국 영화를 말한다: 한국 영화의 르네상스 1》, 이채, 2005; 김미현 엮음, 《한국영화사: 개화기에서 개화기까지》, 커뮤니케이션북스, 2006, 151쪽.

와 정상배 머릿속에 뿌리 깊이 박혀 있었다"라고 술회했다.[34] 정부의 편파적 대출을 통한 개인 간의 사적 네트워크로 회수되는 영화기업의 운영 방식을 지적한 것이었다. 자금 유통의 편파성으로 인한 불공정, 불건전한 기업 행위 때문에 혜택을 받지 못한 영화인들은 영화인 전반에 걸쳐 혜택을 받을 수 있는 좀더 공정한 영화법 제정을 촉구하기도 했다.

> 복혜숙: **영화법**안을 만들어서 통과시켜달라고 '데모'까지 하고 그랬지요.
>   … 그것이 이북에서 잘못 방송하게 되고 해서 중지됐지만요.
> 정비석: 영화법은 아직 안 됐지요?
> 복혜숙: 안 됐습니다. 상정하고 통과만 되면 **은행에서도 융자**해 줄 것이고
>   국산영화를 발전케 하는 한 방법이 되었을 텐데…[35]

이렇듯 자금난에 허덕였고 영화인들이 원한 것은 영화법을 통한 합리적 영화 제작 시스템의 도출이었다. 당시에는 제작과 배급이 이원화되어 있었기에 면세 조치로 이득을 얻은 극장주가 제작에 투자하지 않으면 영화산업 전반의 발전은 기대하기 힘들었다. 극장주의 배만 불리고 상영에서 나온 이윤이 다시 제작으로 재투자되지 않는 문제가 지속되었기 때문이다. 예를 들어서 최초의 흥행 성공이라는 타이틀을 가지고 있었던 〈춘향전〉의 전주들조차도 영화를 통해 얻은 이윤으로 고리대금업을 하는 등 영화 제작에 대한 재투자에 관해서는 무관심했다.[36] 이처럼 영화 제작사가 하나의 영화를 만들고 도산하거나 더이상 투자받지 못하는 현상을 두고 '일사일작一社一作'이라 냉소적으로 부르기도

했다. 정부가 내놓은 국산 영화 입장세 면세 조치는 국산 영화를 상영하는 극장의 입장세 면세를 통해 외화보다 싼값에 영화를 국민에게 공급할 수 있게 하려던 목적이 있었기 때문에[37] 사실상 제작 설비나 인프라를 구축하기 위한 정책은 아니었다. 이러한 상황에서 일사일작 현상은 개선의 여지를 보이기 어려웠고, 국산 영화가 대량 생산되기 시작하자마자 국산 영화 위기론도 동시에 등장했다. 법제화를 동반한 기업화론이 대안적으로 제안되기 시작했다.*

예를 들어 1958년 잡지 《현대영화》에는 영화인들과 정부 인사가 모여 한국 영화의 발전 방향에 대해 논의했다. 이 지면에서 〈반도의 봄〉의 감독 이병일은 일사일작 현상을 한국 영화산업에서 가장 큰 단점이라며 이로 인해 영화의 질도 매우 낮아졌다고 지적했다.

> 그런데 우리는 원작보다도 먼저 **기획이 앞서야 하겠다**고 봅니다. … 요행 돈버리가 됨직한 원작이 있으면 회사를 하나 차린단 말씀이에요. … 소위 일사일본이라는 거지요. 작년에만도 48개 회사가 47본을 만들었는데 봉절된 것이 28본인가 그렇습니다.[38]

이 글에서 이병일은 이어서 일사일작의 가장 큰 단점은 계획이 미흡하기 때문이라고 지적한다. 즉 기획도 없이 영화를 마구 만들다 보니

---

* 물론 이 와중에도 상당히 탄탄한 영화사들도 있었다. 〈자유부인〉으로 큰 성공을 거둔 삼성영화사는 〈대춘향전〉(김향, 1957), 〈오해마세요〉(권영순, 1957), 〈그대와 영원히〉(유현목, 1958), 〈나 혼자만이〉(한형모, 1958), 〈인생 차압〉(유현목, 1958), 〈삼인의 신부〉(김수용, 1959) 등 여러 편을 제작했다.

극장에 상영할 수 없을 만큼 수준이 낮은 영화들이 다량 생산된다는 것이다. 그러므로 한국 영화의 발전을 위해서는 "할리우드의 스튜디오와 같은 수직, 수평 통합의 영화 제작 기술과 시설을 반드시 갖춘 상태에서 영화를 제작해야" 한다고 주장했다. 또한 "할리우드나 홍콩과 같이 합작 영화를 제작"함으로써 한국 영화가 기업으로서의 승산이 있다고 거듭 강조했다.[39] 기업화된 영화사들이 일정한 계획하에 "프로그램 픽쳐 시스템"을[40] 통해 본격적 상업영화를 만들 필요가 있다는 주장이었다.

이병일이 제기한 위와 같은 기업화 논의는 "할리우드"를 모델로 한 것처럼 들리지만, 사실상 기업의 독자 자본이 전격적으로 부족했던 전후 한국의 상황에서 그와 같은 모델의 제시는 담론에 그치는 것이었고, 이병일이 상정하고 있던 '기획'을 통한 영화제작의 모델은 일제의 전시체제하에서 시행되었던 영화 제작 시스템, 즉 국가의 자본에 기댄 영화 만들기 시스템이었다. 가령 이병일이 감독한 식민지 시기의 영화 〈반도의 봄〉에 이 논리가 그대로 등장한다. 〈반도의 봄〉 가운데 좋은 영화를 만들기 위해 반도영화주식회사를 설립하기 직전에 주인공 이영일(이름이 이병일과 비슷하다)은 "한 개의 좋은 영화는 단지 예술적 양심과 열성만으로도 불가능합니다. 역시 **확실한 자본과 조직적 계획 밑에 서야만** 되는 줄을 압니다"라고 말한다. 이 논리는 식민지 시기 영화인들이 예술성과 기업성 사이에서 고민하다 국가가 경영하는 '조영'을 통한 기업화가 예술성을 지키는 방법으로 서둘러 수렴되었던 일제하 전시체제의 상황이 한국전쟁 후 한국의 상황과 크게 다르지 않았음을 보여준다.˙

1959년에 《국제영화》에 실린 좌담회에서 수도영화사 대표 홍찬도 이병일과 비슷한 논리를 펼쳤다.

> 나는 어떻게 하면 **서양 사람들을 따라가고** 어떻게 하면 **일본 같은 시설을 할 수 있나 밤낮 생각하고 있는데** 협회회장은 뭐고 … 우리가 시장만 넓다면 저 홍콩만큼 넓기만 하다면 씨나리오에도 20%가 아니라 그 이상이라도 줄 수가 있습니다. 다른 나라에서는 전 세계를 상대로 하는데 우리나라를 보세요. 삼팔선이 탁 가로막혀 서울에서 비행기를 타면 겨우 사오분이면 부산에 닿는데 어떻게 여기서 돈이 벌리겠습니까. 오죽 답답하면 제작자가 감독을 하겠어요.[41]

홍찬은 자기 모델이 서양이나 일본임을 꼬집어 밝히는데, 일본의 영화 제도를 모델로 스튜디오 시스템을 만들겠다는 계획이 흥미롭다. 여기에서 일본은 '식민지화' 시켰던 제국이 아닌, 냉전의 동맹국에 가까운 단순한 '선진국'으로 갑자기 둔갑되었기 때문이다. 그는 국내 시장뿐만 아니라 국외 시장까지 고려하며 영화를 제작해야 좋은 품질의 영화를 만들 수 있다며, 이를 위한 시스템을 만들어야 한다고 역설했다. 홍찬 이외에도 많은 영화인이 국산 영화를 발전시켜 해외에 수출하기 위해서는 시스템이 뒷받침되어야 한다는 데에 동의했다.[42] 흥미로운 것은 여기에서 상정된 국외 시장은 대개 냉전의 '자유 진영'에 속한 아시아 국가들로, "삼팔선"을 경계로 과거 일본의 제국적 영토가 냉전적 영토

• 영화의 예술성과 기업성에 관한 논의는 식민지 시기부터 시작되었다. 가령 임화는 사단법인 조선영화주식회사가 출발하자 서둘러 조영의 시스템을 예술성과 기업화를 이룰 수 있는 방편으로 생각했다. 백문임, 《임화의 영화》, 소명출판, 2015.

로 재편된 상황을 반영한 것이기도 했다. 실제로 이 시기에 만들어진 합작 영화의 역사를 본다면 이 시기 일본-홍콩-한국의 '합작 영화'의 지형도는 식민지 시기 '오족협화'의 정치나 '내선 합작'을 떠올리게 한다. 이상준이 지적했듯이 일본제국적 지형도가 1945년 이후에는 '냉전 네트워크'라는 새로운 지형도로 재맥락화되었던 것이다.*

이상의 논의들을 살펴볼 때 1950년대 말부터 영화 기업화 담론은 냉전의 지형도와 맞물려 급속도록 확대되었다. 그러나 이러한 담론이 현실화된 것은 주지하다시피 1960년대 영화법 제정 이후다.[43] 그 이전에 등장한 기업화의 논의는 대부분 담론의 수준에 그쳤다. 결론적으로 이러한 담론에 기반하여 현실적 기업화를 이루었던 것은 국가와 긴밀한 개인적 네트워크가 있었던 임화수와 그의 회사 '한국연예' 정도였다. 한국연예는 이승만의 반공주의와 결탁하여 폭력적인 형태로 기업화를 현실화하는 한편, 정부와의 정치적 관계를 통한 자금 확보와 적산 불하를 통한 극장 인수, 융자시스템을 전용할 수 있었다. 임화수와 한국연예는 반공이라는 이념과 영화의 해외 수출을 통한 국위선양 가능성을 담론화하며 기업화를 시도한 예다. 임화수는 국가 산업으로서 영화의 중요성을 거듭 강조하는 가운데 이승만 정부에서 가장 힘 있는 '반공 연예 사업'을 벌였다.

---

* 냉전기 '자유 아시아' 지역의 영화 네트워크의 탄생에 관한 자세한 연구로는 이상준의 연구 참고. 이 시기 아시아 지역의 네트워크는 1945년 이후 독립한 국가들이 미국의 지원에 기반을 두어 각자의 영화산업을 성장시키는 동맹 가운데 탄생했다. Sang Joon Lee, *Cinema and the Cultural Cold War: US Diplomacy and the Origins of the Asian Cinema Network*, Cornell University Press, 2020.

3. 임화수와 한국연예주식회사, 그리고 폭력의 기업화

임화수의 본명은 권중각으로 1921년 경기도 여주지방에서 출생했다. 그의 자전적 이야기를 바탕으로 만들어진 〈충무로 돈키호테〉(최용호/김정용, 1996)를 보면 그는 가난한 집안에서 태어나 권씨 이름을 버리고 임씨 집안으로 입양을 갔다. 그는 별다른 교육도 받지 못하고 어린 시절을 보내다 어린 나이에 집을 나와 서울에서 직업을 구했으나, 적당한 직업을 얻지 못하자 소매치기와 절도를 일삼는 무리에 속하게 되었다. 식민지 시기에 범행으로 인해 수감된 적도 있었으나[44] 해방 이후에는 종로에 위치한 제일극장의 점원으로 일했다. 우연한 기회에 미군정으로부터 제일극장을 불하받은 임화수는 극장 이름을 평화극장으로 바꾸고 영화계에 뛰어들었다. 이후 부산의 한 갑부의 딸과 결혼하고 이승만과 개인적 관계가 생기면서 영화계의 권력자로 둔갑할 수 있었다. 그는 연예인반공협회 회장, 전국극장연합회 회장, 전국영화제작자연합회 회장을 역임하면서 영화계에 영향력을 키웠다. 심지어 4월 혁명의 도화선이 되었던 3·15 선거에서는 연예인을 동원하여 대통령 지지를 담당하면서 비밀리에 문화부 장관을 약속받기도 했다. 또한 정치적 목적을 달성하기 위해서 연예인들을 폭행하고 강제 동원하여 대통령 지지를 강요하는 등 악명 높은 정치깡패였다.* 그가 〈독립협회와 청년

---

* 가장 유명한 연예인 폭행 사건은 이른바 '김희갑 구타 사건'이었다. 김희갑은 당시 반공예술인단에 협력하지 않는다는 이유로 따귀를 맞고 구타를 당해 갈비뼈가 부러졌다. 김희갑에 의하면 당대의 스타였던 김진규나 최무룡도 임화수에게 구타당했다. "명일까지 고소 여부 결정",《조선일보》, 1959년 11월 30일.

이승만〉(신상옥, 1959)을 정부의 지원금을 통해 제작하면서 영화인과 스타들을 총동원하여 스펙터클한 영화로 제작했던 것은 잘 알려진 사실이다. 이 영화는 당시로서는 이례적으로 전국에 동시 개봉되어 이승만에게 충심을 보이는 동시에 국민에게는 이승만을 영웅화하고, 자신의 회사는 이익을 취했던, 다양한 폭력이 동원되었던 당시의 영화판을 잘 보여주는 예기도 하다. 임화수의 이런 행보는 한편으로는 '정치깡패'의 폭력적인 행위에 불과하다고도 볼 수 있겠지만 다른 한편으로 이러한 폭력적 행태가 실질적으로 기업화되어 큰 영향력을 행사했다는 점에서는 주목을 요한다. 또한 이 '기업화' 과정이 '영화'만이 아닌 다양한 '연예'를 통합하여 진행되었다는 측면에서 아직 안정적인 '극영화' 생산이 어려웠던 당시 관객의 관람문화를 적절히 활용했다고도 볼 수 있다.

임화수는 1955년에 종합 연예기획사로 '한국연예'를 세웠는데, 한국연예는 식민지 시기 오케레코드가 시도했던 연예기획사와 유사한 형태였고, 대한민국 최초의 토탈 엔터테인먼트사라고 할 수 있다. 과거 조선악극단이 영화와 악극의 상호미디어성을 적극 활용하여 인기를 얻었듯이, 한국연예 또한 국극, 연극, 악극, 영화계의 인력들을 대거 규합하여 상업적 이윤을 극대화했다.[•] 초기 한국연예의 구성원을 살펴보면, 조선방직을 적산으로 불하받았던 강일매, 임화수, 연극계 인사 유치진, 악극계 인사 김석민, 박진, 박노홍, 강치성, 안수명, 오석조, 이익(김화랑), 고재원, 최일, 박개언, 박시춘, 국극계 인사 김경애, 백순성 등

• 다카라즈카를 수입원으로 하여 설립된 일본의 도호(東寶)영화사와 비슷한 경우다. Mikiko Yamanashi, *A History of Takarazuka Revue since 1914: Modernity, Girl's Culture, Japan Pop*, Global Oriental, 2012 참조.

각 공연/영상 장르의 수장들이 대거 참여했다.[*] 이들을 주축으로 하고 김승호, 최무룡, 윤일봉, 김진규 등 배우와 악극무대의 코미디 스타를 총망라하여 전속계약을 맺었다.[**]

임화수(1921-61)

임화수는 특히 극장의 횡적 통합 시스템을 통해 자본의 유통을 추진하고자 했는데, 이는 실상은 적산을 불하받은 극장주의 연합에 가까웠다. 개인적 친분이 있었던 강일매나 시공관 사장 백순성, 부산극장의 오석조, 수도극장과 국도극장의 홍찬이 한국연예에 참여하거나 적극 협조했던 이유다.[***] 적산으로 불하받은 일인日人 극장은 대개 가부키나 다카라즈카를 공연하면서 회전식으로 만들어진 매우 발전된 형태의 극장이었기에 일반적으로 조선인 극장보다 좋은 시설을 가지고 있었다. 이 때문에 적산 극장을 불하받은 극장주들은 다양한 쇼와 영

- 《한국일보》, 1955년 7월 8일; 8월 2일. 강치성과 안수명은 동도공사, 고재원은 유한영화사, 최일은 백조영화사, 정치 깡패 이정재의 부하로 알려진 백순성은 시공관 관장이었다.
- 한국연예에 속해 있었던 모든 연기자가 전속계약을 맺은 것은 아니었지만 몇몇 일류 스타는 한국연예와 전속을 맺었던 것으로 보인다. 《국제영화》 1959년 8월호를 보면 최무룡과 한국연예의 전속계약이 끝났음을 알 수 있다.
- 강일매와 조선방직의 불하 과정에 관해서는 강만길 엮음, 《한국노동운동사》, 지식마당, 2004 참조. 홍찬은 한국연예에 참여하지는 않았지만, 국도극장은 이 시기 한국연예가 만든 가벼운 코미디 영화를 상영했다. 한국연예 산하 자유악극단의 첫 공연은 시공관에서 이루어졌다.

화의 동시 상영을 통해 상당한 수익을 얻을 수 있었다.* 한국전쟁으로
인해 부민관이나 동양극장은 불에 타버렸지만,[45] 남아 있던 적산 극장
들의 극장주는 대개 한국연예나 임화수와 일정한 관련을 맺고 있었다.
물론 한국연예에 참여했던 대부분 인사가 머지않아 탈퇴하고 각각의
동인제 영화사를 설립했기에 한국연예의 초기 상황에 큰 의미를 두지
않을 수 있다.[46] 그러나 초기에 함께했던 인물들이 1950년대 후반까지
한국 영화계에 중요한 영향력을 행사했다는 사실은 주목할 만하다.

　물론 1962년에 영화법이 시행되면서 이 구도는 대대적 변화를 겪지
만, 기본적으로 유명 영화관을 중심으로 한 제작, 공급의 구도는 이때
시작되었다고 볼 수 있다. 한국연예가 만들어진 지 얼마 되지 않아 임
화수에게 불만을 품은 다수의 조력자가 탈퇴하자, 임화수는 전속으로
남아 있던 코미디언 배우들을 이용해서 한국연예를 재정비하면서 영
화 제작에 총력을 기울였다. 한국연예가 사실상 임화수 일인 체제의
영화사로 바뀐 뒤에 오히려 사업은 더 확장되었다. 처음에는 악극 가
운데 신파극을 기반으로 한 영화를 제작했지만, 1957년 삼성영화사에
서 제작한 코미디 영화 〈오부자〉(권영순, 1958)가 대성공하자 이후 한국
연예 또한 다수의 코미디 영화 제작에 중심을 두기 시작했다. 구봉서,
김희갑, 양훈, 양석천 등 악극 코미디 스타들과 전속계약을 맺고[48] 영
화 제작에도 힘써 1957년부터 1960년까지 20편에 가까운 영화를 만들
어냈다. 이는 일사일작이라는 현상이 만연했던 영화계에서는 매우 이

•　박노홍의 글을 보면 일제하 악극이 주로 행해졌던 극장은 서울에 부민관, 동양극장, 미나도
좌, 메이지좌, 약초극장, 성보극장 등이었다. 김의경·유인경 엮음, 《박노홍의 대중연예사 1》,
연극과인간, 2008, 53쪽.

1950년대 후반 극장과 극장주[47]

극장주	극장명(해방 전)	극장명(해방 후)	영화사
임화수	미나도좌	제일 / 평화	한국연예주식회사
백순성 / 임빈	메이지좌	국제 / 시공관	선민영화사
홍찬 / 임화수	약초	수도	수도영화사
홍찬 / 김해병 / 김연준	황금관 / 성보	국도	합동영화사
오석조		부산극장	

례적인 일이었다.* 그중 〈독립협회와 청년 이승만〉을 제외하고는 대부분이(17편) 코미디와 악극 공연의 레퍼토리를 중심으로 한 영화였다. 현재 사운드가 소실된 필름으로 남아 있는 〈이국정원〉(전창근/도광계/와카스기 미쓰오, 1957), 〈항구의 일야〉(김화랑, 1957), 〈사랑하는 까닭에〉(한형모, 1958), 〈그림자 사랑〉(김화랑, 1958) 등은 악극 스타를 기용하고 홍콩과 동남아와의 합작으로 만들어진 영화였다. 코미디인 〈사람팔자 알 수 없다〉(김화랑, 1958)와 〈한 번만 봐주세요〉(김화랑, 1958)는 1958년 흥행 1위와 5위를 각각 기록했다.

이러한 한국연예의 기업화 방향은 할리우드 영화사들을 모델로 기업화했던 방향과는 상이한 것이었다. 최초의 영화 기업화를 시도했던 수도영화사의 홍찬의 경우 제작 설비를 할리우드 영화와 유사한 수준

• 한국영상자료원 데이터베이스에 의하면 한국연예가 제작한 영화는 〈항구의 일야〉(김화랑, 1957), 〈천지유정〉(김화랑, 1957), 〈길 잃은 사람들〉(김한일, 1958), 〈그림자 사랑〉(김화랑, 1958), 〈사람팔자 알 수 없다〉, 〈자나 깨나〉(홍성기, 1959), 〈나비 부인〉(박성호, 1959), 〈독립협회와 청년 이승만〉, 〈뚱뚱이와 홀쭉이의 흥부와 놀부〉(김화랑, 1959), 〈태양의 거리〉(김화랑, 1959), 〈실례했습니다〉(박성호, 1959), 〈여인숙〉(김화랑, 1959), 〈딸〉(김화랑, 1960), 〈재생〉(홍성기/박찬, 1959) 등이 있다.

영화 〈이국정원〉의 스틸컷(한국영상자료원).

으로 갖추기 위해 안양 스튜디오를 세우는 등 실질적인 노력을 기울였다. 그러나 한국의 첫 시네마스코프 영화인 〈생명〉(이강천, 1959)의 흥행이 실패하면서 수도영화사는 도산했다. 홍성기 감독과 배우 김지미 그리고 국제극장을 중심으로 한 선민영화사와 아시아재단의 원조로 이루어진 합동공사가 "블록block"을 이루고 있었으나 신필름과 같은 '대기업'의 형태로까지 커나가지는 못했다.[49] 이에 비해 임화수는 악극무대 스타와 코미디언들을 대거 동원하고 극의 스케일을 키우는 방식으로 이윤을 추구했다. 국산 영화 상설관이 생기기 이전의 극장 형태가 여전히 무대를 동반하고 있었고, 영화 상설관의 경우에도 무대 인사를 할 수 있는 공간이 있었던 점을 감안해본다면,[50] 임화수가 악극 배우를 대거 기용한 영화를 만들고 이들의 무대 인사를 교차시키는 복합적인 상영 형태를 유지한 것은, 3장에서 좀더 자세히 밝히겠지만, 악극에서 영화로 극장이 대대적으로 변하던 시기에 과거 식민지적 공연 형태와 새로운 영화 관람을 적극적으로 접목시킨 결과물이었다.

한국연예가 제작했던 영화들은 현재까지 많이 남아 있지 않고, 영화사적으로 흥행에 성공했다는 사실이 몇 줄 기록으로 남겨져 있을 뿐이다. 그러나 영화사적으로는 주목 받지 못했던 한국연예가 제작한 영화들이 대중적 인기를 누렸다는 점은 주목할 만하다. 한국연예가 제작한 코미디 영화가 한편으로는 흥행 가도를 달리면서도 또다른 한편으로는 '저질' 논란의 중심에 있기도 했던 것도 이 때문이다. 그러나 한국연예의 대중성에 관한 목표 의식은 상당히 뚜렷했다. 임화수는 아직 남한의 영화계는 예술영화를 제작할 형편이 아니라고 주장하며, 상업성에 주목했고 특히 해외 진출을 통한 외화벌이가 우선되어야 한다는 주장을 펼쳤다. 그는 여러 지면을 통해 자신의 사업 방향을 명확히 밝혔다. 1959년 《조선일보》에 실린 그의 논설을 살펴보면, 그의 영화산업에 대한 꿈은 자못 원대했다.

(대한민국 영화산업이) 즉 자유경제체제라고는 하나 아직 **불안정한 후진성**을 면하지 못하고 있는데다가 남북이 갈려있고 따라서 시장이 협소한 것이 곧 그것이다. … 여기에서 우리는 국산영화의 보다 큰 발전을 도모하기 위해 진정 대국적인 견지를 취하지 않으면 아니 될 중대한 단계에 놓여있다고 본다. 그것은 각개 개인이 갖는 소아병적인 견지를 지양해서 **국가산업의 한 일익**으로서의 보다 건전한 시야를 가져야한다는 것이다. … 이와 같이 점차적인 향상을 도모하는 한편 한정된 국내시장에서 시야를 돌려 **해외진출을 위한 시장개척**에 노력한다면 우리의 영화산업은 현존의 소아병적인 환경에서 벗어날 수 있을 것이다.[51]

임화수의 이와 같은 논의는 앞서 이병일이나 홍찬이 주창한 영화 기업화를 통한 발전, 그리고 영화 수출까지 지향한다는 목표와 크게 다르지 않았다. 물론 정규교육도 받지 못한 임화수가 위와 같은 글을 직접 썼을 리는 만무하다. 그럼에도 누군가 대필했을 이 글의 방향대로 임화수의 영화 기업화는 실질화되고 있었고 그 힘은 상당히 강력했다. 때로는 정부의 정책에 반대의 목소리를 낼 정도였다.

가령 1960년에 이르면 정부는 한국 영화가 상당한 자생력이 생겼다는 판단하에 많은 영화인의 반대에도 불구하고 1954년 이래로 유지되던 국산 영화 입장세 면세 조치를 폐지했다.* 이에 당시 전국 제작자연합회 회장이었던 임화수는 격렬하게 반응하면서, 이는 정부의 큰 실수라고 비판했다. 그러나 그는 정부가 이러한 조치를 하게 된 원인이 당시 한국의 사정은 고려하지 않고 예술영화만을 추구했던 일부 비평가들 때문이라고 비난했다. 그는 자신은 기업가적 마인드에서 나온 영화 제작 방식을 추구하는데, 예술영화를 추구하는 자들은 영화의 상업성에 대한 인식이 없으며 그러한 논의는 한국의 형편에 적절하지 않다고 역설했다. 그는 "소규모 영화사를 통합"하고, "제작비를 절감"하며, "좋은 대본을 고르고 해외까지 시장 규모를 넓혀야 한다"라고 다시 한 번 주장했다.[52] 임화수는 이원화되어 있던 제작, 배급을 일원화함으로써

• 국산 영화 입장세 면세 조치 폐지는 아마도 1958년 이후 미국의 경제 원조가 외자로 전환되고 또한 자금에 대한 감시가 강화되면서 자금의 국내 활용이 원활하지 못했기 때문이었을 가능성도 있다. Jung-en Woo, *Race to the swift: state and finance in Korean industrialization*, New York: Columbia University Press, 1991, pp.43-72; 또한 국내에서도 국가가 영화산업에 불공평하게 편의를 봐주고 있다는 불만도 등장하기 시작했다. "[소리] 국산 영화의 과세 조치를 환영", 《한국일보》, 1960년 1월 3일.

일사일작을 타파하고 시스템화된 영화 제작 환경이 가장 중요하며, 극장 체인을 구성하고 홍콩과 합작 영화를 만드는 것을 통해 외화 획득을 하는 것이 영화 제작의 목표였음을 역설했다. 이는 예술성과 기업성을 고민하던 많은 영화인과 달리 상업적 이득이 가난한 한국에서는 최고의 미덕이라는 자본주의적 욕망을 드러내는 것이자 국가의 보조를 받기 위한 명분을 합리화하는 담론이기도 했다.

임화수의 주장이 말에 그친 것은 아니었다. 한국연예는 이미 해외 진출을 현실화하고 있었기 때문이다. 임화수가 4·19 이후 처형되기 이전에 마지막 법정에서 자신이 홍콩과 합작 영화를 만들었던 공을 인정해달라며 재판부에 선처를 구했을 정도로 한국연예의 합작 영화 제작은 국내 영화계에서도 상당한 성과로 여겨졌다. 1957년 〈이국정원〉을 시작으로 〈향구의 일야〉, 〈천지유정〉(김화랑, 1957), 〈길 잃은 사람들〉(김한일, 1958) 등의 영화를 홍콩과 연거푸 합작하여 세간의 주목을 받았다. 이 가운데 한국과 홍콩의 첫 합작 영화로 알려진 〈이국정원〉은 홍콩의 영화제국 쇼브라더스와 합작하여 가장 큰 화제를 불러일으킨 영화였다. 한국의 영화감독 전창근과 홍콩의 도광계가 감독했고, 한국의 악극 대본가로 잘 알려진 김석민이 대본을 썼다. 당시 최고의 영화배우였던 김진규와 김삼화가 출연했고, 홍콩의 우민(영어 이름은 루씰라)이 합연했다. 이 영화는 홍콩에서도 최초로 이스트만 컬러 영화로 제작된다는 점에서 주목받았고, 이를 위해 니시모토 다다시西本正와 와카스기 미쓰오若杉光夫가 일본에서 초빙되었다.*

어쨌든 〈이국정원〉은 한국 최초의 합작 영화라는 측면에서 대단한 주목을 받아 한국 내에서도 흥행에 성공했다. 흥행을 위한 홍보에도

〈천지유정〉을 찍기 위해 홍콩에 간 스타들의 모습.
《명랑》, 1958년 4월호.

상당히 힘썼다. 예를 들어서 《명랑》이라는 대중 잡지는 〈이국정원〉의 제작 과정과 로케이션 일정이 자세히 실으며, 양훈과 양석천의 연기가 "외국에서도 빛을 발한다"라는 다소 과장된 평가를 했다. 홍콩의 이곳저곳을 소개하는 사진과 외국 제작진과의 기념 촬영 사진을 실어 독자에게 흥미를 불러일으킬 만한 적극적인 마케팅을 실시했다.[**] 또다른 쇼브라더스와의 합작 영화인 〈천지유정〉의 포스터에도 쓰인 바와 같이 "홀쭉이와 뚱뚱이의 남방행장기"라는 문구와 뒤로 펼쳐지는 홍콩과 마카오의 마천루 배경, 외국 여배우의 출연 등의 요소는 해외를 여행할 기회가 없는 한국인에게 대단한 볼거리

• 〈이국정원〉에서 특기할 만한 사항은, 당시 이승만 정권이 매우 강한 반일주의를 표방했기 때문에, 일본인이 제작진으로 참여했던 이 영화 또한 이를 표면에 내세울 수 없었다. 그래서 남한에서 개봉 당시에는 니시모토 다다시와 와카스기 미쓰오가 "미안 멩둥"과 "후아 케이"라는 가짜 중국 이름을 사용하여 소개되었다. "On Love with an Alien," in *The Shaw Screen: A Preliminary Study*, Hong Kong Film Archive, 2003.

•• 《명랑》, 1958년 4월호. 이 시기 합작 논의는 한국연예뿐만 아니라 다른 회사들에 의해서도 제안되었다. 특히 할리우드에 버금가는 영화를 만드는 것은 예나 지금이나 한국 영화사들의 꿈이었다.

가 되었을 것이라 짐작할 수 있다. 물론 이러한 이국성의 전시는 식민지 전시체제하에서 대중들이 익숙하게 받아들였을 오족협화 속 "남방"의 이미지와도 연동되는 것으로, 1945년 이후 일제가 개척하고자 했던 "남방"이[53] 냉전적 맥락에서 '동맹'으로 부활하는 것이기도 했다.

〈천지유정〉 포스터. 홍콩의 이국성과 뚱뚱이와 홀쭉이의 '여행'을 앞세워 홍보했다(한국영상자료원).

해외 합작 영화의 상당한 성공에 고무되어 1958년 《현대영화》의 지면에는 정부 인사와 영화계 인사가 모여 합작 영화에 관해 진지한 토론을 벌이기도 했다. 이 자리에 참석한 정부 인사는 합작 영화가 실제로 국내 영화산업에 의미가 있기 위해서는 "판권을 국내 영화사가 가지고 있어야 할 것, 영화 제작비가 해외 회사와 균등히 투입되야 할 것, 한국 배우들이 일정한 숫자 이상 참여해야 할 것, 그리고 한국어 사용과 한국어 대본으로 이루어져야 할 것" 등을 제시했다.[54] 합작 영화의 조항에 관한 논의가 상당히 구체적인 것으로 보아 한국연예가 동아시아 지역을 규합하여 합작 영화를 만들겠다는 계획이 국가의 합작영화의 제도화를 이끌었던 것은 사실이었다. 물론 이 회의에서 제시된 가이드라인이 완전히 제도화되지는 못했으며 1950년대 말에는 한국과 외국이 "반반 제작비"를 대는 것으로 합작 영화를 규정하는 것으로 일단락되었다.[55] 이후 제도화된 '합작 영화'의 기준들은 1962년 영화법 시행규칙을 통해 "합작 영화 제작에 필요한 자금의 출자와 등장인물의 배역이 상당한 정도로 합작되는 경우"로 정리되었다.[56] "상당한 정도"라는 모호함은 영화의 국적에 따른 관세 부과의 문제 등 현실적인 문제들을 야기하기도 했다. 그러나 송아름이 지적했듯이 대부분의 논의는 '국익'에 최우선하여 마무리되었으며, 결국 1960년대 후반에는 '우수영화' 기준에 들기 위해 '사이비 합작 영화'들을 만들어내는 안타까운 현상이 나타나기도 했다.[57]

이렇듯 합작 영화를 통한 영화의 교류가 지속력을 갖거나 시스템적으로 정착하지는 못했는데, 이와 같은 징조는 1950년대 후반 한국연예가 만들어낸 영화에서 이미 분명했다. 〈이국정원〉은 국내에서는 흥행할 수 있었지만, 쇼브라더스가 배급한 동남아시아 지역에서는 미지근한 반응을 얻었다. 한국연예가 제작한 또다른 합작 영화들이 대개 쇼브라더스가 아닌 홍콩의 소규모 영화사와 협업했던 이유도 동남아시아 지역에서의 흥행 실패 때문이었다. 그럼에도 한국연예가 계속해서 합작 영화를 만들었던 것은, '해외 진출'을 했다는 사실만으로 국내에서는 마케팅 효과가 있었고 '수출' 영화로서 우수영화의 범주에 속할 수 있었기 때문이다. 정부가 합작 영화 기준으로 제시한 "판권 확보, 공동 투자, 한국어 대본 사용" 등의 요건도 당시 한국연예가 합작한 영화들에서는 찾아보기 어려웠다. 한국연예가 합작한 영화들의 판권은 대개 홍콩에 있었고, 양훈·양석천이 중국어 대사를 외우느라 골머리를 앓았다는 기록으로 보아 한국어 대본도 없이 홍콩에서 사온 대본으로 배우들이 급하게 연기했음을 알 수 있다.[58] 더구나 홍콩과의 합작 영화가 홍콩 로케이션 이상의 의미를 거두지 못하자 이러한 종류의 합작 영화를 찾던 국내 관객들의 숫자도 점차 줄어들었다.* 이런 면에서 본다면 임화수가 내내 주장했던 한국 영화의 수출을 통한 국가 경제 발전이라는 담론은 당시로서는 사실상 진정한 수출의 가능성을 타진했다기보다는 '수출'을 빙자한 국내 수급용 영화를 만들어냈다고 보는 것이 타당하다.

그럼에도 한국연예의 영화에 국내의 관객이 몰렸던 사실은 어떻게 해석이 가능할까? 앞서도 밝혔지만 1950년대에 사업에 성공하기 위해서는 이승만과 개인적 친분을 쌓아 재정 지원을 받은 후 국가에 적극 협력해야 했다.** 영화인들은 영화의 육성이 국가의 이익에 유익하다는 것을 너나없이 주장했지만, 국가 주도의 문화 사업은 국가가 원하는 방향대로 흐를 수밖에 없었다. 임화수와 한국연예의 행보는 정부의 도움을 받아 세워진 영화 기업의 영화가 국가 이데올로기에 어떻게 노골적으로 협력했는지를 여실히 보여준다.

• 영화 〈충무로 돈키호테〉에는 임화수가 영화산업이 기울자, 해외 합작 영화를 만들 생각을 해낸 것으로 되어 있지만, 실제 발표 연도를 보면 임화수는 처음부터 합작 영화를 만들 생각으로 영화 제작에 나섰던 것으로 보인다.

•• 이 시기에 정부로부터 재정지원을 받은 기업이 이승만의 선거자금을 도와주었던 증거는 4·19 이후에 속속들이 밝혀졌다. 유석춘, 〈발전국가 한국의 지배구조와 자본축적: 박정희 시대와 이승만 시대의 비교〉, 《박정희 시대의 재조명》, 전통과현대, 2006, 126-130쪽; Carter Eckert, "The South Korean Bourgeoisie: A Class in Search of Hegemony," in Hagen Koo ed., *State and Society in Contemporary Korea*, Cornell University Press, 1993, pp.95-130 참조.

4. 반공-엔터테인먼트의 탄생

임화수를 단장으로 1959년 창립된 '한국반공연예인단'의 부단장이
자 〈이국정원〉의 대본을 썼던 김석민은 1989년《한국연예인 반공운동
사》를 집필하며 서두에 아래와 같이 집필의 취지를 밝혔다.

요즘 일각에서 근로자나 학생들이나 자기들의 목적을 위해서는 그를 관철
하기 위한 과격한 행동이 자행되고 있어 걱정스러운 일이 하나 둘이 아니다.
TV화면을 보면 **붉은 머리띠를 두르고 구호를 절규**하고 있음을 본다. **하필
이면 붉은색을 사용한단 말인가!** 그뿐이 아니다 김일성을 위대한 지도자로
치켜 올린 프랜카드도 볼 수 있다. **붉은색은 상징적인 색깔**이며 투쟁 노선
이 같으니 김일성을 위대하다는 것이다![59]

1950년대 군예대軍藝隊를 이끌고 반공연예인단에서 중추적인 역할을
했던 그는 민주화 운동이 한창이던 1989년의 거리에서 학생과 노동자
가 두른 '붉은 띠'를 보며 이처럼 '레드 콤플렉스'를 드러냈다. 그는 서
문에서 공산주의의 정체를 국민에게 알려야 한다며《한국연예인 반공
운동사》를 쓰게 되었다고 밝힌다.[60] 북괴는 겉으로만 평화 통일을 내세
우면서 뒤로는 100만 대군을 만들어 남침을 노리고 있음을 잊어서는
안 된다며, 반공운동의 역사를 써야 할 필요성을 느꼈다고 적시한다.
흥미롭게도 이처럼 오랫동안 지속되고 있는 반공주의를 주창했던 '반
공연예인단'의 중심에는 임화수를 중심으로 한 한국연예가 있었다. 이
승만 정권하의 '연예사업'은 '반공'이라는 국책과 매우 밀접한 관련이

있었을 뿐만 아니라 20세기 후반까지 반공적 주체를 유지하는 데에도 큰 영향을 미쳤다는 점에서 주목할 만하다.

한국연예의 또다른 초기 구성원 가운데 한 사람인 박노홍의 글을 살펴보면, 한국연예 설립의 기본 목적은 애국심을 바탕으로 한국 연예 시장의 질을 향상시켜 해외 시장에까지 진출함으로써 국위선양을 한다는 것이었다.

조국통일전선에 이바지하여 **애국정신 고취**와 전의○○을 목적으로 건전한 국민예술운동을 전개한다. 연예문화의 질적 향상과 예술가의 생활보장을 기하며 후진양성으로서 정상적 체계를 수립한다. 연예문화의 국제적 수준달성을 기하며 **자유국가와의 국민문화교류를 촉진하여 우리 예술의 해외진출을 도모**한다.[61]

"자유국가와의 국민문화교류"를 추구하여 해외 시장을 노린다는 상업적 목적은 앞서 논의한 임화수의 한국연예의 기업화 방식을 그대로 드러내는 것이자, "애국정신 고취" 등의 역할을 강조한 것은 이 단체의 관제적 성격을 분명히 드러낸다. 이러한 이데올로기적 기조가 한국연예가 제작한 영화에 농후하게 섞여 있었던 것은 당연했다. 물론 한국전쟁 이전 일제하 전시체제기에도 조선을 포함한 많은 지역에서 영화가 방공선전을 펼치는 데 동원되었던 역사가 있다. 방공선전을 위한 선전물 가운데 영화와 연극은 1회 상연에 2000-3000명의 군중이 모여들 정도로 대중 동원에 압도적인 힘을 발휘했다.* 물론 전시체제하 가장 큰 사상전은 '대동아'를 위한 오족협화나 내선일체와 같은 것이었지만 방공 또한 못지않은 국가적 캠페인이었다.

공산주의로부터 국가를 보호해야 한다는 관념은 일제의 전시체제기에서 이어져 해방 후까지 지속되었다. '반공연예인단'의 대표였던 김석민은 해방이 되자마자 남한의 단독선거 선전을 위해 연예인들이 동원되었다고 술회했다. 그는 1948년 "5·10 선거 계몽운동"에도 동원되어 남한만의 선거를 독려했고,** "여수순천사건"이 일어나자 일사불란하게 군예대로 편성이 되어 군의 일부로 반공 선전 활동을 하기도 했다. 김석민은 여수순천사건부터 시작된 이때의 활동을 두고 연예인이 "최초로 군복을 입고 전투 지구를 종군하며 반공극 공연활동을 전개하였다"고 회고했다.[62] 반공극 활동을 했던 대다수 연예인이 일제하 전시체제기 악극단과 인적 구성이 같았고 후방뿐만 아니라 만주 등 전투 지구에도 군복을 입고 위문을 갔다는 점을 상기한다면, 연예인이 "최초"로 군복을 입었다고 김석민이 회고하는 것은 군예대의 선전 행위를 일제하의 기억과 단절한 것이었다. 어찌 되었든 김석민뿐만 아니라 해방 이후 일제하에 동원되었던 예능인이나 영화인도 '친일'의 딱지를 떼어

• 이태훈, 앞의 글, 171쪽. 이태훈에 따르면 이때 상영된 영화와 연극, 종이극은 다음과 같다. 영화: 〈スパイは君だ〉, 〈防共十字軍〉, 〈赤の脅威〉, 〈방공의 저녁〉(영화만담), 〈防共の誓ひ〉(방공협회 자체 제작 영화), 〈赤の威脅〉(육군성 제작 영화), 〈岩裂く松〉; 연극: 〈개엿다 青島〉, 〈간첩의 최후〉, 〈국은과 인정〉; 종이극(紙芝居): 〈防共の華〉, 〈防共報國〉, 〈間諜の最後〉, 〈銃後の國防〉, 〈噫忠烈崔通譯生〉, 〈半島婦人の赤誠〉. 방공에 동원된 예능인, 영화와 해방 후 연관성에 대해서는 더 많은 조사와 분석이 필요하다.

•• 김석민에 의하면 남한 단독 선거를 찬성하는 계몽공연에 참가한 단체는 새별악극단, 대도회악극단, 백조악극단, 반도악극단, 무궁화악극단, 태평양악극단, 라미라가극단, KPK악극단 등 22개 단체였으며 각 지방을 순회하여 공연한 횟수는 803회, 관람 인원은 133만 4464명이었다고 한다. 김석민, 《한국연예인 반공운동사》, 예술문화진흥회, 1989, 42쪽.

버리기 위해서라도 새로운 국가가 주도하는 '반공' 선전에 가담하거나 스스로 새로운 '반공' 국가의 독립된 주체임을 증명하는 일에 적극 나섰다.

그럼에도 남한에 남아 있던 수많은 악극단원은 아시아-태평양전쟁 때와 비슷한 레퍼토리와 공연 형식을 가지고 군을 위문했다. 한국전쟁 중 군예대는 정규 부대로 편성되어 전국을 누비며 장병들의 사기를 북돋기 위한 다양한 공연이 펼쳤는데, '내선일체'를 위해 사용되었던 선전 공연들의 내용은 재빨리 '반공'적 내용으로 바뀌었다. 군예대 공연의 핵심은 '반공정신'의 함양과 병사들의 노고를 '위안'하는 것이었다. 남한에서 군예대로서 이들이 행했던 반공극의 내용을 정확하게 파악하기는 힘드나 군예대에서 활약했던 황해의 회고를 들어보면 어떤 내용으로 극을 만들었을지 짐작할 수 있다.

> (육군연예대에서) 처참한 **공산당의 약탈과 학살 광경을 연출**하여 관중으로 하여금 **적에 대한 증오심**을 느끼게 하기에 노력하는가 하면, 전쟁이 빚어낸 모든 사회악과 인간사 또한 무너져가는 모랄을 규탄하는 연출에 힘을 기울이었습니다. 평양에 일시 머물렀다가 다시 남하하여 지방을 순회하면서 국민으로 하여금 **반공정신의 앙양과 이러한 사회악에 저항할 만한 마음의 무장과 생의 궁지를 타개하는 힘**을 줄 수 있는 연출 종목을 추려서 공개하였습니다.[63]

황해의 이야기로 유추해 볼 때 전쟁 동안 겪었던 잔학한 학살 등을 중심으로 반공의 '감정'을 격화시키는 반공극을 통해 '마음의 무장'을 강화시키는 것이었다. 이는 전쟁을 막 치른 관객들의 '감정'을 자극하는 것이자 이를 통해 효율적으로 반공적 '국민화'를 이끄는 선전극이었다. 이처럼 극단적이고 감정적인 반공극이 무대에 올려진 이후에는 가수의 노래와 코미디언들의 만담 등이 섞인 극들이 이어진 것으로 보인다. 김석민에 의하면 양석천을 중심으로 "코미디도 만들고", 드라마도 하고, 가요프로도 만들어 진행하며 "명랑한 노래와 씩씩한 군가"를 불렀다. 이러한 군 위문 방식은 일제하 전시체제기 악극단들의 위문 방식과 크게 다르지 않았다. 조선악극단이 "개그나 코미디" 그리고 군국가요를 부르고 '오족협화'와 '내선일체'에 부합하는 시국적 극들을 공연하며 군부대를 돌며 위문한 것과 마찬가지로 한국전쟁기 악극대는 무대를 바꾸어 '반공'을 선전했다.

흥미롭게도 남한에 남아 있는 악극인들이 남한의 군예대에 동원되어 '위문' 공연을 펼치는 동안, 식민지 시기 가장 유명한 작사가였던 조명암이나 박영호 등 월북한 악극인도 전쟁 중 인민군 종군작가로 활동하며 북한의 편에 서서 선전에 앞장섰다.[64] 조명암은 아시아-태평양전쟁 당시 〈지원병의 어머니〉, 〈아들의 혈서〉 등의 노래를 작곡하며 선전에 앞장섰는데, 월북 이후에는 〈어머니 우리당이 바란다면〉 등을 작곡하며 북한에서 죽을 때까지 승승장구했다. 그가 한국전쟁 중에 북한의 편에서 선전 활동한 행적은 남한의 악극인들의 '반공' 군예대로서의 활동과 사실상 다를 바가 없으며, 전달하는 이데올로기적 메시지가 무엇이든 예능이 국가의 '선전'에 임하며 유사한 문화 코드를 이용했던 상황은 흥미롭다.* 이렇듯 당시의 '연예'는 남과 북을 막론하고 정치와 매우 밀접한 문화였다.

3장에서 좀더 자세히 살펴보겠지만 전쟁 중 성행했던 악극무대는 영화 제작이 늘기 시작한 1950년대가 되면 '공연'과 영화가 교차하던 방식에서 점차 공연이 영화에 삽입되는 형태로 변화했다. 반공영화는 냉전 이념을 '계몽'해야 하는 목적성이 강한 영화였기 때문에 대중에게 별 인기가 없는 경우가 많았고, 이 때문에 오히려 공연성을 적극적으로 도입하여 관객의 시선을 끌 필요가 있었다. 대중의 관심을 끌기 위해 선전을 선명하게 하되 '오락적인' 요소를 가미한 것이다.** 1950년대 말 한국연예가 제작했던 코미디 영화가 대체로 그런 특징이 매우 잘 드러나는 영화들이었다. 한국연예는 조선악극단과 마찬가지로 명랑하고 유쾌한 코미디 영화를 주로 만들었다.*** 이 시기 코미디 영화의 대부분은 악극무대에 섰던 코미디언을 기용하여 만들어졌기 때문에 악극무대의 화려하고 근대적인 여러 가지 장치들을 활용하여 환상적이고 즐거운 오락을 전시함으로써 관객의 시선을 사로잡을 수 있었다. 대개 코미디 영화는 즐겁고 유쾌한 내용이기 때문에, 사회의 어두운 측면을 강조하는 리얼리즘적 요소보다는 좀더 밝고 비정치적이면

• 한편 남한에서는 월북 작곡가가 식민지 시기에 작곡했던 인기 유행가들은 금지가 되었다. "월북한 작가의 작품: 진주라 천리길 등 가곡 일제 금지", 《동아일보》, 1952년 10월 30일.

•• 선전영화의 '오락'적 측면은 2차 세계대전 시기 할리우드 영화에서도 마찬가지였다. Thomas Doherty, *Projections of War: Hollywood, American Culture, and World War II*, Columbia University Press, 1993.

••• 오락영화의 정치성에 관해서는 이미 할리우드 영화에 관하여 많이 연구된 바 있다. 리처드 다이어는 대공황기에 '순수오락' 영화들이 매우 인기 있었음을 지적하며 유토피아적 사회를 매우 과장된 영화재현을 통해 그렸다고 연구한 바 있다. Richard Dyer, "Entertainment as Utopia," in Rick Altman and Paul Kegan ed., *Genre: The Musical*, London: Routledge, 1981.

서 즐거운 내용으로 구성되어 있었다. 그뿐만 아니라 한국전쟁 동안의 악극이 주로 버라이어티 쇼나 코미디로 이루어져[65] 관객의 집중을 쉽게 유도할 수 있었다. 헨리 젠킨스가 지적했듯이 코미디 영화는 다른 장르에 비해 콘티뉴이티를 깨는 데에서 웃음이 나오는 분절적인 스타일을 가지고 있기 때문에* 중간에 전체적 내용과 다른 계몽적 색채의 이야기들을 삽입하기가 다른 장르에 비해 용이하기도 했다.

한국연예의 코미디 영화는 현재나 당시에도 '저속한 영화'로 여겨졌지만, 스펙터클과 화려한 공연을 섞어 넣어 스케일 면에서는 '작은 영화'라고 보기는 어렵다. 그 좋은 예가 〈홀쭉이 뚱뚱이 논산훈련소 가다〉(김화랑, 1959)다. 1950-60년대의 군부대 배경의 영화나 전쟁 영화는 대규모 군사의 캐스팅과 병영 모습의 웅장한 스펙터클을 만들기 위해 대개 군부대의 전격적인 지원하에서 제작되었는데** 이 영화도 마찬가지였다. "한국 최초의 카메라 3대를 취급하여 연병장 오십만 명을 동원한 스펙터클"[66]이라는 점이 강조되었고, 1959년 개봉 전 특별 상영 광고에는 "한국 영화 제작사상 최고의 제작비와 최대의 인원을 동원하야 완성된 획기적인" 영화이며 "수백만의 우리군 장병을 키워줄 논산훈련소를 직접 배경으로 하야 제작되었음"을 대대적으로 선전

• 헨리 젠킨스는 특히 초기 할리우드 코미디 영화의 경우에도 브로드웨이의 보드빌 쇼가 스크린으로 옮겨오면서 이른바 '고전적 할리우드 영화'에 비해 매우 분절적인 '아나키스트적' 특성을 가지고 있었다고 분석한다. Henry Jenkins, *What Made Pistachio Nuts? Early Sound Comedy and the Vaudeville Aesthetic*, Columbia University Press, 1992, pp.22-25.

•• 이러한 경향은 이후 박정희 집권하에는 더욱 강화되는데, 박정희 정권하에 만들어진 전쟁 영화들은 '군사 영화' 붐을 일으켰을 뿐만 아니라 모두 군부대의 전격적인 지원을 받았다. 정영권, 앞의 책, 139-148쪽.

했다.[67] 심지어는 부대 소장을 비롯한 군부의 인사가 직접적으로 출연하여 군 인사가 영화의 엑스트라가 되었다는 이유로 "군의 위신을 추락"시켰다는 비판을 받을 정도로* 군부대와의 긴밀한 협조 안에서 만들어진 영화였다. 흥행에서도 큰 성공을 거두었다.**

영화 잡지 《국제영화》 1959년 2월호에 실린 〈논산훈련소 가다〉의 촬영장 방문기는 이 영화가 어떤 방식으로 만들어질지에 대해 상세하게 설명한다.

소장의 예복에다가 군복으로 단장을 한 김승호씨는 일동을 사열하면서 찦차에다 몸을 버티고 경례를 하며 도라간다. 그 대열 속에는 김진규가 분한 중대장도 서있고 상사인 윤일봉도 끼여있다. 조명부에서는 백키로의 라이트를 들고 왔다갔다 하기에 따라가 보았더니 밤에는 '쑈' 위문장면을 촬영한다고 한다. … 〈뉴록삼〉과 〈미쓰-케이〉 그리고 무용단들의 율동 등 연습 장면만 보아도 흥에 겨워서 못 견딜 정도였다. … 간단한 인사와 홀쭉이, 뚱뚱이의 10분간 만담, 조덕자양의 무용, 조미령양의 애교 섞인 웃음 배급 등에 박수갈채와 군악대의 취악연주리에 다시 촬영현장으로! 군예대원이 30명이고 기성연기자가 40명이다.

• 《동아일보》, 1959년 1월 31일. 여기에서 말하는 군부대의 위신을 떨어뜨렸다는 기사는 현역군인이 주인공이 아닌 '엑스트라'로 취급되었다는 점에서 비롯되었다. 군부대를 배경으로 한 영화에 대한 반대는 전혀 아니었던 것으로 보인다.

•• 시나리오 작가 최금동은 국산 영화 상영 면세 조치가 무화되는 위기에서, 1950년대 히트작을 돌아보며, 〈논산훈련소 가다〉를 많은 제작비를 투입하여 이윤을 낸 영화 가운데 하나로 꼽고 있다. 영상자료원에서는 수도극장에서 개봉하여 서울에서만 5만 명이 든 것으로 기록하고 있다. 최금동, 앞의 글, 62-64쪽.

영화계의 스타가 대거 등장하고 일반인들이나 국군에게는 공개되지 않은 각종 "쑈"가 등장한다는 것만으로도 〈논산훈련소 가다〉는 대중을 매혹하기에 충분한 '오락적' 내용을 가지고 있었던 것으로 보이며 군악대와 군예대원도 동원되었다. 이는 사실상 악극이나 쇼와 같은 연예프로가 전시에 동원되었던 맥락에서 비롯된 것이라고 볼 수 있다.

압도적인 규모뿐만 아니라 전시체제하에서 영화를 만든 경력이 있거나 무대에 섰던 인기 악극인/영화인이 대거 투입되어 공연과 영화가 동시에 상영되는 관습에 익숙한 관객에게 더욱 친밀히 다가갔다. 〈논산훈련소 가다〉의 감독 김화랑은 식민지 시기부터 영화와 악극에 크게 관여한 인물이었다. 그의 본명은 이순재로 식민지 시기부터 이익이라는 이름의 시나리오 작가로 활동했다. 그는 1939년 5월 조선문화영화협회의 발기인으로 설립에 관여했으며 같은 해 〈국기 아래에서 나는 죽으리〉(이익/야마나카 유타카, 1939)라는 군국주의 영화로 감독 데뷔했다. 악극단의 활동에도 깊이 관여했으며, 해방 후에 주로 쓰인 김화랑이라는 이름은 식민지 시기 그가 악극단에서 쓰던 예명이었다. 유명 여가수 신카나리아와 결혼하여 제일악극단과 라미라가극단에서 활동했으며, 해방 이후에는 KPK 악극단과 샛별악극단에서 일했고, 황해, 백설희, 신카나리아와 더불어 군예대에 속해 군부대 위문을 맡아 전국을 누볐다.

김화랑이 영화계로 돌아온 것은 1957년 한국연예의 한국-홍콩 합작영화 〈항구의 일야〉를 만들면서부터고,[68] 이후에도 가벼운 오락 공연과 국가의 시책이 뒤섞인 영화를 다수 감독했다. 이 영화의 주연배우인 양훈 또한 전시체제기에 일본어로만 공연했던 성보악극단에서 주로 활동했고, 양석천도 빅타가극단(반도가극단의 전신)의 가수로 데뷔하여 악극단에서 활동하고 있었다.[69] 이 둘은 한국연예의 영화에 홀쭉이·뚱뚱이 콤비로 출연하여 연속해서 히트작을 내고 있었다.* 양훈-양석천 콤비는 영화에 데뷔하기 이전에 악극무대에서 이미 활동했을 뿐만 아니라 라디오를 통해 이미 '콤비'로서 대중에게 큰 인기를 얻고 있었다. 이들은 악극무대의 '만담'을 라디오로 전하는 〈라디오 코미디〉라는 만담 프로에 고정 출연했는데 청취율이 매우 높았다. 이 때문에 이들 코미디는 대개 반공적이고 애국적인 메시지를 담은 뉴스 이전에 주로 편성되어 국민이 뉴스를 듣게 하는 '어트랙션'의 역할을 하기도 했다.[70] 양훈-양석천 콤비가 영화에 나타나 '즐거움'을 선사할 때 관객들은 이에 이어 국가의 선전이 따라 나올 것이라 기대했다. 이렇게 본다면 한국연예의 제작자나 배우들은 전시체제기 악극단-영화계로 이어지며 시국에 협력하는 극을 만들어온 흐름에 익숙한 인력들이었다.

한국연예의 코미디 영화의 내용은 대부분 얼간이 같은 홀쭉이·뚱뚱이가 어쩌다 북한 간첩을 잡거나 용맹한 군인으로 커나간다는 줄거리를 가지고 있었다. 가령 〈사람팔자 알 수 없다〉는 시골에서 올라와 여러 직업을 전전하던 홀쭉이와 뚱뚱이가 어느 날 간첩을 잡아 일확천금한다는 내용이다. 가난한 인생에 '벼락부자'가 되는 상황을 묘사하여 관객들에게 내러티브적 쾌락을 제공하는 가운데, 그 계기가 '간첩잡기'라는 반공적 요소를 가지고 있다는 점에서 '반공 엔터테인먼트'라 불릴만한 것이었다. 〈논산훈련소 가다〉는 반공정신 함양에 가장 효

• 당시 대단한 스타였던 홀쭉이 양석천과 뚱뚱이 양훈을 주인공으로 한 영화는 〈사람팔자 알 수 없다〉, 〈천지유정〉, 〈한번만 봐 주세요〉, 〈흥부놀부〉 등이 있는데 〈천지유정〉은 필름과 시나리오가 모두 소실되어 현재 남아 있지 않다.

과적인 '군인'을 키워낸다는 점에서 이와 같은 '반공'적 요소가 더욱 강화된 영화였다. 그러나 영화 대부분은 홀쭉이와 뚱뚱이가 훈련소에 적응하면서 생기는 웃지 못할 에피소드, 군예대의 군악 공연, 여성 위문단의 공연, 그리고 홀쭉이의 복싱 등 다양한 오락적 볼거리로 구성되어 있다. 가령 영화에서는 미8군 무대에서 활동했던 것으로 보이는 여성 댄서가 출연하고, 가수 미쓰-K가 출연하여 몸을 흔들며 팝송을 부른다. 마치 〈병정님〉에서 오족협화의 상징이었던 배우 리샹란을 내세워 '어트랙션'했던 것과 같이, 맥락은 냉전적 지형으로 바뀌었으나 미쓰-K가 볼거리를 제공하는 것이다. 영화는 이렇듯 반공적인 색채와는 무관하게 코미디언들의 엎치락뒤치락하는 몸싸움과 여러 가수와 코미디언들의 공연으로 구성되어 있지만 반공적 문구는 영화 전반에 걸쳐서 설교하듯 계속 등장한다.

일례로 강력한 '선전'의 맥락에서 제작된 영화 〈논산훈련소 가다〉는 다음과 같은 반공적 '연설'로 시작한다.

애- 바야흐로 공산침략이 날로 심하여가는 이때 우리 국민은 더욱더 일치단결하여 세계의 평화를 좀먹고 인류의 행복을 짓밟는 공산도배를 분쇄하기 위해 우리는 끝끝내 싸워나가야 할 것입니다. 더욱이 육이오사변을 계기로 우리나라가 각일층 힘을 기울이는 (마당에 우리 동에서도 홀쭉이와 뚱뚱이 두 장정을 입대시킬 영광을 갖게 되었다는 것은 정말로 축하해야 할 일인) 것입니다.•

• 〈홀쭉이 뚱뚱이 논산훈련소 가다〉의 필름은 2015년에 발굴되었는데, 영화와 시나리오에 나타난 이 연설 부분은 조금 다르고, 무슨 이유에서인지 마지막 문장은 영화상에는 삭제되어 있다. 마지막 문장 중 괄호 안의 부분은 시나리오를 참고하여 완성했다.

〈논산훈련소 가다〉에서 미쓰-K가 어트랙션 하는 장면.

〈병정님〉에서 오족협화의 상징 리샹란이 공연하는 장면.

위와 같은 동장의 반공적인 메시지와 더불어 "격려와 축하"의 메시지를 받으며 군 소집 영장을 받은 홀쭉이와 뚱뚱이는 논산훈련소로 향한다. 그곳에서 뚱뚱이와 홀쭉이는 훈련소 생활을 통해 어떻게 '북한군을 때려잡는' 남한의 병사로 커나가는지를 코믹하게 보여준다. 그중에서도 사격대회 시퀀스에서 뚱뚱이가 우승하는 장면은 이 영화의 반북적 성향을 여실히 드러낸다.

사격대회 날 사격훈련을 받은 적이 없던 뚱뚱이는 자신 없는 얼굴로 사격판을 조준하다 갑자기 멈춘다. 그러다 갑자기 무슨 생각이 난 듯 사격판으로 달려가 과녁에 김일성의 얼굴 그림을 붙인다. 뚱뚱이는 돌아와 곧 다시 사격 자세를 취하고 김일성의 얼굴을 향해 총을 다섯 발 쏜다. 총알은 모두 명중하고 과녁에 붙은 김일성의 얼굴이 그려진 종이는 활활 불타오른다. 물론 이 부분은 전체적으로 코미디로 처리되지만, 아주 짧은 순간 동안 김일성을 향해 방아쇠를 당기는 장면은 상당히 진지하게 재현된다. 전에 보지 못하던 뚱뚱이의 날카롭게 상기된 얼굴은 김일성의 얼굴 그림과 교차편집되고, 이 짧은 순간 동안 관객도 긴장을 느끼게 된다. 이런 만화 같은 장면을 통해서 영화는 관객에게 주적 김일성을 명확, 단순화시키고, 김일성의 얼굴이 타오르는 것을 보면서 재미와 묘한 쾌감을 느끼도록 한다.

이렇듯 한국연예가 만들어냈던 반공영화는 일제하 '내선일체'를 선전하던 악극의 레퍼토리 및 영화와 유사한 형태의 '반공 엔터테인먼트'라고 불릴 수 있을 것이다. 리처드 다이어는 대공황기나 2차 세계대전 중 미국에서 유행한 뮤지컬 장르가 번성했던 사실을 지적하면서 전시기에는 어떤 정치적 메시지도 전하지 않고는 "순전한 엔터테인먼트"의 비정치성이 오히려 정치적으로 이용될 수 있다고 주장했다.[71] 이와 유

• 이는 일제하 영화 〈병정님〉에서 조선인 주인공이 징집영장을 받자, 동네 사람들이 모두 모여 축하하는 장면을 연상케 한다.

〈논산훈련소 가다〉 사격에 자신 없었던 뚱뚱이는 김일성을 표적으로 총을 조준하고 명중시킨다.

사하게 악극대나 군예대가 일제하에는 대동아 공영의 이데올로기를, 한국전쟁기에는 반공의 메시지를 전하는 가운데 공연 자체의 "순전한 엔터테인먼트"적 측면이 일본을 위한 공연에서 대한민국을 위한 공연으로 쉽게 코드-전환되었던 것이다.

이 장에서는 한국 영화계가 해방 직후부터 어떤 방식으로 발전하여 1950년대 말 영화 황금기의 형성기에 이르게 되었는지 살펴보았다. 해방 직후부터 영화인들은 영화 매체가 국가 건설에서 매우 중요하다는 점을 강조하면서 식민지 시기 영화 신체제와 같은 국가 주도의 산업으로 만들기 위해 힘썼다. 특히 한국전쟁 이후에는 여러 가지 기반 시설의 파괴로 인한 위기의식과 전쟁으로 체화된 반공 의식까지 가미되어 영화 재건이 논의되기 시작했고, 영화인들은 영화산업을 국가 주도의 기간산업으로 키울 것을 제의했다. 이러한 논의의 전면에는 위기에 빠진 한국의 영화산업을 재건하고자 하는 강한 의지도 있었지만, 그 이면에는 한국 영화산업이 정부의 원조를 통해서만 재건될 수밖에 없었던 산업으로서의 취약성과 그로 인해 국가를 위한 영화를 생산하는 구조가 만들어졌다는 부정적 결과가 생기기도 했다. 이러한 상황은 황금기에 들어서면 본격적인 기업화 논의들과 맞물리면서, 대한민국 영화계 특유의 국가 지원을 기반으로 한 상업영화의 제작이라는 형태로 귀결되었다.

임화수의 한국연예는 수직·수평 통합을 실험하며 영화 기업화를 이루려 노력했고, 국가 이익을 창출하려 한다는 해외 수출, 해외 합작의 논리를 펼치면서, 정부와 국민으로부터 지지를 받고자 했다. 그러나 이런 영화 기업의 구조적 틀은 한국 대중영화가 국가가 요구하는 시대상, 국가상을 장르 영화 속에 직·간접적으로 복속시킬 수밖에 없었다. 한국연예가 제작한 '반공 엔터테인먼트' 영화의 예에서 볼 수 있듯이 이 시기 반공영화는 과거의 식민지적 선전에 동원되었던 방식과 유사하게 관객을 매혹하는 동시에 국가가 주조한 교훈적·반공적·윤리적 이데올로기를 영화에 착상시켰다.

1950년대 후반 임화수나 홍찬과 같이 적산을 직접 불하받고, 국가의 전폭적 지지를 받았던 영화인들이 영화산업을 일으키고자 했던 노력은 1960년대에 들어서면서 임화수는 이승만의 몰락과 함께, 홍찬은 경영 실패와 함께 한순간에 물거품으로 돌아가고 만다. 그러나 1950년대 말의 이러한 시도들은 1960년대에 들어서면서 박정희 정부와 결탁한 신필름과 같은 영화 대기업으로 변모했다. 그리고 한 해에 무려 200편이 넘는 영화를 생산했던 '한국 영화의 황금기'가 도래하게 된다. 정부의 지원을 기반으로 냉전적 '발전'이라는 논리를 펼쳤으나 기업으로서의 경쟁력을 확보하지 못했던 1950년대 한국 대중영화 산업은 일단락되고 새로운 단계로 변화한 것이다. 이 장에서는 일제하 명백한 '선전'에 나섰던 악극단의 공연적 매혹을 활용한 영화들이 냉전의 맥락에서 어떻게 영화에 재배치되어 '반공 엔터테인먼트'를 만들어냈는지 살펴보았다. 물론 이처럼 적극적인 '반북'이나 '반공'을 노골적으로 드러내는 영화가 한국연예와 같은 기업의 영화에서도 다수를 차지하는 것은 아니었다. 미국 중심의 '냉전'은 남북이 대치하는 반북의 갈등 구조보다 '동맹'의 관계에서 비롯된 풍요로운 삶을 영화에 재현하는 간접적 방식이 선호되었기 때문이다. 다음 장에서는 일제의 '선전'의 선두에 섰던 악극단들이 영화산업으로 흡수되며 그 '파시스트적' 스타일이 어떻게 비정치적인 냉전-대중영화로 재탄생되었는지 더욱 자세하게 살펴본다.

3장

악극, 할리우드를 만나다:
탈식민과 냉전 사이

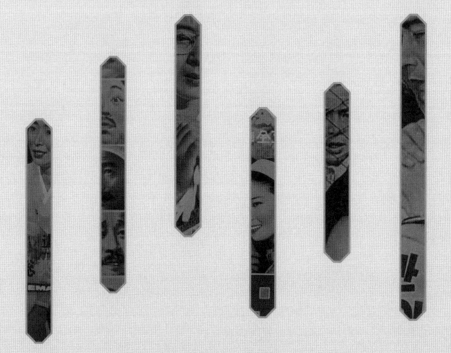

1. 파시스트 엔터테인먼트의 흔적, 악극

아시아-태평양전쟁 동안 일제의 선전에 앞장섰던 예능인들이 실제로 '선전'에 동참하며 자신들을 얼마나 주체화했는지는 알기 어렵다. 그러나 분명한 것은 긴 전쟁 동안 행해진 일제의 '국민화'는 제국 신민의 '수행'을 동반했다는 측면에서 예능인의 삶에도 상당한 자취를 남겼다는 점이다. 가령 이중 언어를 쓰며 지속적 공연을 해야 했던 악극인들의 언어의 '정화' 문제만 해도 간단한 일은 아니었다. 일제하의 악극단들은 1930년대 말부터 1940년대까지 조선과 일본, 만주 등을 여행하며 조선어와 일본어를 모두 구사해야 했다. 예를 들어 손목인, 박시춘, 황해, 현인, 신카나리아, 양훈 등은 일본어와 조선어 모두로 공연했던 악극인이었다. 일본인 극장주가 꾸렸던 성보악극단의 경우에는 단원들은 조선인이 많았으나 일본어 공연을 주로 했다. 신카나리아의 회고에 의하면 성보악극단에 속했던 그녀는 해외로 공연을 자주 나가며 일본어를 쓰는 것을 당연히 여겼다고 한다. 당시에는 본인이 조선인인

• 이 장은 필자의 논문, 〈악극, 헐리우드를 만나다: 1950년대 한국 대중영화의 혼종성에 드러나는 식민성과 탈식민적 근대성의 문제들〉, 《대중서사연구》 제29호, 2013의 일부를 개고했다.

것에 대한 인식조차 별로 없었으며, 그녀가 만주의 펑톈奉天 지방으로 공연을 갔을 때 조선인 릴리 언니라는 사람으로부터 자신이 조선인이라는 사실을 처음으로 '배웠다'고 한다.[1] 황해는 성보악극단에 있을 때 〈춘풍일가〉라는 극을 했는데, 일본어로 하다가 조선인이 많은 지방에 가면 조선어 공연을 했다고 회상했다. 시나리오와 라디오 극작가였던 유호의 증언에 의하면 1943년경에는 두 개의 공연 중 하나는 일본어로 해야 했다고 한다.[2] 이처럼 식민지 말기에 제국의 다양한 지역을 '투어'하는 과정에서 생산된 대중문화는 일본과 조선의 극단적 혼종을 동반하고 있었다. 일본인과 조선인을 동일한 제국의 국민으로 만들려는 '국민화'가 국시였던 아시아-태평양전쟁 동안 일본어와 조선어의 이중 언어를 '교환switch'하며 쓰고 문화적 혼종 안에서 살아야 했던 것은 식민지인, 특히 '내선일체' 혹은 '오족협화'의 선전을 위해 제국을 여행했던 예능인들의 일상이었다.

해방이 되었다고 해서 이런 '혼종성'이 재빨리 '민족적'인 것으로 전환되지는 않았다. 해방 후 악극계에도 반일적 애국지사를 그린 청춘극장의 〈안중근 사기〉, 새별악극단의 〈울어라 자유종〉 등이 공연되었다는 기록이 있다.[3] 그러나 대부분의 악극은 일제하 무대에 올렸던 극, 쇼, 노래가 조금씩 변형된 채로 공연이 되었다. 우후죽순으로 생겨난 소규모 악극단들은 일본식 레퍼토리를 일본어로 공연했다가 언론의 비난을 받기도 했고,[4] 고향악극단은 일본의 "**"악극단과 유사하다는 지적[5]도 있었다. 1장에서 살펴본 조선악극단의 경우도 1944년 이철의 사망으로 인해 급격한 퇴조를 겪다 해방 후 재조직되었는데, 조명암 외 몇 명은 과거 악단의 이름을 계승해 '조선악극단'을 구성했고, 김해송을 중심으로 한 다른 멤버들은 악극단 KPK를 만들었다. 악극단 KPK는 왕년의 조선악극단의 스타였던 이복본, 이난영, 장세정, 김해송을 주축으로 "아리랑 뽀이스"와 "조고리 씨스터즈"의 일제하 인기 있던 공연을 이어갔다.[6] 악극단 KPK의 공연 스타일이 식민지 시기 조선악극단과 유사했던 것은 물론이다.

이처럼 일본과 조선의 문화가 여전히 '혼종'되어 있는 상황을 두고, 대중문화를 민족적인 것으로 '정화'해야 한다는 담론도 생겨나고 있었다. 예를 들어 식민지 시기에 악극단에서 활발한 활동을 했던 박노홍은 《한국악극사》를 써내려 가며 성보악극단, 약초악극단, 제일악극단의 레퍼토리는 일본계의 작품을 가져다 공연했기 때문에[7] 한국 악극사에 포함시킬 이유가 없다고 서술했다. 1946년에 쓴 〈팔월 십오일 이후 악극의 동향〉에서도 박노홍은 당시의 악극단들이 모두 "해방"이나 "희망"이라는 문구를 포스터에 넣고 있지만 이들 극단이 부르는 노래는 "십중팔구 십 년 전 설렁탕 배달이 종로 뒷골목에서 하던 노래"여서 악극은 해방의 기쁨을 "시궁창에다가 꼬나 박고 허우적거리고 있다"라고 비판하기도 했다.[8] 이는 선전의 선봉에 섰던 과거의 극을 재탕하고 있는 악극들은 새로운 민족문화가 될 수 없다는 분명한 선을 긋는 담론이기도 했다.

그러나 이러한 민족적 담론과는 별개로 실제의 상황에서는 과거의 대중문화가 여전히 지속되고 있었다. 특히 한국전쟁이 발발하자 일제하 전시체제 선전에 사용되었던 공연 레퍼토리들은 '국군' 위문의 형태로 바뀌며 큰 비판 없이 반복되었다. 2장에서도 언급했듯이 한국전쟁이 발발하자마자 악극단들은 위문단이나 군예대로 바로 투입되었고 식민지 시기에 행해졌던 공연들은 무비판적으로 재탕되었기 때문이다. 이유정에 의하면 식민 말기 전쟁 중에 대대적인 유행을 했던 〈지나의 밤〉과 같은 노래는 미8군 무대에서도 가장 인기 있는 뮤직넘버였다.[9] 〈지나의 밤〉은 잘 알려져 있듯이 식민지 시기 "오족협화"의 상징이었던 리샹란이 주연한 만주 영화 〈지나의 밤〉(오사무 후시미즈, 1940)의 타이틀곡이었다. 〈지나의 밤〉은 일본인 청년과 만주 여성의 사랑을 통해 '오족화합'을 선전한 대표적인 영화였다.[10] 이와 같은 노래들은 아시아-태평양전쟁 동안 순회공연되었고 일본제국 내 각 지역의 '이국성'을 바탕으로 인기를 얻었는데, 한국전쟁 이후 '군 위문 공연'이라는 이름 아래 '냉전 아시아'라는 새로운 정치적 지형 안에서 자연스럽게 재유통된 것이다.[11]

보이지 않는 곳에서 일본과의 '지하 거래'도 빈번히 일어났다. 사카사이 아키토가 《'잿더미' 전후 공간론》에서 주장했듯이, 일본이나 조선이 제국에서 민족국가로 변모하는 과정에서 "민족국가"로 쉽게 수렴되지 않았던 문화들은 "암시장 공간"으로 모이며, 사회의 공적인 영역 바깥에 방대하게 형성되어 있었다.[•] 숨겨진 암시장 공간은 밀항이 발각되면서 간간이 공적 공간에 드러나기도 했다. 가령 한국전쟁이 한창이던 1952년 7월 《경향신문》에는 "악극인엔 조국도 없나? 밀도일密渡日 한

• 사카사이 아키토, 박광현·정창훈·조은애·홍덕구 옮김, 《'잿더미' 전후공간론》, 이숲, 2020. 사카사이 아키토는 일본의 전후가 "잿더미"로 표현되거나 암시장 등 국가가 포섭하지 못했던 공간이 일본의 '민중적' 공간으로 획일적으로 전유되며, 궁극적으로는 국가주의적 권력을 재강화하게 되었다는 지점을 비판한다. 이 책에서는 정전으로 취급된 영화나 문학작품을 "국민적 경관의 굴레"에서 벗어난 부분에 집중하여 일본 전후의 '다중성'을 드러내는 해석을 시도했다.

일당에게 비난성非難聲"이라는 도발적인 제목의 기사가 실렸다. 이 기사는 전쟁의 혼란을 틈타 유명 악극인 손목인, 신카나리아, 박단마 등 8명이 일본으로 밀항하여 현지에서 레코드를 취입했다고 보도했다.[12] 이어《동아일보》는 악극인 일당이 "예술에는 국경도 없다"라는 이유 하나만을 가지고 일본으로 가서 〈오-무라의 달〉과 〈회상의 도-오쿄〉를 취입하고 왔다며, "과연 이들의 조국은 일본이었든가?"라고 반문하며 분개하기도 했다.

그러나 흥미롭게도 이 사건이 생긴 지 약 한 달 후에는 일본에 간 악극인들이 도쿄에서 레코드를 취입했다는 소문은 사실무근이며, 이들이 일본의 한 수용소에 수감되어 있고 곧 한국으로 송치될 것이라 보도했다.[13] 그리고 몇 달 후 이 악극인들이 한국으로 송환되자《경향신문》은 기다렸다는 듯이 〈도라온 악극인 좌담회〉를 열었다.[14] 좌담회는 악극인들이 "어떠한 항로로 도일하였으며" "수용소에서는 어떻한 생활을 하였는지"에 관심을 갖고 일본에 갔다 온 이들이 그곳에서 어떤 경험을 했는지에 관해 궁금증을 쏟아놓았다. 처음 이 사건을 보도했을 때의 분노는 이내 흥미와 관심으로 전환된 것이다. 이와는 다른 사건이지만 최초의 여성 감독이었던 박남옥 감독도 한국전쟁 이후 밀항선을 탔다가 난파되어 일본 규슈의 한 섬에 체류하다 돌아왔던 에피소드를 회고하는데, 그녀의 회고에는 일본에 가고 싶다는 욕망과 선망이 가득 담겨 있다.* 이와 같은 일화들은 1950년대 한국인이 일본에 가졌

• 박남옥, 앞의 책, '한국전쟁' 부분 참조. 박남옥 감독은 1923년생으로 고등학교 시절 일본으로 수학여행을 가기도 했다. 이처럼 일제하에 교육과 근대화의 '수혜'를 받은 일부 세대들에게 일본에 대한 노스탤지어가 남아 있음은 어쩌면 당연한 일이기도 할 것이다.

악극인의 밀항과 귀국을 보도한
《경향신문》, 1952년 8월 2일자
기사.

던 양가적인 감정을 잘 보여준다. 신생 대한민국에서 일본은 탈식민적
민족 정체성 확립을 위해 지워야 할 과거임과 동시에 '선진적' 대중문
화를 제공해주는 여전한 심리적 '제국'이기도 했던 것이다. 1950년대
말에 한국 영화의 일본 영화 베끼기가 신문 지상에 큰 논란이 되거나[15]
일상에 잔재한 일본식 문화를 없애자는 "일색일소" 운동•이 대대적으
로 벌어지고 있었던 것도, 역설적으로 보자면 1950년대 한국 대중문화

• 일색일소 운동은 이승만의 직접적인 지시로 벌인 일색 문화 정화 운동이다. 1956년 왜색
가곡 추방 강연회, 일어를 한국어로 어떻게 대체해야 할 것인가를 제시하는 글 등은 모두 일
색일소 운동의 일환이었다. 이와 관련하여 1958년 10월 25일 《동아일보》의 "잡종과 순종: 일
어 모르는 새 대학생에의 기대"라는 기사는 초등학교 교육을 해방 이후에 받게 된 58학번 학생
들을 일어에 때 묻지 않은 "순종"이라고 일컬으며, 이들이 순종으로서 한국문화를 이끌 것이기
에 기대가 된다는 기사를 싣고 있다. 일본식 교육을 받거나 일본말을 쓰는 사람을 "잡종"이라
고 보는 대목이 흥미롭다.

속의 일본은 단절된 과거가 아니라 보이지 않는 문화의 원천으로 여전히 물밑으로 작동하고 있었음을 반증한다.

악극뿐만 아니라 사람들은 다른 일본의 대중문화를 암묵적이지만 여전히 적극적으로 소비하고 있었다. 예를 들어서 반일을 국시로 하던 이승만 정권 내내 금지되어 있던 일본 음반의 수입이 4·19 이후에 허가되자 봇물 터지듯이 한국으로 유입되었다. 이는 식민지 시기에 대중들이 익숙했던 일본식 대중문화가 여전히 한국인의 일상에 굉장한 소구력을 가지고 있었음을 보여준다. 이런 일본에 대한 관심과 태도는 그동안 정화운동을 대대적으로 벌여왔던 엘리트적 입장에서는 매우 당혹스러운 것이었다. 신문 지상에서는 이에 대한 우려의 목소리가 높았다. 많은 언론인은 대중음악의 경우에는 "왜색"도 아니고 "일본말"이 공공연하게 퍼져 나오고 있는 현실에 대해서 "큰일났다"며 그 이유는 남한에 좋은 대중가요가 없기 때문이 아니냐고 개탄했다.[16] 그러나 흥미롭게도 "물론 그 점도 있겠지만 지금 사십대 전은 그 물에 젖어서 일본격조를 몹시 좋아하기 때문"이라고 솔직한 심정을 표현하는 사람도 있었다.

이처럼 해방 후부터 1950년대 후반에 이르기까지 식민지하에 공연되었던 대중연예물이나 일본의 대중문화는 '반일'이라는 국시가 무색할 정도로 여전한 인기를 누리고 있었다. 문화를 '민족적인 것'으로 변혁시켜 새로운 국가적 '정체성'을 만들어내는 것은 쉽지 않은 일이었다. 더욱 중요한 사실은 식민지 시기에 행해졌던 공연물의 레퍼토리, 음악들이 1950년대 후반에 이르면 국산 영화의 생산량 증가와 함께 영화에 대거 삽입되거나 영화화되었다는 사실이다. 2장에서도 밝혔듯이

1950년대 당시 영화 상영관은 식민지 시기와 마찬가지로 여전히 연극이나 여성국극, 악극 등의 공연 전후에 영화 프로그램을 배치했다. 극장은 지정석이 안착되어가는 과정에 있었지만, 여전히 입석도 있고, 무료 입장객도 많았다.[17] 임화수의 한국연예의 행보에서 보이듯, 영화에 다량의 '공연'이 옮겨갔던 것은 당대의 복합적인 '극장 문화'에 부합하고 관객의 취향을 반영한 것이었다.[*] 식민지기에 인기 있던 '공연'의 레퍼토리들을 영화화한 작품들이 대거 등장했다는 사실은 1950년대 영화판의 큰 특색이었다.[18] 그러나 과거 식민지 시기 선전의 선봉에 섰던 화려한 파시스트적 스펙터클들이 대거 등장하는 영화들이 과거의 것을 완전히 '반복'했다고 보기는 어렵다. 영화 속의 '공연성'은 새로운 시대에 맞게 변주되어 관객을 새롭게 만났기 때문이다.

이 장에서는 일제하에 '선전문화' 안에서 번성했던 악극이 해방 후 대중문화의 산업적 변화 가운데 어떻게 영화와 조우하게 되는지를 살펴본다. 1, 2장에서 살펴보았듯이 이미 식민지 시기에도 악극과 영화는 독립된 공연/상영 매체로서 공존하면서도 서로 깊은 인터미디어적 영향을 주고받았다. 그러나 1950년대 말에 이르면 대중적·국가적·산업적 미디어로 떠오르기 시작했던 영화가 여타 대중문화들과 경쟁하는 가운데 새로운 대중 연예산업의 중심을 차지하게 되었다. 1950년대 악극의 영화화 혹은 악극을 활용한 영화의 제작은 영화가 대세적 매체로 도약하는 과정을 보여준다. 특히 과거 일제의 아시아-태평양전쟁

• 위경혜에 따르면 1950년대 초반에서 1960년대 초반까지 광주지역 극장 무대에 오른 공연물 가운데 80퍼센트는 악극, 국극, 그리고 가극이 차지했다. 위경혜, 《광주의 극장 문화사》, 다지리, 2005.

기에 파시스트 전선의 최선에 섰던 악극의 흔적은 식민지 시기 전시 문화 체제와 깊이 연루된 것이었으나, 한국전쟁을 거치면서 냉전적 국제 질서에 부합하는 국제적이면서도 자국의 상황을 반영한 문화로 재맥락화되며 대중영화 안으로 스며들게 된다. 이 장에서는 악극이 영화 '속으로' 투입되었던 산업의 큰 변화 속에서 어떻게 '식민지적' 과거의 흔적이 배어 있던 악극이 할리우드화된 매혹적인 냉전 영화로 새롭게 자리매김했는지를 살펴본다.

2. 악극에서 영화로

2장에서 밝혔듯이 1950년대 후반에 이르면 국산 영화의 제작 편수는 급증한다. 이는 한편으로 영화인들의 노력의 결실이기도 했고, 다른 한편으로는 악극인들이 대거 영화계로 이동하는 가운데 가능한 것이기도 했다. 전쟁이 끝나자 많은 영화인이 월북했고, 악극계의 인력들은 모자란 영화 인력을 대체하기 시작했다. 일제 말기에 수많은 '어트랙션'이 선전영화에 삽입되었기 때문에, 악극인들은 사실 두 매체를 넘나드는 것에 익숙했다. 해방 이후 이와 같은 상황은 어느 정도 유지되었으나, 1950년대 후반부터 한국 영화가 증가하자 영화로 완전히 직업을 전환하는 사람들이 늘었다. 이에 악극 공연단의 숫자는 급격히 줄어들며 악극 산업은 급격히 쇠락했다.

이 시기 악극계에서 영화계로 옮겨온 사람들은 일일이 열거하기 어려울 정도다. 남한 영화를 이끌었던 대부분 인력이 악극에서 잔뼈가

굵은 사람이었다. 악극계에서 이미 수련된 스타 배우 김승호, 김진규, 최무룡, 장동휘, 황해, 허장강, 이예춘, 황정순, 조미령, 문정숙, 도금봉, 주증녀 등의 이른바 정극 배우와 구봉서, 김희갑, 양훈, 양석천, 이종철, 배삼룡, 서영춘 등의 코미디 배우들은 악극무대 경험을 바탕으로 1950-60년대의 영화에서 주·조연을 맡았던 주요 배우들이었다.• 1950년대에 '일사일작' 현상으로 불리며 이 시기 난립했던 영화사들도 대개 악극단을 중심으로 한 것이 많았다. 황해를 중심으로 한 새별악극단과 새별영화사나 박시춘을 중심으로 한 오향영화사, 삼우프로덕션, 2장에서 살펴본 임화수의 한국연예주식회사 등은 모두 악극을 기반으로 하거나 악극 인력을 중심으로 영화를 제작했다.

악극 레퍼토리와 제목조차 영화로 그대로 옮겨온 경우도 많았다. 특히 극화하기가 비교적 쉬웠던 이른바 '신파극'들은 대개 악극과 같은 제목으로 옮겨지며 영화화되었다. 가령 일제하의 동원체제에서 '남해예능대'로 편성되었던 악극인들은 해방 후 '백조가극단'을 꾸렸는데, 이 극단은 이른바 '신파극'이 주요 레퍼토리였고 그 인기는 대단했다. 백조가극단의 배우 전옥은 '눈물의 여왕'이라 불리며 악극의 대본을 쓸 뿐만 아니라 주연까지 맡으며 이 시기에 가장 인기 있는 배우로 활동했다. 그녀를 주연 혹은 조연으로 기용한 신파영화 〈항구의 일야〉, 〈눈나리는 밤〉(하한수, 1958), 〈화류춘몽〉(박성복, 1958)은 모두 백조가극단의 인기 레퍼토리가 영화화된 것이었다. 〈자장가〉(하한수, 1958), 〈목포

• 물론 악극 스타들이 모두 스크린에서도 스타가 되지는 않았다. '눈물의 여왕'으로 불렸던 이경희나 전옥 같은 악극에서의 대스타는 오히려 스크린에서는 빛을 보지 못한 경우다. 악극적 연기가 스크린에서는 과장된 것으로 받아들여졌을 가능성이 크다.

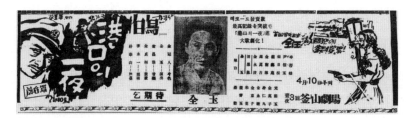

악극 〈항구의 일야〉의 부산극장 광고. 전면에 전옥의 사진을 내세우고 있다. "레코드 판매 수 최고 기록을 돌파한 〈항구의 일야〉대가극화", 《동아일보》, 1953년 4월 10일.

의 눈물〉(하한수, 1958), 〈눈물〉(박성복, 1958), 〈두 남매〉(홍일명, 1958), 〈울지 마라 두 남매〉(서석주, 1960), 〈울려고 내가 왔던가〉(김화랑, 1960) 등도 악극의 레퍼토리를 영화화한 예다. 〈항구의 일야〉의 경우에는 라디오극으로도 만들어져 전파를 탈 정도로 대중에게 큰 인기가 있었다.[*] 〈눈 나리는 밤〉은 하한수 감독에 의해 1968년에 다시 한 번 리메이크되었고, 1960년대 말 〈미워도 다시 한 번〉(정소영, 1968)으로 멜로드라마 열풍이 불면서, 신파극에 기반한 악극의 인기는 1960년대 말까지도 지속되었다.

　일본의 '다카라즈카'와 유사하게 여성이 남녀 모두의 배역을 맡으며 특히 한국전쟁 중 큰 인기를 끌었던 여성국극도 영화화되었다. 〈대춘향전〉(김향, 1957)이 그 예인데 영화화되었으나 흥행에 성공하지는 못했다. 악극단과 달리 여성국극단의 경우 "감독부터 출연자까지 영화를 잘 모르는 분들이어서" 영화화에 매우 미숙했던 것이 실패의 주원인으

---

* 　라디오와 텔레비전 프로그램 안내에는 '극영화의 밤'이라는 이름으로 〈항구의 일야〉를 방송했다고 기록하고 있다. "라디오 테레비", 《동아일보》, 1959년 1월 11일.

로 꼽히기도 했다.[19] 또한 여성 배우 두 명이 이몽룡(박옥란 분)과 성춘향(박옥진 분)을 맡는 여-여 구도의 무대극이 이성애적 구도가 확연했던 스크린에서 환영받지 못했을 것으로도 보인다. 이는 1950년대 후반 여성국극의 급격한 쇠퇴 혹은 완전한 소멸에까지 연결되는데, 여성이 남성 역할을 하는 연극이나 영화는 이성애-가부장제가 본격적인 국가 이데올로기로 등장하는 시점에서 배제된 대중문화 가운데 하나였다.[20]

이처럼 다양한 무대 공연들이 일제히 영화화되는 한편, '쇼와 노래'가 강조된 영화들도 대대적으로 제작되었다. 일제하 오케그랜드쇼단의 일원이자, 식민지 시기 제작된 〈조선해협〉(박기채, 1943)의 주제가를 작곡해 유명했던 박시춘은 조선악극단이 오케그랜드쇼단 시절일 때부터 다양한 악극단에서 왕성한 활동을 한 작곡가였다. 해방 후에는 〈푸른 언덕〉(유동일, 1949)과 같이 악극을 바탕으로 하거나 가수가 주인공인 음악 중심 영화의 음악을 맡았다. 1950년대에는 권영순 감독을 영입해 〈오부자〉(1958), 〈가는봄 오는봄〉(1959), 〈장미의 곡〉(1960)을 만들었다. 박시춘은 직접 〈딸 칠형제〉(1958), 〈삼등호텔〉(1958) 등의 영화를 감독하기도 했고 오향영화사를 통해 〈내마음의 노래〉(박성복, 1960)와 같이 대중가요가 대거 삽입된 영화들을 만드는 등 이 시기에 가장 활발한 감독이자 음악가였다. 감독 노필을 중심으로 한 〈그 밤이 다시 오면〉(1958), 〈꿈은 사라지고〉(1959), 〈사랑은 흘러가도〉(1959), 〈심야의 부르스〉(1960) 등의 '노래 영화'들도 인기였다. 악극무대에서 노래를 잘하는 것으로 정평이 났었던 최무룡과 문정숙이 이와 같은 영화에 단골로 출연했다. 안재석은 이를 "뮤지컬" 혹은 "세미-뮤지컬"로 구분했는데,[21] 장르적으로 '완성된' 형태는 아니었지만 위 영화들은 악극계에서 활동하던 스타 배우들의 개인기에 기대고 내러티브가 간결한 '쇼와 노래'를 중심으로 관객들을 매혹했다. 2장에서 살펴본 한국연예주식회사의 코미디 영화들도 대개 악극무대의 코미디언을 중심으로 펼쳐진 경우가 많았고, 〈웃어야할까 울어야할까〉(신현호/권호, 1958)와 같은 코미디 영화도 "울지도 웃지도 못하는 인생을 합죽이(김희갑)와 막동이(구봉서)가 소개하는 음악희극의 결정판"으로 소개되며,[22] 악극단원들이 대거 투입된 영화들이었다.

정리해보자면 스토리가 존재하는 가극이라 불리던 악극들은 신파영화로, 막간 등에서 보였던 쇼나 레뷰, 가수의 공연은 코미디 영화나 뮤지컬을 표방한 영화에 많이 삽입되었다. 영화 제작의 경험이 별로 없었던 제작자들도 악극무대에서 상연되었던 내러티브나 쇼 등을 영화에 삽입함으로써 악극의 인기와 대중들의 '익숙함'을 무기로 비교적 안정적으로 투자할 수 있었다. 이는 관객들에게 익숙한 관람 습관viewing habit을 고려한 것이었다. 또한 악극무대를 카메라적 혹은 편집적 조작을 통해 스크린에 펼쳐냄으로써 새로운 즐거움이 생성된 것도 악극을 바탕으로 한 영화들의 인기 요인이었다. 악극 공연이라는 '익숙함'에 영화적인 조작들이 행해졌을 때, 이를 만나는 소비자들의 즐거움은 배가되고, 이는 환상적이고 현대적인 색다른 문화 경험으로 받아들여졌다.

이처럼 1950년대 말에 수많은 영화가 악극을 바탕으로 만들어졌다. 그러나 여성국극을 영화화했을 때 큰 실패를 했듯이, 극 자체의 인기만으로 영화의 성공이 보장된 것은 아니었다. 또한 악극 기반의 영화를 곱게 보지 않는 평단의 시선도 무시할 수 없었다. 때로는 악극의 영화화는 영화적 '결핍'으로 지적되곤 했다. 악극적 특성이 영화에 많이 나타나는 것은 영화 미학이 갖추어야 할 '보편성'을 갖추지 못했다고 본 것이다. 악극을 바탕으로 한 영화들의 문화적 불균질성에 대해서 당시의 많은 논자는 '영화화'가 덜된 '결핍'의 영화로 평가했다. 예를 들어 1950년대 말 문학평론가 임긍재는 1950년대의 한국 영화는 아직 "한국적 스타일"을 갖추지 못하고 있다고 지적하며 "우리 영화인들이 만들어내는 영화의 대개는 … '테마'와 동떨어져 있기 때문에 장면처리가 의미과잉(그 실은 무의미한 것)이 아니면 '에이젠슈타인'이 말한 바와 같이 장면의 까닭 없는 돌출issued scene of nonsense•을 일으키고 있다"[23]라고 지적했다. 이 글에서 임긍재가 에이젠슈타인의 '충돌의 몽타주' 이론을 거론한 것은 이 당시 한국 영화들이 러시아의 몽타주 기법을 쓰고 있었음을 의미한다기보다는 할리우드 영화와 같은 장면의 연결성continuity이 부족한 점에 대한 우려였다. 그는 한국 영화가 "신파조의 파워를 다이아로구에 집어넣어" "사스펜스"가 일어나지 않으며, 이 때문에 영화가 "싸이코로지" 없이 쌓여간다고 비판했다.

임긍재의 비판대로 실제로 1950년대의 악극을 바탕으로 한 영화들은 '분절적' 특징이 강했다. 악극단의 신파극을 영화로 많이 만들었던 하한수 감독은 악극과 영화의 차이를 다음과 같이 설명한다.

• 임긍재가 지적한 '장면의 까닭 없는 돌출'이란 영화에서의 불연속성을 지칭하는 것으로 몽타주 방식의 영화에서 흔히 보이는 스타일을 일컫는다. '충돌의 몽타주'란 러시아 영화감독이자 이론가인 세르게이 에이젠슈타인이 고안한 것으로 영화의 긴장감을 더하기 위해서 서로 연속적이지 않은 장면을 연속해서 편집해 관객에게 "충돌"을 이끌어내는 영화 표현 방식을 일컫는 것으로 사회주의 리얼리즘의 대표적인 표현 양식이다. Sergei Eisenstein, "A Dialectic Approach to Film Form," in *Film Form: Essays in Film Theory*, 1969 참조.

악극은 연속성이 없어요. 내용이 바뀔 때 북을 한번 치면 돼요. 그러면 장면이 바뀌거든. 악극은 그렇게 장면을 바꾼단 말이지. 그런데, 영화에서는 북을 쳐서 화면을 바꿀 수는 없잖아요? 그래서 연속성을 만드는 게 참 힘들더라고요.[24]

하한수가 지적했듯이 악극의 내용 전환은 영화적인 것과는 거리가 멀었다. 아무리 악극의 '분절적' 즐거움을 강조한다고 해도, 이것이 영화화될 때는 영화적 언어로 재구성이 될 필요가 있었다. 다양한 극을 어떻게 '영화적'으로 적절하게 구성하느냐가 중요했던 것이다. 물론 적절한 '영화화'는 말처럼 쉽지 않은 일이었다.

이런 현실에 대하여 임긍재는 "〈서울의 휴일〉에는 왜 〈로마의 휴일〉과 같은 감각"이 나타나지 않는가에 대해서 한탄했다.

가량 '그레고리 펙'과 '오도리 헵팡' 공연의 〈로마의 휴일〉은 보기에 경쾌한 맛이 나는데, 노능걸, 양미희 공연의 〈서울의 휴일〉은 왜 〈로마의 휴일〉과 같은 맛이 나지 않을가. 참말로 답답할 정도다.

임긍재의 〈서울의 휴일〉(이용민, 1956)과 〈로마의 휴일〉(윌리엄 와일러, 1953)의 비교는 한국 영화가 할리우드 영화와 같이 '컨티뉴이티'를 통해 유연한 영화언어를 구사하여 대중성을 확보하지 못했던 지점을 지적한 것이다. 확실히 〈서울의 휴일〉은 〈로마의 휴일〉의 제목을 차용하여 이와 유사한 분위기를 만들려는 목적이 있었던 듯하다. 그러나 정작 이 영화는 〈로마의 휴일〉과 같이 고전적 할리우드 영화의 영화 문법에 기반한 일관된 연출방식을 택하고 있지 않다. 특히 이 영화의 첫 시퀀스는 할리우드 무성영화기의 찰리 채플린 코미디와 같이 연출된다. 텍스트 외부에 위치한 영화 해설자의 목소리가 들리고 목소리는 마치 무성영화기 '변사'와 같은 역할을 하며 영화 안의 인물을 깨운다. 해설자의 목소리에 의해 깨어난 남자는 서울의 공원과 거리를 걸어 다니는데, 이는 무성영화의 화면을 보며 변사가 해설하는 것과 같은 느낌을 자아낸다. 영화의 초입에 설정된 이런 화면은 멜로드라마적인 이야기가 펼쳐지는 주요 설정이 시작되면 사라지는데, 이런 '초기 영화'와 같은 스타일을 영화의 앞부분에 배치함으로써 무성영화에 익숙한 관객과 새로운 관객들을 모두 포용할 수 있었을 것으로 보인다. 임긍재가 지적했듯이 "싸이코로지"나 "사스펜스"가 쌓이지 않는 것은, 이런 다양한 관객을 타깃으로 한 불균질한 텍스트 구성 때문이었다.

　이런 '불균질성'은 이 시기 많은 영화가 드러내는 특질이자 비판의 대상이었다. 가령 1950년대 김기영 감독의 영화들이 부정적인 의미에서 "아메리카나이즈"된 "모더니즘"이라고 평가받았다거나, 유현목 감독의 영화가 "쌀밥에 바터(버터)를 집어넣은 것과 같다"라고 평가받은 것도[25] 이와 같은 한국 영화의 '현대화 과정'이 매끄럽지 않았음을 보여준다. 특히 "쌀밥에 바터"라는 표현은 해외 영화를 모방하는 과정에서 드러나는 화면의 불균질적 동시성이 표출된 것에 대한 지적이었다. 한국 최고의 리얼리스트 감독으로 여겨지는 유현목의 영화에 이와 같은 평가가 붙은 것이 현재에는 생소하기도 한데, 사실상 그의 영화 〈오발탄〉이 '리얼리즘'의 정전이라는 평가를 받았던 것도 이 영화가 일관적인 리얼리즘 미학을 가지고 있었기 때문이라고 보기는 어렵다.[26] 서론에서도 언급했듯이 〈오발탄〉에는 이탈리안 네오리얼리즘과 비견될 만한 한국의 가난에 찌든 거리, 어두운 청계천 지하에 목을 매달고 죽은 여인과 같이 한국인의 고통이 절절히 드러난다. 그러나 '니코틴 키스'나 총을 쏘는 갱스터 장르와 같은 돌출되는 할리우드적 영화의 짜깁기 적patchwork 스타일이 드러난다는 점에서 결코 일정한 미학을 일관적으로 표현했다고 보기는 어렵다.

또 다른 예로, 유현목 감독이 〈오발탄〉 이전에 감독한 〈그대와 영원히〉(1958)에는 이와 같은 비균질성이 더욱 선명히 드러난다. 흥미롭게도 〈그대와 영원히〉에서 유현목은 '악극'적 연출을 상당량 활용했다. 〈그대와 영원히〉는 악극무대에서 수련되었던 도금봉의 데뷔작이기도 한데, 이 영화는 전체적으로 '톤 조절'에 실패한 영화다. 영화는 사랑하는 여인 때문에 범죄를 저지르는 할리우드의 갱스터 영화적 측면, 그런 남자 때문에 슬퍼하는 신파적 여성, 그리고 그들이 사는 현실을 드러내는 리얼리즘적 연출 등 여러 이질적인 요소가 결합되어 있다. 이러한 이질적 장르의 접합의 순간이 드러나는 지점을 예를 들어 보자면, 이 영화의 엔딩을 들 수 있다. 이 영화는 전반적으로 갱스터 영화처럼 연출되어 있다. 그런데 영화의 마지막 부분에 도금봉이 자신의 신세를 한탄하는 장면이 있다. 영화는 갑작스런 전환을 일으키며, 영화의 마지막을 매우 '신파적'인 톤으로 연출한다. 이와 같은 '비균질성'은 어쩌면 이 시대 관객들의 취향을 반영하면서도 '세계성' 안에서 '자국화'를 시도했던 울퉁불퉁한 흔적이라고도 볼 수 있을 것이다.

이렇듯 이 시기 많은 영화가 드러낸 불균질성에 대한 불만에도 불구하고, 임긍재는 이강천의 〈피아골〉(1955)이나 〈격퇴〉(1956) 같은 영화는 "스타일다운 스타일"을 만들어냈다고 극찬했다. 임긍재가 두 영화의 어떤 면이 "스타일다운 스타일"을 갖추었는지 상세히 밝히고 있지는 않지만, 전쟁의 실상을 보여주었다는 측면에서 위 두 영화가 '리얼리즘' 영화적 스타일을 갖추었다고 파악한 것으로 보인다.[27] 결국 당대에 그가 긍정적으로 평가한 영화는 〈로마의 휴일〉과 같이 고전적 할리우드의 내러티브 영화 양식을 갖춘 영화거나 한국의 '현실'을 드러내는 '리얼리즘' 계열의 영화였던 것으로 보인다. 반면 악극이나 악극의 대사, 무성영화적 스타일 등 여러 '분절적 요소'들이 질서없이 영화의 텍스트에 삽입되는 비균질적인 텍스트는 '비영화적'인 것의 나쁜 예로 여겨졌다.

3. 부인된 것들: 신파성, 식민지적 감성, 패배주의

앞서 살펴본 것처럼 영화의 형식적 비균질성이 한국 영화의 질을 평가하는 기준이 되기도 했지만, 더 심하게 비난받은 것은 악극의 영향이 컸던 영화가 전달하는 '내용'에 관한 것이었다. 예컨대 유명 영화평론가 호현찬은 1959년의 영화계를 돌아보며 다음과 같이 평한다.

(올해 개봉된) 60여 본의 영화를 내용별로 분류해보면 대체로 반세기 전, 악극단이 힛트한 **신파극의 가미재탕**이 여전히 압도적으로 판을 치고 있고, 남어지는 **멜로드라마 등 본격영화라는 카테고리에 집어넣을 만한 것은 없다.**[28]

    1959년을 돌아보며 호현찬은 악극의 레퍼토리를 화면으로 옮겨온 영화나 멜로드라마적인 것은 "본격영화"라는 카테고리에 속하지 않는 다고 단언했다. 그는 많은 국산 영화가 악극 레퍼토리를 되풀이하고 있어서 실망스럽다고 평가하며, "이러한(악극이 영화에 나타나는) 경향은 단적으로 평해서 국산스크린이 아직도 하이브라우한 팬들을 흡수하지 못하고" 있기 때문이라고 지적했다. 그는 고급문화(예술)와 저급문화(대 중문화)를 명확히 구분하면서, 미래의 영화는 "하이브라우한" 관객을 대 상으로 해야 함을 주장했다. "로우브라우한" 영화들 가운데 '신파극'에 기반한 영화들이 1950년대의 대표적인 '질 낮은' 영화로 여겨졌다.

    신파극이 왜 이처럼 '저질'의 대명사로 꼽혔는가에 대해서 좀더 자 세히 살펴볼 필요가 있는데, '신파영화'들의 특징은 '과잉된 감정' 순간 이 극의 중요한 요소로 작동하는 것이다. 또한 흔히 '신파조'는 교육받 지 못한 나이 든 여성 관객의 눈물이나 짜내는 것으로 폄하되었다.* 외 국에서도 멜로드라마는 "질질 짜는 영화weepie"와 같이 폄하되곤 했는 데,[29] 마찬가지로 호현찬이 말한 "로우브라우한" 관객은 대개 눈물이나 짜내는 영화를 보는 여성 관객을 칭한 것이었다. 이와 같은 영화의 예 로 전형적인 신파극을 바탕으로 한 김화랑 감독의 〈울려고 내가 왔던 가〉를 들 수 있다. 이 영화는 제목이 풍기는 '신파조'에도 불구하고 전 체적으로는 느와르풍의 할리우드 영화적 구조를 차용하고 있다. 그러 나 영화의 마지막에 '배신당한 여자'가 남자를 떠나보내며 '나무에 기

• 신파성이나 과거의 퇴폐적 문화양상의 담론을 "여자들이나 좋아하는 것", "고무신 부대"에 나 어필하는 것으로 여겼다. 당대의 평론들은 여성들이 좋아하던 대중문화를 저급한 것으로 자연스럽게 분류했다.

대어' 지나치게 '흑흑' 우는 장면이 돌연 돌출되는데, 이는 신파적 악극의 전형적인 장면이다. 이 순간 느와르풍의 영화는 갑작스러운 신파로 돌진하며 과거의 사랑에서 벗어나지 못하고 패배적 울음만을 삼키는 '여성적' 태도를 보여준다. 이처럼 여성의 과거지향적인 태도의 예에서 볼 수 있듯이 '신파'란 여성적 감정과 태도, 그리고 '과거'라는 시대성을 담고 있는 감각을 의미했다고 볼 수 있다.

흥미롭게도 이와 같은 문화의 '젠더화'는 과거의 패배주의적 문화로 연결되었는데, 이영미가 지적했듯이 1950년대의 "신파극"은 1930년대 신파극보다도 오히려 "과잉"을 더욱 드러내는 방식으로 변화하면서[30] 신파극이 품은 패배주의는 더욱 강화되고 이에 대한 혐오의 감정도 커졌던 것으로 보인다. 식민지 시기에 경성방송국 아나운서이자 해방 이후에 방송계의 거목이었던 송영호도 1955년 〈국민오락과 가요〉라는 글에서 '신파조'의 대중문화를 다음과 같이 비판했다.

우리는 이런(전후 상황) 환경일수록 가요를 고창高唱해서 용기를 얻고 생활을 즐겨야하며 민족정서를 함양陶冶하고 결집력을 배양해야하지 않는가 생각한다. 그러나 정작 노래를 부르려해도 부를만한 가요가 없다는 것도 또한 사실이다. 또 있다손 치드라도 순수한 예술가요나 약간의 **건설적인 국민가요를 제외하고는 거의가 다 "홍도야 우지마라" 따위의 애조를 띄고 퇴폐적이며 비건설적인 노래**가 아니면 최근에 갑자기 유행하기 시작한 "째즈"식의 노래이다. 과거의 유행가라는 것은 **일본조의 가요곡 혹은 식민지 압정과 혹사에 시달려 비애와 감상을 담뿍실은 세기말적인 노래들**이다.[31]

〈울려고 내가 왔던가〉 영화의 마지막에 이르러서 주제가 〈울려고 내가 왔던가〉가 나오는 가운데, 주인공 도금봉은 신파극의 전형적인 '나무에 기대어 우는 여성'의 모습을 취한다.

송영호는 신파조를 가지고 있는 "'홍도야 우지 마라' 따위의 애조를 띠고 퇴폐적이며 비건설적인 노래"는 "일본조의 가요곡 혹은 식민지 압정과 혹사에 시달려 비애와 감상을 담뿍실은 세기말적인 노래들"이라고 비판했다. 흥미로운 것은 '신파적' 태도가 식민지의 문화에서 비롯된 것으로 여겼다는 점이다. 그는 민족주의적인 것은 진취적인 것으로 상정한 반면, '신파적'인 것은 식민지적 패배주의, "비애와 감상"이 만연한 것으로 여겼다. 이는 주권을 빼앗긴 상태에서 조선인 남성이 여성적이거나 유아적이고 충분히 '남성적'이지 못했던 것으로 여겼던 식민지적 담론을 반영하는 것이자 진취성을 기반으로 한 민족주의는 남성적이고 건설적인 문화로 여기는 젠더 위계화를 드러내는 것이기도 했다. 이호걸에 의하면 "신파조"라는 말은 새로운 근대에 대한 실패, 거부, 그리고 고통에 대한 상징성을 가지고 있고, 영화의 스타일과도 무관하며 세상 혹은 근대에 대한 소극적인 주체성과 패배주의적 태도에 의해서 구별된다.[32] 이런 면에서 보자면 "신파적"이라고 비판받았던 악극의 특성은 단순히 "여자들이나 보는 것"에 대한 위계뿐만 아니라 식민지를 떠올리는 패배주의적 감성 또한 내포하고 있었다고 볼 수 있을 것이다.

이러한 관점에서 보았을 때, 평론가들이 "신파적"이라고 악극을 폄하한 것은 여성들이나 좋아하는 애정 문제가 결부된 드라마를 지칭할 뿐만 아니라 일종의 태도, 즉 시대에 대한 패배주의적 태도와 연결되는 것이라 볼 수 있다. 신파극에 흐르는 과거의 것을 되풀이하는 "소극적 근대성"과 "비굴한 삶에 대한 태도"는 '여성들이나 즐기는 것'으로 젠더화되었고, 이는 남성적이고 지배적이며 진취적이어야 할 민족국가의 문화로서 부적절한 것으로 여겨졌다. 신파성에 대한 비판은 새로운 시대에 부적절한 태도에 대한 비판에 다름 아니었다. 반면, 악극 중에서도 쇼, 노래, 무용 등의 공연이 화려하게 펼쳐지며 마치 할리우드 영화와 같은 밝은 분위기를 만들어내거나 미래지향적인 '밝은 세계성'을 담은 영화들은 평단과 관객에게 환영받았다. 그렇다면 이와 같은 영화들이 '신파영화'가 만들어내는 감각과는 다른 어떤 감각을 만들어냈는지 조금 더 자세히 살펴볼 필요가 있을 것이다.

4. 1950년대 '매혹의 영화': '시각적 쇼맨십'과 과도함의 미학

악극을 활용한 '신파적' 영화들이 평단에서 폄하되는 한편, 1950년대 한국 영화에 특히 주목할 것은 여전히 영화의 형식적으로는 악극의 분절적인 요소를 가지고 있지만 다양한 해외 영화, 특히 할리우드적 요소들을 마스터하여 과시하는 "쇼맨십"이 넘치는 영화들이 대체로 좋은 평가를 받았다는 것이다. 이러한 시각적 쇼맨십은 미국의 초기 '매혹의 영화'에 두드러지는 현상이었지만 1950년대 한국의 감독들은 자신의 영화적 재능을 "시각적 쇼맨십"을 통해 과도하게 담아냈다. 과도한 쇼맨십의 "마스터"란 카메라의 과도한 움직임, 속도, 그리고 영화 매체만이 만들어낼 수 있는 환상적 연출을 의미한다. 이러한 연출은 자신들이 보는 화면이 '현대적인 기술로' 새롭게 짜깁기pastiche하여 재매개된 것을[33] 명확히 아는 현대적인 취향을 지닌 관객들을 대상으로 한 것이었다. 이를 충분히 인식하고 있었던 연출자들은 해방 이후 급속하게 밀려들어 온 외국 영화를 참조해 새로운 자국적 '매혹의 영화'를 만들어내기 시작했다.

앞서도 잠시 언급했지만, 해방 후부터 외국 영화 수입에 관한 쿼터제가 시작된 1962년 이전까지 남한의 극장에는 일제의 규제로 수입되지 못했던 1930-40년대와 동시대 할리우드 영화들이 대량으로 수입되었고, 유럽 영화들도 수입 개봉되어 쏟아졌다. 규제가 풀린 외화 상영관이나 외국 영화를 보유하고 있던 미국의 기관들은 한국인의 '영화 학습의 장'이 되었다. 가령 이형표 감독이나 김기영 감독처럼 미국의 USIS에서 근무한 적이 있던 사람은 USIS에 있는 필름고에서 유럽을 포함한 각국 세계 영화를 보았고 본인들에게 큰 영향을 미쳤다고 증언한 바 있다.* 1960년대의 황금기의 명장으로 불렸던 많은 영화감독들도 이 시기에 수입된 영화를 보면서 영화의 기술을 익혔다는 것은 이

---

* 이형표 감독의 경우 USIS 필름고에서 〈안달루시아의 개〉, 덴마크의 다큐멘터리영화〈Dream of City〉를 보았다고 증언했다. 필자와의 인터뷰, 2006. 김기영 감독 또한 USIS에서 영화를 만들면서 수많은 세계 영화를 보았고, 본인에게는 '영화학교'가 되었다고 증언한다. 유지형, 《24년간의 대화》, 선, 2006.

미 잘 알려진 사실이다.[34] 할리우드식의 연속편집의 기술을 익히기 위해서 정창화 감독이 〈셰인〉을 수십 번 보았다는 일설이 있었고, 코미디 영화를 많이 만들었던 심우섭 감독의 경우 당시에 보았던 〈사형대의 엘리베이터〉(루이 말, 1958)나 〈남과 여〉(클라우드 를루슈, 1966) 같은 유럽 영화의 카메라워크에 반해서 본인의 초기작에 유럽 영화와 같은 "주관적 카메라"를 실험했다고 증언하기도 했다.[35]

이처럼 세계 영화의 여러 스타일을 도입하여 발전된 한국의 영화를 만들어보겠다는 것이 이 시기 영화인들의 꿈이자 영화의 '자국화 vernarcularization' 과정이었다. 미리암 한센은 "할리우드 영화"는 트랜스내셔널하고 쉽게 번역되는 영화 문법의 틀로서 기능하며 자국 문화적 모더니티vernacular modernity를 만드는 데 기여했다고 주장했다.[36] 그녀가 의미하는 "트랜스내셔널" 혹은 "글로벌"한 할리우드 영화의 영향력은, 할리우드 영화가 각국 나라 영화의 "형식"에 영향을 주었다는 점뿐만 아니라 각국이 이를 반영하는 가운데 각각 자국의 글로벌한 근대성을 형성한다는 것이다. 할리우드 영화를 소비하는 각국의 소비자들은 자신들의 각 지역의 역사, 상황 등을 반영하면서 새로운 의미의 "현대성"을 감각적으로 인식하게 된다. 따라서 그녀는 미국 영화인 할리우드 영화의 영향력은 영화를 미국식으로 "정형화하는 메커니즘이나 헤게모니의 형성"이 아니라 이것이 각국에 어떠한 다양한 방식으로 받아들여졌는가에 있다고 했다. 이 때문에 각국 영화의 할리우드 영화의

• 1960년대 대표적인 영화감독인 김수용 감독도 1950년대에는 할리우드 영화와 같은 영화를 만드는 것이 가장 중요한 목표였다고 증언했다. 김수용, 《나의 사랑, 씨네마》, 한겨레, 2006. 정창화 감독에 관한 이야기는 이강원의 증언, 《한국 영화를 말한다》, 이채, 2005.

적극적 모방은 '할리우드화 작업'임과 동시에 '자국 문화의 근대화' 작업의 일환이라는 것이다. 국적을 가리지 않고 외국 영화가 쏟아졌던 남한의 상황에서는 할리우드 영화뿐만 아니라 유럽의 영화 혹은 일본의 영화들도 '자국화'의 참조점이 되었다. 외국 영화 모방은 자국 영화 national cinema를 만드는 데 있어서 모순이 되지 못했으며, 모방mimicry은 항상 '차이'를 전제한다는 점에서* 1950년대 한국 영화의 혼종성은 다양한 가치들이 경합하는 문화적 장이기도 했다. 1950년대 한국 영화에는 이와 같은 "혼종/잡종"적 불균질성이 두드러지게 나타났다.

이 시기에 다양한 '쇼맨십'에 기반한 불균질한 시각적 볼거리를 제공하면서도 전체적으로 유려하게 영화언어를 구사하는 '자국화' 방식을 가장 잘 성취한 감독은 한형모 감독이었다. 한형모는 한국 영화의 '최초의 키스 신'으로 세간의 주목을 받은 〈운명의 손〉(1954)으로 느와르적 스파이물을 만들며 감독으로서 이름을 알렸다. 또한 정비석의 당대 유명 대중소설을 바탕으로 한 중산층 유부녀의 성적 일탈을 다룬 〈자유부인〉 등으로 큰 성공을 거두었던 당대에 가장 능력 있는 영화감독이었다. 식민지 시기 사단법인 조선영화주식회사에서 카메라맨으로 경력을 쌓았던 그는 최인규 감독의 〈사랑과 맹서〉 등 일제의 선전영화를 찍으며 영화언어를 익혔다. 한국전쟁 중에는 〈정의의 진격〉과 같은 전쟁 다큐멘터리를 찍으며 커리어를 계속해나갔다. 이렇듯 일제하

• 식민지인은 식민자의 언어를 배우면서 '모방'하지만, 결국에는 이러한 모방은 식민자의 언어와는 '차이'가 있으며, 이 차이는 '식민자'에게 위협이 되기도 한다. 이와 같은 문화적 변증법에 관해서는 호미 바바의 논의 참조. Homi K. Bhabha, *The Location of Culture*, Routledge, 1994.

전시체제와 한국전쟁 동안 영화를 만들며 영화적 기술을 익힌 그가 커리어의 꽃을 피운 것은 '쇼'적인 요소를 강조하면서도 '시각적 쇼맨십'을 뽐낼 수 있었던 "할리우드적인" 영화에서였다. 한 영화 평론가는 한형모 감독을 "한국의 조지 스티븐슨"에 비교하기도 했는데[37] 물론 주로 웨스턴 장르를 만들었던 조지 스티븐슨을 한형모 감독과 비교하는 것은 지금의 시각에서는 이해하기 힘들지만, '조지 스티븐슨'은 하나의 장르를 대표하는 감독이라기보다는 할리우드를 대표하는 한 명의 감독으로 여겨졌던 것으로 보인다. 이러한 비유가 이상하지 않을 정도로 한형모의 영화는 식민지 시기부터 유명했던 악극의 공연자들을 동원해서 관객에게 '익숙함'을 제공하면서도, 화려한 할리우드 영화의 테크닉을 사용하여 과거의 식민지적, 혹은 신파적 감성을 축소시키고, 밝고 명랑한 세계관을 그려냄으로써 1950년대 관객을 즐겁게 했다.

그중에서도 뮤지컬 영화에 가까운 영화 〈청춘쌍곡선〉(1956)은 한형모의 유려한 연출 방식을 매우 잘 드러낸다. 1950년대 영화의 대표작 가운데 하나인 〈청춘쌍곡선〉은 당시로서는 드물게 부산을 배경으로 만들어진 영화이며, 한국전쟁기 동안 많은 사람의 피난 시절을 떠올리게 하는 영화다. 전쟁기에 행해졌던 많은 악극 공연이 삽입된 〈청춘쌍곡선〉은 원래 조선악극단의 작곡가 김해송이 작곡한 노래의 제목이었다. 식민지 시기 동안에는 〈청춘쌍곡선〉이 악극의 레퍼토리로 만들어지지는 않은 듯하다. 그러나 해방 후 악극으로 만들어져서 상연되었던 것으로 추정된다. 우연인지 모르겠으나, 현재까지 찾을 수 있는 악극 〈청춘쌍곡선〉의 기록은 부산을 근거지로 한 《부산일보》와 전라도 광주의 《동광신문》이고, 서울을 배경으로 한 주요 언론에는 등장하지 않고 배우들의 이름도 잘 알려진 사람은 아니다. 이로 보아 전쟁 중 남부 지방을 중심으로 흥행을 한 극일 가능성이 높다. 어쨌든 동명의 악극이 지방에서 흥행했던 기록과 〈청춘쌍곡선〉이 당시 영화로서는 드물게 부산을 배경으로 촬영이 되었다는 것은 상당한 연관이 있을 수 있다.

〈청춘쌍곡선〉 광고, 《부산일보》 1949년 3월 29일.

이 영화는 여러 가지 면에서 악극과 공연계 인력과 할리우드적 영화 구성을 통해 흥미롭게 구성되었다. 우선 첫 장면을 살펴보자. 첫 장면은 한국의 가난에 찌든 바닷마을을 패닝하여 보여주는 설정쇼트로 시작한다. 패닝이 끝나면 다음 시퀀스는 부산의 북적이는 거리로 이어지고, 이어서 병원 입구로 카메라는 이동한다. 카메라는 "토요일 오후 휴무"라고 쓰인 간판을 돌리dolly를 타고 들어가며, 이제 영화의 내용이 이 병원에서 이루어질 것임을 관객에게 알린다. 이 시퀀스는 고전적 할리우드 영화의 언어에 익숙한 현대의 관객이라면 너무나 당연하고 자연스러운 시퀀스지만, 1950년대 영화 제작 설비로 만든 장면 치고는 매우 유려한 고전적 할리우드 영화의 문법을 잘 따른 장면이다. 이러한 시퀀스들을 만들어내기 위해 한형모는 손수 크레인과 돌리를 짓기도 했다. 유려한 카메라술로 관객을 사로잡은 후 카메라는 병원 내부로 들어간다. 이어서 카메라는 원거리에서부터 시작하여 병원의 세 간호사를 클로즈업하는 방식으로 무대를 소개한다. 다만 앞의 설정쇼트와는 사뭇 다르게 영화 내의 디제시스Diegesis에서 상당히 이탈하여 마치 관객이 악극무대를 보고 있는 듯한 관망하는 자세로 카메라의 위치가 바뀐다. 병원으로 꾸며져 있기는 하지면 벽에 걸려 있는 바이올린과 기타 등을 보았을 때, 관객이 충분히 하나의 공연이 이루어질 것임을 기대하게 된다. 또한 의사 가운이 아니라 빙 크로스비를 연상케 하는 하와이안 보이 복장을 한 의사(박시춘)와 그의 친구의 복장은 악극과 같은 공연 무대가 뒤따를 것을 암시한다.

악극의 무대처럼 준비된 세팅에는 하얀 간호사복을 입은 김시스터즈가 키 순서대로 나란히 서서 일하고 있는 모습이 보이고 무대의 또 다른 한편에는 반바지에 멜빵을 한 박시춘이 외출을 준비하고 있다. 막 병원 사무실을 떠나려는 의사에게 간호사들은 "약속을 안 지키실 거예요?"라고 물어본다. 의사는 약속을 지키겠다고 하며 벽에 걸려 있는 기타를 꺼내 들고 신나는 연주를 시작하면서 첫 번째 공연이 펼쳐진다. 토요일의 즐거움을 노래하는 노래가 1절은 한국말로 2절은 영어로 이어진다.

우리들은 유쾌한 백의 천사, 즐거운 토요일, 다 노래 부르자.

마음 좋은 원장님 이리 와요. 우리들과 함께, 다 노래합시다.

If you ever needed you, I need you now.

I can't remember when I've ever been so blue.

〈청춘쌍곡선〉의 첫 시퀀스 촬영 장면(한국영상자료원 소장, 박승배 촬영감독 기증).

If you ever needed you, I need you now.

I feel so all alone. I don't know what to do.

이 노래는 미국 가수 '에디 피셔'의 〈I need you now〉다.[*] 잘 알려져 있다시피 김시스터즈는 식민지 시기 유명한 악극단이었던 오케그랜드쇼단(조선악극단)의 유명 가수 이난영의 딸과 조카로 구성된 팀으로, 이미 미8군 무대에서 매우 인기가 있었고, 서울라디오방송국에서는 고정 프로그램을 하고 있었다.[**] 김시스터즈의 공연은 이들의 기획

---

[*] 에디 피셔의 이 노래는 미8군 무대의 인기 있는 뮤직넘버였다. 에디 피셔에 관한 글은 그의 자서전, Eddie Fisher, *Been There, Done That*, Tomas Dunne Books, 1999 참조.

[**] 이난영은 해방 이후에 남편 김해송이 이끌던 KPK 악극단을 이끌고 있었고 전쟁 이후에는 김시스터즈를 '글로벌 스타'로 만들기 위해 노력했다. 박시춘, 〈추억의 가요, 추억의 가수들〉,

자인 이난영이 속했던 조선악극단의 '조고리 씨스터즈'의 기억과도 병치되면서도, 미군 부대 위문에서 올렸을 것으로 짐작되는 미국적 감각도 두드러진다. 한국어와 영어가 뒤섞인 가사를 자유롭게 부르며 완벽히 준비된 안무에 맞추어서 노래 부르는 세 간호사의 하모니는 더이상 '조고리 씨스터즈'의 모습이 아니라 마치 2차 세계대전 때에 매우 인기 있었던 미국의 '앤드루 시스터즈Andrew Sisters'와 흡사한 방식으로 연기와 노래를 선보인다. 관객들은 즉각 미8군 무대를 환기시키는 색다른 무대를 즐기게 된다. 환하게 웃는 과장된 얼굴의 세 명의 간호사와 익살스러운 웃음을 지으며 경쾌하게 바이올린을 연주하는 박시춘의 모습은 영화 전체가 밝은 톤을 형성하는 데 큰 역할을 한다. 또 의사 역을 맡았던 박시춘의 등장은 상당히 흥미로운데, 〈청춘쌍곡선〉에서 선보이는 하와이안 기타 레퍼토리는 그가 일제하 극단 공연에서 단골로 연주하던 레퍼토리였으며, 박시춘을 기억하는 사람들에게 친근한 공연이었다.[38] 〈청춘쌍곡선〉의 이러한 음악적 구성은 2년 뒤 개봉된 영화 〈오부자〉에서도 박시춘에 의해 비슷한 방식으로 구성된다. 박시춘의 음악, 김시스터즈의 출연이 겹치는 두 영화만 보더라도 악극과 영화의 조우는 사실상 1950년대 영화에 가장 흔하게 볼 수 있는 영화의 형태였다.

〈노래하는 삼남매: 가수 이난영과 그의 딸들〉, 《명랑》, 1956년 10월호. 이후 김시스터즈는 미국의 에드설리번쇼에 출연하며 성공적으로 미국에 진출했다. 조선악극단의 레퍼토리와 KPK의 연계성에 관한 연구로는 Roald Maliangkay, "Koreans Performing for Foreign Troops: The Occidentalism of the C.M.C. and K.P.K," *East Asian History* 37, 2011. 미국의 냉전 지형에서 김시스터즈의 공연이 오리엔탈리즘적으로 소비된 측면에 관해서는 Benjamin Han, "Transpacific: The Kim Sisters in Cold War America," *Pacific Historical Review*, 2018 참조.

〈오부자〉미용사로 카메오 등장한 김시스터즈.

　김시스터즈의 공연을 중심으로 한 이 공연을 영화의 가장 앞부분에 배치한 것은 마치 악극무대의 "아도로크 쇼"와 같은 효과를 내는 매우 세심하게 기획된 영화 구조다. 당시 남한에 아직 텔레비전이 보급되지 않았기 때문에 대개의 대중은 미8군 무대를 라디오를 통해서만 접할 수 있었다. 이처럼 귀로 듣던 김시스터즈의 공연을 악극과 동일한 무대 구조를 한 영화의 세트촬영을 통해 접하는 관객들은 새로운 시청각적 경험을 할 수 있었을 것이다. 이와 같은 공연은 영화의 중간에 삽입되어 영화의 단순한 내러티브 사이사이를 연결시킬 수 있었다. 악극의 단원으로 활동하다 영화계로 옮겨왔던 코미디언 구봉서는 악극무대에서 실제로 '극' 안에서는 코믹한 역할을 하다 극 사이사이에는 코믹 쇼나 악기 연주를 했다고 증언했는데[39] 영화 내 악극 공연의 배치는 악극에서 극의 막 사이를 메우기 위해 진행했던 코미디나 공연 같은 효과를 영화에 생성시킨다. 이와 같은 방식은 이미 〈자유부인〉에서 시도되기도 했고, 〈청춘쌍곡선〉 이후 만들어진 〈오부자〉나 〈나 혼자만이〉, 〈사랑하는 까닭에〉에서도 비슷한 방식으로 쇼와 내러티브가 교차되었다. 한형모의 유려하고 화려한 연출은 과하면서도 동시에 매혹적인 것으로 감각되었으리라 짐작할 수 있다.

이렇듯 전체적인 세팅이 할리우드적인 스타일로 만들어진 영화들은 다소 초기적인 '영화적 조작'을 통해 이 '과도함'이 더해지기도 했다. 멜로드라마와 코미디 악극이 섞인 〈백만장자가 되면〉(정일택, 1959)과 같은 영화를 그 예로 들 수 있다. 미국 영화 〈백만장자와 결혼하는 법〉(장 네그레스코, 1953)과 비슷한 제목을 가진 이 영화는 전체적으로는 할리우드적인 멜로드라마의 틀을 가지고 있다. 영화의 줄거리를 잠시 소개하자면, 남주인공 창진과 여주인공 정수는 약혼한 사이다. 그러나 결혼하기 바로 전날에 트럭운전사인 창진은 교통사고로 목숨을 잃고 그의 영혼은 지옥으로 가게 된다. 그런데 알고 보니 그날 죽기로 되어 있던 사람은 부자 노인이었는데, 지옥 문지기가 졸다가 실수로 창진을 지옥으로 들여보낸 것이었다. 창진의 영혼은 세상으로 다시 보내진다. 육신을 잃은 창진은 원래 죽기로 되어 있던 부자 노인의 몸에 들어가서 살게 되고, 그의 몸을 통해 약혼자 정수를 만난다. 정수는 노인의 몸을 빌려 찾아온 노인에게서 창진을 느끼게 되고 점차 사랑에 빠진다. 그녀는 창진을 배신했다는 마음에 괴로워하지만 결국 노인에게 사랑을 고백하고 둘의 사랑은 이루어진다.

판타지와 멜로드라마가 조화롭게 섞인 이 영화는 전체적으로 기승전결이 잘 이루어진 내러티브를 가지고 있다. 그러나 유려한 내러티브를 순간적으로 파괴하는 비현실적인 장면들도 종종 등장하는데, 창진

〈나 혼자만이〉의 스틸컷. 할리우드 뮤지컬의 한 장면을 보는 듯한 연출이 눈에 띈다. 그러나 다른 한편으로 파시스트적 '선동극'의 형태와 유사하기도 하다(한국 영상자료원).

이 지옥에 가서 염라대왕을 만나는 장면 같은 것이 그 예다. 물론 이 장면은 분명한 비현실적인 이야기를 다루기 때문에 전체적인 멜로드라마적 내러티브와 분리되기도 하지만, 이 환상을 다루는 장면들은 코믹한 무대극처럼 만들어져 '영화적' 멜로드라마와 분절된다. 가령 지옥장면에는 많은 코미디언이 갑자기 염라대왕의 시종으로 등장한다. 발레 무용으로 시작해서 연극이나 악극무대에서나 볼 수 있는 과장된 메이크업을 한 염라대왕과 시종들의 모습이 환상적으로 나타난다. 스크린에 '환상'의 공간을 그려낼 때 악극이나 연극과 같은 무대가 자주 사용되었는데, 영화 〈흥부와 놀부〉(김화랑, 1959)에서도 제비궁이라는 환상의 세계를 그려내는 데 이와 같은 '무대'가 활용되어 "한국에서는 볼수 없었던 환상적인" 이미지를 만들어냈다고 평가되기도 했다.[40] 영화적 "조작"은 환상적인 장면을 만들기 위해 적극 활용되었다. 〈백만장자가 되면〉에서도 지옥에서 현재로 이동하는 장면은 마치 창진이 실제로 하늘을 나는 듯한 모습으로 화면에 연출된다. 마치 조르주 멜리에스의 초기 영화에서 연극과 영화가 묘하게 뒤섞여 환상적인 공간을 화면에 담아냈던 것처럼, 악극을 바탕으로 한 영화들은 무대극의 세팅과 영화적 조작을 통해 판타지를 구성했다. 무대와 스크린, 환상과 현실이 교차되는 듯한 영화적 연출은 이 시기의 악극을 바탕으로 한 영화들이 가지고 있었던 또다른 매혹의 지점이었다고 볼 수 있을 것이다.

이와 같은 시각적 '트릭'을 통한 매혹의 장면들은 〈오부자〉와 같은 내러티브상 특별한 '환상의 공간'이 필요 없는 영화에도 자주 사용되었다. 〈오부자〉는 아버지와 사는 네 명의 아들이 각자의 짝을 만나 합동 결혼한다는 단순한 내용을 가지고 있다. 따라서 단순한 내러티브를 흥미롭게 만들기 위해 여러 공연적 요소가 등장하는데, 가령 노총각 사형제가 각자가 좋아하는 여인을 생각하며 노래를 부르는 장면에서, 화면상에는 노래 부르는 김희갑의 옆에 한 여성이 서 있는 것과 같이 연출되었다. 화면에 보이는 여성은 김희갑의 상상 속에 떠오른 여인이며 화면은 이를 분할된 화면에 오버랩시켜 김희갑의 마음을 관객에게 보

〈오부자〉 왼쪽 김희갑이 자신이 사랑하는 여성을 생각하며 노래를 부를 때 그 여성이 오른쪽 화면에 오버랩되어 나타난다. 관객에게는 여성이 보이지만, 설정상 김희갑은 여인을 볼 수 없는 상태고, 오른쪽 여성은 김희갑의 마음에 떠오르는 여성이다.

여준다. 사형제가 한 명씩 돌아가며 노래할 때 분할/오버랩된 반쪽 화면에는 각자가 좋아하는 여성이 나타난다. 그리고 노래가 끝나면 여성들은 진짜 무대에 등장해 사형제와 춤을 추다 퇴장하고 사형제의 환상은 사라진다. 이 장면은 상당히 유려하게 처리되어 관객은 마치 사형제의 환상에 자연스럽게 들어갔다 나오는 느낌을 갖게 된다. 또한 오부자의 집 거실에는 할아버지의 사진이 걸려 있는데, 어느 순간 벽에 고정되어 있던 이 '사진'이 갑자기 움직여 사형제들에게 손을 내미는 위트 있는 장면이 연출된다. 이와 같은 연출은 영화만이 만들어내는 초기 영화적 트릭으로 관객들에게 웃음을 자아내게 한다. 1968년 리메이크된 〈오부자〉(권철휘, 1969)에서도 이와 같은 트릭이 반복된 사실을 유추해본다면, 이 장면은 분명 관객들의 즐거움이 확인된 영화적 순간이었다고 볼 수 있을 것이다.

이처럼 악극의 분절성에 익숙한 관객에게는 스토리의 '인과적' 구성보다도 중간에 삽입된 이러한 볼거리가 오히려 영화의 단조로움을 보완하는 영화 구경의 묘미가 되었을 것이다. 1950년대 영화가 가지고 있었던 분절적 시각성, 그리고 무대적 공연성과 영화 불균질성은 오히려 관객에게 다양한 즐거움을 선사하는 셀링포인트selling-point이자 과도한 쇼맨십으로 담아낸 '과도함의 미학'은 새로움을 더하며 매혹적인 자국 영화로서 관객에게 다가갔다.

5. '비정치성'의 정치성: 밝고 명랑한 자유 '대한민국' 만들기

즐겁고 밝은 '시각적 쇼맨십'이 강조된 영화들의 특징 가운데 하나는 앞서 2장에서 살펴본 임화수의 '한국연예'의 영화들이 보여주듯 노골적인 '반공' 선전을 포함하고 있지 않다는 점이다. 이 영화들은 표면적으로 어떤 정치성도 내포하지 않은 '순전한 오락'으로 보인다. 마치 할리우드가 '드림 팩토리'로 기능했듯이 이와 같은 영화들은 현실을 드러내지 않고 영화 속 세계를 '꿈'처럼 인식하게 하는 역할을 했다. 창징징은 1953년 이후 홍콩의 영화들이 탈식민화와 냉전 이데올로기가 경합하는 긴장 속에서 영화가 오히려 '비정치성'을 가지고 있었다고 지적한 바 있다.[41] 일본 영화학자 사토 다다오佐藤忠男 또한 전후 일본 영화는 "많은 일본인들이 굶고 있었음에도 한없이 발랄하고 낙천적이었다"라고 말하며 대부분은 "발랄하고 정신없는 희극이나 가요 영화"거나 혹은 "앞으로는 밝은 민주주의 시대가 올 것이다"라는 마음 편한 영화를 만들었다고 지적한 바 있다.* 이처럼 아시아에서의 냉전은 적대와 혐오에 기반한 정치뿐만 아니라 자유주의 체제의 풍요와 낙관, 즐거움과 행복함을 강조하는 비정치적인 형태로 발전했다. 마찬가지로 한국에서도 한국연예가 만든 일부 노골적인 '반북' 영화보다는 비정치적이지만 밝고 즐거운 사회를 그리는 영화들이 대개 대중에게 환영받았고, 넓게는 이 시기 아시아 '냉전 영화'의 특성이라고도 볼 수 있을 것이다.

냉전 아시아의 문화를 만들어내는 중요한 축이었던 아시아영화제는 이러한 '비정치성'을 만들어내는 중요한 제도였다. 아시아영화제는 동아시아 지역의 민주주의를 지향하는 미국의 문화 냉전의 내용이 작동하는 공간으로, "적색 공포를 공유하는 미국 없이는 상상될 수 없는 아시아"의 새로운 심상지리가 새롭게 열린 공간임에는 틀림이 없지만[42] 이는 '노골적인' 반공적 색채를 가지 공동체의 탄생을 의미하는 것은 아니었다. 오히려 아시아 영화 제작사들의 동맹은 경쟁적 생산 협력을 위한 자본주의 동맹에 가까웠다. 영화의 '비정치성'을 추구하고 '자유 아시아'의 화합 가운데 영화예술과 산업의 진보를 협력하는 제도였다. 아시아 영화 제작사 간의 교류나 아시아영화제 참여를 목표로 했기 때문에 적나라한 반공을 드러낸 영화는 배제되었다. 아시아영화제작사연맹의 헌장 제1조를 살펴보면 아시아영화제의 목표는 "아시아에 있는 제국 또는 제 지역의 영화산업의 진흥, 영화예술의 향상, 영화

• 오구마 에이지는 일본의 전후 민주주의가 "총력전"의 형태로 나타났던 것을 지적하며, "민주주의"마저 전쟁과 전체주의적 언어로 나타났던 당대의 상황을 비판했다. 관련 논의는 4장 참조. 오구마 에이지, 조성은 옮김, 《민주와 애국: 전후 일본의 내셔널리즘과 공공성》, 돌베개, 2019.

문화의 보급 교류를 함으로써 아시아 제 국민 간의 우호 관계를 공헌함"에 있다고 하고, 제2조에는 "비정치적이어야 한다"라는 규정을 두고 있었다.[43] 한국은 말레이시아 쿠알라룸푸르에서 개최된 제6회 영화제부터 정식으로 참가했고,[44] 이 새로운 '국제영화제'에 많은 영화사가 앞다투어 출품작을 내고자 했다. 한국의 참가작 리스트를 봐도 적대감을 기반으로 한 반공을 지나치게 강조하는 이른바 '반공극'들은 출품되지 않았다. 아래의 표는 1957년에서 1959년까지 한국에서 아시아영화제로 출품된 작품들이다.[45] 전체적으로 코미디와 노래와 춤이 섞인 밝은 영화들이 채택되었다.

특히 정식으로 참가하기 시작한 1959년에 출품된 작품의 면면을 본다면, 다큐멘터리라 하더라도 한국전쟁의 참혹함을 담은 영화나 비판적 리얼리즘 색채를 담은 작품은 없었다. 이형표와 테드 코넌트가 한국전쟁기에 공동 연출한 〈위기의 아이들Children in Crisis〉(1954) 같은 전쟁이 쓸고 간 한국의 모습을 사실적으로 보여준 비판적인 톤의 영화도

아시아영화제에 출품된 작품 목록, 1957-59년

구분	작품명	수상 내역
제4회(1957)	〈시집가는 날〉(이병일, 1956) 〈백치아다다〉(이강천, 1956)	〈시집가는 날〉, 희극상
제5회(1958)	〈그대와 영원히〉(유현목, 1958) 〈청춘쌍곡선〉(한형모, 1957)	
제6회(1959)	〈자유결혼〉(이병일, 1958) 〈사랑하는 까닭에〉(한형모, 1958) 〈인생차압〉(유현목, 1958) 〈제주도〉(이형표, 1953) 〈대관령의 겨울〉(양종해, 1959)	〈사랑하는 까닭에〉, 향토상

있었지만, 제주도의 자연을 강조한 영화 〈제주도〉가 출품되었던 것도 이 영화제가 '비정치성' 추구했음을 명확히 보여준다. 대관령의 자연을 담은 실사 영화 〈대관령의 겨울〉 또한 마찬가지다. 한형모의 〈사랑하는 까닭에〉 같은 경우는 말레이시아와 합작한 작품인데 자유 아시아의 평화로운 '무용 교류'를 그려냈다. 한복을 입은 말레이시아 여성과 한국 여성을 전면에 내세워 이국성을 강조했다. 식민지 시기 '오족협화'를 떠올리게 하는 크로스-드레싱[•]이자 이미 일본의 제국적 지형도에서 이와 같은 협력의 표상을 만드는 것에 익숙했던 영화인들은 아시아지역의 냉전적 협력을 도모하는 새로운 연맹을 상징화하고 밝고 즐거운 '자유 아시아'의 모습을 강조했다.

앞서 분석한 〈청춘쌍곡선〉의 경우에도 당대의 한국의 현실이 드러나는 부분도 있지만 전체적으로는 밝고 명랑한 분위기를 유지한 영화였다. 예를 들어서 〈청춘쌍곡선〉의 주인공 명호와 부남은 완전히 다른 두 세계의 주인공이다. 배가 아파서 치료를 받고자 병원에서 만난 이 둘은 대학 때 친구였지만 명호는 학교 선생님으로 가난한 생활을 하고, 아무 하는 일 없는 부남은 부자다. 각각 너무 못 먹어서 그리고 너무 많이 먹어서 배가 아픈 것을 치료하기 위해 두 사람은 집을 바꾸어 살아본다. 두 집 사이를 오가다 명호와 부남은 각자의 누이와 사랑에 빠지고 결국 합동결혼식을 치르는 행복한 결말에 이른다. 이 행복하고 즐거운 영화에서 그려지는 명호의 생활공간은 전후 궁핍한 생활을 하는

• 이화진은 일제 말기에 일본인과 조선인 여성이 옷을 바꿔 입는 '크로스-드레싱'이 신체적 유사성에 바탕을 둔 동화정책과 관련이 있다고 보았다. 이화진, 〈'기모노'를 입은 여인: 식민지 말기 문화적 크로스드레싱(cultural cross-dressing)의 문제〉, 《대중서사연구》 27호, 2012.

〈사랑하는 까닭에〉 말레이시아와 한국연예주식회사가 공동 기획한 이 영화는 "무용 영화"라는 장르를 내세운 영화였다(한국영상자료원).

한국인의 일상을 보여주고, 부남의 공간은 꿈과 같은 공간으로 그려진다. 명호의 집은 야외 로케이션으로 촬영되었고, 부남의 집은 세트 안에 지어졌다. 명호의 집을 보여주는 야외 로케이션 장면은 한국의 현실을 상당히 리얼리즘적인 톤으로 드러낸다. 이 때문에 영화는 마치 유토피아적 꿈과 현실 사이를 넘나드는 느낌을 준다. 물론 이 사이를 오가는 동안 봉합하지 못한 의외의 장면들이 중간에 튀어나오기도 한다. 예를 들어 〈청춘쌍곡선〉에서 명호와 부남이 부산 영도다리 앞에서 나누는 이야기는 그들이 처한 전쟁 이후 한국의 현실을 말해준다.

명호: 아버지는 (북에) 납치당하고, 동생은 전사, 나도 부상을 입었지. 거의
     죽다 살아났는데, 이젠 괜찮아.

이 장면은 이전에 환상적인 할리우드적 공간에서 그려진 김시스터즈의 공연 장면 이후에 바로 이어지는 야외 로케이션 장면으로 이 두 장면은 마치 할리우드 영화와 한국 영화를 짜깁기한 듯이 어색하게 충돌된다.

이어지는 시퀀스에서 부남이 명호의 집을 방문하는 여정을 담는다. 마치 할리우드적 상업극의 모양새를 잊어버린 양 카메라는 다큐멘터리적인 객관적 시각을 유지한 채, 부남이 명호의 집이 위치한 산동네를 오르는 길을 안내한다. 마치 리얼리즘 영화의 대표인 〈오발탄〉에서 통증을 견디며 해방촌 산동네를 오르는 모습을 연상하게 하는 이 장면은 처음에는 산동네 마을의 전경을 롱쇼트로 비춘 후, 카메라의 시선을 산동네 가옥과 이를 힘겹게 오르는 부남으로 옮긴다. 그리고 야외에서 부지런히 음식을 준비하는 손이 클로즈업된다. 이어 고무신을 꿰매는 손이 클로즈업되면서 몽타주된다. 카메라는 서서히 돌리 아웃하고 그 손의 주인공은 바로 명호의 여동생으로 밝혀진다. 이렇게 카메라는 앞의 쇼적인 장면과는 매우 대조적으로 조용히 그리고 객관적인 시선의 딥포커스에 가까운 화면을 사용하면서 당시 부산의 피난민 마을의 전경을 보여준다.

이와 같은 현실적인 장면과 더불어 두 개의 "전시 상황", 즉 아시아-태평양전쟁과 한국전쟁 중에 유행했던 노래가 한 화면에 동시에 배치됨으로써 전쟁이 품은 '비애'의 감정이 불러일으켜지기도 한다. 이 영화의 상반부에 등장하는 김희갑의 모창 장면이 그 대표적인 예다.* 김

---

* 김희갑은 본래 기자 출신으로 악극무대에서는 코믹한 연기를 하지 않았었는데, 그가 모창 등에 재주가 있었던 것이 인기가 있자 영화로 옮겨왔을 때는 희극적 역할을 많이 맡았다. 김희갑은 〈청춘쌍곡선〉으로 영화에 데뷔했다. 〈김희갑에 관한 모든 것〉, 《영화세계》, 1968년 3월호.

희갑은 이 부분에서 연속으로 세 곡의 가요를 처음부터 끝까지 부른다. 그의 역할이 지나가는 물장수기 때문에 이 이후에는 재등장하지 않는다. 김희갑이 부른 노래는 한국전쟁 직후 1953년 박시춘에 의해서 작곡된 〈이별의 부산정거장〉과 1937년에 작곡되어 대동아전쟁 동안 유명했던 〈타향살이〉다. 식민지인으로서 만주 지방에서 나라 없이 떠돌던 식민지 조선인의 슬픔은 한국전쟁 동안 피난의 경험을 가졌던 많은 이들의 심성을 건드리며 동시대로 봉합된다. 마지막으로 부르는 〈신라의 달밤〉은 1947년에 현인이 부른 노래지만, 원래는 대동아전쟁 당시에 동남아시아에서 승승장구하던 일본을 응원했던 노래기도 했다.[46] 이런 면에서 본다면 누구에 의한 전쟁이었던 간에 "전쟁"은 그 자체의 보편정서가 되며, 배경이 다른 세 노래는 김희갑에 의해 봉합, 용인된다. 전쟁을 거치면서 대중들이 접했던 '연예물'의 특성—처절한 현실 가운데 찰나적인 환상과 즐거움이 교차하는—이 고스란히 영화 텍스트에 담겨 있는 것이다.

그럼에도 명호와 부남 사이의 계급 차이, 공간이 주는 현실과 환상 사이는 심각한 갈등의 근원으로 심화되지 않는다. 예를 들어 명호가 부남의 집에서 음식을 먹는 장면은 마치 무성영화 시기의 채플린이 음식을 먹는 장면 혹은 로렐과 하디가 음식을 마구 삼키는 장면처럼 연출된다. 2분간 이어지는 이 장면은 아무 소리 없이 황해의 연기로만 이루어졌는데, 비싼 음식을 처음 먹어보는 사실상 '처참한' 상황이 이와 같은 가벼운 코미디적 연출로 즐겁게 표현된 것이다. 또한 이러한 낙관적 '할리우드적' 연출은 1950년대 많은 한국 영화가 그랬듯이, 영어를 사용하여 사람들이 자연스럽게 대화를 이어나간다든지 미국적 배경을 그대로 옮겨온 듯한 장면을 통해 더욱 강화되었다. 한국 여성들이 할리우드 여배우와 같은 의상을 입고 과도한 메이크업이나 수영복을 입은 모습을 담은 '볼거리'도 영화에 두드러지게 나타났다.

가령 한형모의 〈순애보〉(1957)에는 그해에 미스코리아로 선정된 김의향이 수영복을 입고 등장한다. 수영복을 입고 마치 미인대회에 나온 듯이 허리에 손을 얹고 대사를 하는 모습이나 '햅번' 스타일의 머리모양과 양장을 입은 그녀의 모습은 과도하면서도 그녀가 장착한 풍요로운 물질에 관객의 눈이 가게 한다. 특히 전형적인 '아프레-걸(전후여성)'로 자주 표상되었던 양공주들의 분장이나 의상에도 미국의 영화를 그대로 모방한 경우가 많았다. 〈지옥화〉(신상옥, 1958)에서 쏘냐로 역할을 하면서 마릴린 먼로가 자주 입던 어깨가 드러난 드레스를 입은 최은희의 모습이나, 〈여사장〉(한형모, 1959)에서 골프를 치는 남성과 어울리는 '햅번' 스타일을 한 여주인공의 모습은 과도하게 할리우드화된 미장센 안에 전시된다. 전체적으로 전후 미망인의 궁핍한 생활을 그린 영화 〈미망인〉(박남옥, 1955)에서도 해변에서 해수욕하는 장면들이 등장하는데 이러한 영화적 순간은 현실로부터 관객을 분리시킨다. 마찬가지로 〈청춘쌍곡선〉에도 부남과 명호가 데이트하는 장면은 한국이 아닌 캘리포니아 해변 같은 곳처럼 그려지며, 그들의 데이트 코스, 즉 골프를 치거나 미국의 재즈가 흐르는 바에 가거나 댄스파티를 열고 코카콜라를 마시는 등 지나친 '미국화'된 장면들이 빈번히 나타난다. 영화에 펼쳐

---

* 이선미는 '햅번 스타일'로 대변되는 미국적 욕망, 미국 사회에 대한 동경이 1950년대 영화와 소설에 어떻게 드러나는지 자세히 밝히고 있다. 이선미, 〈'햅번 스타일', 욕망, 교양의 사회, 미국영화와 신문소설〉, 《현대문학의 연구》, 47호, 2012.

〈청춘쌍곡선〉허겁지겁 밥을 먹는 명호. 무성 코미디 영화처럼 연출되었다.

〈청춘쌍곡선〉해변에서의 데이트. 1950년대 한국 영화에 자주 등장하는 장면이다.

지는 물질주의적 풍요로움은 미국이 주도하는 자본주의적 소비 욕망을 자극하며 냉전이 압도했던 한국적 상황, 혹은 아메리칸드림을 스크린화한 것이다. 미리엄 한센이 지적했듯이 할리우드 영화의 "유토피아적인 풍요의 이미지, 이국적인 화려함, 관능성"은 한편으로는 관객들에게 소비주의적 욕망을 자극하는 자본주의적 훈육의 과정이었다. 물론 전쟁으로 인해 파괴된 현실과 괴리가 팽배했던 한국에 이 같은 미국적 욕망의 표현은 가난했던 일반 한국 대중의 것이라기보다 냉전을 지배했던 미국의 '비정치적인' 자본주의적 선전의 유통으로 보는 편이 좋을 것이지만 말이다.

어쨌든 시간과 맥락이 다른 공연들이 '자유 냉전 아시아'의 맥락으로 재배치되어 밝고 유쾌한 감정을 만들어내는 아시아의 영화들은 아시아영화제와 같은 제도를 통해 더욱 활발히 유통되었다. 1958년 아시아영화제 출품작에 〈청춘쌍곡선〉이 선정되는 과정에서 생긴 에피소드는 이러한 '비정치적' 냉전을 추구했던 과정의 정치성을 선명히 보여준다. 1958년 아시아영화제 출품작의 선정 과정에서 김소동의 〈돈〉이 한형모의 〈청춘쌍곡선〉으로 교체되었는데, 그 이유가 〈돈〉이 한국 사회를 매우 어둡게 묘사했기 때문이라는 것이었다.[47] 다음해인 1959년에도 김소동의 〈오! 내 고향〉은 한국 전통의 아름다움을 묘사한 〈종각〉으로 대체할 것으로 논의하면서 정부가 가지고 있는 영화관이 극명히 드러났다.[48] 〈오! 내 고향〉도 너무 어둡고 건설적이지 못하다는 평을 받았기 때문이다. 영화 자체의 질이나 미학적 가치를 떠나서 국가의 가이드라인에 맞지 않는 영화는 대한민국을 대표할 수 없었던 것이었다.

물론 이에 대해 많은 영화인이 반발했다. 두 번이나 해외영화제 출품의 기회를 잃어버렸던 김소동은 다음과 같이 반응했다.

캄캄한 소재는 안된다는 것은 **희극이나 명랑한 내용만을 갖인 영화를 만들라는 것인가?** 비건설적이라는 것을 거부의 이유로 든다면 고층건물이나 측

항공사나 혹은 부흥사업을 꼭 넣어야 해외에 내놓을 있다는 말인가? … 영화 〈돈〉의 경우 나는 이런 사실을 말하고 싶다. 주역 **봉수의 집과 술집 억선의 집을 로케이숀으로 처리한다면 영화에 수록된 그림보다 훨씬 리알하기는 하나 더럽고, 빈곤하고, 추잡할 것을 확실히 고백한다.** 당초부터 아세아 영화제를 염두에 두고 일백오십만환이라는 추가 제작비를 아끼지 않고 **스타디오 속에다 집 두 채를 세운 것이다.** … 참담한 우리 농촌의 빈농가를 실지로 그림에 수록한다면 아마 이 영화속의 그림보다 백배이상의 빈곤상을 표현했을 것이다. 그러나 여기에는 상기한 바 같은 국가적인 체면 문제가 염두에 있는 까닭에 쎗비용의 추가를 과감히 단행한 바이다.[49]

김소동은 〈돈〉이 어두운 주제를 가진 영화임은 인정하지만 그러한 '리얼리티'를 만들어내기 위해서 '세트'를 지어 현실을 조형했다는 점을 강조한다. 이는 어찌 보면 네오리얼리즘 영화와 같이 현상학적 '실재'를 중요시하는 리얼리즘 영화의 수법과는 거리가 있다. 그럼에도 한국을 어둡게 그렸기 때문에 한국을 대표하는 것으로 받아들여지지 않았던 것이 당대의 현실이었다. 더 나아가 영화 제작자 강형옥과 같은 사람은 영화의 사회적 기능은 대중에게 '꿈'을 보여주는 것이라고 노골적으로 주장하기도 했다. 그는 많은 영화감독이나 비평가가 이른바 영화예술을 지향한다고 하지만, 이탈리아의 네오리얼리즘적 영화를 보면, 그 미적 가치를 떠나서 "이탈리아 사람들이 불쌍해 보이는 것은 사실"이라고 역설한다. 그 때문에 그러한 미적 가치보다는 할리우드의 웨스턴 영화처럼 창조적이고, 건설적이며, 희망적이고, 교육적인 영화를 만들어야 한다고 강변했다.[50] 강형옥은 할리우드 영화가 이른바 '꿈의 공장'이라고 불렸던 것처럼, 영화는 현실을 잊게 할 수 있는 환상성을 가져야 한다고 했다. 이처럼 1950년대의 '냉전 영화'는 자유 진영 세계를 낙관하고 그 안에서 행복하고 풍요로운 삶을 누리는 방식으로 비정치화되었다. 미국에 대한 비판적인 시각 혹은 전쟁을 거친 한국의 참혹한 현실이 드러나는 부분은 어떻게든 낙관적으로 봉합되거나 미화, 배제되는 스크린의 정치가 벌어지고 있었던 것이다. 결국 이 시기를 거쳐 1960년대에는 여타 설비들이 갖추어지며 한국의 영화는 강형옥의 주장과 유사한 방식으로 세계화되는데, 국가가 주창하는 이데올로기는 고전적 할리우드의 문법 아래에서 균열되지 않는 방식으로 자연스럽게 정착하는 과정을 거치게 된다.

1950년대 악극을 기반으로 한 영화는 기본적으로는 민족적 엘리트 담론에 의해 고전적 할리우드 영화의 문법이나 유럽의 리얼리즘 영화들과 같은 '세계 영화'의 문법을 습득하지 못한 '도태된' 영화라고 평가되어왔다. 악극 자체가 가지고 있는 식민성과 이것이 영화에 투영되면서 나타나는 기술적 후진성, 미적 완성도의 부재, 식민지 시절을 떠올리는 지나친 신파성과 패배주의 등은 고급한 민족문화를 꿈꾸던 엘리트가 규정한 민족문화에서 계속해서 배제되었다. 국가적 차원에서 '일색일소'를 부르짖으며 일상적 차원에서 탈식민을 주장하던 시기였지만, 실제로는 식민지 시기에 형성되었던 문화들이 아직도 상당수 대중문화의 주류를 이루고 이를 향유하는 사람들도 여전히 많았고 이를 활용한 영화들은 대중의 사랑을 받았다. 물론 과거의 식민지적 문화는 냉전의 맥락에 맞게 재배치되었다. 일본의 전시체제 아래에서 가장 적극적으로 정치에 활용되었던 악극은 한국전쟁을 거치면서 냉전적으로 재맥락화되고 영화화를 통해 '비정치화'되면서 밝고 평화롭고 물질적으로 풍성하고 명랑한 미국적 세계를 이상화하는 방식으로 재배열되었다. 물론 이와 같은 세계가 완전하게 봉합되지 않았고, 한국의 현실이 균열되어 나오기도 했다. 다양한 매체와 민족-세계가 경합하는 가운데 1950년대 한국 영화들이 '자국화'되는 과정에서 울퉁불퉁한 흔적을 남겼던 것이다. 1960년대가 되면 영화의 '자국화' 상황은 남한의 정치적 조건과 맞물려 새로운 형태로 변화된다. 다음 장에서는 4·19와 5·16이라는 정치적 변화 상황에서 한국 영화가 냉전 속 자유 진영의 가장 큰 가치였던 '민주주의'라는 개념을 어떻게 영화를 통해 한국적으로 전유했는지 자세히 살펴본다.

4장
규격화된 시각장과 '코드화된' 민주주의

1. '질서' 있는 혁명?: 4·19, 5·16, 그리고 냉전 민주주의

1960년 3·15 대통령 선거에 이승만의 조직적인 부정 개입이 드러나자, 4월 19일 성난 학생과 시민들의 물결은 "이승만 독재 타도"를 외치며 거리로 쏟아져 나왔다. 4월이 지나가기도 전에 이승만은 하야했고, 하와이로 망명을 가게 되었으며, 장면 내각이 성립되었다. 이승만이 자신의 집권을 위해 동원했던 대중들은 이제 그를 몰아내고 새로운 민주국가를 건설하고자 하는 민중으로 변했다. 어느 때보다도 숨 가쁘게 움직인 역사의 한 순간이었다. 한국 사회는 새로운 민주주의 시대가 열릴 것이라는 희열에 휩싸였다. 한국 현대사에서 최초의 '민주적'인 순간으로 꼽히는 이 '4·19 혁명'의 시기는 1961년 5·16 군사 쿠데타로 군사 정권이 권력을 장악하기 전까지의 독재와 독재 사이에 위치한 짧은 '미완의 민주주의'의 시기로[1] 여겨졌다. 이 시기 동안에는 이승만 정부하에서는 전무한 것이나 다름없던 절차적 민주주의를 만들어 나가기 위한 변화가 사회 곳곳에서 이루어졌다. '혁명'은 독재자를 몰아내고 새로운 시대가 시작되었다는 새 시대의 새 구호였다. 반공적 권위주의 체제에 길들여져 있던 국민은 스스로 민주주의적 국가의 주체가 되어 새로운 국가의 가능성을 실험했다.

이 시기에 나타난 이러한 새로운 감각, 즉 '민주주의'가 사회에 실현되고 있다는 감각은 한국 현대사에서 1950년대와 1960년대를 분절시킨다. 그러나 이 시기의 가장 큰 변화인 '민주주의적' 법 제도화, 사회 시스템의 변화에도 불구하고, 5·16 쿠데타를 통해 집권한 박정희는 자신이 이 4·19 '혁명'의 계승자임을 자처했다. 이영재는 1961년 박정희 정권의 세력이 민주주의적 "혁명"이라는 언어를 자신들의 쿠데타에 가져와 "5·16 군사 혁명"이라는 이름을 취했던 사실을 지적하며, 박정희 정권이 "혁명"이라는 개념을 전유하여, 자신들의 새로운 정부의 헌법적 권력을 "형성"했다고 지적했다.[2] 이러한 개념의 전유는 마치 혁명이 지속되고 있다는 환상을 만드는 데 일조했다. 이 장에서는 4·19 시기에 만들어진 법 장치와 형식적 민주주의의 실행이 1960년대 사회에 '자유주의적 민주주의'의 실질을 보장할 것이라는 환상을 만들어냈던 과정을 탐구한다. 비교하자면 1970년대에 박정희 정권이 유신헌법과 긴급조치를 단행하면서 법적 "예외상태"를 만들어 국민을 통제했던 것에 비해, 1960년대는 민주적 법 장치를 생성하고 체계화되어, 푸코적 의미에서 자유주의적 통치성governmentality이 마치 이 군부독재 아래에서도 작동하고 있다는 환상을 만들어냈다는 것이다.

4·19 혁명기의 '민주주의'는 이런 면에서 '형식적 민주주의'가 실질적 민주주의를 보장할 수 없다는 포스트–민주주의적 관점에서 살펴볼 수 있을 것이다. 아그네스 헬러는 〈형식적 민주주의에 관하여On Formal Democracy〉라는 글에서 동유럽 국가가 "다원주의, 인권, 사회 계약, 대의 정치"와 같은 민주주의의 기본 원리가 작동하는 가운데 국민이 민주주의적 국가 안에서 살고 있다고 상상하게 되며, 그 뒤편에서 군사

주의와 국가주의적 경제 시스템을 동원하여 "전체주의" 사회를 만들어 냈다고 주장한 바 있다.[3] 자크 랑시에르는 더 나아가 이러한 "형식적 민주주의"가 어떻게 "지배 계급"에 복무하게 하는지를 다음과 같이 지적한다.

> 구미의 정부들과 그 이데올로그들은 민주주의를 이원주의 체제 = **자유시장 = 개인의 자유**로 만들어버렸다. 그들은 민주주의를 **전체주의와 블록 대 자유주의 블록**의 형태로 대립시켰다. … **형식적 민주주의는 이데올로기적 가면인 동시에 지배 계급에 복무하는 실천적 도구 노릇을 하는 법적 국가적 형태들의 체계**였다. … 민주주의를 다시 사유하기 위해서는 **그것의 형태와 그것의 현실관계를 다시 사유**해야 한다.[4]

형식적 민주주의가 오히려 지배 계급에 복무할 수 있다는 랑시에르의 논의는 냉전이 지배하던 시기의 남한의 민주주의란 무엇이었는지를 다시 평가하게 한다. 제니퍼 밀러는 냉전 시기는 "민주주의가 빛났던 시기"가 아니며, 미국이나 소련 모두 자신들 체제가 자유와 평등을 내세운 "우월한 체제"라고 선전했지만, 사실은 이를 실행하는 과정은 양측 모두 "억압, 차별, 그리고 폭력"을 동반한 체제였다고 한다. 이런 의미에서 그녀는 이 시기의 민주주의를 "냉전-민주주의"라고 특정해 부른다.[5]

오구마 에이지는 한 걸음 더 나아가 냉전 민주주의적 성격이 강했던 일본의 전후 민주주의를 "전쟁 민주주의"라고 평가한다.[6] 일반적으로 일본의 전후 민주주의는 미국이 '이식'한 미국 중심의 민주주의라는 관점이 지배적인데, 그는 이와 같은 '이식'의 관점에서 벗어나 일본의 전쟁 참여 세대들이 "민주주의나 평화주의 혹은 나라의 바람직한 사상이라는 형태"로 자신의 전쟁 체험을 이야기하기 시작하면서 일본의 민주주의의 '총력전적' 성격이 형성되었다고 주장한다. 더 나아가 "전시기의 언어 체계를 바꾸어 읽으며 그것에 새로운 의미(민주적 의미)를 부여하는 데"에서 일본의 전쟁 민주주의가 시작되었음을 지적한다. 그리고 이와 같은 전쟁 민주주의의 기반이 된 것이 "총력전의 사상"이었다고 주장한다.

> 이시카와 다쓰조는 '비판을 억압하면 전의는 고양되지 않는다' '국민을 신뢰하지 않으면서 무슨 총력전을 할 수 있겠는가'라고 주장했다. … 이런 논조는 전시체제에 대한 비판인 동시에 그것을 총력전의 합리적인 수행이라는 말로 표현한 것이기도 했다. … '저항과 굴복'은 한끝 차이의 관계였다. … 민주화에 대한 지향은 이런 내셔널리즘과 표리일체를 이루었다고 할 수 있다.

일본의 전후 민주주의는 "국민의 비판"을 받아들여 민주주의적 사회를 만들어 나가야겠다는 또다른 총력전을 촉구하는 방향에서 전개되었으며 "총력전 사상의 연장선상에서 새로운 윤리와 내셔널리즘에 대한 모색"을 하는 전쟁에 대한 일본 사회의 반향이었다는 것이다. 이와 같은 평가는 전후 아시아 민주주의의 특성에 대한 새로운 해석이며 '민주주의 혁명'이 '군사 혁명'으로 전유되었던 1960년대 한국의 '민주주의 개념'을 재성찰할 필요를 불러일으킨다.

확실히 4·19를 통해서 국민은 자신들이 이전과는 다른 '참여하는 주체'로서의 정체성을 가지고 있다는 믿음이 있었고, 이에 걸맞은 사회적 변화, 절차적 민주주의에 변화가 있었다. 그럼에도 이러한 '풀뿌리 민주주의'의 아젠다가 박정희가 추구한 반공적 군사주의와 큰 불협화음을 내지는 않았다는 사실은 이 시기에 사람들이 받아들인 '민주주의'는 과연 무엇이었는지 질문하게 한다.[7] 실제로 당대에 한국에서의 민주주의에 대한 이해는 사상적으로 정립된 것이 아니며, 정치사상가 사이에서도 자유주의에 근거한 민주주의 입장을 견지한 정치학자는 소수에 불과했다. 오히려 다수의 한국 학자는 1930년대 일본의 도쿄제국대학 정치학 교수인 야베 데이지矢部貞治의 이론, 즉 칼 슈미트의 독재론에 기반한 공동체적 민주주의를 받아들이는 경우가 많았다.[8] 많은 정치학자는 민주주의는 동질적 민족에 기반한 선진국의 이상으로 여겼으며 이는 이후 박정희가 내세운 '한국적 민주주의', 즉 민족주의적 민주주의의 내용과도 직결된다.[9] 다시 말해, 이 시기에 주창된 '민주주의 정치'는 국민이 자신들을 자율적으로 참여하는 정치 주체로서 호명함과 동시에 이와는 반대될 수밖에 없는 민족주의적 공동체에 기반한 민주주의, 즉 파시즘으로 나아갈 수 있는 민주정이 공존하는 것이었다. 특히 제3세계 국가로서 한국의 처지는 국가 발전을 위해서는 이러한 '공동체적 민주주의'를 주창하는 것은 어쩔 수 없는 일로 여겼다.[10] 박정희 정부 또한 4·19를 통한 '민주 혁명'을 '군사 혁명'으로 전유하며 '혁명'을 통해 쓰러뜨려야 할 대상은 이승만과 같은 과거의 부패 세력으로 특정했다. 1950년대에 이승만의 반일/반공주의가 '적'과 '나'를 구별하는 반공적 배타성을 기반으로 한 주체성을 생산했다면, 박정희 체제는 새로운 내부의 결속을 다지며 '민족주의적 민주주의 주체'를 스스로 만들어낸다는 자유주의적이며 공동체적인 주체성을 추동했던 것이다.

이 장에서는 1950년대와 1960년대를 분절시키는 4·19라는 역사적 사건과 더불어 이 시기를 전후로 한 시기에 만들어진 흔히 '리얼리즘적'이라고 알려진 대중영화에 주목하고자 한다. 오영숙은 이 시기 영화들이 "개인과 자아, 자기, 개성, 개인적 감수성"을 유달리 강조하는 자유주의적 개인 주체를 호명하는 방식으로 만들어졌다고 지적한 바 있다.[11] 실제로 이 시기의 영화에는 이전의 영화에서 볼 수 없었던 자유로운 토론 문화와 권력에 '저항하는' 대사들이 생동감 있게 등장한다. 이와 같은 언설이 넘치는 영화들은 1950년대 문화인들에게 요구되던 "앙가쥬망―문화의 정치적 참여와 사회비판의 기능을 강조하는 요구―"에 합치되며 종종 '리얼리즘 영화'로 불렸다. 가령 이 시기에 만들어진 대표적인 영화 〈오발탄〉, 〈삼등과장〉과 같은 몇몇 작품들은 5·16 직후 "유해 작품"으로 분류되어 탄압받았고,[12] 이 때문에 후대에 와서 독재에 대항했던 '저항 영화'로 인식되기도 했다. 논자에 따라서는 〈하녀〉와 같이 여성의 섹슈얼리티가 폭발하는 좀처럼 보기 힘든 장르영화가 만들어졌던 것도 4·19 이후의 자유주의적 분위기에서 가능할 수 있었던 것으로 파악하기도 한다.*

그러나 이 장에서는 이 시기에 민주적 감각을 생성하여 '리얼리즘'

• 4·19 이후 영화들의 이런 경향을 적극적으로 평가하는 대표적인 연구로는 김윤지, 〈최초의 민간영화심의기구, 영화윤리위원회 성립〉, 《한국 영화와 4·19》, 한국영상자료원, 2016 참조. 김윤지는 〈삼등과장〉이나 〈오발탄〉 같은 영화는 "이전의 검열체계에서는 불가능했을 법한 작품"이라고 평가한다. 또한 "강대진의 〈박서방〉, 김기영의 〈하녀〉 등의 질 높은 작품들이 다수 등장한 점은 영륜의 활동이 영화계에 미친 영향 덕분"이라고 평가한다. 그러나 이러한 영화들의 탄생이 영윤 활동의 결과물이라고 단정 짓기는 어려워 보인다.

으로 불리던 영화들이 어떤 의미에서 '리얼리즘'인가에 대한 질문을 던진다. 영화의 리얼리즘이 무엇인가에 대해서는 유럽에서는 앙드레 바쟁의 현상학적 실재를 바탕으로 한 영화의 현실성에 관한 논의[13]부터 시작하여 질 들뢰즈가 '시간 이미지'라는 개념을 통해 '실재'를 넘어서는 정신적 현실까지 포괄하는 미학적 논의들까지 깊고 다양하게 이어져 왔다.[14] 이미 수많은 학자가 논의한 문제기에, 이제 영화의 '리얼리즘'의 의미를 묻는 것은 식상하게까지 여겨질 수 있겠다. 그러나 줄리아나 밍겔리와 같은 학자는 이탈리아 네오리얼리즘 영화를 해석함에 있어서 이 영화들을 '전후'라는 이탈리아의 시간성에 한정해서 해석한 것에 문제를 제기한다. 그녀는 이른바 들뢰즈의 '시간 이미지'는 사실상 세자르 자바티니가 전쟁이 끝나기 전 쇠락하기 시작한 파시즘을 보며 이미 개념화한 것이라고 주장한다. 그녀는 자바티니가 "화면에 보이는 이미지"를 넘어서는 "눈을 감고 보는" 듯한 감각과 "감정"에 관해 주목했으며, 이는 파시즘 영화의 '조형성'과는 달랐다고 주장한다. 다시 말해 전후 네오리얼리즘 영화는 전후의 '현재'라는 시간성을 보여주고 있지만 그 '배경landscape'은 파시즘기로부터 지속되는 암울한 감각과 분위기를 담고 있는 "과거에 영혼이 메인haunted by past" 영화라는 것이다. 따라서 이탈리아 네오리얼리즘은 전후 이탈리아뿐만 아니라 파시즘적 세계까지 떠올리게 하는 '리얼리즘' 영화라 주장한다.•

• 줄리아나 밍겔리는 들뢰즈의 이탈리아 네오리얼리즘 영화에 대한 분석—'운동-이미지'에서 '시간-이미지'로의 전환—이 단순한 영화 '형식의 전환'이 아니라 1945년 직후 파시즘에 대한 이탈리아 사람들의 '감정적 맥락'을 보여준다고 주장한다. Giuliana Minghelli, *Landscape and Memory in Post-Facist Italian Film*, Routledge, 2013.

밍겔리의 논의를 확장시켜본다면 4·19 혁명 전후의 한국의 '리얼리즘' 영화들에 대한 새로운 해석도 가능해 보인다. 즉 이 '보이는 것' 이외에 어떤 정신이 숨어있는가 하는 것 말이다. 우선적으로 4·19 이후의 영화들이 얻은 '리얼리즘' 영화라는 평가는 다양한 '사실성'이 영화의 풍경—서울의 빌딩 숲, 유려하게 펼쳐진 골목 안 광경, 대로를 걷은 사람들의 모습, 혹은 사람들이 모여 대화를 나누는 안정적 실내 세트—으로 등장했기 때문이다. 이전의 많은 대중영화가 악극이나 공연의 '무대'를 돌출적으로 영화의 내부에 삽입하던 방식과는 달리, 튀지 않는 연속편집과 '현실의 장소'에 기반한 촬영은 영화가 보여주는 것이 즉각 한국의 '현실'이며, 그들이 나누는 '새로운 대화'들이 4·19 이후에 변화한 한국의 '현실'을 보여주는 것으로 감각하게 했다. 여기에 시네마스코프를 활용한 확장된 시각과 라디오 방송처럼 '현재'의 말들을 더하여 '현실감'을 더해주는 '현실 장치'들이 등장하며 일상의 '시각과 소리'가 화면에 새롭게 '구성'되는 새로운 상호매체적 신선함이 더해졌다. 1950년대에 악극을 기반으로 한 수많은 영화가 이질적이고 분절적인 이미지나 할리우드화된 아이콘을 직접적으로 사용하여 영화의 매혹을 드러냈다면, 1960년대 이후의 많은 영화는 서구적인 것, 이질적인 것을 비가시화시키고,[15] 민주주의적 한국의 '시민성'이 일상의 생활에서 강조되는 방식의 시청각성을 구조화한 것이다. 4·19 이후 등장했던 영화적 '현실 장치'들은 사실상 도래한 민주주의에 대한 '반영'으로 감각되었다. 이는 한국 사회의 '현실'을 감각하게 했다는 의미에서 '리얼리즘적'인 요소일 것이다.

그러나 흥미롭게도 4·19 이후의 민주주의적 상황을 재현한다고 평가되었던 '4·19' 영화에 자주 등장했던 배경과 실내 세트 코드들, 혹은 밝은 민주주의 사회에 대한 전망, 가족과 이웃들의 소소한 현재의 이야기 등은 정권이 바뀐 박정희 정부 아래에서도 지속되었다는 점을 주목할 필요가 있다. 이러한 영화가 리얼리티를 반영하는 것이라면 왜 박정희가 군사독재를 이어가던 1960년대 중반의 영화에도 유사한 '리얼리티'가 재현되는가? 박정희의 '군사 혁명'이라는 언설이 '혁명'의 의미를 침잠시키듯, 5·16 이후의 영화는 왜 번번이 이와 같은 언설과 자유로운 개인의 이미지를 재등장시키는가? 대체 이 영화들은 어떤 '정신'을 담고 있는 것인가?

이 장에서는 표면적으로 자유주의적인 사회관계를 그려냈던 영화들이 자연스러운 한국인의 생활 방식과 민주적 변모를 가져왔다고 감각하게 한 리얼리티가 무엇이었는지 질문한다. 이러한 영화적 감각들은 흥미롭게도 '민주주의적 질서'를 되찾아야 한다는 사회의 목소리 그리고 과거 파시즘적 사회의 '질서'를 구축하는 전쟁 민주주의의 윤리와도 겹치며 박정희 독재가 만들어낸 '한국적 민주주의'라는 감각을 유지시키는 데 일정한 역할을 했음을 주장한다. 이탈리아 네오리얼리즘이 파시즘적 '조형'을 벗어나 새로운 '시각성'을 구성하여 과거를 청산하고자 했던 것과 달리, 이 시기의 '리얼리즘' 영화들은 오히려 일제의 파시즘기부터 훈련된 '전쟁 민주주의적 질서'의 감각에 매인 영화들이었으며, 영화의 '리얼리티'는 주어진 시각장의 틀 안에 제한적으로 담겼다. 더구나 1960년대 한국 영화는 한 해에 약 200편의 영화를 만들기 시작하여 본격적인 '대량생산' 체제가 시작된 시기다. 따라서 이 장에서는 영화계에 불었던 형식적 민주주의의 변화, 그리고 그 가운데 만들어진 영화들이 어떻게 과거의 영화와 다른 '새로운 감각'을 만들어냈으며, 이 새로운 감각들이 박정희 독재정권이 주창한 '한국적 민주주의'라는 개념 아래에 민주주의적 사회를 어떻게 '코드화'시키는지 살펴본다.

2. 민간 영화윤리위원회라는 '형식적' 민주주의

4월 혁명 이후 거리에 뿜어져 나온 민주주의적 열망은 영화계에서도 마찬가지였다. 한국 영화산업의 구조적 문제에 대한 반발이 봇물 터지듯 터져 나왔고 영화인들은 4월 혁명이 가져올 변화에 대한 기대감을 감추지 않았다. 영화사가 이영일은 당시의 감격을 다음과 같이 표현했다.

혁명! 그것은 아직도 뜨거운 열도에 비등하여 있었다. 그것은 뜨거운 납덩어리처럼 모든 시민들의 가슴속에서 꿈틀거리고 있었다. 그것은 뒤미쳐 닥쳐온 파도처럼 시민들이 미처 마음을 수습할 겨를조차도 없이 우리들의 부패한 현실을 근본적으로 휩쓸어버렸다. 수일 후에 "이승만 정권 물러가라!"고 쓴 〈플래카드〉 대신 **"이성으로 돌아가자"**는 〈플래카드〉를 메고 피묻은 학생들의 대열이 그들의 손으로 성취한 역사적 창업의 뒤치다꺼리를 할 때에야 **혁명이 이미 우리들의 수중의 것임을 안 시민들을 열광 속에서 새로운 세대의 영광에 찬 승리를 뜨겁게 환영한 것이다.** 이날부터 우리들의 일상이 되었다![16]

이 글에서 이영일은 한편으로 4·19 혁명의 기쁨을 이야기하면서,

또다른 한편으로는 한국 사회가 이를 바탕으로 재빠르게 '이성적' 질서로 돌아가고 있었음을 지적한다. 그는 이어 혁명 이후에 해야 할 역사적 과업이 많으며, 과거 영화인들이 독재정권 아래에서 어용기관으로 전락했던 사실을 직시해야 한다고 주장했다. 영화계에서도 민주적인 "르네상스"가 필요함을 역설했다.[17]

이승만 대통령의 선거에 동원되었던 문화계 인물들은 거센 공격을 당하기 시작했다. 가장 먼저 1959년 〈이승만과 독립협회〉를 만들어 3·15 선거의 직접적인 유세를 도왔던 임화수의 한국연예가 무너졌다. 4월 혁명이 일어나자마자, 임화수와 반공연예인단의 구성원들은 폭력과 횡령으로 체포되었다.[18] 소설 〈무너진 극장〉(박태순, 1968)에는 한국연예주식회사가 시위대에게 공격당하고 임화수의 평화극장이 불태워지는 장면을 "스크린은 수천 개로 산산이 조각났다"라고 묘사하고 있다.* 임화수의 영화에 참여했던 사람들도 문제가 되었다. 이승만의 선거 유세에 동원되어 지지 연설을 했던 배우들은 모두 배우협회에서 제명되었고, 선거 유세에 나섰던 유명 배우 김승호는 상당 기간 영화에 출연이 금지되기도 했다.**

제1공화국 동안 만들어졌던 영화 제도가 민주적으로 개혁되어야 한다는 목소리도 높았다. 가장 악명 높은 국가 기관의 개입인 '검열'은 가장 먼저 변화되어야 할 제도로 지목되었고 이를 대체할 '민주적인' 영

• 이 소설은 박태준이 4월 혁명기에 직접 목격한 것을 바탕으로 쓴 소설이다. 박태준, 〈무너진 극장〉, 《월간 중앙》, 1968.

•• 김승호는 〈로맨스 빠빠〉로 1961년 아시아영화제에서 수상하자, 다시 영화계로 돌아올 수 있었다.

화 제도를 만들어야 함이 강변되었다.[19] 국가 중심의 검열을 완화하고 '민주적 구조'에서 영화를 만드는 '형식적 민주주의'의 실현은 무엇보다도 이 시기의 영화가 선행하여 갖추어야 할 제도적 조건으로 여겨졌다. 영화인들은 영화 검열이 문교부에 의해서 독점되고 있다는 것이 문제라고 지적했고 국가 검열은 "후진국"에서나 벌어지는 일이며,[20] 국민의 자율적 참여와 표현의 자유가 보장되는 진보적 변화가 있어야 한다고 주장했다. 당시까지의 영화 검열은 재조선 미국 육군사령부 군정청에서 제정 공포한 법령 111호를 기반으로 한 것이었다. 이 법령은 일본의 검열 규칙을 그대로 인용한 것[21]이어서, 사실상 일제의 검열이 되풀이되고 있었다고 해도 무방했다. 이승만 정부는 1956년 7월 21일에 문교부 고시 제24호로 '공연물 검열세칙'을 발표했지만, 이 또한 일제의 검열법을 모체로 하고 있기에 여러 문제점을 고스란히 안고 있었다.

흥미롭게도 '민주주의적 전환'의 핵심은 검열기관의 '민간 이양'이었다. 4·19가 일어난 지 한 달도 되지 않은 1960년 5월 16일에는 검열 기준 개선을 위한 공청회가 열렸다. 이 공청회에서 사람들은 정부 주도로 검열하는 방식은 세계에서 오직 24개의 나라만이 채택하고 있음을 지적하며 '민간' 중심의 검열 방식이 필요함을 역설했다.[22] 이 과정에서 '검열'의 모델로 거론된 것은 미국의 "프로덕션 코드The American Motion Picture Production Code"였고 이에 따라 영화를 심사할 윤리위원회가 학계, 법조인, 군인, 종교인, 언론인, 그리고 미성년자로 구성될 것이 건의되었다. 그리고 1960년 8월 5일에 드디어 남한 최초의 민간 검열 기구인 영화윤리전국위원회(이후 영윤)가 성립되었다.

영화윤리전국위원회는 민주주의를 수호하기 위한 4·19의 고귀한 피의 대가로 얻어진 소산이다. 따라서 본 〈영륜〉은 철두철미하게 4·19의 의거정신 밑에서 출발된 단체이며 동시에 민주주의와 더불어 호흡을 같이 하면서 활동하는 단체인 것이다. … 관료적 검열제를 폐지하고 영화의 윤리성을 **순민간 단체에서 자율적으로 심의**하자는 것이 바로 〈영륜〉의 출발 목적인 것이다.[23]

신문과 잡지에는 영윤이 발표한 이러한 민간 영화 심의 기구의 이상이 빠른 속도로 전파되었다. 신문들은 앞다투어 영화를 규율하는 새로운 방식, 즉 국가 및 사회, 법률, 풍속, 성, 교육에 대한 규정들을 보도했다.[24] 이 가운데 "국가 및 사회" 조항에서는 "1) **대한민국헌법을 수호**한다. 2) **민주주의 정신에 합치하는 사상을 조장**하며 이에 어긋나는 사상을 부정한다"라는 규정을 두어 혁명 이후의 한국 사회는 민주주의적 헌법정신에 기반한 새로운 국가–사회임을 강조했다. 이러한 변화는 영화 제작에서 민주화를 요구하던 많은 사람의 기대를 반영하는 것이었으며 영윤을 통해 4월 혁명의 정신이 실현될 수 있을 것이라고 기대했다. 물론 영윤은 민간 기구이므로 영화 심의에 대한 법적 힘을 가지고 있지는 못했지만, 많은 사람이 이 기구를 통해서 과거의 검열제도가 개선되고 보다 민주적인 영화 만들기가 가능할 것이라고 기대했다.[25]

그러나 이러한 기대에도 불구하고 사실상 영윤의 윤리 조항이 기존의 조항들보다도 훨씬 억압적이라는 지적, 그리고 실제 민간 검열이 엉터리로 행해지고 있다는 비판도 잇달았다.[26] 영윤의 위원장이었던 이청기는 자신들이 새로 만든 영화 제작 코드가 실제 영화를 규율할 때는 자유민주주의의 기조에 부합하게 훨씬 느슨하게 적용될 것이라고는 했지만,[27] 외국 영화 〈비트걸Beat Girl〉(에드먼드 그레빌, 1960)을 상영금지 처분하면서, 이승만 정부보다도 심하게 영화를 규율한다는 비판을 받기도 했다.[*] 특히 풍속과 성에 관해서는 상당히 자세한 조항들이 신설되면서 오히려 국가 윤리가 강조되는 경향이 있었다.

풍속: (1) 호색적인 저급한 제명을 사용하지 않는다. (2) 야설로 인정되는 것은 회화, 가사, 농담자태 등에 포함하거나 암시하지 않는다. (3) 전나체는 원칙상 묘사하지 않으며 탈의 장면, 무용 침실 장면의 취급에 있어서 관객의 열정을 자극하지 않도록 주의한다. (4) 부녀자, 아동, 동물에 대한 잔인한 행위는 취급하지 않는다. (5) 불구자, 병약자 및 외과수술의 취급은 관객에게 추악한 감정을 일으키지 않도록 주의한다.

성: (1) **결혼제도 및 가정의 신성을 옹호**하며 저급한 성관계를 공인된 형식처럼 취급하지 않는다. (2) **간통과 불륜한 성관계를 정당화하거나 매혹적인 것으로 표현하지 않는다.** (3) 연애장면은 열정을 자극하도록 취급하지 않는다. (4) 매춘을 정당화하지 않는다. (5) **색정도착변태 성욕을 제재로 취급하지 않는다.** (6) 분만장면을 묘사하지 않는다.[28]

이후 자세히 논의하겠지만 과거의 검열 기준에는 없던 "결혼제도 및 결혼 신성성" 등이 추가되면서 이성애적 사랑을 바탕으로 결혼제도를

● 논란이 되었던 사례 가운데 하나가 〈비트걸〉이라는 영화의 상영에 관해서였다. 영윤은 이 영화가 국가의 정신에 해가 되는 영화라고 판단했고, 이에 과도한 윤리규정이라는 논란이 일었다.

법제화한 것을 국가의 윤리로 회수한다는 점은 주목할 만한 일이었다.

　이렇듯 '민간 이양'이 '절차적 민주주의'의 상당한 성과임에도 불구하고, 궁극적으로는 민간 심의가 이상적인 사회와 국가를 위한 '윤리'의 강화로 흐른다는 점은 흥미롭다. 민간 심의를 통해 영화가 국가 이미지를 긍정적으로 만들어야 한다는 논의도 등장했다. 광성영화사의 황형옥은 검열이 민간 이양이 된다고 하더라도 국가의 "건전한 이미지"를 만드는 데 이바지해야 한다는 의견을 펼치기도 했다.

> 씨나리오를 쓰는 분이나 영화감독이나 배우 여러분이 국가 장래를 위하여 어떠한 방향으로 이끄러나가야 하느냐 하는 것은 새삼스럽게 논의할 것도 없이 독창적인 건설적인 방향으로 나가야 할 것이다. 그렇다고 해서 **관의 선전물을 맨들어 내라는 것은 아니다.** 이러한 뚜렷한 원측아래 얼마든지 좋은 작품이 제작되리라고 믿는다. 우방 미국에서 제작되는 작품을 볼 때 **서부활극을 통하여 건설정신을 배양하고 악은 선에 정복당하고 국가를 위하여 희생을 애끼지 않는다는 수법에 경탄하지 않을 수 없으며,** 얼른 상상하기에는 자유국임에 하등의 제약 없이 제작되는 것 같은데 기실 그 나라의 영화 제작가들이 **자율적으로 규정된 영화 제작 윤리규정**을 보면 동양식 사고방식 이상의 **엄격한 자율규정에 의하여 제작**됨에 또 한번 놀라지 않을 수 없다.[29]

　황형옥은 미국의 검열은 민간에서 행해짐에도 불구하고 얼마나 국가를 위한 윤리를 규율하는 데 적합한지에 대해 감탄하며, 한국의 민간 검열도 이처럼 더 철저한 규율을 가져야 함을 주장했다. 그리고 이러한 과정이 국가가 아니라 국민, 민간에서 이루어질 때 더욱 "건강한 국가'가 만들어진다고 역설했다. 그는 특히 미국의 "웨스턴" 장르를 언급하면서, 웨스턴 장르에 흐르는 윤리적 감성이 국가를 얼마나 긍정적 이미지로 만드는지 강조했다. 강형욱은 또한 "가정의 신성성"을 강조한 미국의 윤리규정에도 상당한 경외심을 가졌는데, 실제 영윤의 조항에는 1958년 '공연물 검열세칙'에는 존재하지 않았던 "신성한 가정"에 대한 조항이 추가된 것으로 보아, 가정을 중심으로 국가의 윤리를 만들어내야 한다는 의식은 이즈음부터 미국적 민주주의를 모방하는 가운데 새롭게 도입된 것으로 볼 수 있다. 그는 한국도 이와 같은 민간의 윤리규정을 통해서 국가의 윤리적 이미지를 만들어 나갈 수 있을 것이라고 주장했다.

강형욱의 이런 논리는 상당히 시대착오적인 것이었다. 1950년대 후반에 이르면 미국에서 영화윤리위원회는 사실상 힘을 잃고, 민간 심의제도 자체도 점차 폐지하는 순서를 밟고 있었기 때문이다.[30] 그럼에도 영화 제작자가 이처럼 사회 통합을 위한 윤리가 영화에 분명히 드러나야 한다고 여겼다는 점은 매우 흥미롭다.[31] 윤리위의 규정이 "경우에 따라서는 얼마든지 악용될 수 있는 성질의 것들로 현명한 것은 못 된다"라는 의견도 있었지만,[32] 대부분의 지식인은 검열의 민간으로의 이양을 반기면서도 심의제 완전 폐지와 같은 급진적 의견을 펼치지는 못했다.

4·19 이후 검열제도의 개선과 함께 지적된 것은 '자유주의적 경쟁'이 보장되는 영화기업의 운영 방식이었다. 이승만 정부에서 가장 문제가 되었던 것 중의 하나가 영화 제작 자본의 수급이 국가 중심으로 이루어졌다는 것이고, 종국에는 한국연예와 같은 친정부 기업에게 자본이 편중되었다는 것이었다. 실제로 1959년 말에 이르면 '동인제 프로

덕션'이 생겨 〈젊은 표정〉(이성구, 1960), 〈정열 없는 살인〉(이성구, 1960) 등의 영화를 만들어내며 동인제에 대한 낙관적 전망이 생기기도 했다.[33] 그러나 결론적으로 말하자면, 박정희 정부의 시작과 함께 '신필름'과 같은 친정부적 대기업이 생겨났고, 자유주의적 동인제 영화사의 설립은 사실상 힘을 잃었다. 그럼에도 1960년대 초반까지만 하더라도, 영화인들이 자유로운 기업 운영이 가능할 것이라 상당히 낙관하고 있었던 것으로 보인다. 가령 오영진은 정부가 주도하여 영화산업이 커온 것이 영화가 독재정권에 복속될 수밖에 없었던 이유라고 지적했다. 5장에 좀더 자세히 밝히겠지만 군부대를 돌며 국가 중심의 반공적 영화 촬영을 지도했던 오영진의 이와 같은 논리는 상당한 태세 전환으로 볼 수 있으나, 4·19 이후에 그는 자유경제론에 입각해 다음과 같이 현 상황을 바꾸어야 한다고 주장했다. 그는 1962년 《사상계》에 다음과 같은 글을 게재했다.

원체 영화산업은 한, 두 영화 후진국을 제외하고는 민주주의 국가에서는 **자유기업 원칙 밑에 자유경쟁에 의하여** 그 발전과 향상을 기대하여야 함은 두말할 필요도 없겠다. 그런데 우리의 영화산업은 그 구조 면에 있어서 파행적인 취약성을 아직도 해결하지 못했고 지난날의 **해로운 유산**을 청산하고 제거하지 못하고 있다.[34]

이 글을 쓴 해가 박정희가 집권한 이후인 1962년인데, 오영진은 같은 글에서 박정희 정부가 새로 제정한 1962년 영화법을 "혁명정부의 권유로 자발적인 통합과 폐합으로 7개 회사로 감축되었으니 다행한

일"이라고 평가했다. 여기에서 그는 "자유주의"의 기조를 새삼 역설하며 이승만 정부 밑에서 영화를 만들던 임화수의 한국연예와 같은 기업 형태를 "해로운 유산"으로 정의했다. 박정희 체제를 "혁명정부"로 그리고 영화사 통폐합을 자발적 자유주의 시스템에 의한 것이라 언급한 것은 그가 5·16 이후 박정희의 군부독재를 적어도 초기에는 '자유주의적' 가능성이 있는 것으로 파악했음을 보여준다. 박정희 정부가 "혁명"이나 "민족적 민주주의"와 같은 수사를 통해 국가 근대화라는 포장 아래 독재적 정부를 이끌었던 논리를 주창했을 때 초기에는 상당수 사람들이 이 논리에 신뢰를 가지고 있었던 것이다.

그러나 몇 년이 지난 1969년 오영진은 《사상계》에 〈혁명과 기회: 작가의 수기〉라는 제목의 글을 쓰는데, 군인들의 "쿠데타"와 그들이 내건 "혁명 공약" 혹은 "민족적 민주주의"라는 수사 모두가 "배반당한 혁명"이라며 박정희 정권을 강하게 비판한다.[35] 몇 년이나 지나 정신병에 시달리고 있던 그가 "배반당한 혁명"이라 성토할 만큼 박정희가 전유한 "혁명"이라는 말은 1960년대에는 어느 정도 효력이 있었다고 볼 수 있을 것이다. 이렇듯 형식적 민주주의적 '개선'과 기업의 '자유경쟁'의 형식적 보장은 사실상 4·19 이후의 한국 영화계에 있었던 변화의 커다란 두 축이었다고 할 수 있다. 그럼에도 1969년 박정희 정부에 열렬한 비판을 가하는 오영진의 글을 볼 때, 이러한 형식적 민주주의가 가져온 통치 감각의 변화가 민주주의의 실질을 보장하는 것이었는지는 의문일 수밖에 없다. 따라서 이 시기에 만들어진 영화들에 나타난 '리얼리티'가 과연 '민주주의'의 실질을 담고 있는 것인지 또한 더 살펴볼 필요가 있을 것이다.

3. '규격화된 시각장'과 영화의 '리얼리티'

4·19 이후 시기 영화계의 다양한 담론 중에서 가장 눈에 띄는 것은 앞서 살펴본 바와 같이 자유주의에 기반한 민간 검열, 기업화 담론이었다. 이와 더불어 한국 영화가 가져야 할 이상적 미학으로서의 '리얼리즘'에 대한 담론 또한 이 시기에 가장 자주 등장한 담론 가운데 하나였다. '리얼리즘' 담론은 영화가 단순 오락에 그치지 않고 자유주의적 사회에서 '예술'로서의 가능성을 모색하고 표현의 자유를 누린다는 취지에서 4·19 이후에 유독 많이 등장한 키워드였다. 그러나 막상 '리얼리즘'에 관한 논의는 다양한 갈래로 전개되었는데, '문예'라는 이름으로 오리지널 시나리오를 강조하는 '작가주의'적 경향을 독려하는 것으로 수렴되기도 했고,[36] 이탈리아 네오리얼리즘이나 '사회적 리얼리즘'을 예술 영화의 전범으로 여기는 경향도 있었다. 영화 매체 자체가 가진 '리얼리즘'에 관한 논의가 조금 더 학술적으로 자세히 논의되기도 했다. 가령 1950년대에 《연기론》, 《시나리오 작법》 등의 책을 쓴 양기철은 〈영화론〉을 통해 포토제니설, 콘티뉴이티설을 제창한 구미의 이론들을 비교적 자세히 논했다. 루이 델뤼크, 장 앱스탱 등 프랑스의 이론가나 러시아의 몽타주 이론 등을 소개하며 사진적 사실성actuality과 포토제니의 사실성reality의 차이를 설명했다. 영화 매체 자체가 회화나 문학과는 다른 영화로서의 '리얼리티'를 나타내는 미학을 가지고 있음을 강조한 논의였다.[37] 그러나 이러한 논의가 실제 영화를 만드는 데 있어서 얼마나 힘을 가졌는지 알기 어렵다. 김소연과 이준엽이 주장했듯이 당시 한국에서 대중적으로 유통되던 '리얼리즘' 개념은 하나의 일관

된 영화의 형식을 지칭하는 것이라기보다 실체가 다소 불분명한 담론이었으며, 시대별로 각각 다른 문화를 전유했기 때문이다.[38]

이와 같은 다양한 갈래의 '리얼리즘' 담론 가운데 이 시기를 거치면서 우위를 갖기 시작한 리얼리즘 담론은 '대중적 리얼리즘'이라고 할 수 있다.* 대중적 리얼리즘이란 개념적으로 실체가 없지만 이 시기에 많은 비평가가 통용해서 사용하던 말이기도 했고, 대체로 영화 제작자들의 기업적 이익에 배치되지 않으면서도 한국의 이야기를 현실감 있게 드러내는 영화를 지칭했다. 물론 영화와 예술에 대한 고민이 이때 처음 있었던 것은 아니고 이미 식민지 시기부터 시작된 것이었다. 특히 영화 신체제의 시작을 눈앞에 두고 '기업화'와 '예술성' 사이의 고민은 첨예화되기도 했다.[39] 앞서 2장에서 살펴본 바와 같이 임화수가 한국 영화에 '예술론'을 들먹이는 것은 시기상조라고 했던 바와 달리, 1960년대 많은 영화인은 영화의 예술성과 기업성의 조화를 찾는 일을 두고 심각한 고민을 하기 시작했다.

이 장에서 주목하는 바는 특히 이 시기에 지배적인 '예술론'으로서의 타협점이 관객이 영화에 '몰입'할 수 있도록 유도하는 할리우드의 '고전적 양식'을 한국적으로 구현하며 이를 가능하게 한 기술적 진보에서 이루어졌다는 점이다. 많은 영화 제작자가 주창한 '대중적 리얼리즘'은 현실 비판적인 네오리얼리즘과 같은 것이라기보다, 이엔 앙이 말했듯이 '경험적 리얼리즘', 즉 관객이 '현실'에서 경험한 것을 중심으

• 대중적 리얼리즘은 이영일이 주창한 개념으로 대중적이면서도 예술성을 가진 미학이라는 다소 모호한 개념이다.

로 스토리를 만들되, 이 스토리를 영화 세계 안의 리얼리즘, 즉 핍진성 verisimilitude으로 어떻게 안착시킬 것인가를 고민하는 문제로 귀결되는 경우가 많았다.[40] 이러한 경향의 대중적 리얼리즘을 영화에 구현시킨 것은 신상옥, 이형표, 홍성기, 이봉래, 김기영, 김수용과 같은 새로운 세대였다. 이 감독들은 고전적 할리우드 영화와 같은 언어를 유려하게 구사하여 상업적 성공도 거둔 감독들이었다.

이는 영화의 대량 생산이 막 시작된 한국 영화계에 분 '규격화'의 붐이라고도 볼 수 있는데, 고전적 할리우드 영화들이 스튜디오 시스템을 바탕으로 일정한 '규격화된 시각장'을 만들어냈듯이, 한국의 영화들도 이와 같은 '규격화'를 통해 어느 정도 일관된 품질의 영화를 생산하기 시작했던 것이다. 박정희 정권이 들어서고 영화법이 제정되면서 이러한 경향은 더욱 강화되었고, 마이클 워너가 "우리의 대부분의 즐거움은 매스미디어의 공공성에 의해 어느 정도는 '코드화' 되었다"라고 했듯이, 이 시기 영화의 '즐거움' 또한 대중적 리얼리즘이라는 이름 아래 얼마간 '코드화' 된 것이었다.[41]

가령 평론가 임영은 신상옥, 한형모 같은 감독들을 "감상주의적 소재를 **기술적으로 계산된 모든 효과를 고려하여 대중적 오락물을 만드는 흥행 위주의 상업 감독**"으로 평가했다. 그가 지칭하는 "기술적으로 계산된 모든 효과"란 "카메라의 위치와 거리, 조명의 각도, 음악의 '무우드' 등이 기록된" 콘티뉴이티가 강화된 영화를 말한다.[42] 1960년대 다수의 영화는 고전적 할리우드 영화에서 중요한 내러티브의 '인과적' 구성과 장면과 장면 사이의 '봉합suture'을 통해 봉재선이 보이지 않는seamless 영화를 만들기에 상당한 노력을 기울였다. 영화에서 '봉합'이란 컷과 컷,

쇼트와 쇼트를 말끔하게 편집하여 관객을 영화 속의 세계(디에게시스 diegesis)에 몰입하게 하며, 이와 같은 방식의 편집은 관객이 쉽게 주인 공에게 이입하게 하여 관객이 주인공과 동일시하게 하는 고전적인 할리우드 영화의 방식을 일컫는다. 할리우드의 '꿈의 공장' 시스템에서 만들어진 이와 같은 영화적 핍진성은 영화 내부의 '리얼리즘'을 지칭하는 것이며 영화 외부의 사회적 맥락을 고려한 개념이 아니었다. 이런 고전적 할리우드 영화의 '봉합' 개념의 '기호 시스템'이 가부장적 무의식을 바탕으로 구성되었다는 측면에서 1970년대 많은 페미니스트 영화이론가의 비판 지점이 되기도 했다.[43] 이러한 관점에서 4·19 영화 가운데 '리얼리즘' 영화라 불린 영화들을 다시 살펴본다면, 이 영화들이 사회비판을 중심에 둔 '리얼리즘'이라 부를 수 있는 영화와는 상이한 요소를 가지고 있음을 쉽게 눈치챌 수 있다.

가령 4·19 이후 새로운 '리얼리즘' 영화로 극찬을 받았던 〈삼등과장〉(1961)을 만든 이봉래 감독은 김소동 감독의 〈왕자호동과 낙랑공주〉(1956)를 평가하면서 영화 '리얼리즘'과 관련하여 다음과 같이 이야기한다.

영화는 예술이 되기 전에 우선 오락으로서의 조건을 구비하여야 한다. 관객으로 하여금 즐겁게 하고 관객과 화면과의 호흡을 밀접하게 하는 동시에 **관객의 시선이 화면 밖에 여러 가지 비화에 집중되지 않도록 하는 것**이 영화의 〈**리어리즘**〉이다.[44]

여기에서 이봉래가 지칭하는 '리얼리즘'은 화면 밖의 일에 집중되지 않도록 하는 것인데, 사실상 이탈리아 네오리얼리즘이 지칭했던 '리얼리즘'에 대한 이해와는 전혀 다른 것이다. 오히려 "보는 것"에 집중하여 관객에게 화면 바깥의 것을 떠올리지 않게 한다는 것은 관객과 스크린의 사이를 좁혀서 관객을 화면의 프레임 안으로 집중시키는 것이고, 이야말로 고전적 할리우드 영화가 관객들에게 강제하는 핍진성을 의미하는 것이기 때문이다. 이봉래가 이를 "리어리즘"으로 여긴다는 점은 그가 지칭한 리얼리즘이 이탈리아에서 만들어진 네오리얼리즘과는 결이 다름을 명확히 보여준다.*

　이러한 핍진성에 대한 강조는 난립하는 영화사 속에서 '기업화'를 추구하는 가운데 더욱 가속화된 것으로 보인다. 1960년대 가장 큰 영화기업을 이끌었던 신상옥 또한 '리얼리즘'적 요소를 기업화에 정착시키는 과정에서 영화 미학적으로 큰 변화를 보이기도 했다. 예를 들어 그의 데뷔작 〈악야〉는 구두닦이와 같은 가난한 계층, 미군 부대를 둘러싼 성매매, 성병 등의 이야기를 담으며 이탈리아의 네오리얼리즘에 버금가는 '리얼리즘' 영화로 평가된다. 현존하는 영화 〈지옥화〉(1958)의 초기 실험작으로도 보이는 이 영화는 정치적·경제적 현실을 드러냈다는 측면에서 이탈리아 네오리얼리즘이 추구하는 비판적 '리얼리즘' 계열의 영화로 볼 수 있을 것이다. 그러나 이와 같은 영화가 상업적 인기를 얻지 못하자, 여러 사극과 극영화를 만드는 가운데 그는 점차 자유경쟁에 기반한 '기업'의 가치를 살려낼 수 있는 타협이 가능한 영화를

• 김소연도 이봉래의 이런 개념은 당대의 리얼리즘 인식과 상당히 다른 고전적 할리우드 양식에 관한 것임을 지적하고 있다. 김소연, 〈전후 한국의 영화담론에서 '리얼리즘'의 의미에 관하여: 〈피아골〉의 메타비평을 통한 접근〉, 《매혹과 혼돈의 시대》, 소도, 2003 참조.

만들기를 희망했다. 그는 다음과 같이 말했다.

영화란 기업의 대상인 동시에 하나의 예술형식이기도 하다는 이중성격이 있기 때문이다. 이 문제를 해결한다면 타협이라는 방법이 있을 뿐이다. 결국 **기업성을 해치지 않을 범위 안에서 예술적인 향기를 잃지 않는 것**이 영화의 정당한 행로라고 생각할 수 있다. … 영화에 있어서 훌륭한 작품이라는 뜻은 단지 지적으로나 감성적인 수준이 높은 작품이라는 것이 아니라 그 수준의 폭의 넓이에 견디어 낼 수 있는 **탄력성을 지닌 작품**이라고 해석할 수밖에 없다.[45]

신상옥은 영화란 상업성과 예술성을 갖추어야 하는데 그가 말하는 "탄력성"은 고전적 할리우드와 같은 영화,* 즉 1950년대에 그가 실험했던 이탈리아 네오리얼리즘과 같은 형식보다는 기업적 유용성이 있는 고전적 할리우드 양식의 영화가 필요하다는 것이었다. 신상옥의 오랜 친구이자 미8군에서 영화를 만드는 것으로 영화 커리어를 시작한 이형표 감독도 같은 의견을 가지고 있었다. 필자와 두 차례 진행한 인터뷰에서 그는 영화가 관객과 소통하는 상업성을 갖추는 것이 매우 중요하며 영화가 꼭 '예술'일 필요는 없다는 의견을 피력했다.[46] 다만 그러면서도 그가 고전적 할리우드 영화가 중시하는 연속편집, 180도 룰, 서사구조의 인과성 등에 더욱 신경쓰며 영화를 만들었다는 것은 기억

---

* 할리우드 영화와 같은 영화를 만들겠다는 신상옥의 꿈에 관해서는 그의 사후에 출판된 자서전에 잘 나타나 있다. 신상옥, 《난 영화였다》, 랜덤하우스, 2007.

해둘 일이다. 확실히 1960년대의 영화들은 '파열rupture'보다는 '봉합suture'이 잘 된 유려한 영화들을 만들어냈다. 예를 들어 이 시기에 호평을 받았던 〈삼등과장〉의 경우 영화가 매우 "구조화"되어 있다는 평을,[47] 〈언니는 말괄량이〉(한형모, 1961)[48]는 "경쾌한 속도의 현대 코미디"라는 평을, 〈서울의 지붕 밑〉(이형표, 1961) 같은 경우 "프리젠테이션이 훌륭하다"라는 평을 받았다.[49]

이러한 영화의 '질감'의 변화를 가장 잘 담아둔 것이 1960년대 초반 인기를 끌었던 가족드라마 영화였다.[50] 앞서 영윤에서 새롭게 도입한 윤리규정에 "결혼제도 및 가정의 신성을 옹호"한다는 조항이 새롭게 등장했다는 점을 상기한다면, 이 시기에 '가족드라마'가 다수 등장했다는 사실은 우연만은 아닐 것이다. 새로운 시대의 가치를 표출할 수 있는 소재로 발탁되어 핵가족을 기반으로 한 중산층의 윤리를 만들 수 있었던 가족드라마는 관객들에게도 큰 인기를 끌었다. 대표적으로는 〈로맨스 빠빠〉(신상옥, 1960), 〈삼등과장〉, 〈서울의 지붕 밑〉, 〈골목 안 풍경〉(박성복, 1961), 〈구봉서의 벼락부자〉(김수용, 1961), 〈언니는 말괄량이〉, 〈월급쟁이〉(이봉래, 1962), 〈월급봉투〉(김수용, 1964) 등의 영화가 주목을 받았다. 악극을 기반으로 했던 영화들이 이국적 시청각의 매혹을 통해 관객의 시선을 사로잡는 데 골몰했다면, 이 영화들은 한국에서 진짜 벌어지고 있는 '사실'과 같은 이야기들을 보여주는 '경험적 사실성'을 드러냈다. 이 영화들은 연속편집, 쇼트-역쇼트, 과도한 앵글의 절제와 일관성, 거리감 등을 통해서 한국이 근대화되고 있는 모습을 카메라에 담았다. 내러티브도 1950년대 신파 영화가 흔히 담고 있었던 '극적' 요소보다 평범한 한국인의 일상과 소소한 이야기가 중심이 되었다. 예를 들어 주인공으로는 주로 샐러리맨, 화이트칼라의 사무직 회사원, 여성 타이피스트, 대학생 등 서울을 중심으로 새로운 중산층의 모습이 이 영화들에 자주 등장했다.*

또한 새로운 기술의 도입은 한국의 현실을 영화적 현실reality로 만드는 데 중요한 역할을 했다. 이 시기부터 많은 영화가 애너모픽 렌즈anamorphic lens를 사용하여 시네마스코프cinema scope를 구현하기 시작하면서, 2.35대 1의 넓어진 화면 구성을 통해 1960년대 서울의 풍경을 효과적으로 전시했다. 시네마스코프는 미국에서는 1950년대 중반부터 본격적으로 만들어졌고 1950년대 말이면 사실상 사라진 기술이었는데,[51] 한국에는 조금 늦게 소개되어 1950년대 말부터 본격적으로 만들어졌다. 이는 당시의 수입 영화와 극장의 변화와도 맞물리는데, 1950년대 중반부터 외국의 영화 가운데 시네마스코프를 활용한 영화들이 상당량 수입되었고, 이 영화들을 이에 맞는 비율로 상영하기 위해서는 상영관 자체에 변화가 필요했다. 시네마스코프 상영을 위해 극장들은 영사기용 애너모픽 렌즈를 구입하고 와이드스크린과 입체음향을 도입하기 시작했다.[52] 이에 따라 같은 방식을 사용한 국산 영화의 생산 또한 필요했고 사극이나 스케일이 큰 영화들이 먼저 시네마스코프를 사용하여 관객에게 "영화 속으로" 들어가는 것 같은 효과를 내며 인기

• 이와 같은 소시민의 일상을 다룬 영화는 영화평론가 임영이 지적했듯이, 일본의 1930년대에 대거 제작된 샐러리맨물과 유사하다. 당시에 일본의 샐러리맨물도 일본 사회 도시민의 소소한 일상을 다룬 듯이 보였으나, 샐러리맨이 아직 많지 않았던 일본 사회에 '지나치게 구미적'인 영화라는 평가도 동시에 받았다. 정수완, 〈소시민 영화연구: 일본의 이중적 근대화를 중심으로〉, 동국대학교 박사학위논문, 2001.

를 얻었다.[53] 미국에서는 1950년대 이후에는 거의 만들어지지 않은 시네마스코프가 1960년대 한국에는 '표준 시각'이 되었다는 점은 흥미로운데, 존 벨튼이 지적했듯이 이 "새로운 프리젠테이션 방식"은 초기 영화의 매혹과 마찬가지로 "관객을 흥분시키는 마지막 설치물"이었다.[54]

이 같은 기술의 진전을 바탕으로 1960년대 초반의 영화들은 시네마스코프를 사용하여 서울을 파노라마 뷰로 보여주며 시작하는 경우가 많았다. 주로 남산의 공원 위에서 서울을 내려다보는 시선을 사용하여 서울을 익스트림 롱쇼트로 설정했다. 이어 서울의 골목에서 대문으로 그리고 대문에서 집안으로 이어지는 설정 쇼트로 이야기가 시작되는 '전형'이 만들어졌다. 영화는 자연스럽게 서울 도심과 가족들의 모습을 보여주며 이 안에 사는 한국 사람들의 '현실의' 이야기를 펼쳐냈다. 〈청춘쌍곡선〉과 같은 '볼거리'가 많은 영화에도 상당히 유려한 설정 쇼트가 사용되었고, 1955년 작 〈미망인〉에도 '서울'의 광경을 보여주는 설정 쇼트를 사용했지만, 1960년대 영화에 드러나는 서울의 모습은 '조형성'이 더욱 강화된 것이었다. 가령 〈미망인〉에는 서울로 들어가는 관문에 미군이 '교통 정리'를 하고 "This project is a part of eighth army's program of aid in Korea(이 프로젝트는 한국을 구조하기 위한 미8군 프로그램의 일환이다)"라는 배경을 제시함으로써 영화의 배경이 되는 서울의 역사적 맥락―미국에 의해 재건되고 있는 한국―을 직접적으로 드러냈다. 반면 1950년대 후반부터 1960년대 초반의 많은 영화에 나타난 서울은 오히려 일률적으로 구성되어 당대의 역사적 맥락이 삭제된 '조형된 서울'에 가까웠다.

이렇듯 영화에 서울의 '리얼리티'가 매혹적 화면에 펼쳐지는 가운

〈서울의 지붕 밑〉의 설정 쇼트. 시네마스코프로 촬영되어 넓은 시선으로 서울의 풍경을 시원하게 볼 수 있다.

데, 4월 혁명 이후에 만들어진 영화들은 '민주주의'의 여파를 직접적으로 담았다. 그 좋은 예가 〈삼등과장〉이다. 이 영화는 4·19 이후의 한국의 현실을 가장 잘 반영한 영화로 알려져 있다.[55] 가족드라마의 전형적인 예기도 하고, 고전적 할리우드 영화의 문법을 잘 차용하여 당대의 '민주주의적' 변화를 담아낸 영화의 대표 격이라고 할 수 있다. 이 영화는 특히 상영 과정에서 해프닝이 생기면서 '문제작'으로 떠오르게 되기도 했다. 〈삼등과장〉은 1961년 5월 1일에 부산에서 처음 개봉했는데, 일주일간 상영하여 제작비를 모두 회수할 수 있을 만큼의 수익을 냈다.[56] 더불어 평단과 관객에게서 "고급의 엔터테인먼트"라는 평가를 받으며,[57] 서울의 국도극장에서도 개봉하기로 예정되어 있었다. 그러나 개봉 직후 박정희에 의해 5·16 쿠데타가 발생했고, 쿠데타 발생 첫날 상영이 금지되었다. 이 영화의 감독 이봉래는 이승만 정부에 의해 사형당했던 진보당 조봉암의 사위였는데, 쿠데타가 발생하자 즉각 체포되었다. 〈삼등과장〉과 이봉래에 대한 이와 같은 탄압은 사람들이 그를 "예술의 앙가쥬망을 지론으로 삼고 있는" 감독으로 여기게 했으며,[58]

이 영화가 '리얼리즘' 걸작으로 인정받았던 계기가 되기도 했다. 〈오발탄〉이 관객들에게 인기가 없어서 3일 만에 극장에서 내려진 사실과 별개로 박정희의 쿠데타 이후 상영금지 목록에 올랐던 이유로 〈오발탄〉이 '리얼리즘의 정전'의 반열에 오른 일과 비슷하다.[59] 그렇다면 〈삼등과장〉은 어떤 측면에서 '리얼리즘' 영화라 칭해졌던 것일까?

〈삼등과장〉은 삼천리운수주식회사에서 과장으로 일하는 구 씨와 그의 가족을 중심으로 펼쳐진다. 아버지는 샐러리맨, 대학생 아들과 타이피스트인 딸, 가정주부 어머니 그리고 조부모가 어우러져 사는 중산층 대가족의 전형을 이루고 있다. 그러나 이 '대가족'은 '전통적인' 가정과는 사뭇 다른 면모를 보여주는데, 예를 들어 가족들이 모두 둘러앉아서 한 식탁에서 밥을 먹으며 하루의 일과를 자유롭게 이야기하는 민주적인 가족이다. 아버지-자식의 가부장적이고 수직적인 권위체계가 드러나지 않으며, 할머니 또한 할아버지에게 '말대꾸'를 하며 면박을 주는 등 한국 사회에 팽배해 있던 젠더 위계도 거의 드러나지 않는다. 여기에서의 가족은 '이미' 평등한 가족으로, 발랄 유쾌하고 근대적이며 민주적이다. 이런 가족의 묘사는 4·19 직전에 개봉된 신상옥의 히트작 〈로맨스 빠빠〉에도 동일하게 드러나는데, 이런 면에서 본다면 이런 식의 중산층 가족구성을 그려내는 것은 당대를 지배하고 있던 권위주의 체제를 벗어나 새로운 '자유로운' 인간관계를 열망하던 당시의 사회 분위기가 어느 정도 영화에 투영되고 있었다고 가정할 수 있을 것이다.

또한 이 시기의 이러한 '민주주의적' 사회상을 반영하는 다른 예로 영화가 사람들 사이의 '토론'을 가시화하는 경우를 들 수 있다. 가족들은 하루가 끝나면 저녁 밥상에 둘러앉아 그날 있었던 이야기들을 자유롭게 나누고 서로의 의견을 듣는다. 또한 회사에서도 회사원들 사이에 건전한 토론이 오가는 장면도 많다. 〈삼등과장〉에서는 회사 내에 어떤 동호회를 만들어야 할지를 회사원들이 모여서 진지하게 토론한다. 서론에서도 잠시 언급했듯이 〈하녀〉와 같은 영화에도 영화 전체의 내러티브와 상관없이, 여공들이 화려한 옷을 갖추어 입고 합창 레슨을 받으며 어떤 취미 생활을 여가로 가져야 할지에 관해 토론한다. 다시 말해, 4·19를 전후한 시기에 그것이 가정이든, 회사든, 공장이든 '중간층'의 복지를 위한 이성적 토론이 마치 사회 어느 곳에나 일어나고 있다는 환상을 만들어낸다.

이들이 나누는 '말'을 통한 즐거움은 기존의 사회 질서를 무너뜨리는 언설에서 그 즐거움이 극대화된다. 가령 영어를 알아듣지 못하는 '구식' 사람들을 놀리거나 영어와 한국어를 섞어서 신조어를 구사하는 장면이 상당히 많이 등장하는데, 가령 〈삼등과장〉에서 딸은 영화 속의 한 남자를 지칭하며 "그 사람은 징글리스트예요"라고 말하기도 한다. "징글"이라는 한국어에 영어의 어미 "리스트list" 붙여 신조어를 만들어 내는 것이다. 이러한 말을 알아듣는 청자와 그렇지 못한 청자를 구분하는 이러한 언설은 기존의 질서가 무너지고 새로운 '젊은이들'의 세계가 출현했음을 언어를 통해 드러내는 것이다. 〈구봉서의 벼락부자〉에도 처음 만난 사람들이 서로를 소개하는 다음과 같은 대화가 등장한다.

A: 여기가 내 '피앙세fiance'입니다.

B: 무슨 새요?

〈삼등과장〉에 드러나는 '토론' 장면들. 회사와 가정에서 자유로운 토론을 전경화한다.

이처럼 말이 통하지 않는 상황은 과거의 문화와 현재의 문화가 완전히 다른 것임을 나타내는 지표가 된다. "올드미스" 같은 말을 못 알아듣는 할아버지는 "봉건이야!"로 일축되고, 이 농담을 알아듣는 사람들만의 말을 통한 새로운 시대의 감각이 전달된다. 정치적인 코멘트 혹은 평등한 토론이 불가능하던 시기를 살던 사람들에게 영화에 드러나는 다양한 언어적·화면적 장치들은 이제 세상이 변했다는 것을 '실감'

하게 하는 미디어로서의 역할을 충분히 했다. 4·19를 전후로 새롭게 만들어진 영화들은 '민주주의적'으로 변화된 한국의 모습을 그려내고, 고전적 할리우드식 영화언어의 유려한 사용은 이를 자연스러운 한국의 모습으로 봉합했다.

이처럼 말이 많은 영화는 이전의 '볼거리' 영화들과 차별되는 즐거움을 관객에게 제공하며 새로운 즐거움의 요소가 되었다. 스텐리 카블은 할리우드에서 1930년대에 "스크류볼 코미디 영화screwball comedy films"가 등장한 배경에는 "토키영화"가 제작되면서 사람들 사이의 말장난, 반어법, 빠른 말의 교환 등을 통해서 이것이 관객들에게 새로운 즐거움이 되었다고 한다.[60] 물론 한국 영화에 소리가 도입된 것은 1930년대였지만, 연속된 전쟁으로 인한 시설 부족은 영화에 사운드를 입히는 과정을 어렵게 만들거나 지연시켰던 것이 한국 영화계의 현실이었다. 반면 1960년에 이르면 안양 스튜디오와 같은 녹음실을 구비한 스튜디오가 만들어짐에 따라 한국에서도 사람의 말을 녹음하는 과정이 용이해졌다. 이를 통해 빠른 말이 오가는 새로운 즐거움이 넘치는 영화의 제작이 가능했다.

'토론'이나 '말'이 넘치는 영화가 새로운 즐거움의 요소가 된 데에는 라디오 매체가 성장하여 대중들에게 익숙해진 탓도 있었다. 1950년대 많은 영화가 악극과 관련이 있었다면, 1950년대 말부터 영화는 라디오 방송과 큰 연관을 맺고 성장했다. 라디오는 1950년대 말부터 국가적으로 중요한 메시지를 전달할 매체로 여겨지면서 대중화되기 시작했는데, 1959년 금성사에서 "A-501"이라는 국산 라디오를 개발함에 따라, 점차 개인의 집에 라디오를 놓고 매일 소리를 청취하는 사람들의 숫자는 늘어났다. 박정희 정권에 이르러서 라디오 보급은 농어촌에까지 이어졌다.[61] 라디오 청취의 황금시간대에는 드라마가 배정되곤 했고, 라디오 드라마 히트작도 늘어났다. 1950년대 후반과 1960년대 초반의 영화들이 라디오 드라마를 원작으로 한 것이 많은 것은 이와 같은 인터-미디어 관계 속에서 자연스럽게 이루어진 것이었다. 〈느티나무 있는 언덕〉(1958), 〈산넘고 바다건너〉(1958), 〈동심초〉(1959), 〈장마루촌의 이발사〉(1959), 〈결혼 조건〉(1959), 〈사랑은 흘러가도〉(1959), 〈꿈은 사라지고〉(1959), 〈로맨스 빠빠〉(1959), 〈그대 목소리〉(1960) 등이 모두 라디오 드라마 히트작이었다. 라디오의 특성상 사람들의 대화가 드라마의 시간을 채워야 하는 만큼 말소리가 많을 수밖에 없었다.

당시 시나리오 작가의 부족으로 라디오 드라마 작가들은 영화 시나리오 작가를 겸하는 경우가 많았기 때문에 라디오 대본을 쓰던 방식이 영화 시나리오에 쓰였던 것이 '말 많은' 영화를 만들어낸 이유가 되기도 했다.[62] 라디오 드라마 작가이자 영화와 텔레비젼 시나리오 작가인 유호는 영화나 드라마에 언설이 증가한 이유를 다음과 같이 설명한다.

나중에 들어온 사람들은 뭐 TV 드라마로 출발한 사람들도 있는데, 그래 처음 작품들은 TV 드라마도 모르고 인제 쓰기 시작했거든? 나두 그랬구. 그러니까 라디오 드라마만지 TV 드라마만지. **대사가 많아요.** 처음 쓴 드라마들은 … 대사가 나두 대사가 많아. **그러니까 라디오 드라마만지 … 그냥 화면 안보고 그냥 대사만 들어도 응 라디오 드라마**(인줄 알 수 있다.)[63]

이와 같은 라디오의 영향은 스크린이 라디오 중계자가 화면을 보면

〈월급쟁이〉 다림질하면서 라디오를 듣는 주부의 모습.

서 설명하는 것처럼 구성되는 변화를 가져왔다. 가령 〈청춘쌍곡선〉에는 음악 한 곡이 흐르는 동안 화면이 말없이 이어지는 '뮤직비디오'를 '보는' 방식이 많았다면, 〈삼등과장〉의 화면은 라디오 캐스터의 '설명'을 '듣는' 방식으로 연출되는 경우가 많았다. 예를 들어 〈삼등과장〉에는 아버지가 회사에서의 농구 시합을 가족에게 설명하는 장면이 있다. 화면에는 농구 경기가 축약적으로 보이고, 아버지는 마치 농구 방송을 중계하듯 화면을 설명한다.

아 글쎄 하프라인 밖에서 롱슛을 하는데 말이죠. 슛 하면은 그냥 꼴인이란 말예요. 그 슛이라는 것은 던진다는 얘깁니다. 그 상대편 선수가 어지된 노릇인지 권오철이에게 걸리기만 하면 꼼짝없이 볼을 뺏겨요. 그렇게 되니까 동양 운수팀이 그냥 몰리기 시작하는데요. 승부야 다 이긴 거나 마찬가지죠. 자신이 있었단 말이에요. 아 그 뭐 독신주의자라나 총각하고 노처녀였잖아. 권오철이에게 너무 야단스럽게 굴더라. 그러니 나도 신이 났거든요. 점수가 막 올라가잖아요. 이 친구가 던지기만 하면 그냥 들어간단 말이에요. 틀림

없어요. 그런데 와야 할 송 전무가 오지 않거든요. 당장 답답해 죽겠단 말이에요. 아 근데 55대 62가 됐지 않아요. 이긴거나 마찬가지죠. 던지면 들어가요. 저 사람은 정말인데. 아 그랬더니 끄트머리에 다 이기고 나니까 그때야 송전무님이 오잖아요.

약 1분간 쉼 없이 이어지는 아버지의 중계방송은 마치 라디오 방송을 듣고 있는 착각마저 들게 하며, 관객을 새로운 즐거움의 세계로 이끈다. 무성영화기 변사의 설명 방식과는 톤의 차이가 매우 큰 이 같은 연출은 라디오 드라마를 바탕으로 한 영화에 자주 등장했다. 주로 스포츠 게임을 '청자'들에게 소개하는 듯한 이런 쇼트들은 라디오적 '소리'와 '말'의 즐거움을 관객에게 충분히 노출시킨다. 이러한 방식의 연출은 영화가 한국의 '현재'의 이야기들이 실시간으로 관객에게 전달하며 시간적 '리얼리티'를 구축했다.

그러나 무엇보다도 이 시기 가족드라마 영화의 가장 큰 특징은 4·19 이후의 영화가 4월 혁명의 기운을 직접적으로 노출시키며, '민주주의적'으로 변화한 한국상을 직접적인 말로 드러냈다는 점이다. 특히 〈삼등과장〉에서는 이승만 정권에 대한 직접적인 비판이 가해지는 '정치적인 코멘트'가 자주 등장하는데, 이를 통해 사람들은 '변한 세상'을 느끼고 위정자를 비웃을 수 있는 '공공성'을 즐기게 된다. 예를 들어 〈삼등과장〉의 한 에피소드는 회사의 사장에게 아부를 일삼는 회사의 간부와 사장 사이의 대화가 등장한다. 이 장면에서 사장은 이 간부에게 일 처리를 잘못했다며 크게 꾸짖는다. 그런데 꾸짖는 도중에 사장은 실수로 방귀를 뀌게 된다. 그러자 아부꾼 회사 간부는 "시원하시

겠습니다!" 하며 사장의 비위를 맞춘다. 이 장면은 당대에 풍문으로 돌았던 이승만 대통령과 대통령 비서 사이의 일화로, 이승만 정부를 비꼬는 직접적인 장면이라고 할 수 있다.[64] 관객은 이런 '정치 코미디'를 보며 일종의 속 시원함을 느끼게 되는 것이다. 또한 일상에서 정부에 대한 불만을 직접적으로 털어내는 상황도 빈번했다. 세금이 너무 많다면서 세금을 걷으러 온 공무원에게 투덜대는 어머니의 모습은 〈삼등과장〉에도 〈로맨스 빠빠〉, 〈월급쟁이〉에도 또다른 많은 영화에도 등장한다. 이뿐만 아니라 영화에는 4·19에 대한 직접적인 언급도 자주 나타난다. 〈삼등과장〉에서 대학생 아들이 "4·19는 우리 손으로 해냈다구요!"라고 하거나 할머니가 "4·19가 나고도 변한 게 하나도 없구나!"라고 말하는 장면 같은 것 말이다.

그러나 영화에 직접적으로 드러나는 4·19의 재현은 인위적으로 '구성'되었다고 볼 수 있는 여지가 상당하다. 5·16 군사 쿠데타와 박정희 정권의 성립 이후에도 이와 같은 '민주주의적' 사회 분위기를 그리는 영화가 계속 만들어졌기 때문이다. 이와 같은 영화적 성격은 일본의 미군정기 동안 일본인을 재교육시키기 위해 민주주의적 요소를 넣으라는 항목을 만들었던 '냉전 민주주의'적 영화 만들기와 그 결을 같이한다. 기타무라 히로시는 군정기 미군의 영화 정책이 영화 속에 "사람들 사이의 책임과 정치적 의식을 심어줄 것", "정치적인 것에 대한 자유로운 토론을 허용할 것", "개인의 자유 존중에 대한 마음을 진작시킬 것" 등의 요소가 새로운 민주주의 국가인 일본의 영화에 주입되었다는 점을 지적했다.[65] 비록 4·19와 같은 풀뿌리 민주주의로 인한 정치와 사회 변혁이 있었지만, 이 시기 영화들이 '민주주의'를 재현하기 위해서 사용한 방식은 일본의 군정기에 일본 대중영화에 민주주의를 프로파간다적으로 교육시켰던 것과 크게 다르지 않다. 이런 면에서 이 시기 한국 영화에 재현된 민주주의는 다분히 '상상적'인 것이었으며, 이후에는 자유주의적 민주주의와 상반되는 '총력전'의 질서로 귀결되면서 사실상 당시의 '현실'들이 은폐되는 경우가 많았다.

4. '코드화'된 민주주의

4·19 전후에 만들어진 영화들에는 앞서 살폈듯이 이승만 정권에 대한 직접적인 비판, 가족이나 직장에서 자유롭게 이루어지는 토론, 4·19의 영향에 대한 직접적 언급, 거기에서 오는 즐거움 등이 나타났다. 그럼에도 이 영화들이 많은 이들이 주장하듯이 이미 사회에 안착한 민주주의를 '반영'하는 것이라고만 보기는 어렵다. 형식적 민주주의의 도입에 따른 민간 윤리 기구 등이 탄생했지만, 그 결과 더 강화된 국가 윤리가 촉구되었던 것과 마찬가지로 영화의 내러티브를 자세히 관찰하면 이 시기 영화들이 민주주의적으로 자유로운 의견을 나누는 '우리'를 포용하면서도 일정한 질서를 유지해야 한다는 '교육적 효과'를 내고 있다는 점을 발견하게 되기 때문이다. 영화는 종종 가정의 화합이나 개인의 사회적 성공과 화합 등과 같은 건전한 윤리적 가치로 회수되곤 했다. 그렇다면 보수적인 동시에 민주주의적인 이 아이러니는 어디에서 연유하는 것일까?

앞서도 언급했지만, 박정희 정권은 "혁명"이라는 단어를 전유하여

국민을 감시하고 억압하던 경찰마저도 이제는 "민주경찰"이라는 이름으로 불리며 새로운 시대를 선전한다. 《아리랑》, 1960년 9월호.

자신의 군부 쿠데타를 연결시키고 더 나아가 박정희 체제를 '한국적 민주주의'로 개념화했다. 4·19를 전후로 만들어진 많은 영화가 '서울'과 가족을 중심으로 토론하는 자유로운 개인의 모습을 재현하고 있었던 것은 당시의 민주적 열기를 반영한 것임은 틀림없다. 그러나 다시 한국의 1960년이라는 시점으로 돌아와서 이 시기의 혁명 운동의 안을 자세히 살펴보면, 학생과 민중들의 참여와 피의 값으로 이루어진 4·19

가 일어난 지 얼마 안 된 시점에도 '혁명' 이후 어떻게 사회가 다시 '질서'로 돌아가야 하는지에 대한 논의들이 상당했음을 발견할 수 있다. 다음은 월간지 《아리랑》, 1960년 9월호에 실린 서울대학교 문리대 소속 "국민계몽대" 학생들과 영화배우들이 가진 좌담회 내용의 일부다.

학생 A: 4·19 민주혁명 이후 정치적인 면에서는 약간의 변동이 왔어요. 그런데 기타 사회적인 면에서 우리들의 사생활등은 조금도 변화가 없다 그 말씀이에요. 그래서 우리들이 조직한 것이 **국민계몽대입니다.** … **국민 계몽대 산하에 새생활 운동대가 있는 셈이죠.** 모두가 서울대학생입니다마는…. 아무튼 국민경제의 향상을 위해 외래품을 사용치 말자는 거룩한 우리들의 운동에 사회의 여러분들도 많은 성원이 있길 바랍니다.

학생 B: 다만 외래품을 삼가고 국산을 애용하자는 거죠. 우리들은 양담배건 커피건 사치품이건 일체 외래품을 사용치 말자는 것입니다.[66]

서울대학교 출신의 엘리트를 중심으로 만들어진 국민계몽대의 신생활 운동은 표면적으로는 참여자의 "자발적 참여"를 강조했지만, 식민지 시기 조선총독부의 주도로 시작되었던 신생활 운동이 그 근원으로 실상은 관제적 성격을 띠고 있는 운동이었다. 1950년대 관제 조직의 사회운동으로 발전하다 1960년대를 거쳐 1970년대 새마을운동까지 이어지는 뿌리 깊은 보수적 계몽운동이라 할 수 있다.[67] 이승만 정부하에서는 특히 의복의 간소화, 절약 정신의 강조 등 생활 개선 운동으로 확장되었고, 절약 정신과 경제적 가정 운용을 중시했다. 2장에서 살펴보았던 이승만 정부의 선전에 앞장섰던 악극단들도 "신생활 운동"이라는 개념을 통해서 새롭게 자신들의 사회참여를 밝혔고, 이는 4·19 이후 논의된 '신생활 운동'과 큰 차이가 없었다.

예를 들어 1950년대에는 근면, 성실 등을 통해 나라의 부강을 꾀하자는 직설적인 계몽 문구가 노래로 만들어져서 보급되었다. 반공연예인단 소속의 김석민은 임화수의 뜻에 적극 협조하면서 한국연예 초창기에 신생활 운동을 이끌며 애국심과 건전한 시민의 생활을 담은 곡을 많이 작곡했다. 그가 작곡한 〈이렇게 살자!〉라는 곡의 가사는 다음과 같다.[68]

(후렴) 우리들은 신생활 속에 웃으며 살아가자

명랑한 신생활 속에 다같이 살자

(男) 건설은 생산증강 열두 시간 일하자

(女) 아껴 쓰는 살림에 남은 것은 저축에

(合) 일터에서 내 나라를 위하면서

우리들은 신생활 속에 웃으며 살아가자

이 노래는 국민에게 검소하고 근면한 생활을 하기를 강조하면서, 신생활을 통해서 국가가 제대로 설 수 있다고 노래한다. 앞서 1장에서 살펴본 식민지기 조선악극단의 공연이 등장했던 영화 〈영특한 부인〉의 내용—총력전 아래에서 '아이디어'를 내어 근검절약하는 생활을 하자는—과도 크게 다르지 않다. 이러한 '계몽'의 언설은 민주주의 '혁명' 이후에도 자연스럽게 사람들에 의해 전유되었다. 4·19가 막 지난 시점에 조선악극단의 주요 단원이자 군예대에도 참여하며 국가의 선전에 앞섰던 고복수의 인터뷰를 살펴보자.

그래서 **혁명정신을 살려** 앞으로는 전적으로 국민계몽과 위문이라는 "스로오간(slogan)"을 내걸고 신생활운동과 결부되는 일련의 악극운동을 이르켜 보려고 작년 7월부터 기획중이며 주로 농촌을 운시하여 국토방위의 역군의 위문 등을 겸해서 일할 수 있는 거창한 포부를 피력하는 것이었다. 비록 사업에 실패는 했었을망정 **국민의 계몽과 대중예술을 통한 신생활 운동을 전개시킴으로** 사회에 조금이라도 기여할 수 있으면 하는 일념으로 그런 것을 구상하기에 다방에 앉아서도 한참 명상에 잠기곤 하는 시간이 많다고 한다.[69]

이 글이 쓰인 시기가 아직 1961년 1월이라는 점을 감안하면 고복수가 말하는 "혁명"은 5·16 이전의 4·19 혁명을 말한다. 민주주의 혁명 정신을 살려 "계몽"을 감행한다는 것은 사실상 일제하 총력전-한국전쟁-이승만 정권기를 잇는 신생활 운동을 지속한다는 '관제적' 운동을 말한다. 4·19 이후 생긴 '민주주의적 정치적 주체성'은 순식간에 전쟁과 폭력적 정치구조 아래에서 행해졌던 '신생활 운동'의 '자발성'으로 전유된다.

더 나아가 언론사들도 "사회 질서"를 되찾을 것을 거세게 요구하기 시작했다.[70] 학생들도 '신생활 운동'에 동참하며,[71] 사회 질서를 되찾을 것을 요구하기 시작했다. 많은 이들이 4·19를 통한 절차적 민주주의의 획득은 새로운 시대를 열었으니, 이제 "데모"와 같은 무질서한 혁명의 방식은 버리고 '질서 있는 민주주의'로 나아가기를 촉구했다. 잡지 《명랑》의 삽화에는 "노처녀들이여 궐기하라"와 같은 조소하는 말로 "데모"로 모든 일을 해결하려는 당대의 풍토를 비판하는 모습도 보인다. 실제로 4월 혁명에 진보적인 학생들과 교수들만이 아닌 다양한 계층이 각각 다른 목적을 위해 참여한 것은 사실이다. 하층민들은 어떤 이데올로기적 목표를 가지고 참여했다기보다는 "빵"이나 "일거리"를 위해서 4·19 시위에 동참했다. 이처럼 통합적 목표 없이 이루어진 4·19 아래 다양한 사람들이 벌이는 각종 "데모"는 점차 사회 질서를 어지럽히는 행동으로 여겨지기 시작했다.

엘리트 그룹인 학생들 사이에서도 민주주의가 한국 사회에 필요한가에 대해서 의견이 분분했다. 일례로 고려대학교 학생들을 대상으로 한 설문조사는 "서양식 민주주의의 한국에서의 가능성을 어떻게 생각

"노처녀들이여 궐기하라".
《명랑》, 1962년 1월호.

하는가?"라는 질문에 83퍼센트의 학생들이 서양식 민주주의는 한국에 적합하지 않다고 대답했고, 오직 6퍼센트의 학생만이 민주주의가 한국에 적합하다는 의견을 나타냈다.[72] 4·19를 기점으로 민주주의에 대한 욕망이 분출하기는 했으나 그 내용에 대해서는 충분한 합의가 없었던 것이다. 따라서 민주적 혁명과는 배치되는 것 같은 "신생활 운동"과 "질서 회복"이라는 보수적 사회운동의 목소리가 동시다발적으로 들려온 것이 이 시기의 무시할 수 없는 '현실'이었다.

이런 상황에서 자발적 생활의 변화를 촉구하는 민족주의적 민주주의의 기조는, 5·16 이후 신속하게 국가를 '재건'하겠다고 선언한 박정희 정권의 '한국적 민주주의'와 공존할 수 있었다. 다음 박정희의 혁명 공약을 살펴보면, 4·19를 통한 '혁명'의 요구와 '신생활 운동'이 내세운 새로운 질서 정립에 대한 요청이 그대로 반영되어 있다.

- 시달린 살림들 왕성한 의욕을 갖자

- 나도 근로정신 기름진 땅 재건하자

- 생활에서 이 나라는 재건된다

- 간소하게 생활은 건전하게

- 부패 일소하고 새살림 이룩하자

- 분쇄는 용공분자 색출부터

- 나라의 재건은 내 힘으로 이룩하자

- 행동으로 혁명과업 완수하자˙

이와 같은 박정희의 혁명 공약은 민주적 주체들의 자발적 참여를 독려하는 것으로 그것이 '관제'든 실질적 '자발성'이든 이를 통해 국가와 국민이 동시에 성장할 수 있다는 자유주의적 주체를 만드는 담론이 생성된 것이다. 이런 면에서 4·19 이후에 급속히 진행된 사회 각 분야에서의 절차적 민주주의로의 전환과 토론, 수평적인 인간관계의 표상은 이 사회의 한 측면을 드러내는 한편 '신생활 운동'과 같은 운동에 참여하는 것 또한 '민주주의'로 여기는 분위기가 확산되었던 것이다.

그렇다면 '민주적' 모습을 '리얼리티' 있게 재현했다고 보는 4·19 영화들의 영화적 '현실'은 어떻게 평가할 수 있을까? 우선 이 영화들이 반영한 '리얼리티'에 대해서 문제를 제기할 수 있을 것이다. 4·19의 현실을 가장 잘 반영했다고 여겨지는 〈삼등과장〉의 경우에도 영화 안

- 《명랑》, 1961년 11월호. 5·16 쿠데타가 일어나자마자 대부분의 잡지에는 위와 같은 "혁명 구호"가 일제히 실렸다.

에 나타나는 '중산층'의 이미지는 당시 서울의 많은 사람의 생활과는 큰 거리가 있었다. 영화에서 보이는 것과 같이 깔끔하게 정리되고 구획된 모습은 서울의 극히 일부에 한했으며, 인구의 상당수는 한국전쟁 이후 귀경하여 살 곳을 정하지 못한 채 서울 외곽의 판자촌에서 생활하고 있었다.[73] 예를 들어 〈마부〉(강대진, 1961)가 그려낸 서울의 '리얼리티'를 살펴보자. 이 영화의 시작은 이른바 중산층이 중심이 된 가족 영화의 전형적인 도입부와 큰 차이를 보인다. 영화는 소매치기와 소매치기를 쫓는 사람을 트래킹 쇼트로 구성하여 서울의 비좁은 골목 안, 서울의 중심부와는 하등 관련 없어 보이는 변두리의 모습으로 시작한다. 〈박서방〉(강대진, 1961)에서도 박 서방이 힘겹게 물을 길어 언덕을 오르는 장면을 롱테이크에 가까운 시선으로 따라가며 연속 편집한다. 좀더 '현실'에 밀착한 느낌을 주는 강대진 감독의 이 두 영화는 마치 비토리오 데 시카의 〈자전거 도둑Bicycle Thieves〉(1948)에서 이탈리아의 황량한 거리가 펼쳐지듯 서울의 거리를 보여준다. 이들이 사는 서울은 중산층이 편안하게 취미에 대한 '토론'을 나누는 서울이 아니다.

가령 〈마부〉에는 말을 끌고 가는 아버지와 택시를 타고 데이트하는 딸이 우연히 만나게 되는 순간이 있다. 두 인물이 길에서 우연히 만나는 내러티브가 전개되는 와중에, 카메라는 화면의 배경에 펼쳐진 오래된 성곽, 여기저기 걸려 있는 선거를 위한 홍보물 등을 통해 이 이야기의 어떤 '무대'가 아닌 현실의 시간을 포착한다. 이처럼 거리의 풍경은 다른 가족드라마에 종종 등장하는 조형된 서울의 풍경과는 다르다. 이 길성은 이 시기에 영화를 본 많은 사람이 〈로맨스 빠빠〉나 〈삼등과장〉의 민주적인 아버지에 대한 기억보다 자기 실제의 삶과 가까웠던 〈마

〈마부〉 화면의 뒷배경에 보이는 선거를 위한 현수막, 마차와 자동차가 어수선하게 배열된 이 거리가 당시의 '현실적'인 모습이었다.

부〉의 아버지를 더 오래 기억했다고 했는데, 어쩌면 대부분의 한국 사람의 현실은 하층민의 생활에 가까웠기 때문일 수 있다.[74]

실제로 서울의 일용 노동자의 삶을 그린 〈마부〉나 〈박서방〉과 달리 샐러리맨이 중심이 된 '중산층'의 이야기는 당시 서울의 구성원 가운데 이러한 형태의 인구가 상대적으로 매우 소수였다는 점에서 '현실'과 거리가 멀다. 가령, 이봉래의 1958년 작 〈오해마세요〉 또한 〈삼등과장〉과 마찬가지로 서울 중산층 샐러리맨의 일상 중심의 소소한 이야기를 담은 영화다. 그러나 4·19 이후에 만들어진 〈삼등과장〉과 같은 찬사가 이 영화에 주어지지는 않았다. 오히려 한 영화잡지에서는 "이 영화는 샐러리물이 상업적으로 성공할 수 있는지를 테스트한 영화다. 그러나 이는 실패한 것으로 보인다. 우리나라에는 저 정도로 많은 샐러리맨이 없기 때문이다"라는 평을 한다.[75] 마찬가지로 대학생들이 스케이트를

타는 취미 생활을 갖거나 자유연애를 하는 광경들도 서울을 배경으로
한 다분히 '상상적 라이프 스타일'이라고 하지 않을 수 없다. 4·19가
있기 불과 2년 전에 "샐러리맨이 별로 없다"던 현실이 갑자기 변했을
리 없으며, 가난을 벗어나지 못한 인구가 대부분인 나라에서 중산층의
소소한 일상이 4·19 이후 갑자기 현실이 될 수는 없기 때문이다. 후
에 고려대학교 정치학과 교수이자 문교부 장관이 되기도 한 김상협은
1958년《사상계》에서 당시로서 한국의 중산층은 실재로 존재한다기보
다 "상상된 계층"이라고 하기도 했는데,[76] 그는 부르주아적 계급이 한
국에는 아직 형성되지 않았기에 한국에서 중산층이란 '상상'에 가까운
것이라 주장했다. 이 논의를 따르자면 중산층을 중심으로 서울의 삶을
구성한다는 그 자체가 어쩌면 '프로파간다'에 가까운 것이었다고도 볼
수 있을 것이다.

앞서 살폈지만, 이 시기 등장한 상당수의 영화에서 여성이 남성에게
구애받지 않고 자유롭게 자신의 의견을 말하는 장면 또한 다수 등장한
다. 〈삼등과장〉에서 할머니는 할아버지에게 "봉건적이다"라고 면박을
주거나 신조어도 모르는 바보 취급을 한다. 상당히 과격한 언사들이 난
무하는 장면들은 마치 영화는 여성의 발언권이 남성의 것보다 강력한
것으로 보여주는데, 이는 변화된 세태를 보여주는 듯하다. 그러나 종종
이런 토론의 귀결은 상당히 폭력적으로 끝나고 만다는 점을 주목할 필
요가 있다. 예를 들어 〈삼등과장〉에서는 전 회사원이 식탁에 모여 회사
내에 어떤 취미부를 만들지 토론한다. 남성 사원 권오철은 "스포츠"를
제안하고 여성 사원 영희는 "문화적인 것"을 제안한다. 둘은 서로 자
신의 의견이 낫다며 언성을 높이다 결국 남성이 여성의 따귀를 때리고

〈삼등과장〉의 회사 내 토론 장면. 처음에는 토론이 잘 이루어지는 듯하다. 그러나 영희는 이내 얼굴에 물을 끼얹고 남자는 영희의 따귀를 내려쳐 토론은 난장판이 된다.

만다. '민주주의적' 토론 과정을 재현하려고 했지만, 남성이 여성의 뺨을 때리는 폭력으로 귀결되는 것은 어쩌면 토론 문화라는 것이 존재하지 않았던 현실을 폭로하는 장면이라고도 할 것이다. 〈삼등과장〉뿐만 아니라 〈하녀〉의 경우에도 여공들이 모여서 어떤 취미 활동을 해야 하는지 논쟁을 벌이다 합의에 이르지 않자 결국에 서로의 머리채를 잡는다. 억지스러운 민주주의적 토론 실패의 또다른 장면이다.

민주적 토론이 가시화되는 장면들이 실제와 거리가 멀었다는 점 외에도, 더욱 중요하게는 박정희 정권이 지배하던 시기의 대중영화에도 이런 '토론' 장면이 자주 코드화되어 등장한다는 점은 주목해볼 부분이다. 가령 월남한 아내를 찾기 위해 38선을 넘어온 북한군 장교의 이야기를 다룬 〈남과 북〉(김기덕, 1965)의 경우에도 매우 생경한 '토론' 장면이 그려진다. 헤어진 아내를 찾아 월남한 북한 장교가 '사랑꾼'으로 그려진 이 영화 자체가 독특하기도 하지만, 그보다 더 흥미로운 부분은 북한군 장교가 월남하게 된 경위를 조용하고도 상세하게 이야기하는 장면들이다. 전쟁 중에 남으로 투항한 북한군 장교는 사랑하는 여인을 잊지 못한다는 낭만적인 이야기를 펼쳐놓고, 남한의 군인들은 이를 공감하며 귀담아듣는다. 북한군 장교가 이야기를 마치자, 그 이야기를 충분히 들은 군대원들은 월남한 병사를 어떻게 하면 좋겠냐는 토론을 벌인다. 한 병사가 "말하자면 이것은 전형적인 한국의 비극인데, 어떻게 하면 가장 정당하게 해결해줄 수 있을까?"라며 토론을 시작한다. 약 3분간 이어지는 토론 중 병사들은 자신의 입장에서 월남한 병사를 어떻게 처리할 것인지 의견을 나눈다. 마치 〈12인의 성난 사람들〉(시드니 루멧, 1957)의 지리한 법정 토론을 보는 것과 같은 이 장면은 남한의 군대에서 이루어진 일이라고 믿기 어려운 환상적이기까지 한 '민주적' 장면이다. 영화의 '토론' 장면만 본다면 남한의 군대는 민주적 토론을 통해 심지어 북한 병사의 '사랑의 낭만'마저 귀 기울이는 유토피아적 공간에 가깝다.

또한 위 가족드라마 영화가 스토리를 봉합하는 방식 또한 상당히 프로파간다적이라고 할 수 있다. 윤리위원회에서 새로 만든 윤리 코드에 의하면 "결혼과 가족의 신성성을 지지"하고 "혼외의 정사를 표현할 수 없"으며, "매춘을 정당화"하는 것은 검열의 대상이 되었다. 4·19 이후 영화에 건전한 가족상이 제시되고, 가족 간의 화합을 도모하는 내용의 영화들이 다수 나온 것도 이러한 새로운 민주주의 국가에 부합하는 윤리를 만들어내야 하는 규율과 관련이 깊다. 가족드라마는 고전적 할리우드 영화처럼 '행복한 결혼'으로 끝맺는 경우가 대다수였다. 1950년대 많은 영화에 등장했던 "아프레-걸"이나 전쟁 중 부상당한 병사들의

신체, 혹은 전쟁이 긁고 간 마음의 상처들은 좀처럼 나타나지 않는다.[77]

당대의 가난한 가정의 모습을 보다 실감 나게 그렸던 〈마부〉와 같은 영화도[78] 결국 아들이 고시에 붙는다는 해피엔딩으로 귀결된다. 이 영화의 마지막 장면에서 그간 영화가 보여준 초라한 마부의 삶은 서울의 중앙청 앞에서 아들을 끌어안고 우는 신파적인 장면으로 마무리된다. 눈 내리는 서울 시내의 정갈한 모습과 고시에 합격한 아들의 미래가 예견되며 영화는 이 장면을 내리는 눈처럼 포근하고 깨끗하게 담아냈다. 이 마지막 장면은 당대의 많은 가난한 사람들을 현실에서 구원할 수 있는 길은 4·19 혁명 같은 것이 아니라 고시 합격과 같은 입신양명임을 '감동적으로' 그린다. 동시에 집을 나가 건달과 어울리던 여동생도 자신의 죄를 뉘우치고 훌륭한 여공이 된다. 영화는 마부라는 직업을 가진 가난한 민중이 어떻게 '성공'이라는 환상으로, 또 위험한 여성이 국가의 시책에 부합하는 '여공'으로 재탄생하는지를 명확히 보여준 것이다.

이렇듯 4·19 이후 영화에 당시의 "민주주의적" 열망이 표현되고 있었고 영화들은 당시의 경험적 '리얼리즘'을 얼마간 표현하고 있었다. 그러나 이와 같은 영화가 코드화되면서 영화는 '질서'를 찾는 결론에 매끄럽게 도달한다는 점에서 저항성을 상실한다. 이렇게 코드화된 민주주의는 1960년대 상당 기간 이어졌고, 이는 또다른 독재에 지나지 않는 박정희 정권이 마치 "민주주의 혁명"을 안고 가는 새로운 국민의 정부인 것과 같은 착시를 불러일으키는 데 일조했다는 점에서 '리얼리즘'적이라기보다 '환상'에 가까운 영화들이었다고 할 수 있을 것이다.

1960년에 있었던 4·19는 두 개의 독재 사이에 위치한 짧은 민주주의적 시기로 기억되어왔다. 이 장에서는 민주주의적 분위기 속에서 영화 만들기의 정당성을 얻기 위해 한국 영화계가 과거 이승만 독재 시절의 가장 큰 문제라고 여겼던 검열을 정부에서 민간으로 이양하고, 영화 텍스트 내부에서도 '토론'과 평등한 인간관계를 그리는 '자유주의적' 변화가 있었음을 지적했다. 그러나 이러한 변화를 당대의 '미완의 민주주의'에 대한 노스탤지어를 바탕으로 과도하게 '자유주의적'인 것으로 해석하는 것은 주의를 요한다.

4·19 이후에 절차적 민주주의로 도입된 민간 심의가 오히려 국가의 윤리를 더욱 강화시키는 방식으로 영화를 규율했고 영화의 곳곳에서도 이러한 보수적 윤리가 '자연스러운' 형태로 드러났기 때문이다. 이는 한국의 정치적 상황과 무관하지 않다고 볼 수도 있지만, 당대에 동아시아 사회에 주입된 '냉전 민주주의'의 한 결을 보여주는 것이다. 민주주의는 '혁명'으로 '성취'되는 듯 보였으나 냉전의 대결구조 속에서 일본을 비롯한 많은 아시아 국가에는 강압적으로 작동했다. '민주'를 위한 민족의 '총력'을 기울여야 한다는 '전쟁 민주주의'적 언설은 이후 박정희의 "한국적 민주주의"라는 개념으로 독재와 민주주의를 '모순 없이' 받아들이는 형태로 나아갔다.

결국 이 시기 영화의 민주주의적 코드들은 한국 사회가 과거의 독재 시절과 결별하고 새로운 국가의 모습에 참여한다는 새로운 민주주의적 국민화의 환상을 만들어내는 데 중요한 역할을 했으며, 고전적 할리우드 영화와 같이 자연스러운 내러티브 구조로 만들어진 대중영화들은 박정희 시대 내내 국민을 새로운 환상으로 이끄는 '꿈의 공장'의 역할을 했다. 냉전 구조에서의 불안정성을 줄이고 안정적인 국가로의 환상적인 모습을 전시할 뿐만 아니라 이에 대한 국민의 참여를 이끄는 것, 그것이 바로 이 시기의 '민주주의'를 재현한 영화들이 내재하고 있던 안타까운 정치성이었다.

5장

전쟁의 '오락화', 그 안의 젠더 정치

1. 문화 냉전과 만들어진 남성성

세계사적 견지에서 살펴보자면 냉전 연구는 오랫동안 미소 간의 글로벌 냉전 블록을 중심으로 정치적·경제적·군사적인 동맹 관계에 대한 연구가 주를 이루었다.[1] 이에 비해 냉전을 문화적 시각에서 살펴보는 이른바 '문화적 냉전' 연구가 시작된 것은 현실 사회주의가 몰락한 1990년대에 냉전기의 비밀문서들이 미국 국립문서보관소NARA에서 공개되면서부터다.[2] 또한 2010년 미국 스탠퍼드대학교의 후버 인스티튜트에 아시아재단의 문서가 공개된 이후로는 아시아재단뿐만 아니라 록펠러재단, 포드재단, 아시아재단의 전신인 자유아시아협회The Committee for Free Asia, 풀브라이트 프로그램Fulbright Program 등 민간기관과 CIA를 통한 문화 냉전에 관한 연구들이 출판되었다.[3] 동아시아에 관해서는 USIS를 비롯한 민간기관이 만들어낸 문화적 냉전에 관한 연구들이 빠르게 진행 중이다.[4]

한국의 '문화적 냉전' 연구는 유럽이나 다른 동아시아 국가에 비하여 뒤늦게 출발했고 주로 미국 공기관과 민간기관이 남한에서 펼친 문화적 냉전 전략을 파악하거나 미국의 헤게모니적 지배를 문화 제국주의적 관점에서 살펴본 연구들이 다수를 차지한다. 영화 연구에서는 미국 영화가 갖는 매혹에 주안점을 두는 연구, 영화 제작 자체에서의 할리우드 영화나 미국 공보 기관의 실제적 영향력의 작동 방식을 탐구하는 연구, 한국의 반공문화를 연구하는 경향들을 찾아볼 수 있다.[5] 이 연구들은 공통적으로 미국의 정치문화적 헤게모니가 어떻게 한국에서 압도적으로 작동했는지를 파악했다는 점에서 중요하다. 그러나 미국의 영향력이 상대적으로 지배적이었던 한국전쟁기까지의 유엔과 미국의 민간 및 공보 기관과 그들의 '선전propaganda'에 관해서 연구가 집중되다 보니,[6] 그 이후에 남한에서 '문화 냉전'이 어떤 식으로 전개되었는지는 비교적 연구가 적은 편이다. 그러나 정영권의 지적처럼 1950년대부터 1980년대에 이르기까지 한국에서의 '냉전'은 매우 불안정한 모습으로 유동했으며, 한국전쟁과 베트남전쟁을 겪고 박정희 정부의 경제개발주의와 맞물리며 복잡하고도 긴 주체화 과정을 겪었기 때문에[7] 더 자세한 논의와 연구가 필요하다.

그중에서도 냉전 연구에서 가장 큰 공백으로 남아 있는 부분은 일제의 군국주의적 문화의 유산이 어떻게 냉전의 정치와 맞물려 펼쳐졌는지에 관해서다. 존 다우어는 2차 세계대전 중 "적"을 표상하기 위해서 쓰였던 상징적 기표들은 "자유롭게 떠다니는free-floating" 것이어서,[8] 냉전이 시작되자마자 "냉전의 새로운 적"을 형상화하는 데 이용되었다고 지적했다. 마찬가지로 아시아-태평양전쟁 동안 일제가 국민을 '군사적·남성적 주체'로 탄생시키기 위해 사용한 문화전략들은 남한의 군사주의적 냉전 문화를 형성하는 데 큰 영향을 미쳤다.[9] 2, 3장에서 살펴보았듯 남한에서의 냉전의 감각은 대외적으로는 미국의 냉전 기관이 선전하는 풍요롭고 평화로운 자유주의 진영을 과시하는 문화적 냉전과 대내적으로는 군사주의적이고 호전적인 내부 결집적 성격을 가지고 있었다. 이 장은 남한의 '냉전 영화'들이 일제하 군국주의적 영화들과 깊은 관계를 맺고 있었던 지점을 탐색하여 냉전에 작동하는 복잡한 포스트-식민적 양상을 살펴본다. 이를 통해 적을 물리치는 강한 국가, 강한 군대의 바탕이 되는 남성중심의 군국주의적 주체화는 남한의 군사주의적 냉전 정치의 핵심이었음을 주장한다.

이 장에서 특별히 살펴볼 영화들은 국민을 노골적으로 '군사화'하기 위한 장치로서 사용된 일군의 '남성 훈육'의 계몽영화, '훈련소 영화'와 '전쟁 영화'들이다. 이 영화들은 남성주의적 젠더 정치를 통한 '강한 남성성'을 기반으로 새로운 군사주의적 주체 형성에 복무했던 대표적인 영화들이다. 푸코에 의하면 근대 국가의 통치성governmentality은 다양한 정치 기술techniques에 의해서 만들어지는데, "성"에 대한 통치는 근대적 국가 윤리를 만들어내는 근본 기제 가운데 하나였다. 그는 성을 규율하는 방식은 "성"에 대해서 이야기하는 것을 금지, 검열, 거부 등의 억압적 방식을 통해서repressive hypothesis뿐만 아니라, 규범적 성을 명확히 하고 그것을 "관리하고 유용성의 체계 안에 끼워 넣고, 모든 이의 최대의 행복을 위해 규제"하는 것을 의미한다고 했다.[10] 이 같은 관점에서 보자면 아시아-태평양전쟁 때부터 조선인 남성을 어린아이나 여성적인 존재에서 성인이자 군사적으로 전투가 가능한 몸으로 관리, 규율하는 군사주의적 "남성성"이 대중영화를 통해 확연하게 드러났다. 이는 성별을 관리하는 통치구조의 시작점이라고 볼 수 있으며, 이와 같은 방식의 주체화는 해방 이후 대한민국의 남성중심적 국민화에 군사주의적 방식으로 이어졌다. 이 장에서는 이와 같은 성적 통치의 트랜스-전쟁적 측면을 다음 세 지점에서 살펴볼 것이다.

첫째, 식민지 시기에 만들어진 군국주의적 선전영화나 대한민국 건립 초기에 만들어진 많은 영화에는 "자라나는 남성"에 관한 남성-주체화라는 '훈육' 방식이 적극 사용되었다. 해방 후의 많은 영화에는 일제 하 군국주의적인 문화의 '부활'로까지 보이는 군사주의적이며 남성중심적인 문화의 흔적이 여실히 드러나며, 군인이 되기에 부적절한 유약한 남성 혹은 어린아이가 어떻게 반공적이며 군사훈련에 적합한 성인 남성으로 훈련되는지를 흥미롭게 전시한다. 해방 전 만들어진 고아원을 배경으로 한 영화, 해방 이후의 고아원 영화, 독립운동을 주제로 한 영화들은 어리고 약한 주체들이 강한 남성으로 형상화된다는 점에서 공통적이다.

둘째, 1960년대 전쟁 영화들은 2차 세계대전 당시 만들어진 미국의 할리우드 전쟁 영화와 같은 '웰-메이드' 형태의 영화와 식민지기 만들어졌던 파시즘적 선전-오락물을 참조하여 매끄러운 '남성 영웅'의 드라마를 만들어냈다. 〈5인의 해병〉(김기덕, 1961), 〈돌아오지 않은 해병〉(이만희, 1963), 〈빨간 마후라〉(신상옥, 1964) 등 주로 1960년대 초중반에 만들어진 한국전쟁을 배경으로 한 전쟁 영화가 그 예다. 이와 같은 영화들은 남성성 과시masculinization를 바탕으로 헤게모니적 남성성을 만들어내는데, R. W. 코넬에 따르면 남성성은 균일하지 않으며 "헤게모니적 남성성"은 "남성성들이 동맹을 맺고 재배하고 종속되는 관계" 안에서 "누군가를 위협하고 착취하는 등의 행동을 하는 포함과 배제의 실천을 통해 구성"된다.[11] 많은 훈련소 영화나 전쟁 영화에 드러나는 과시적 남성성은 실제 한국군의 연약함, 여성성, 주변성을 배제하며 구성되었다. 이 영화들은 '강한 남성성'의 형성을 위해서 주변적 남성성을 소거하고 '여성'을 정복, 교환하는 형태의 폭력적 구조를 그려냈다.

마지막으로 군사적 국민-신체를 만드는 과정이 단일하거나 용이하지 않았으며, 때로는 영화가 의도하는 바와 어긋나는 여러 요소, 즉 퀴어적인 주변적 남성성, 군사주의에 대한 불신과 같은 균열의 지점이 영화 곳곳에 났음을 지적하고자 한다. 1960년대 말 김화랑 감독의 〈남정임 여군에 가다〉(1969)는 그의 1959년 작 〈논산훈련소 가다〉를 리메이크한 작품이다. 이 영화는 1960년대 말 무장공작원 '김신조'의 남파, 푸에블로호 사건 등으로 인해 남북 관계가 극심한 '불안함'에 처해 있던 상황을 반영하면서, 이 시기 대대적으로 유행했던 성전도gender-switching 영화에 나타나는 '남성성'의 불안함과 '강한 남성성'에 균열이 생기는 지점을 잘 포착한다. 결론적으로 이 장에서는 식민지 전시체제기-이승만-박정희 정권으로 이어지는 군사주의적·남성적 국가 만들기 과정이 실재 군대에 대한 거부감—병역기피, 군대 내 폭력, 반미 감정, 취약한 남성성 등—을 힘겹게 봉합했음을 밝히며, 이를 통해 결국 남성중심의 군사주의화 과정이 사실상 불안정한 이념이었음을 살펴보고자 한다.

2. 국가를 위한 몸: '커나가는' 남성 신체의 계보

식민지에서 조선인은 국적법상으로는 일본인이었지만 투표나 시민의 권리가 없는 주권 밖의 '예외적인' 존재들이었다. 물론 몇몇 상류층은 일본의 시민권을 획득하거나 결혼을 통해 일본인이 되고, 일제 말기에는 "참정권 운동"을 통해 일본인으로서의 정치적 권리를 취득하려는 경우[12]도 있었다. 그러나 대개의 조선인은 일본 국적만 있을 뿐 신민으로서의 권리는 없는 자였다. 이와 같은 식민주의의 차별주의적 법 구조 안에서 조선인의 사회적·법적 지위를 이론적으로나마 '신민'에 이르게까지 만들 수 있었던 한 방법은 바로 일본의 군인이 되는 것이었다. 일본제국은 1938년 '육군특별지원병령'을 제정하여 군 복무에 '적합한' 조선인이 일본인이 될 수 있다는 가능성을 제시했다. 물론 일본인 '군인'이 되기 위해서는 조선인의 손에 총을 쥐어줄 수 있을 만큼 일본에 대한 충성심을 가진 사람임이 증명되어야 했지만, 이 과정이 하층의 조선인에게 합법적으로 일본 시민으로서의 법적 지위와 권리를 누릴 수 있는 가능성을 열어주었던 것도 사실이다.[13] 이후 '학도지원병령'과 '해군특별지원병령'이 뒤따랐고, 전쟁이 막바지에 이르자 1946년에 시행할 것으로 예정되었던 18세 이하 조선인 전 남성을 대상으로 한 징집령을 앞당겨 1944년에 선포했다.[14] 식민지하에 '비국민'이었던 조선인이 국가를 위해 죽을 수 있는 일본의 '군인'이 되는 것은 일본의 국민 혹은 신민이 되는 극단적인 길이었다. 전쟁기에 '멋진 군인, 멋진 남성'으로 자라나가는 서사를 가진 많은 영화가 쏟아져 나왔던 사실도 이러한 시국과 무관하지 않다.

넓게 보자면 전쟁 상황은 어리거나 약한 남성이 '국민'으로 자라난다는 서사가 작동할 수 있는 중요 시공간이었다. 정지희는 미국의 〈소년들의 마을Boys Town〉, 〈노르만 타우로그Norman Taurog〉(1938), 전후 일본의 〈종의 언덕Bell Hill〉(사카이 게이스케, 1948/1949), 그리고 최인규의

〈집 없는 천사〉(1941)를 비교하며, 국가의 주변인에 속했던 고아원의 아이들을 '재교육'하는 실제 이야기에 바탕을 둔 영화들이 국가가 대중을 '국민화'하는 트랜스-전쟁의 맥락 아래에 있음을 밝혔다.[15] 미국과 일본 그리고 식민지 조선이라는 세 개의 각각 다른 역사적 맥락에서 펼쳐지는 이야기지만 이 영화들은 국가 이데올로기, 고아를 돌본다는 '실제 이야기', 그리고 전쟁 상황이 흥미롭게 연계되며 국가적 주체를 형성하는 지점을 명징하게 보여준다. '비국민의 영토'에 속해 있던 제멋대로인 아이들을 국민으로 성장시키는 이 영화들은 푸코가 주창한 "행위의 통솔conduct of conduct"이 국가적 주체화에 중요한 기제로 작동하는 주체화 방식을 설득력 있게 보여준다.

이와 같은 '주체의 성장 서사'는 일제하 전시체제기에서 크게 부각되었다. 정지희도 분석했듯이 아시아-태평양전쟁기에 제작된 최인규의 대표적인 영화 〈집 없는 천사〉는 조선에 버려진 고아들이 협동하여 향린원이라는 아이들의 낙원을 스스로 건설하는 내용을 담고 있다. 길거리에 버려진 아이들은 자애롭고 선량한 선생님에게 감복하여 스스로 노동하고 건설하는 주체로 자라난다. 그리고 종국에는 "황국신민의 서사"를 외우는 아이의 모습에서 변두리의 아이들이 국가의 주체로 커나갈 가능성을 예견하며 영화는 끝난다. 물론 어색하게 영화의 마지막에 붙여진 이 마지막 장면에 대한 해석은 호미 바바가 주창한 "갈라진 혀"와 같은 현실, 즉 한 입에서 두 언어를 수행할 수밖에 없었던 식민 상황이나* 들뢰즈와 가타리가 말하듯 모국어를 잃어 다수자의 언어를

---

* 호미 바바가 말하는 "갈라진 혀"는 한 번에 두 가지 말을 하는 혀, 하나의 의미가 아닌 두

쓰는 소수자가 처한 현실을[16] 보여주는 것이라고도 할 수 있을 것이다. 그럼에도 아이들이 황국신민으로 커나갈 것을 약속하는 의례를 수행하며 주체화된다는 점은 중요하다. 전쟁이 점차 고조되자 영화뿐만 아니라 조선인이 이와 같은 의례를 실제로 수행해야 했기 때문이다. 심지어 최인규의 영화 〈사랑과 맹세〉는 조선의 고아가 일본인 가미카제 파일럿이 자신의 목숨까지 던져 국가에 충성하는 모습을 보며, '군인'으로 자라날 것을 선망하게 된다는 드라마틱한 남성 성장의 서사를 가지고 있다. 〈지원병〉이나 〈너와 나〉에서도 '군인'이 되는 것은 멋있는 성인 남성이 되는 길이자, 새로운 일본의 신민이 되는 '영광'으로 그려진다. 전시체제하 조선의 영화에서 흔히 볼 수 있는 남성 성장 서사였다.

더 중요한 것은 해방이 되고 민족국가 수립이 되자 정체성이 불분명하고 사회에 부적응하는 고아가 '국민'이 되는 서사를 가진 영화들이 마치 데자뷰되듯 반복된다는 사실이다. 1948년 이규환이 감독한 〈해연〉이 그 대표적인 예다. 이 영화는 〈집 없는 천사〉와 마찬가지로 고아원에 수용된 삐뚤어진 아이들이 결국 선생님의 끝없는 헌신으로 마음을 고쳐먹고 국가의 일꾼으로 커나간다는 성장 서사를 담고 있다. 화광보육원을 배경으로 고아들을 돌보았던 원장 부부의 감동적인 실화에 바탕을 둔 이야기를 담은 〈대지의 아들〉(신경균, 1949)도 정부 수립을 즈음한 시기에 만들어졌던 점을 생각해본다면, 정체성 불명한 주변부의 아이가 올바른 행위를 하며 '성장하는 서사'를 가진 영화들은 '국민

가지 의미가 말해지는 피식민자의 말하기를 의미한다. Homi Bhabha, "Of Mimicry and Man : The Ambivalence of Colonial Discourse," *October*, Vol.28, 1984.

화'의 정치성을 명확히 담고 있다.

어떤 국가나 사회에 속하지 않은 '거리의 아이들'이 국가의 주체로 양육된다는 국가주의적 서사와 함께 여기에 동원되는 이미지들을 살펴보면, 영화의 이미지는 마치 식민지 시기 〈집 없는 천사〉의 연작이 만들어진 것과 같은 착각을 일으킬 정도로 유사하다. 정종화는 〈해연〉에서 아이들이 곡괭이로 땅을 개간하는 모습에 "소비에트적 몽타쥬"가 사용되었음을 지적했는데,[17] 이른바 '붉은 사상'을 위협적인 것으로 여겼던 전쟁기 일제의 영화와 해방 후 남한의 영화가 이른바 적국의 영화 기법을 사용했다는 것 자체가 흥미롭다. 그러나 그보다 더 흥미로운 것은 이 몽타주가 가지고 있는 기계적 움직임이 관객을 설득하는 방식이다. 〈해연〉의 아이들 노동의 이미지는 〈집 없는 천사〉에서 아이들이 곡괭이질을 하는 장면의 반복에 가깝다. 〈집 없는 천사〉와 〈해연〉에 보이는 이미지는 마치 같은 영화 안에서 이어지는 쇼트처럼 보일 정도로 자연스러우며, 아이들이 노동하는 모습에 경쾌하고 힘찬 '노동요'가 병치되며 아이들의 움직임은 리듬감 있게 반복된다. 국가적 주체를 만들어 나가야 했던 두 개의 다른 국가에서 동일한 방식의 영화 관행이 행해지는 이 영화 이미지의 선동성은 그것이 소비에트적 선동 영화라고도, 일제의 내선일체를 위한 선전영화라고도, 남한의 계몽영화라고 봐도 무방할 정도다. 김소영은 〈집 없는 천사〉의 고아원을 두고 "일본 내지와 조선 외지라는 지정학적 장소성을 비껴나는 헤테로토피아"적 장소라고 칭했는데,[18] 비유하자면 식민지하에 장소성을 상실한 이 헤테로토피아적 공간인 고아원은 해방 후에도 여전히 남한의 '비국민의 영토'에 위치하게 된 것이다. 두 영화에 공통적으로 유려하게 이

〈집 없는 천사〉와 〈해연〉. 두 장면의 유사성은 마치 같은 영화의 연속 장면처럼 느껴질 정도다.

어지는 몽타주의 운동성은 관객에게 이 아이들이 새나라의 일꾼이 될 것이라는 전망을 설득력 있게 제시한다.

흥미로운 것은 해방 직후 이처럼 어린이가 '국민'으로 커나간다는 서사와 함께, 이상적인 '성인 남성'의 이미지 또한 생성되었다는 것이다. 이는 식민 후기에 만들어진 조선인의 남성성과 해방 후 만들어진 남성성의 '차이'다. 가령 〈집 없는 천사〉, 〈사랑의 맹세〉를 만들었던 최인규가 해방 후 감독한 〈자유만세〉(1946)를 비교해보면 영화의 톤이 현격히 변화한 것을 감지할 수 있다. 해방이 되자마자 만들어진 〈자유만세〉에는 황국의 아이들이 아닌 독립투사로서의 조선인 '성인 남성'이 영웅적으로 그려진다. 액션의 변화도 현격하다. 〈집 없는 천사〉와 같이 잔잔하고 조용한, 심지어는 무기력해 보이기까지 하는 조선 아이의 모습은 박력 넘치고 남성적인 투사이자 지도자의 모습으로 대체된다. 액션 영화라는 장르를 택하여 성인 조선인 남성이 적극적으로 주권을 회복하는 데 힘쓰는 모습을 그려낸 이 영화가 표방하는 '강한 남성성'은 국가를 이끄는 지도자 이미지의 핵심이다. 해방 이후 '독립'을 주제로 한 영화들은 〈자유만세〉, 〈윤봉길 의사〉(윤봉춘, 1947), 〈애국자의 아들〉(윤봉춘, 1949), 〈안창남 비행사〉(노필, 1949) 등 아이가 아닌 성년 남성이 된 독립운동가의 저항적 내러티브를 중심으로 식민지 시대를 그려냈는데, 이는 민족-국가의 상상 안에서 대단히 강박적으로 주조된 이미지라고 할 것이다.

예를 들어 〈안창남 비행사〉의 경우 초반 30분 분량의 영화가 남아 있는데, 그 시작이 매우 흥미롭다. 실제 조선의 첫 비행사로 알려진 안창남의 이야기를 바탕으로 한 이 영화는 공군에 입대한 안창남을 일본의 국가에 대한 의례를 따르지 않는 반항적인 생도로 그린다. 조선인 학생들이 모인 자리에서 안창남이 학생들에게 민족주의적 선동을 하다 체포되는 장면은 '독립운동 정신'의 소유자로서의 안창남의 성격을 부각시킨다. 안창남이 실제로 일본에서 비행을 배운 때는 주로 1910년대 혹은 1920년대로 추정할 수 있는데, 국민의례가 상례화되고 '국민

〈안창남 비행사〉 첫 시퀀스의 시작. 비행사들이 전열하여 일본을 찬양하는 노래
를 부르는데 안창남(가운데)만 이에 동참하지 않는다.

화'의 압박이 극심했던 것은 아시아-태평양전쟁기였다. 마치 식민지
시기 말에 행해지던 의례에 저항하는 듯이 그려진 안창남의 모습은 다
분히 '의도적 시대착오'를 통해 재구성된 것이라 할 수 있다. 이처럼 독
립운동을 수행했던 민족을 이끄는 성인 남성 지도자가 등장했던 것이
해방 후 영화들의 큰 특징이었다.

이렇게 주조된 남성 지도자의 이미지는 상당히 오랫동안 생명력을 갖는데, 가령 1950년대 말에 대통령 선거를 앞두고 만들어진 여러 사극 영화들―〈고종황제와 의사 안중근〉(전창근, 1959), 〈독립협회와 청년 이승만〉(신상옥, 1959), 〈아아 백범 김구선생〉(전창근, 1960)―이 독립운동과 애국자 영웅을 그려냈던 것도 그 예다. 1960년 대통령 선거를 앞두고 만들어진 이 영화들은 마치 당대의 현실정치가 경합하듯 이미지 경합을 했는데, 각각 다른 계파에 속하는 지도자를 그린 이 영화들은 흥미롭게도 해방 이후 만들어진 남성 영웅의 이미지를 되풀이한다. 이 남성 영웅들은 대개 일본과의 전투에서 승리를 거둔 남성 '전사' 혹은 '투사'로 그려진다. 전창근을 주연으로 한 〈고종황제와 의사 안중근〉과 〈아아 백범 김구선생〉은 최인규 감독의 〈자유만세〉에서 사용된 투사의 이미지, 즉 일본 경찰을 향해 총구를 겨누는 남성 영웅의 이미지를 계승하고 있다. 전창근은 이 영화에서 모두 주연을 맡고 있는데, 얼핏 보면 같은 영화의 같은 장면이라고 착각할 만큼, 절제되고 단단한 의지를 가진 남성의 이미지가 세 영화에 등장한다. 이 남성 영웅의 이미지는 역사에 존재하는 실체성을 가졌다기보다는 '이미지화된 남성성'이라고 봐야 할 것인데, 〈아아 백범 김구선생〉에 등장하는 전창근은 〈자유만세〉에 등장한 전창근과 거의 동일한 이미지를 가지고 있으며, 같은 영화의 이어지는 쇼트라고 봐도 무리가 없을 정도다.

식민지기 독립운동을 바탕으로 남성 영웅의 이미지를 주조한 이 영화들에서 남성들은 국민 혹은 영웅으로 커나가며 점차 좀더 호전적인 '전투 가능한 몸'으로 확장된다. 이는 한국전쟁을 겪으며 생긴 변화라고 볼 수 있는데, 실제 전투에 투입해야 할 병사가 늘면서 생긴 변화로

〈자유만세〉에서의 한중과 〈고종황제와
의사 안중근〉에서의 안중근. 둘 다 전창근
이 맡아 연기했다.

도 볼 수 있을 것이다. 가령 〈아아 백범 김구선생〉에는 전투에 참여하
는 자를 키워내는 '아버지'와 같은 남성으로서의 김구를 그려내는데,
영화의 마지막에 이르면 김구는 '광복군'이 얼마나 강한 군대였는지 설
명하는 장면에 이른다. 김구가 광복군이 얼마나 강하게 훈련된 군대였
는지 설명하는 가운데, 화면은 병사들이 정갈하게 사열되거나 힘든 훈
련을 용감하게 수행하는 모습을 담는다. 당연히 매우 상상적일 수밖
에 없는 이 광복군에 대한 묘사는 정치적 계파를 막론하고 강한 군대
를 통해 국가와 민족을 수호하는 남성 영웅을 주체화했던 이데올로기
가 여실히 드러났던 지점으로 볼 수 있다. 그럼에도 이렇게 주조된 '강
한 남성' 이미지와 실제 해방 이후 강한 남성성을 기반으로 한 '한국군'
이라는 것이 얼마나 상상적인 것이었는지는 현실과 이미지 사이의 현
격한 거리감을 통해 살펴볼 수 있을 것이다.

3. 강한 군대의 꿈: 이미지와 현실 사이의 남성들

강한 군대가 국가를 수호한다는 개념은 정부수립과 동시에 생겼다. 남한은 1948년 정부수립과 동시에 헌법에 국민개병의 취지를 밝혔고, 이어서 1949년 제정병역법을 통해 국민개병제를 선언했다. 그러나 남한 정부의 단독 징병은 1949년에 단 한 차례 이루어졌을 뿐 미군이 한국군을 10만 명 이하로 두어야 한다고 규정한 이른바 "10만 씰링ceiling"이라는 제한 속에서 대한민국 국민에 대한 전면적인 징집은 일어나지 않았다. 그러나 한국전쟁이 발발하자 전쟁 중 한국군 증강프로그램을 통해 징병이 시작되었고 66만 명 규모의 군대가 모집되었다. 전면적인 남한의 징병은 이때부터 이루어진 것이었다.

전쟁 동안 이승만은 대한민국 군대를 '강군'으로 만들겠다는 야망을 키웠다. 한국전쟁의 정전협정이 맺어질 때에도 이승만은 서명을 거부하고 '휴전 반대운동'을 이끌며 북한을 향한 호전적 자세를 감추지 않았다. 휴전협정이 타결되자 이승만 정부는 언제 또 전쟁이 터질지 모른다는 국민의 불안 심리를 정치적으로 이용하는 가운데 '국민개병' 원칙에 입각한 '강력한 군대'를 유지하고자 했다. 북한은 전쟁이 끝나고 휴전이 안정화된 1956년에 병력을 8만 명으로 축소했으나, 이승만 정부는 한국전쟁을 통해 대폭 증강된 한국군의 규모를 유지하고자 했다. 결국 미군과의 타협으로 63만 명으로 유지하기로 하여[19] 이를 위한 징병은 계속되었다. 이런 상황에서 전투에 직접 투입할 수 있는 진짜 군인을 만들어 나갈 필요를 선전해야 했는데, 실제 목숨마저 희생하며 국가에 복무하겠다는 마인드를 만들어내는 것은 쉽지 않은 일이었다.

이승만 정부의 '강한 군대' 유지의 꿈과 무관하게 남한은 1970년대까지도 높은 병역 기피율을 보이며 징병에서 어려움을 겪었다.[20]

전쟁 중 징집이 얼마나 어려움을 겪고 있었는지는 이를 독려하는 영화의 제작에서도 찾아볼 수 있다. 전쟁 중이었던 1952년에는 〈성불사〉(윤봉춘)라는 영화가 제작되었는데, 주요 내용은 징병 기피자를 선도하는 것이었다. 당시 이 영화의 감독과 제작자는 정훈국장 이한림 준장에게서 "병무 관계를 주제로 하여 국민들의 전의를 고취"시켜주었다는 이유로 감사장을 수여받았다.[21] 그러나 1950년에 사회적 물의를 일으켰던 대대적인 병역 비리 사건이 보여주듯이[22] 신체검사에 대한 불신은 팽배했고, 사람들은 손가락을 절단하거나 일부러 신체를 훼손하여 병역을 기피하기도 했다.* 아무리 반공적 교육을 한다 해도, 북한에 맞설 강하고 멋있는 군인, '진짜 사나이'의 개념을 국민에게 주체화시킨다는 것은 쉬운 일은 아니었다.

문승숙은 이러한 병역기피 현상이 유교나 일제하에 시작된 억압적 징병에 대한 부정적인 기억 때문에 일어난 것이라 추정하는데, 이는 상당히 설득력이 있다.[23] 1944년 일제가 조선에 뿌린 징집영장의 회수율은 대략 15퍼센트 미만이었고[24] 신체 훼손을 통해 징집을 기피하거

---

* "징병을 피하기 위해 손을 절단하는 경우는 가장 심한 사례 중 하나였다. 신체검사를 속일 요량으로 작지만 위험한 신체 훼손들을 하는 경우들이 많았는데, 흉부에 동분 혹은 라이터 돌가루를 혼합한 것을 바르고 X-선 사진을 찍거나, 신체검사 2, 3일 전에 결식하고 황색 키니네를 복용하여 황달로 보이게 하거나, 항문에 염산을 넣어 치질을 가장하거나, 디스토마 환자 배설물을 음용하여 감염환자로 위장하는 사례들이 많았다. 눈에 담배가루를 집어넣거나 귀 속에 비눗물을 집어넣는 경우도 허다하였다." 최은경, 〈1950-60년대 의료전문가의 동원과 징병검사의 수립〉,《인문과학연구논총》36(4), 2015, 247쪽.

나 조선인이 단체로 탈영하는 사건이 일어나기도 했다.[25] 이는 한국전쟁 이후에도 달라질 것이 없었는데, 전쟁 중 '제2국민병 사건'에서 보이듯이* 대규모로 실시된 징집과 그렇게 모집된 수천 명의 병사들의 아사餓死 사건, 그리고 한국전쟁을 통해 얻은 전쟁에 관한 처참한 기억들이 대다수 남성에게는 병역을 기피하고자 하는 직접적인 이유가 되었다. 이때 생긴 병역에 대한 거부감은 1970년대까지 이어졌고 주민등록번호 부여와 가구 조사가 마무리되는 1960년대 말이 되어야 병역은 피할 수 없는 국민의 '의무'라는 개념이 자리잡기 시작했다.

이런 상황에서 영화를 포함한 영상물은 군인을 위한 '정신교육'을 하기 위해 직접적으로 쓰였다. 뉴스릴이나 문화영화, 다큐멘터리 등의 비극영화를 통해 직접적으로 군을 선전하는 영화가 있는가 하면, 극영화와 선전영화의 중간적 성격을 가진 미 공보처 제작 〈불사조의 언덕〉(전창근, 1955), 국방부/문교부 추천영화인 〈자유전선〉(김홍, 1955), 육군본부 정훈감실에서 기획한 〈격퇴〉(이강천, 1956) 등이 만들어졌고, 이런 영화들은 "국가 이념으로서의 반공주의"를 적극 반영하고자 했다.[26] 국가의 지원 아래 만들어진 이러한 전쟁 영화들은 전투 장면을 다량 확보하여 적과 싸우는 아군의 모습을 강조했다. 가령 〈격퇴〉의 경우 세세한 지시와 작전 아래 전쟁을 수행하는 남한 병사들의 용기와 전우애, 몰려드는 중공군을 향한 두려움과 이를 극복하는 일대일 전투, 여기저

• 국민방위군 사건은 한국전쟁 중 1951년 1월, 1·4후퇴 때 제2국민병으로 편성된 국민방위군 고위 장교들이 군수물자를 3개월 동안 55억 원가량 착복하여 1950년 12월에서 1951년 2월 사이 국민방위군으로 징집된 이들 가운데 동사자가 9만에서 12만 명에 이르렀던 사건이었다. 최은경, 위의 글, 244쪽.

기 널려 있는 시체들을 카메라에 담아내며 이후 만들어진 전쟁 영화의 전형을 만들어냈다.

그럼에도 흥미로운 사실은 〈격퇴〉의 끝에는 마지막 격전 후 아군의 손실이 너무 많아 황망해하는 소대장의 모습이 영화에 순간적 균열로 등장한다는 점이다. 몇몇 대원만이 살아남고 대다수 병사가 죽어버린 상황에서 소대장은 살아남은 자신을 자책한다. 그때 옆에 있던 김 상사는 "싸움은 무조건 이겨야만 하는 것"이라고 달래듯이 얘기하고, 소대장은 그 죽음이 "명예"를 위한 것임을 재차 확인한다. 그리고 갑작스럽게 병사들은 "이제 싸움에 요령이 생겼습니다. 문제없습니다, 하하하"라며 상황을 급하게 마무리한다. 소대장은 "나도 문제없어"라고 화답하며 시체가 쌓인 산등성이에 "전멸한 영령들이여, 그대들이 흘린 피에서 새싹은 자랄 것이다"라고 외치며 영화는 끝난다. 사실상 가까스로 전쟁의 비극을 봉합한 이 장면에서 전투하는 강한 남성상은 찾아보기 어렵다. 반공적이면서도 전투적인 강한 남성상을 만들어낸다는 것은 전쟁의 처참한 현실을 생각한다면 더욱 어려운 문제였다.

영화를 통해 군인들의 정신 무장을 한다는 '어려움'은 영화를 만들었던 사람들의 회고를 통해서도 드러난다. 시나리오 작가 오영진은 한국전쟁 이후 정훈국으로부터 반공교육을 위한 영상물 제작을 요청받았다. 그는 1958년 정훈위원으로서 진해를 시찰하며 군사들의 사기를 돋우는 데에는 "영화가 제일 효과적"이므로 "민간회사와 tie-up하여 군용 영화를 제작하여 주었으면" 하는 요구를 듣게 되었다. 일제하 전시체제에서도 동일한 요청을 받은 적이 있던 오영진은 과거나 당시나 똑같이 "기가 죽은 병사"들의 모습이 관찰된다며, 그 감정의 연원을 일제하 전시체제 상황과 연결하여 파악하고 이들의 기를 살리는 영화를 어떻게 만들어야 할지 고민했다.[27] 과거에는 "기가 죽은 병사"가 조선인 병사라는 상황에 있었지만, 전후 대한민국에서도 별다른 차이 없이 "기가 죽은 병사"의 모습이 발견된다는 점은 흥미로운데, 결국 일본을 위해 죽는 것만이 안타까운 것이 아니라 대한민국을 위해 죽는 것 또한 마찬가지로 안타깝다는 정서가 팽배해 있었던 것이다. 그만큼 애국심으로 목숨을 기꺼이 바치는 군인이 된다는 생각 자체가 많은 이들에게 실질적 설득력을 갖기는 어려웠다.

이런 상황에서 멋진 전투력이 있는 '진짜 사나이'의 이미지를 주조해내기 위해서는 특별한 서사적 장치가 필요했는데, 주변적 남성성을 가진 인물들이 '이상적' 남성성으로 훈련을 받고 성장한다는 서사가 바로 그것이었다. 이는 어린아이가 국가를 지키는 군인으로 커나간다는 식민지 영화의 군국주의적 특징을 이어받는 것이었다. 상황은 바뀌었지만 '군인'으로 훈련받아 이상적인 성인이 된다는 내러티브는 훈련소 영화와 전쟁 영화의 단골 소재였다. 특히 아무런 훈련도 받아본 경험이 없는 민간인이 군인이 되는 과정을 그린 훈련소 영화는 '남성 성장'을 보여주는 무대와도 같았다.

한국에서의 훈련소 영화의 내러티브는 조선인 징병령이 내려지던 시기 제작되었던 〈병정님〉과 같은 영화에 그 모델이 있다. 〈병정님〉은 영장을 받은 조선인 지원병이 동네의 축하를 받으며 훈련소에 입소하여 신체검사를 받고 훈련소 생활에 적응하여 마침내 전선에 투입된다는 줄거리를 가지고 있다. 감독 방한준은 이미 1940년에 〈승리의 뜰〉이라는 영화를 만들기 위해 "자원병 훈련소"를 방문하여 영화를 만든 바 있다.[28] 이러한 이력을 바탕으로 좀더 발전된 형태로 만든 영화가 〈병정님〉이다. 〈병정님〉에서는 자식을 군대에 보내고 걱정하는 부모를 위하여 훈련소의 근대적이고 풍요로운 내부를 스크린을 통해 공개하고 훈련소가 국가의 신민이 되는 자랑스러운 공간임을 시각적으로 재현했다. 〈병정님〉은 징병의 예외 대상이었던 아직은 어수룩하고 '남성성'이 결여된 조선인을 제국의 군대에 포섭하여, 다른 일본인과 동등한 군사가 되어간다는 서사를 만들어냈다. 일제하 영화 〈지원병〉(안석영, 1940)에도 과거에는 조선인에게 주어지지 않았던 기회로서의 '지원병 제도' 이야기가 펼쳐진다. '국민'이 되기에 적합하지 않던 주변부적 존재들이 군사훈련을 통해 국가를 위해 싸울 수 있는 몸으로 성장한다는 내러티브는 일제하 군국주의적 선전영화에 자주 드러나는 작법이었다. 이와 같은 영화 내러티브의 작법은 해방 후 만들어진 훈련소 영화에도 반복되었다.

　1950년대의 대표적인 훈련소 영화 〈논산훈련소 가다〉는 앞서 2장에서 설명했듯 인기 있는 코미디 영화기도 했지만, 식민지 시기의 훈련소 영화와 마찬가지로 어리숙한 두 주인공을 '전투 가능한 몸'으로 변화시키는 내러티브를 가진 전형적인 훈련소 영화였다. 이 영화는 〈병정님〉이나 〈지원병〉 같은 영화와 같이 '군인으로 커나가는' 신체를 예시하지만, 당시 한국의 상황에서 이와 같은 멋진 군인을 만들어내는 것이 얼마나 현실과 동떨어진 것인지 드러내는 영화기도 했다. 영화 안에서 뚱뚱이와 홀쭉이는 신체검사에서 '병종' 판정을 받는데, 이 당시의 '병종' 판정은 군 복무에 적합한 '갑종'과 '을종' 그리고 신체적 장애나 병이 있어서 군 복무가 불가능한 '정종'과 '무종' 사이에 위치한 애매한 신체들이었다.[29] 자랑스럽게 논산훈련소에 입대했으나 뚱뚱이와 홀쭉이는 신체적인 특징으로 신체검사에서 탈락하고, 이에 화가 난 뚱뚱이와 홀쭉이는 군의관을 상대로 다음과 같은 대화를 주고받는다.

홀쭉이: 홀쭉해서 가벼워도 안 되고, 뚱뚱해서 무거워도 안 되고, 한 날 한 시에 난 사람의 손가락도 길고 짧은 게 다른데, 그래 이 세상에 키와 무게가 같은 사람이 얼마나 된단 말이오?

군의관: (매우 딱딱한 목소리) 하여튼 우리는 규정대로 하는 거니까 안 돼!

뚱뚱이: 이거 왜이래?

군의관: (화난 목소리) 저리들 비키지 못해?

뚱뚱이: (능글맞은 얼굴로) 같이 술이나 한잔 하자는 거지!

군의관: 너희들이 나를 놀리는 거냐?

뚱뚱이: 이봐! 어쩔 테냐?

이 상황은 내러티브상으로는 군대에서 받아들여지지 않아서 군대에 들어가겠다고 우기는 뚱뚱이와 홀쭉이의 모습을 표현한 것이다. 한편으로는 군대에 들어가고 싶다는 열망을 표현한 것이기도 하지만 다른 한편으로는 웃음을 유발하기 위해서 군대의 체중계를 고물처럼 보이게 한다든가, 군의관에게 뚱뚱이와 홀쭉이가 반말을 하며 그들을 '부적합'한 신체로 만든 시스템에 대해 오히려 반발하는 것으로도 해석 가능하다. 이런 면에서 〈논산훈련소 가다〉는 신체검사나 군의 내부가 과학적이고 풍요롭고 발전된 모습을 보여준 〈병정님〉보다 오히려 징병검사와 군에 대한 신뢰를 떨어뜨리게 만드는 측면도 있다.

또한 남아 있는 프린트가 중간중간 끊겨서 선후가 분명하지 않지만, 훈련소의 상관에게 뭔가 '사바사바'하는 질이 '나쁜' 사병들의 모습도 카메라에 포착이 된다. 1958년에 언론을 통해 대대적으로 보도된 "훈련소 부정 사건"을 알고 있는 대중이라면,* 아무리 홀쭉이와 뚱뚱이가 훈련소에서 시간을 보내고 김일성의 얼굴에 총을 쏜다고 할지라도 군대나 훈련소가 믿음을 줄 수 있는 공간으로 받아들여질 수 있었을지 의문이 든다. 더구나 다음과 같이 군 입대에 관한 대화가 오가는 방식도 상당히 과장되어 있다.

홀쭉이: 사실 그렇습니다. 우리도 농담이나 장난으로 입대하려고 그러는 거
　　　　아닙니다. 그야말로 생명을 걸고 들어오는 겁니다. 이걸 알아주셔
　　　　야죠.
뚱뚱이: 만일 제가 신체검사에서 떨어진다면 평생의 낙오죠.
홀쭉이: 청춘의 패배자입니다.
뚱뚱이: 이 불타는 애국정신이 식지 않도록 영원히 불타도록 부탁하겠습니다.
홀쭉이: 남자로 태어나서 군문에도 못 들어가는 썩어빠진 인생을…

---

* 1958년에 훈련소에서 귀향 처분된 916명 가운데 2명이 훈련소 부정으로 검사 결과를 바꾼 것으로 드러난 사건이다. 이 사건을 계기로 병종 대상자를 대상으로 재검을 하자 27퍼센트가 합격했다고 한다. 당시에는 병역을 기피할 목적으로 뇌물과 부정부패가 만연하다는 불신이 팽배했다. 뇌물을 받고 체격 등위를 조작, 불합격시킨 소령이 적발되기도 했고, 오히려 청력이 손실된 이를 징집한 것이 사회적으로 밝혀져 신체검사에 대한 불신이 팽배해지기도 했다. 최은경, 위의 글, 246쪽.

이 대화에서 드러나는 군 입대에 관한 열정은 진정으로 받아들여질 수도 있겠으나 듣기에 따라서는 이 모든 상황을 비꼬는 것으로도 해석이 될 수 있다.

마지막으로 한 가지 더 언급할 것은 〈논산훈련소 가다〉 영화 내내 홀쭉이, 뚱뚱이와 갈등을 일으키는 캐릭터는 북한군이 아니라 같은 훈련병 중 '사바사바'를 일삼는 '질이 나쁜' 인물이라는 점이다. 영화에는 이들 '나쁜' 훈련병과 홀쭉이, 뚱뚱이 그리고 이들에게 매를 맞는 또다른 훈련병이 갈등하는 모습이 상당 분량으로 포함된다. 영화 내내 이 '질이 나쁜' 훈련병은 같은 내무반 내에 있던 '약한' 훈련병에게 이유 없이 물리적 폭력을 가한다. 이 매 맞는 훈련병은 어머니를 잃은 고아이며, 힘들 때마다 어머니 이름을 부르며 우는 '약한' 모습의 '여성적' 병사로 그려져 있다. '질이 나쁜' 훈련병이 이 '약한' 훈련병을 구타하는 이유는 영화에 설명되어 있지 않다. 부모와 애인들이 훈련소를 방문하는 날에도 이 약한 훈련병은 아무도 찾아오지 않는다.

이와 같은 훈련소 안의 '약한 훈련병'의 모습은 일제하 일본의 군대에서 무기력하고 우울한 모습을 보였던 조선인 병사의 모습을 떠올리게도 하는데, 당시 조선인 징집 현장을 시찰할 기회가 있었던 오영진은 힘차고 안정적인 군인의 모습을 가진 일본인 군인에 비해 조선인 병사들은 "무리에서 떨어져 멍하니 있거나, 가족들을 보고 당혹한 기색을 보이거나, 면회 온 가족들도 불안한 모습을 보였다"라고 관찰했다.[30] 군대 내 불안한 병사의 문제가 '조선인'의 문제로 여겨졌던 일제하에 비해, 〈논산훈련소 가다〉에서 군대 내 문제는 '고아'이자 유약한 개인의 문제로 그려진다. 약한 훈련병이 이유 없이 나쁜 훈련병에게 구타당하는 장면을 본 관객이 '군대 내' 문제를 어떻게 받아들였을지는 미지수다. 요컨대 영화의 상당 부분은 의도치 않게 군대의 문제를 부각시킨다거나 해석하기에 따라 훈련소에 대한 반감을 더욱 드러내기도 했다. 이승만 정권이 추구했던 '강한 군대' 구상을 실현시킬 만큼 국민의 인식이나 군 체계가 형성되지 않는 현실이 영화 내에서 불협화음을 일으키고 있었던 것이다.

그럼에도 〈논산훈련소 가다〉는 영화의 끝부분에 몸이 약한 홀쭉이를 복싱 시합의 우승자로, 군사훈련을 받지 않은 뚱뚱이를 사격대회의 우승자로 만들어, '병종'에 속하는 이 두 부적합한 신체를 '정상'으로 위치시킨다. 결국 이 두 장치를 통해 홀쭉이 뚱뚱이를 탐탁지 못하게 여겼던 동료 병사는 이들에게 호감을 갖게 되고, 이를 통해 군이 단합되며, 홀쭉이와 뚱뚱이도 자랑스러운 대한의 군인으로 재탄생된다. 이처럼 불협화음이 조화를 이루지 못한 1950년대의 훈련소 영화에 비해, 보다 설득력 있는 내러티브를 구성하여 멋지고 강한 군인상을 만들어낸 것은 1960년대의 '웰-메이드' 영화에서였다.

4. '강한 남자' 스펙터클

영화를 통한 반공정신의 함양과 남성성 강조는 박정희 정권이 성립한 이후에 조금 더 설득력이 있는 내러티브로 구현되기 시작했다. 1961년 군사 쿠데타로 정권을 잡은 박정희는 쿠데타 자체로 '군부'의 힘을 보여주었을 뿐만 아니라 즉시 국가의 전반을 정비해 나갔다.

1962년 주민등록법을 제정하고, 기존에 국민의 인구를 측량하기 위한 '기류계'는 폐지하여 정확한 인구조사를 실시했다. 이 법은 1968년 '푸에블로호' 사건 이후 개정을 통해 강화되었는데, 1968년 개정에서는 전 국민에게 주민등록번호를 부여하고 "주민등록증"을 소지할 것을 의무화했다. 전 국민에게 열 손가락 지문 채취를 하는 방식으로 실시된 주민등록번호 부여는 국민을 감시, 동원하기 위한 폭력적 법체계였다.[31] 1968년 주민등록법 전문에는 개정의 목적을 다음과 같이 밝혔다.

자주 국방이라는 중대한 시정 목표가 있는가 하면, 군민 전체가 국토방위의 임무를 수행하여야 하며 그 **구성원의 힘을 한곳으로 뭉치기 위해서는** 인력의 적절한 관리가 절실히 요청된다.[32]

이처럼 주민등록을 철저히 한다는 것은 '국가 보안'이라는 논리하에 국민의 일상을 규율하고 나아가 모든 국민에게 병역의 의무를 효율적으로 부과하기 위한 것이었다. 1962년에 개정된 병역법에서는 이전에 없었던 "나는 대한민국의 군인으로서 국가와 민족을 위하여 충성을 다하며 국토의 보전과 국민의 권리 및 자유를 수호할 것을 선서합니다"라는 복무 선서를 하게 했다. 이는 반복적인 선서를 통해 국가적 의례에 참가하는 것을 의미하는데, 1971년 병역법 개정에서는 군복무에 대한 의례가 더욱 확대 강조되었다. 국민의례나 국민헌장 등 "국민의례가 일상화된 유신시대의 특징"이 군 복무에도 적용된 것이었다.[33]

이와 같은 박정희 정권의 대대적인 법제화와 꼼꼼한 국가 관리체계의 변화는 영화법에서도 마찬가지였다. 1962년에 제정된 영화법도 즉시 시행되었는데, 그 골자는 한국 영화를 "보호 육성"한다는 것이었다. 4장에서 살펴보았듯이 영화 '대기업'을 육성하기 위한 법으로 대규모 시스템(스튜디오나 설비들)과 연간 제작 편수를 규제하여 "질 좋은 영화"를 만들겠다는 목적은 영화사의 통폐합을 통해 현실화되었다. 효율적 영화생산 체계를 통해 보다 촘촘한 방식으로 영화 제작을 규율하는 것은 영화 제작의 안정성을 가져오는 것이었으나, 그 중심이 국가에 있다는 측면에서 영화 제작사의 자율성은 줄어들었다고 볼 수 있다.[34] 신상옥이 친정부적인 영화기업 "신필름"을 세울 수 있었던 것도 이러한 영화법에 기반한 것이었다. 이 영화법은 1962년에 제정된 이후로 총 4번의 개정을 거쳐 1972년 이른바 "유신영화법"에 이르게 되는데, 이 영화법의 몇 안 되는 장점이라면 정부의 지원을 통해서 영화인들이 '빅-스케일'의 영화를 만들 수 있었다는 것이었다.

한국전쟁을 배경으로 한 전쟁 영화는 대표적인 '빅-스케일'의 영화였으며, 특히 병사들이 다수 등장하고 전쟁에 동반되는 각종 무기, 비행기, 탱크 등을 영화에 등장시켜야 했기에 군부대의 협조도 필수였다. 이런 방식의 전쟁 영화 제작의 시작은 식민지하 '영화 신체제' 시스템에서 최인규 감독이 〈사랑과 맹서〉 같은 공군을 동원한 큰 스케일의 전쟁 영화를 만들면서부터다. 식민지기와 마찬가지로 영화법 제정 이후로 많은 영화사들이 군으로부터 혜택을 받으며 다수의 전쟁 영화를 만들기 시작했다. 가장 먼저 '전쟁 영화'의 대중적 히트를 가져온 것은 〈5인의 해병〉이었다. 이 영화는 김기덕 감독을 일약 스타 감독으로 만든 영화이자, "10만 명 출연!"이라는 문구를 내세우며, 최초의 대중적

〈사랑과 맹서〉의 공군.

〈빨간 마후라〉의 공군.

전쟁 영화의 상업적 가능성을 테스트한 영화였다. "경쾌한 템포의 군사극"이라는 호평도 있었고, 필요 없었던 "돌격대까지 만들어" 아군의 억지스러운 희생을 표현한 내러티브가 이해되지 않는다는 악평이 공존했지만,[35] 전체적으로 흥행에 성공했고 개봉 1년 후인 1962년까지도 꾸준히 상영되었다.

이어 만들어진 〈돌아오지 않는 해병〉은 〈5인의 해병〉이 3:2 비율이라는 상당히 답답한 시각성에 갇혀 있던 것과 달리 시네마스코프를 사용하여 스펙터클을 더욱 강화했다. 시네마스코프를 만들기 위해 필요한 애너모픽 렌즈가 1차 세계대전에 군용 전투 장비의 시야를 넓히기 위해 고안되었다는 점을 감안할 때 〈돌아오지 않는 해병〉에서의 시네마스코프 사용은 전쟁 영화에 가장 어울리는 기술이었다고도 볼 수 있다. 국방부 후원, 해병대 지원으로 "해병 1개 여단과 탱크를 비롯한 중화기 그리고 엑스트라 연 10만"을 동원하여 촬영되었다.[36] '실감' 나는 전투 신을 만들어내기 위해 전쟁에서 복구되지 않은 공터에 야외 세트가 지어졌고, 심지어는 촬영 중 실제로 부상을 입는 사람이 발생할 정도로[37] 전투 장면을 생생히 담아냈다. 25만의 관객이 들어 관객 동원에서도 성공적이었다. 이어 만들어진 〈빨간 마후라〉도 역시 대한민국 공군의 위용을 드러내기 위해 군부대의 전격적인 지원하에 만들어졌다. 미국의 2차 세계대전 당시 영화들이나 할리우드 전쟁 영화들이 전범이 된 이 영화들은 오락적인 요소를 가미하여 스크린을 통해 전쟁을 즐길 수 있게 만들었다. 〈5인의 해병〉을 필두로 〈돌아오지 않는 해병〉, 〈빨간 마후라〉의 연속적인 성공은 강한 대한민국 군사의 이미지와 비행기, 탱크, 사열한 군인들의 모습 등 파시즘기 영화나 할리우드 전쟁 영화가 보였던 스펙터클들을 차용하며 대중에게 오락 영화로 다가갔다. 전쟁의 참상은 이제 관객의 즐거움 이끌어내는 매혹의 요소로 작동하기 시작했다.*

이 세 영화 중에서도 전쟁 영화의 스펙터클을 가장 효율적으로 사용하여 오락적으로 제작된 영화는 〈빨간 마후라〉였다. 물론 〈5인의 해병〉도 곽규식의 코미디와 박노식의 사투리를 통해, 〈돌아오지 않는 해병〉도 구봉서의 유머와 트위스트 춤의 삽입을 통해 1950년대 전쟁 영화의 '심각한' 분위기를 가볍게 만들기도 했다. 그러나 〈빨간 마후라〉는 무엇보다도 전쟁을 '즐겁게' 재현하기 위해 영화의 기술을 적극 도입하여 관객들에게 특수한 즐거운 체험을 하게 했다. 〈빨간 마후라〉는 〈5인의

• 〈5인의 해병〉은 1961년에 개봉해 5만의 관객 동원에 성공했고, 〈돌아오지 않는 해병〉은 19만 4000명을 기록하여 그해의 흥행 순위 2위였으며, 1964년에 개봉된 〈빨간 마후라〉는 22만 명의 관객 수를 기록하며 그해의 흥행 1위를 차지했다. 정영권, 앞의 책, 143, 162-168쪽.

해병〉이나 〈돌아오지 않는 해병〉에 비해 현격하게 빠른 속도감을 과장되게 전시하며 관객들에게 즐거움을 불러일으켰다. 하늘을 빠른 속도로 나는 전투기의 시선 그 자체가 쾌감을 불러일으킬 뿐만 아니라, 주제가 〈빨간 마후라〉가 흐르는 가운데 놀라운 속도로 폭격을 감행하는 속도감은 이 영화의 가장 큰 스펙터클이었다. 중간에 삽입된 실재 훈련 모습의 실사화는 마치 해외의 2차 세계대전 다큐멘터리를 보는 듯한 '현실감'을 주기도 했다.

폴 비릴리오는 1차 세계대전을 통해 급작스럽게 기계화된 전쟁에서 운송 기계와 시각 기계의 결합을 통한 속도가 "멀리 있는 것을 망원경처럼 포개어 단축하고" 시각을 운반하여 우리의 거리 및 차원 경험을 삭제하는 '가속화 현상'"을 만들어냈다고 했다.[38] 실제로 〈빨간 마후라〉는 비행기에 카메라를 장착시켜 공중을 촬영했는데, 비행기 몸체에 붙어 있는 카메라를 통해 운송 기계와 시각 기계를 결합시키며 영화의 시선을 원격화할 수 있었다. 〈빨간 마후라〉의 원격화된 시선은 대다수 전쟁 참가자들이라면 겪었을 1대 1로 엉겨 붙어 싸웠던 피나는 전투의 경험을 비현실화시키고 전쟁을 원격화된 공중 시각전 그리고 속도전으로 이미지화했다. 이 영화가 쇼치쿠 배급라인을 타고 일본과 다른 아시아 지역에서도 상당히 흥행했던 사실로 유추해본다면,[39] 이 영화의 영화적 요소가 전쟁을 겪었던 다른 아시아인들에게도 공감과 쾌락을 주었을 것이라 짐작할 수 있다. 이는 한국인의 주관적 한국전쟁의 경험이 '전쟁 일반'의 것으로 넓혀졌음을 의미하기도 하고, 스펙터클화된 전쟁이 그 경험을 실제로부터 유리시켰던 것을 의미하기도 한다.

오락성과 스펙터클이 강조된 1960년대 전쟁 영화들의 특성에 더하여 무엇보다도 중요한 것은 이 영화들을 통해 '강한 남한 군사'의 이미지가 강력하게 전파되었다는 것이다. 이 영화들은 공통적으로 첫째, '적'을 시각적으로 명확하게 제시하지 않는 전략을 택했다. 정영권은 1960년대의 전쟁 영화들이 1950년대의 전쟁 영화들과 다른 점은 1950년대 영화가 대개 적을 '중공군'으로 설정했던 것에 비해, 1960년대에는 주적을 인민군으로 했다는 점이라고 지적했다. 그러나 1960년대 많은 영화에도 영화상에는 인민군이 구체적 인물로 재현되는 경우는 많지 않았다.[40] '적'의 시각적 부재는 여러 효과를 낳았을 수 있다. 가령 1950년대 반공 영화였던 〈피아골〉(이강천, 1955)에서 적의 형상이 충분히 "악하지 않다"라고 비판받았던 예와 같이, '적'을 영화에 등장시켜 재현했을 때 오히려 인민군에게 동정적 시선을 주거나 적을 '이해'하게 만들 수도 있기 때문일 것이다. 이에 반해 전형적인 느와르 장르의 스파이물인 〈운명의 손〉에서는 스파이 노릇을 지시하는 '적'의 수괴는 절대 등장하지 않고 '반지 낀 손'으로만 상징된다. 여기에서는 적이 보이지 않기 때문에 더욱 공포감을 불러일으킬 수 있다. 전쟁이 중심이 된 영화에서도 전투에 강한 '적'을 그려내는 것 또한 오히려 적의 강한 남성성을 부각시킬 수 있다. 따라서 1960년대 전쟁 영화는 '강한 군사'의 이미지를 중점적으로 만들어내는 데 집중하고 '적'은 거의 보이지 않게 재현하거나, 집단적로 몰려와서 인간으로서의 개별성이 없고 감당할 수 없는 중공군 집단으로 재현했다.

둘째로 〈돌아오지 않는 해병〉에서 장동휘나 신영균과 같은 강한 남성적 이미지를 가진 스타를 기용하여 부대를 이끌고 전투에서 승리를 이끄는 '강한' 남성의 육체를 전시했다. 남성 주인공들은 실전 전투에서의 능력을 과시하고 여성의 사랑을 쟁취하는 영웅적 남성으로 그려지며 국가를 위해 자신을 희생하는 데에도 주저하지 않는 인물들로 그려졌다. 흥미로운 것은 이런 '희생'의 모습이 한국전쟁 영화에는 극단적 죽음으로 연결되어 나타난다는 점이다. 가령 〈빨간 마후라〉에서 마지막 전투 신에는 주인공이 적의 공급로를 끊기 위해 다리 위로 돌진하여 스스로 희생시키는 장면이 등장한다. 이 장면은 마치 일제 강점기의 영화 〈사랑과 맹서〉에서 가미카제 용사가 되어 목숨을 버렸던 일본인 공군을 연상하게 하는데, 이 병사들은 희생을 통해 완성되는 '강한 남성'의 전형이자 일제의 군국주의 남성성의 전형이기도 했다. 조지 모스가 지적했듯이 군사주의를 지탱하는 "강한 남성성"을 통해 젠더 이원적 구조를 형성하는 것은 근대 국민국가의 일반적인 국가 만들기의 방식이었다. 레오나드 리파스도 예시했듯이, 전쟁 상황에서는 특히 군인의 남성성이 강화되었다.[41] 그러나 파시스트 남성상은 이보다 더 "새로운 남성상"으로서 "조국을 위해 싸우고 자신의 삶을 희생"하는 남성상이었다.[42] 일제 전시체제하에서는 "싸우지 않는 남자"에게 "남자답지 않은 남자"라는 비난이 던져졌다.[43] 이렇게 본다면 남한의 영화에서 국가를 위해 자랑스럽게 죽을 수 있다는 투철한 희생정신이 곁들여진 군사문화는 일제하의 파시스트적 경험과 깊은 관련이 있다. 〈빨간 마후라〉의 주인공의 모습은 식민지 말기 가미카제 파일럿과 직접 관련이 있으며 박정희 정부의 군사주의와 이어지는 지점을 명백히 보여주는 하나의 예일 것이다.

셋째로는 남성성을 부각시키기 위해 주변적 남성성이나 여성성을 무력화시키거나 개조시킨다는 점이다. 대개 전쟁 영화에서는 앞서 살

〈사랑과 맹서〉에서 가미카제 조종사의 모습.

〈빨간 마후라〉에서 가미카제 병사처럼 몸을 던져 다리를 폭격하는 조종사의 모습.

퍼본 훈련소 영화에서와 마찬가지로 '여성적'인 나약한 군병이 등장한다. 이들은 전투에 투입되면서 남성성을 획득한다. 〈돌아오지 않는 해병〉의 경우에는 '언니'라고 불리는 여성성이 강하고 약한 병사의 이야기가 있다. 처음에는 약한 병사였으나 결국에는 자신의 생명을 희생해 가면서까지 남성성을 증명하여 국가를 위하는 남성으로 거듭난다. 약한 자들도 '역경을 헤쳐 나가면서' 안정적으로 남성성을 획득하는 내러티브를 자연스럽게 구현한 것이다. 또한 '강한 남성성'의 이미지는 여성을 '소유'한다는 폭력성을 통해 가능했다. 가령 〈돌아오지 않는 해병〉의 중반에는 포상 휴가를 받은 병사들이 유엔클럽을 방문하는 장면이 있다. 작전 수행을 성공적으로 마친 한국군이 하룻밤 '위안'을 받고자 클럽을 찾는 설정이다. 영화에서는 유엔클럽에 "Off-Limit, ROK

ARMY, 한국군 출입 금지"라는 피켓이 붙어 있다. 부대원들은 이 피켓을 떼어 들고 유엔클럽으로 들어간다. 처음에는 유엔 마담들이 나가라며 한국군을 쫓아낸다. 한국 병사들이 들어와 돈을 내고 서비스를 받겠다고 해도, 유엔 마담들은 이를 거부하며 한국 병사들을 무시하는 발언과 눈빛을 노골적으로 보낸다.* 자존심이 상해 화가 극에 달한 분대장은 클럽의 기물들을 부수기 시작한다. 기물을 하나하나 파괴하며 여성들에게 돈을 던지는 이 장면은 해병대와 유엔 마담 사이의 팽팽한 긴장감을 보여준다. 무시무시한 폭력 속에서 결국 마담들은 드디어 한국 병사를 받기로 결정한다. 해병대는 이제 여성들과 마음껏 밤을 즐긴다.

그 순간 유엔 마담들은 1950년대 영화에 자주 등장하던 전형적인 '양공주' 혹은 '아프레걸'이 가지고 있는 강한 여성 섹슈얼리티를 지우고 남성에게 순종하고 서비스를 제공하는 위치로 역전된다. 미군 '위안소'로 보이는 칸칸이 붙어 있는 방에 군인과 위안부가 들어가는 장면은 미군이 식민지 일본 군대와 같은 위안부를 이용했다는 상황을 보여주는 참혹한 장면이지만, 한국 남성에게 허락되지 않았던 "유엔군과 한국군 사이에 존재하는 위계적 관계"[44]가 한국군이 위안부 여성을 취하는 상상을 통해 보상받는 순간으로 구성된다. 남성성 생성의 폭력적 성격이 여실히 드러나는 순간이다. 미군에 비해 상대적으로 '약한' 한국군의 남성성이 한국의 여성을 폭력으로 '정복'하여 성관계를 갖는

---

* 박정미에 따르면, 한국 정부는 '청소 및 접객영업 위생사무 취급요령 추가지시에 관한 건'을 통해 위안부의 사용자를 미군으로 엄격하게 한정하고 있다. 박정미, 〈한국전쟁기 성매매정책에 관한 연구: '위안소'와 '위안부'를 중심으로〉,《한국여성학》 27권 2호, 2011, 49쪽.

것이 한국군의 남성성을 강화하는 방법이었던 것이다.[45] 물론 이를 통해 영화상 한국군의 남성성은 부각되었지만, 동시에 미군이라는 거대 남성에게 '지켜야 할' 그들의 '소유물'인 한국 여성을 빼앗겼다는 현실과 이를 되차지하기 위해 여성을 물리적으로 제압하여 "여성 거래"를 하는 남성중심적 지배 구조가 드러나는 장면이기도 하다. 게일 루빈이 "여성 거래"가 단지 여성 억압을 보여줄 뿐만 아니라 여성 거래를 통해 남성이 "사회 체계 속에 위치"된다고 지적했다.[46] 한국 군인과 미군 사이의 위계는 '성매매' 여성의 교환을 통해 한국인 남성을 상상적으로나마 우월하게 위치시키는 역할을 하고 여성은 이 관계에서 "포기 속에서 평화를 찾는" 무기력한 모습을 보인다.[47]

안연선은 일제의 군사주의적 남성성의 특징을 첫째, 스스로와 동료들의 신체와 정신에 손상을 입힌다는 점에서 파괴적이고, 둘째, 위안부 여성을 "사용할" 권리를 가짐으로써 스스로의 남성성을 확인한다는 점에서 폭력적이며, 셋째, 일반적으로 알려진 '남성성'과는 상반된 복종, 순종, 자기희생과 같은 '여성적'인 특징을 가지고 있다고 요약한다. 이 가운데 두 번째 특성은 유엔클럽에서 한국의 위안부를 폭력적인 방법을 통해 "사용한다"는 설정에서, 첫 번째와 세 번째 특성은 전쟁 영화 속 '언니'와 같은 캐릭터나 가미카제 파일럿들이 자신을 죽음으로까지 몰고 가면서 희생하여 남성성을 획득하는 설정에서 잘 드러난다. 이런 면에서 한국의 군사주의적 남성성은 일제의 전시체제하의 억압성 되풀이하는 가운데 냉전의 변화한 맥락에서 소비, 유통되었던 냉전의 오락이었다고 볼 수 있을 것이다.

5. 불안한 남성성: 〈남정임 여군에 가다〉

박정희의 군사체제가 체계적인 법 구조 아래에 강한 남성성을 중심으로 국가에 복무하는 주체를 만들어내고자 한 것과는 달리 그러한 주체를 형상화한 남성성 이미지는 '안정성'과는 거리가 멀었다. 이런 불안감은 당대에 실제로 벌어지고 있는 남북 관계의 불안정성 속에서 더욱 강화되었다. 1968년은 북한의 무장공작원이 청와대로 향하다 사살, 생포된 이른바 1·21사태와 푸에블로호 사건이 일어나 남북 간에 위기가 고조되던 해였다. 이 사건들 이후 박정희 정부는 군사 강화를 위해 향토예비군을 설치하여 군 복무 중인 병사들뿐만 아니라 일반인의 일상도 군사화하고자 했다. 1968년에 제작된 〈여군에 가다〉는 〈논산훈련소 가다〉를 같은 감독이 리메이크한 코미디 영화였다. 영화의 스토리는 〈논산훈련소 가다〉와 거의 동일하지만, 1960년대 말 불안한 남북 관계, 향토예비군의 창설과 밀접한 관련이 있다. 〈여군에 가다〉는 영화 안에서도 1·21사태를 직접 언급하면서, 국가를 지키기 위해 겁 많은 남성들을 대신하여 여성들이 입대하여 향토예비군 훈련을 받아야 한다는 점을 강조한다. 여성들이 훈련받는 동안, 남성들은 아이를 돌보고, 집안일을 하다 결국에는 여장을 하고 거리를 다니게 된다. 영화의 대단원은 잘 훈련받은 남정임이 진짜 남파 간첩을 잡는 것으로 마무리된다. 같은 감독이 제작한 만큼 영화의 대부분 플롯은 〈논산훈련소 가다〉와 동일하나 남녀의 젠더가 전도gender-switching된 것만 다르다고 할 수 있을 것이다.

물론 이런 종류의 젠더가 전도된 코미디 영화는 당시에 유행하던

〈남정임 여군에 가다〉 복무 선서를 하는 남정임.

〈남정임 여군에 가다〉 여장을 한 구봉서와 서영춘.

B급 코미디 대중영화의 경향 안에서 있는 것이기도 했다. '젠더 코미디 영화'는 1960년대 후반에 다량으로 만들어진 코미디 영화의 서브장르였다. 〈남자는 안 팔려〉(임권택, 1963), 〈총각김치〉(장일호, 1964)부터 시작된 이 서브장르는 〈여자가 더 좋아〉(김기풍, 1965)가 당시 서울 개봉관에서만 3만 명의 관객을 모을 정도로 인기가 있었다. 그러나 이러한 종류의 영화가 더 큰 인기를 끌기 시작한 것은 1960년대 후반에 심우섭 감독이 만든 코미디 영화부터였다. 심우섭 감독은 1967년 국제극장에서 개봉한 〈남자 식모〉의 큰 성공 이후로 중앙의 개봉관이 아닌 서울

변두리의 두세 번의 동시개봉을 통해 〈남자 기생〉, 〈남자 미용사〉 등을 성공시키며 이 장르에서 전성기를 맞이하고 있었다. 이 영화들은 당시로서는 남자가 할 수 없는 직업이라고 여겨지는 식모, 미용사, 기생을 여장-남자가 수행perform하면서 벌어지는 에피소드로 구성되었다. "3초에 한 번씩" 관객을 웃기며 수많은 관객을 끌어모았다.[48] 코미디 영화뿐만 아니라 같은 시기 많은 영화도 동성애, 변태 성욕, 성불구, SM 등의 비규범적 성애를 주제로 하여 관객의 호기심을 자극했고, 이러한 이상성性 코드의 영화들은 이른바 "젠더 트러블"을 일으켜 가시화시키는 영화였다.[49] 그 가운데 심우섭의 '남자 시리즈'는 남자와 여자라는 이성애를 크로스-드레싱을 통해 무너뜨리는가 하면, 이성애로 다시 돌아간다는 보수적인 결말을 보이며 영화를 봉합하는 경우가 많았다.•

이러한 영화들은 "철두철미하게 관객의 저속취향과 그 가치관의 전도, 비정상적 변태성에 영합한 것"으로 평가되곤 했다.[50] 그러나 한국영화사 비평의 지형에서는 이처럼 등한시되었으나 미국의 언더그라운드 영화들에 부여되는 문화적 가치를 고려한다면 이와 같은 B급 영화들의 가치를 완전히 무시할 수는 없다. 미국의 언더그라운드 영화들도 "재미없다, 이상하다, 대충 만들었다, 병적이다, 저속하다"라는 평가를 받았지만 "시네마-베리테"의 기법들을 사용하여 영화의 문법에 균열

• 1960년대 말에는 특히 성이 전도된 영화들이 대량으로 생산되었고, 상당한 인기를 누렸으며, 이는 당시의 불안한 젠더 질서를 상징적으로 보여주는 것이라고 할 수 있다. 1960년대 말 젠더의 질서의 균열을 보여준 연구로 Chung-kang Kim, "Nation, Subculture, and Queer Representation: The Film Male Kisaeng and the Politics of Gender and Sexuality in 1960s South Korea," *The Journal of the History of Sexuality* V.24, no.3 Sep. 2015 참조.

을 내고자 했던 나름의 전복성을 가지고 있었다.[51] 기존에 쌓아온 고전적 할리우드 영화의 봉합 방식을 무너뜨리면서 새로운 즐거움을 만들어냈던 것도 사실이다. 심우섭 감독은 자신이 할리우드 영화의 "180도 룰"을 일부러 어겨 "실험적인 영화"를 만들었다고 주장하기도 했는데,[52] 실제로 〈남자 미용사〉 같은 경우는 괴상한 헤어스타일을 한 모델을 실제 서울 거리를 걷게 하고, 이를 보고 즐거워하는 거리 사람들의 모습을 담아 베리테적 느낌을 만들어내기도 했다.

어쨌든 이 영화의 영화적 가치 이전에 더욱 중요한 것은 젠더가 전도된 상황을 기반으로 한 코미디 영화가 내포하는 의미일 것이다. 이 영화들은 상업적 코미디 영화였지만 대개 '국가 시책'과 관련된 계몽을 많이 담고 있었다는 점에서 프로파간다적이기도 했다. 앞서 언급했듯이 정부는 1960년대 내내 할리우드의 대규모 스튜디오 시스템을 모델로 한 메이저 영화사의 기업화를 추구해왔지만, 이러한 통합적 산업규제는 현실을 반영하지 못한 것이었다. 따라서 법망을 피한 "꼼수 제작" 방식, 이른바 "대명 제작"이 암암리에 행해지고 있었다. 대명 제작이란 시설 규모를 갖춘 (신필름과 같은) 회사들이 소규모 개인 제작사에게 이름과 촬영시설 일부를 빌려주고, 실제 제작은 소규모 제작사가 저예산으로 하는 것이다. 이런 꼼수에 대응하고자 정부는 1966년 영화법 개정을 통해 기업적 규제는 완화하되 작품의 내용에 더 깊이 관여하는 방식으로 태도를 바꾸었다. 일부 영화인들은 정부의 기준에 맞추기 위해 해외 수출용 영화나 문예 영화를 만들어내는 한편, 또다른 영화인들은 대중의 취향에 맞는 이른바 B급 장르인 위장 합작 액션 영화, 코미디 영화, 멜로드라마를 다량으로 제작했다.

이 같은 상황에서 만들어진 1960년대 후반의 젠더-전도된 영화들은 국가의 시책을 돌연히 전달하는 '부조화'의 장면을 삽입하는 방식으로 변화한 환경에 적응했다. 이는 1966년 영화법이 개정된 이후 '반공'과 '계몽'이 "우수영화"의 지표로 만들어진 가운데 탄생한 기현상이었다. 문필가 김동리는 과거에는 정부가 '양질'의 영화를 만들어낸 영화사에 보상을 주었으나 1960년대 후반부터 양질의 영화란 "국가의 시책"을 직접 홍보하는 것을 의미하는 것으로 바뀌었다고 지적했다.[53] 당시 상황을 두고 영화감독 김수용 또한 우수영화를 만들려면 "반공주의적"인 "에로영화"를 만들면 되겠다는 자조적인 말을 하기도 했다.[54] 이처럼 시책의 변화에 따라 심지어는 B급 코미디 영화에도 국가의 시책이 삽입된 장면이 자주 등장하게 되었다. 가령 〈남자 미용사〉는 영화의 중간에 갑자기 주인공인 앙드레(구봉서 분)가 사치품을 쓰고 있는 여성들을 향해 "국산품을 애용"해야 한다고 설교한다. 또 〈남자 기생〉의 구 씨는 술집에서 희희낙락한 남성들을 향해 "어리석구나! 냉수 마시고 속 차려서 나라를 위해 무슨 일을 할까 생각을 해라!"라고 일침을 놓기도 한다. 또한 갑자기 술집에서 "5월은 가정의 달"이라는 표어를 꺼내 들고 가정의 중요함에 대해서 설교하기도 한다.

이러한 코미디 영화의 유행 속에서 급하게 만들어졌던 젠더-코미디 영화인 〈여군에 가다〉를 다시 살펴보면, 이 영화 또한 향토예비군을 만들고 강한 군대를 여성에게까지 확장하겠다는 국가의 시책과 강하게 결부되어 있다는 사실을 명확히 알 수 있다. 이 영화는 1960년대 후반에 만들어졌지만, 마치 1950년대 악극의 요소들을 활용한 영화들이 흔히 "어트랙션"을 결합하여 "군위문"을 했듯이 이미자, 배호, 이영 등 가수들의 공연을 배치하고, 국민으로서의 선언문을 낭독하며 영화의 선명한 목적성을 드러낸다. 또한 누구보다도 빠르고 민첩하게 훈련받는 남정임의 모습은 그 어떤 남성보다도 믿음직한 '남성화된' 여성의 모습으로 그려져 "군민 전체가 국토방위의 임무를 수행"해야 함을 강조했다. 비슷한 시기에 여성이 군 훈련을 받는 다른 훈련소 영화로는 〈팔도여군〉(진천, 1970)이 있는데, 이 영화에도 〈여군에 가다〉와 마찬가지로 팔도 각지에서 트라우마를 가진 여성들이 모여 훈련을 받으며 우수한 군인으로 태어난다는 설정을 가지고 있다. 훈련된 여성들을 '중동 전쟁'에까지 파견한다는 내용의 〈팔도여군〉은 여성이 입대를 통해 모범적 국민으로 성장하는 모습을 그린다.

국가를 지키는 '강한 여성'으로 성장시킨다는 서사는 여성의 일반적인 재현의 유형에서 벗어난 매우 이례적인 경우라 할 수 있다. 와카쿠와 미도리가 지적했듯이 대개 호전적인 여성상이란 "닳아빠진 남장 여자"나 "여자 악녀"와 같은 부정적인 것이었다.[55] 또한 현실과 달리 남성을 무력으로 압도할 정도의 강한 여성을 그리는 것은 여성혐오적 표현으로도 볼 수 있을 것이다.[56] 그러나 다른 한편으로는 유약한 남성까지도 지키는 '강한 여성'으로 여성을 재현한다는 것은 결국 여성을 훈육하여 국가에 걸맞은 주체로 성장시키겠다는 '남성 주체' 형성의 내러티브와도 크게 다르지 않다는 점은 주목할 만하다. 성전도된 상황은 남-녀 사이에 젠더 관계가 전복되었다는 점에서 성질서에 위협을 가하는 것이기도 하지만, 또다른 한편으로는 결국 남성적 · 군사주의적 반공주의의 전파를 통해 일상을 군사화하려 했던 국가의 기획이 여성의 신체까지 확장되는 것이기도 하다. 물론 유신 직전의 남북한 관계의 극단적 위기감과 여성까지 동원해야 한다는 필요성이 이와 같은 영화를 만들어냈을 수도 있다. 그러나 이후 유신체제를 통해 극단적인 국가의 개입이 전면화되었다는 사실을 생각해본다면, 이러한 불안한 젠더와 섹슈얼리티 재현은 가까운 미래에 펼쳐질 극단적인 남성성과 폭력성을 동반한 유신체제가 도래할 것임을 전조한 것으로도 볼 수 있을 것이다.

서울의 한복판 광장은 여전히 한국 사람들의 사상이 충돌하는 공간이 된 지 오래다. 그곳에서 벌어지는 '촛불 집회'와 '태극기 집회'가 광화문과 서울역에서 경합을 벌이는 장면은 세대 간의 갈등과 이념 간의 갈등을 극적으로 보여주는 극명한 예일 것이다. 무엇보다 '태극기 집회'에 참석한 많은 남성 노인이 군복을 입고 태극기와 성조기를 흔드는 모습은 21세기 분단이 고착화된 지 60년이 넘은 대한민국의 이념 전쟁의 현 상태를 보여준다고 할 수 있다. 식민지 시기를 거쳐 해방 후 형성되어가던 군사주의적 남성성은 이처럼 남한 문화의 한 축을 여전히 이루고 있다.

이 장에서는 해방 전후와 1960년대의 '남성성'을 부각시키는 일련의 남성 성장서사 영화들, 훈련소 영화, 전쟁 영화를 중심으로 1950-60년대 한국에 남성중심적 군사문화가 주체화되는 경로를 살펴보았다. 한국의 남성문화가 '태극기를 들고, 군복을 입은 남자'로 일정 부분 대별되기까지, 한국의 군사문화는 끊임없는 국가의 주체화 전략과 사람들의 관계 속에서 만들어져 오늘에 이르렀다. 대중영화는 끊임없이 한국의 남성을 적으로부터 국가를 지키는 임무를 띤 철저한 전투의지가 가진 주체로 키워야 한다는 주체화 작업에 복무했다. 남한에 남성주의적 군대문화가 형성되는 배경에는 먼저 일제 전시체제하 선전문화가 자리했음은 물론이었다. 〈논산훈련소 가다〉는 전형적인 남성 성장 서사를 지닌 훈련소 영화로서, '주변적 남성성'을 지닌 두 주인공이 우여곡절 끝에 결국 적을 물리칠 수 있는 자랑스러운 남성으로 커나간다는 내러티브를 만들어내며, 진정한 남성으로 커나가는 대한민국의 남성에 대한 요구를 담았다. 그러나 식민지 시기 〈병정님〉과 유사한 형태로 제작된 이 영화는 〈병정님〉과 달리 '강한 군대'를 만들기에는 부적절한 불안 요소 또한 포함하고 있었다. 이후 1960년대 박정희 정권하에서는 보다 오락적 방식을 도입한 전쟁 영화들을 통해 남성적이고 군사주의적인 남성의 모습이 다량으로 주조되었다. 이 영화들은 한국 남성의 헤게모니적 남성성을 강화하기 위한 피학적 상대로서 여성과 자신의 목숨까지 희생하고 충성하는 남성의 모습을 성별 이원적으로 재현했다.

그러나 현실에는 이러한 담론이 담지 못하는 병역기피의 열망, 남성성에 대한 두려움, 군대에 대한 불신, 미군과 한국군 사이의 갈등이 상당했다. 군사주의적 오락 영화는 의도했건 그렇지 않았건 이러한 현실의 문제점, 혹은 이데올로기적 담론들이 포용하지 못하는 균열점들 또한 드러냈다. 이승만 정권기에는 국민개병을 시작하면서 강한 군대를 만들고자 했던 꿈이 실재 현실에서 병역기피를 하고자 하는 많은 젊은 남성들의 저항과 충돌했으며, 박정희 정권기에는 〈돌아오지 않는 해병〉, 〈빨간 마후라〉 등을 통해 군사주의적 남성성이 성공적으로 재현되는 듯했으나, 이러한 재현은 미군의 영향력 아래에서 실질적으로 약한 군대였던 남한군의 모습을 초라하게 드러내기도 했다. 그동안 쌓아온

'강한 군대'의 이미지는 사실상 '만들어진 것'에 불과한 불안정한 것이었다. 〈남정임 여군에 가다〉는 국가의 위기감과 불안함을 봉합하고, 여성도 국가를 위해 복무하는 신체로 확장시키는 내용을 관객에게 전달했다. 이는 결국 국가적 불안들은 제거하기 위한 극도의 남성성, 억압성, 폭력성을 동반한 유신시대의 징후기도 했다.

이 장에서 다루지는 못했지만 유신 이후인 1970년대와 1980년대를 통해 만들어진 반공 오락 영화들은 이전 것들과는 매우 다른 방식으로 냉전을 묘사했다. 북한을 직접적인 주적으로 형상화하되, 마치 2차 세계대전 기간 동안 미국이 일본을 "쥐"와 같은 '비인간'으로 형상화했던 것과 같이[57] 극도의 프로파간다들이 매우 강압적으로 만들어지기 시작했다. 1970년대와 1980년대에 유년기를 보낸 사람이면 대부분이 접했을 "똘이 장군" 연작을 통해 김일성은 돼지요, 이들을 따르는 부하들은 늑대와 여우라는 노골적인 이야기들을 들었을 것이다.[58] 유신이라는 극단적인 상황과 이어진 전두환 군사정권은 북한 사람을 죽여도 죄책감이 없을 정도의 비인간성을 지닌 '동물'로 그리며 돌이킬 수 없는 "예외상태"에 속하게 만들었다. 1950-60년대에는 이와 같은 선전을 극장을 찾거나 이를 상영하는 관공서나 교육기관을 방문해야만 접할 수 있었다. 그러나 1970-80년대에 텔레비전의 등장은 이러한 이미지들을 매일 일상적으로 접할 수 있는 여건들을 만들어냈고, 그 효과는 훨씬 컸을 것으로 짐작된다. "무찌르자/때려잡자 공산당, 쳐부수자 김일성" 등의 호전적 표어가 일상에 낯설지 않은 것으로 정착하면서, 현재까지도 이어지는 이 오래된 군사주의적 이데올로기는 식민지 파시즘-박정희 군사주의 정권을 거치며 이처럼 점차 증강되었던 것이다.

6장

망각의 영화들:
'아시아-태평양전쟁'이라는 '흉터' 지우기

1. 부재하는 공식 역사와 감정적 과거청산

2015년 영화 〈암살〉(최동훈, 2015)이 천만 관객을 넘어서며 식민지를 배경으로 한 영화는 상업적으로 성공할 수 없다는 영화계의 오랜 선입견을 깼다. 영화에서 광복군 안옥윤은 "알려줘야죠. 우리는 계속 싸우고 있다는 걸"이라는 유명한 대사를 남겼고, 관객들은 "독립운동가분들에게 감사하게 되고 친일파는 척살하고 싶네요", "기대하지 않았던 감동과 찡함", "일본 잔재를 아직도 청산하지 못한 대한민국. 암살 영화관람 후 증오심 더 폭발합니다" 등 다양한 격한 반응을 남겼다.[1] 이러한 반응은 식민지 경험, 독립운동과 친일파, 과거청산 등 식민 과거의 문제가 단지 정치권이나 학계의 문제가 아니라 현재까지도 대중의 감정을 자극하는 문제임을 보여주는 한 예라고 할 수 있을 것이다. 영화가 천만 관객을 동원한 이후 여주인공 안옥윤이 실제 여성 독립운동가 남자현이 모델이었다는 사실과 친일파 사살의 이야기가 "역사적 사실"에 부합하는지를 따져보는 대중의 뜨거운 반응도 이어졌다.[2]

그러나 더 중요한 것은 이 영화가 순전한 허구일지라도 식민 경험의 현재성 문제, 즉 청산되지 않은 과거에 대한 현재 한국인의 감정적 반응일 것이다. 영화가 허구적 내러티브—민족의 배신자를 끝까지 찾아내 "암살"하고 만다는— 를 만들어냈을지라도 관객은 스크린을 통해서 현실에서 이루지 못한 친일파 청산의 문제를 상상된 화면 속에서 경험하며 해소한다. 영화를 통한 이러한 감정의 해소는 비단 과거청산의 문제가 극단적 정치의 쟁점이 되는 현재만의 문제가 아니다. 영화는 때때로 공식 역사나 현실 정치가 이루지 못했던 과거의 문제를 현재로 호출하여, 대중적인 공감대를 만들어내는 역할을 해오곤 했다.* 이 장에서는 1950-60년대 한국 대중영화에 조선인의 아시아-태평양전쟁 참전 경험이 어떻게 기억되고 재구성되었는지를 살펴본다.

1937년부터 1945년까지 8년간 일본의 군대나 군속에 참여한 조선인의 규모는 800만 명에 이르는 것으로 추산된다.** 그럼에도 아시아-태평양전쟁에 참전했던 조선인의 경험에 관한 역사 서술은 많이 찾아보기 어렵다. 탈-식민적 민족주의적 역사학계의 공식 역사가 식민지 역사에서 독립운동에 관한 역사를 강화하면서, 오랫동안 공식적인 역사 기록에는 아시아-태평양전쟁의 경험을 주로 일본의 조선에 대한 억압과 수탈, 폭력의 예로 다루어왔기 때문이다.*** 일본의 공식 문서에도 조

• 〈암살〉의 성공 이후로 식민지를 배경으로 한 영화들이 속속 등장하여 대중적 호응을 받고 있다. 〈밀정〉(김지운, 2016), 〈덕혜옹주〉(허진호, 2016), 〈군함도〉(류승완, 2017), 〈말모이〉(엄유나, 2018), 〈봉오동 전투〉(원신연, 2019), 〈항거: 유관순 이야기〉(조민호, 2019) 등 상업영화 지형에서도 식민지를 배경으로 한 영화들이 많이 만들어졌다. 이외에도 〈아이 캔 스피크〉(김현석, 2017)와 같이 위안부 문제를 소재로 한 대중영화도 다수 등장하며 이른바 식민지 시기를 배경으로 한 영화들은 '붐'을 이루고 있다. 2024년 개봉한 〈파묘〉 또한 새로운 장르로 식민지 경험을 되살린 가장 최근의 영화라고 할 수 있다.

•• 정혜경에 따르면 전쟁에 동원되었던 인원은 연간 800만 명(위안부 제외)에 달했고, 군수품 및 군 관련 작업장은 7000여 개에 달했다. 정혜경, 〈아시아태평양전쟁에 동원된 조선인 노무자의 기억과 서사〉, 《4·3과 역사》 9, 10호 합본호, 2011.

••• 한국 정부에서는 한일협정의 준비를 위해 강제징용에 관한 조사를 1957-58년에 한 차례

선인이 일본에 징집되었던 기록이나 기억이 매우 축소되었다. 일본의 공식 문건에 의하면, 단지 36만 4186명의 조선인만이 1945년 이후 제대한 것으로 기록하고 있다.[3] 조선 군사에 대한 일본과 한국의 통계상의 차이가 의미하는 바는 적게는 36만 명, 많게는 몇백만 명에 이르는 조선인의 존재가 한국과 일본 두 국민국가의 바깥에 놓여 있었다는 것이다.

이 가운데에서도 '징집'을 통해 징모된 조선인 병사에 비해 '지원병'의 형식을 통해 일본의 군인이 된 사람들에게는 이른바 식민자의 '강제'에 의해 행해졌다는 변명도 적용할 수 없는 '배신자'의 낙인이 찍혔다.[*] 일본인으로 변경되었던 그들의 국가 '소속belonging'이 1945년을 기점으로 사라지고 이제 '적국'의 병사였던 과거만 남았기 때문이다. 이런 이유로 국가의 역사에서 잊혔던 이들의 이야기는 비교적 최근에야 학병으로 참전했던 사람들의 전쟁 경험에 관한 수기나 문학작품 등을 통해 조금씩 밝혀지고 있다.[**] 국문학자 김윤식의 학병 자서전에 관한 선

벌였다. 그러나 1960년 4·19로 정권이 교체되는 가운데, 이 조사기록은 사장되었다. 오히려 이들에 관한 조사는 재일교포 학자인 박경식을 중심으로 일본의 시민사회단체에서 시작하여 최초의 강제연행에 관한 포괄적인 조사가 시작되었다. 특히 국내에서는 1965년 한일협정 이후에는 조선인 강제연행에 관한 조사가 이루어지지 않았다. 이에 관한 손해배상 소송이 시작된 것도 1990년대 위안부 문제가 공론화되면서부터였다. 정혜경, 위의 글; 신영숙, 〈아시아태평양전쟁기 조선인 종군간호부의 동원실태와 정체성〉, 《여성과 역사》 14, 2008. 사학계에서도 식민 말기에 관한 연구는 1980년대부터 점차 넓어지기 시작했다. 구선희, 〈해방 후 남한의 한국사 연구 성과와 과제〉, 《한국사》, 한길사, 2010.

• 지원병들의 '지원'의 성격을 알아보기 위해, 최유리는 일본 공식문서를 통해서 지원병들이 지원한 동기를 알아보았다. 대답자 중 27.9퍼센트가 "순전한 애국심"이라고 답했으며, 나머지는 "강요되어서" 혹은 "생계를 위해"라고 답했다. 최유리, 《일제 말기 식민지 지배 정책 연구》, 국학자료원, 1997, 188쪽.

•• 아시아-태평양전쟁에 참여했던 사람들에 관한 연구는 최근에 조금씩 진전을 보이고 있다. 특히 기록을 남길 수 있었던 학병에 관한 연구는 국문학계를 중심으로 상당수 진행되고 있다.

구적인 연구에 이어 김건우의 학병 세대에 대한 연구는 그간 독립운동 중심의 역사 서술에서 배제되어왔던 학병들의 행적을 통해 사실상 이들이 대한민국의 많은 분야에서 암묵적인 주류로 활동했음을 밝혔다.[4] 그러나 기록을 남긴 학병들은 대개 엘리트였고 그들이 지원병으로 참전했던 기억은 주로 '죄책감'의 서사로 재구성되었다. 어쩔 수 없는 상황 가운데 벌어진 일이었다는 변명으로 일관된 경우가 많았던 이들의 서사에 비해 지원병의 대다수를 차지했을 것으로 보이는 하층계급 남성의 서사는 찾아보기 쉽지 않다. 아시아-태평양전쟁에 동원되었던 지원병, 학병, 노동자, 위안부의 역사가 역사적 행위자들의 '목소리'를 통해서 재구성되기 시작한 것이 1990년대 이후였다는 점을 상기해본다면, 조선인으로서 일본의 아시아-태평양전쟁에 참여했던 경험이 얼마나 오랫동안 한국의 '공식 역사'에서 망각되거나 회피되어온 주제였는지 알 수 있다.[•]

공식 역사에 담기지 않은 내러티브들이 개인의 회고적 문학이나 수기에 드러나고 있음도 주목할 만한 일이다. 위안부 문제에 관해서 역사학자들보다는 여성 학자를 중심으로 이루어져 왔음도 주목해야 한다. 한국에서 역사학자에 의해서 위안부와 위안소의 문제가 역사화된 것도, 역사담론이 가지고 있는 공식성, 남성 중심성을 나타낸다고 볼 수 있을 것이다. 징용되었던 조선 군인에 관한 역사적 접근을 보여주는 연구로는 다카시 후지타니의 연구가 있다. 다카시 후지타니는 해방 이후 징병되었던 조선인이 일본 정부에 연금을 요구하는 소송을 진행하고 있음을 지적한 바 있다. Takashi Fujitani, 앞의 책.

• 조선에 거주하다 1945년 이후 일본에 돌아간 일본인 혹은 한국에 남은 일본인에 관한 연구도 상당히 드물다. 최근에야 이에 관한 연구들도 조금씩 나오고 있다. 이연식, 《조선을 떠나며》, 역사비평사, 2012; 김경연, 〈해방/패전 이후 한일 귀환자의 서사와 기억의 정치학〉, 《우리문학연구》 38, 2013. 영어로 된 저서들도 상당수 있다. Nayoung Aimee Kwon, *Intimate Empire: Collaboration and Colonial Modernity in Korea and Japan*, Duke University, 2015; Uchida Jun, *Brokers of Empire: Japanese Settler Colonialism in Korea, 1876-1945*, Harvard University Press, 2011; Takashi Fujitani ed., *Perilous Memories: The*

그렇다면 아시아-태평양전쟁을 직간접적으로 겪은 사람들의 경험은 대중의 기억 속에서도 철저히 망각되어온 것일까? 철저히 망각된 것이 아니라면, 한국인은 그동안 일본이 일으킨 전쟁에 조선인으로 참전하고, 전시체제 속에서 부역했던 자신들의 경험을 어떻게 재해석하고 새로운 대한민국의 '주체'로 위치시켜왔을까? 이 장이 주목하는 것은 공식 역사 기록 혹은 주류적 영화 속에서 거의 나타나지 않았던 아시아-태평양전쟁의 경험이 재현된 대중영화다. 앞의 장들에서 살펴보았듯이 해방 이후의 많은 영화는 신생 국가인 대한민국 국민의 '공동의 심성', 이른바 '상상의 공동체'라는 '집합 기억'을 만들어내며,* '한국'의 새로운 국가 이미지를 만들어내는 데 큰 역할을 했다.** 영화는 한국의 근대사는 독립운동의 역사로부터 시작하여 헌법정신에 입각한 매끈한 민족의 역사linear national history ―3·1운동-임시정부-독립운

Asia-Pacific War(s), Duke University Press, 2001.

* '집합기억(collective memory)'이라는 개념은 사회학자 모리스 알박스의 논의에서 시작한다. 그는 개인의 기억이란 항상 사회적 관계 속에서 만들어지는 사회적 구성물임을 주장했다. Maurice Halbwachs, *On Collective Memory*, ed, transl. Lewis A. Coser, University of Chicago Press, 1992(Paris 1925), pp.54-83.

** 이러한 관점에서 1950-60년대 국가 주도의 '역사 만들기'의 방식은 이미 여러 학자에 의해 연구가 진행되어왔다. 이화진은 이승만 정부가 이러한 영상매체의 활용을 통해 국가관을 정립해왔음을 '극장국가'라는 개념을 활용하여 설명한 바 있다. 그에 따르면 영상매체는 독립운동가로서의 이승만의 모습에서 독립국가의 새로운 정치 지도자 이승만의 모습을 스크린에 충실히 담아냈다. 이순진도 이와 같은 측면에서 해방 이후 영화인들이 독립운동가를 다룬 영상을 다수 제작함으로써 영화인들의 친일 행적을 덮고 국가에 새롭게 복무하는 모습을 통해 남한 사회에서 주도권을 잡았다고 주장했다. 이화진, 〈'극장국가'로서 제1공화국과 기념의 균열〉, 전진성·이재원 엮음, 《기억과 전쟁: 미화와 추모 사이에서》, 휴머니스트, 2009; 이순진, 〈한국전쟁 후 냉전의 논리와 식민지 기억의 재구성: 1950년대 문화영화에서 구축된 '이승만 서사'를 중심으로〉, 《기억과 전망》 겨울호 통권 23권, 2010. 북한의 '극장국가'에 관해서는 권헌익·정병호, 《극장국가 북한: 카리스마 권력은 어떻게 세습되는가?》, 창비, 2013 참조.

동—남한정부의 정통성으로 이어지는 역사—를* 대중에게 상당히 호
소력 있게 전달했다.

반면 대중영화에는 '공식 역사'가 담지 못하는 '비공식 기억'이 표출
되기도 했다. 특히 식민지 시기에 조선인과 일본인이 함께 '아군'으로
같이 전쟁에 참여했던 "겹치는 역사"들은 일본이나 남한 모두에게 민
족국가의 역사에서 가장 많이 '숨겨진' 역사 가운데 하나였다. 이 이야
기가 처음으로 공적 영역에 나타난 것은 1960년 4·19를 전후로 한 시
기였다. 3장에서 살펴보았듯이 이 시기는 한국전쟁 이후에 반일-반공
의 국시 아래 그동안 사회가 덮어두었던 일본에 대한 양가적 욕망이
급속히 드러났던 시기였다. 무엇보다 공식적 역사나 매체에 주류적으
로 드러나지 않았던 '일본의 전쟁'에 참여했던 사람들의 심리나 감정을
직접적으로 드러내는 영화가 이 시기 대중에게 큰 관심을 받았다는 점
은 주목할 만한 일이다. 미셸 푸코는 1975년 《카예 뒤 시네마》와의 인
터뷰에서 전후 프랑스 영화들에 2차 세계대전 중 금지되었거나 억압되
었던 기억이 여전히 재현되지 않고 있는 현상에 대해서 "전쟁의 역사
와 전쟁 동안 일어났던 일들이 공적인 서술 외에는 결코 서술되지 않
았기 때문"이라고 말한 바 있다.[5] 그에 따르면 공식 역사는 역사적 기억
의 일부를 선택적으로 서술하여 지배적인 역사 내러티브를 만들어내
고, 따라서 대중이 공유하고 있던 경험이나 기억은 역사적 이야기로부

---

* 이러한 국가의 민족주의적 매끈한 역사서술의 방식은 한국뿐만 아니라 대개의 민족국가
에서 행해지던 역사서술 방식이었다. 이러한 민족주의적 매끈한 역사서술에 대한 비판으로는
Prasenjit Duara, *Rescuing History from the Nation*, University of Chicago Press, 1995
참조.

터 제외된다. 그럼에도 그는 영화는 발화할 수단을 갖지 못했던 대중들의 기억을 환원할 수 있는 장치가 될 수도 있다고 주장한다.

같은 관점에서 한국의 아시아-태평양전쟁에 관한 공식 역사를 생각해본다면, 4·19를 기점으로 수면에 떠오른 몇몇 영화에서 과거 아시아-태평양전쟁의 기억이 재현되는 방식은 흥미롭다. 이 영화들은 앞선 장에서 살펴본 국가 주도로 만들어진 다수의 영화와 달리, 대중의 감정을 드러내면서 '공식 역사'가 담지 못한 복잡한 '감정적 과거청산'의 심정을 보여주며, 이를 통해 한때 '제국의 신민'이 되기를 강요받았던 조선인의 '경계적liminal' 주체성이 어떻게 대한민국의 국가 '안'으로 수용되는지를 보여준다. 이러한 측면에서 영화의 재현은 다양한 역사와 기억이 경합하는 '기억의 장'이라고도 할 수 있다.•

이와 같은 관점에서 이 장에서는 아시아-태평양전쟁에 참전했던 경험이 4·19를 전후한 시기에 어떠한 방식으로 재현되었는지 영화의 텍스트를 보다 꼼꼼히 살펴보며 분석하고자 한다. 특히 주안점을 두는 것은 이 영화들을 통해서 공식적으로 표출할 수 없었던 아시아-태평양전쟁 경험에 관한 감정의 표출이 어떤 식으로 나타났는지, 그리고 이것이 대한민국의 새로운 국가 안에서 어떻게 봉합되는지다. 이 영화들은 1990년대에 위안부 문제나 징병·징용의 문제가 다큐멘터리와

• 피에르 노라는 역사가의 1차 사료와 사료 비판을 통한 전문 역사가의 해석이 역사적 사건에 대한 다양한 '기억의 장'을 파괴했다고 주장한다. 역사의 사료로 인정받지 못했던 속설, 풍설, 전승, 신화, 민화, 대중적 역사소설 등은 역사가 "어떻게 인식되었는가"를 드러내는 새로운 역사쓰기의 자료가 될 수 있다고 주장했다. 따라서 영화의 재현을 포함한 다양한 '기억의 장'의 발굴은 공식 역사에 대항하는 새로운 역사쓰기의 가능성을 열어준다. 피에르 노라, 〈기억의 장〉, 윤택림 편역, 《구술사, 기억으로 쓰는 역사》, 아르케, 2010.

개인의 증언이라는 형식으로 나타나기 이전에 아시아-태평양전쟁에 참전했던 조선인의 목소리를 들을 수 있는 좁은 통로 가운데 하나다. 따라서 이 장에서는 4·19를 전후로 한 시기에 분출되어 나왔던 세 영화를 중심으로 독립운동과 애국자 이야기로 점철되어 있던 식민지 시기에 관한 주류 영화의 내러티브와는 다른 식민지 경험과 전쟁에 동원되었던 사람들의 목소리를 찾아보고자 한다.•

이 장에서 분석할 영화는 이러한 경계적 기억이 남아 있는 〈청춘극장〉(홍성기, 1959), 〈돌아온 사나이〉(김수용, 1960), 〈현해탄은 알고 있다〉(김기영, 1961) 세 영화다. 이 세 영화는 모두 자기 반영적 텍스트이자 공식의 역사에서 기록될 수 없는 대중의 기억을 불러일으키는 영화였다. 세 영화 모두 이미 다른 매체를 통해 인기를 얻었거나 잘 알려진 고전을 원작으로 하여 영화화되었다. 〈청춘극장〉은 탐정소설로 유명했던 김래성이 1949년 5월부터 《한국일보》에 연재한 글이고, 그해 말에 청운사에서 단행본으로 발간하여 보름 만에 2만 부가 팔려나간 기록을 가지고 있다.[6] 이 소설은 1952년 연재가 끝날 때까지 "해방 이후 가장 잘나가는" 소설로 여겨지며 대중의 큰 사랑을 받았다.[7] 아시아-태평양전쟁을 겪으며 조선인과 일본인 사이의 동지로서의 우정과 삼각관계에 기반한 사랑 이야기를 담은 이 소설은 국제적이고 웅장한 아시아-

---

• 1965년 작 〈사르빈 강에 노을이 진다〉(정창화)도 아시아-태평양전쟁에 관한 영화지만, 배경이 동남아에 집중되어 있다. 이 시기에 베트남전쟁이 한참 진행 중이었다는 점을 생각해본다면, 오히려 이 영화는 베트남전쟁과 관련된 영화로 보는 것도 무리가 없어 보인다. 특히 한국의 많은 영화가 다루지 않은 양민 학살이나 전시 강간, 위안부 문제가 비판적 시각에서 그려진다는 측면에서 이 영화는 또다른 해석의 지형도가 필요해 보인다.

태평양전쟁의 스케일과 그 안에서만 벌어질 수 있는 조선인과 일본인 사이의 벽을 넘어서는 초인종적 인간애를 그렸다. 〈청춘극장〉은 1959년에 영화로 처음 제작되었지만, 현재 필름이 남아 있지는 않다. 이후 1967년과 1975년에 두 차례 더 영화로 제작될 만큼 큰 인기를 얻었다.[•] 〈현해탄은 알고 있다〉는 한운사 원작으로 1960년 8월부터 1961년 2월까지 HKLA를 통해서 라디오 방송극으로 만들어져 굉장한 인기를 끌었다. 연속극이 끝나기 전에 이미 영화화가 결정되었고, 당시 가장 인기 있던 감독 가운데 하나인 김기영 감독이 메가폰을 잡았다. 이후 이 작품의 남자 주인공 이름인 '아로운'[••]을 중심으로 한 시리즈가 신문 및 잡지에 연재되기도 했다. 또 1968년, 1981년, 1993년에 KBS의 TV 드라마로도 세월을 두고 지속적으로 리메이크되었다. 처음으로 영화화된 1959년에는 서울에서만 10만 이상의 관람객이 들었고, 지방에서는 25만의 관객이 들었다는 기록이 있다.[8] 아시아-태평양전쟁에 참여했던 경험이 대중들에게 얼마나 많은 공감대를 얻었는지는 쉽게 짐작할 수 있다.

위 두 영화가 아시아-태평양전쟁을 겪은 작가 자신의 자전적인 경험을 바탕으로 시나리오를 각색한 것에 비해 〈돌아온 사나이〉는 모파상의 소설 《귀향》을 원작으로 한 영화다. 모파상의 《귀향》은 어부였던

• 여기서는 1959년의 시나리오와 1967년 영화를 참조했다. 1959년에 개봉된 영화의 필름은 현재 남아 있지 않다. 이 글에서는 잡지 《국제영화》 1959년 2월호에 실린 시나리오의 내러티브를 주로 분석했다.

•• 아로운은 영어 'alone'의 일본식 발음이고, 조선인으로 징병되어 일본인 사이에서 홀로 지내야 했던 상황을 떠올리면 작명했다고 한다. 한국문화예술위원회 구술 채록 시리즈, 한운사 편, 2004 참조.

남자 주인공이 배가 난파되어 아프리카까지 갔다가 20년 만에 고향의
아내에게 돌아온다는 이야기인데, 〈돌아온 사나이〉에서는 아시아-태
평양전쟁에 징집되었다가 전사한 줄 알았던 남편이 1960년 현재에 아
내가 사는 곳으로 돌아온다는 설정으로 재구성되었다. 1960년 10월에
개봉하여 1962년까지 상영한 기록이 있는 것으로 보아 대중에게 상당
히 지속적인 관심을 받은 것으로 보인다.[9] 이처럼 4·19를 전후로 한 시
기에 개봉된 영화로 대중에게 큰 인기를 끌었을 뿐만 아니라 대중소설
이나 라디오 드라마 등을 통해서도 광범위한 인기를 누렸던 이 영화들
은 대한민국 사회가 아시아-태평양전쟁을 어떻게 기억하고 어떻게 감
정적 과거청산을 하는지 보여준다.

2. 식민지적 무의식, 그리고 노스텔지어

1945년 전쟁이 끝나자, 아시아 각지에 흩어져 있던 조선인, 일본
인, 중국인은 자신들의 고향으로의 긴 이동을 시작했다. 전쟁 후 이주
의 경험은 직접적인 전쟁 경험은 아니었지만, 전쟁 '이후'의 이야기이
자 국민국가의 국민으로 안착하기 위한 여정에서 대다수가 겪은 일이
었다. 전쟁 이후 자신들이 속할 곳으로 떠났던 이야기들, 그 과정에서
의 어려움 등은 이 시기 많은 사람이 공감할 수 있는 이야기였으며 이
런 예들은 어렵지 않게 찾아볼 수 있다. 가령 만주에 살던 일본인 여성
후지와라 데이가 일본으로 귀환하면서 쓴 수기인 《내가 넘은 38선》은
일본인이 해방 후 고향으로 귀환할 때 조선을 통과하며 겪었던 고통을

풀어낸 책이었다. 이 책은 한국에도 번역이 되어 출판되었는데 남한의 엘리트들에게는 "왜녀의 체험기록이 6판까지 나갔다는 것은 우리 출판문화계의 일대 모독"이라는 비판을 받았지만 1950년대 초 대대적인 판매 부수를 기록하며 같은 경험을 했던 많은 일반 대중들의 공감을 얻었다.[10]

전후 일본에 남은 재조선인의 불우한 처지가 담긴 이야기들이 일본과 한국에서 동시에 인기를 얻기도 했다. 예컨대 1959년에 제작된 〈구름은 흘러도〉(유현목, 1959)는 재일교포 소녀 야스모토 쓰에키가 광산촌에서 겪은 가난과 힘든 인생을 담은 수필집을 원작으로 했다. 전후에 겪은 '가난'을 중심으로 펼쳐지는 이 이야기는 일본에서 베스트셀러에 올랐고 곧 영화와 드라마로 만들어졌다. 〈구름은 흘러도〉는 식민지적 상황보다는 탄광촌에 사는 부모 없는 소녀의 가난에 초점이 맞추어져 있었기에 한국인에게도 많은 공감을 얻었다. 영화는 유현목의 유려한 사실주의적 연출이 빛을 발하며 1960년 문교부의 우수 국산 영화 우수상을 수여받기도 했고, 1960년 제10회 베를린영화제에도 출품되었다. 제국의 종말 후에도 일본과 한국의 "겹치는 역사"에서 비롯된 서사, 그리고 사람들이 나누는 '고통'의 감각은 조선인과 일본인이라는 거리를 넘어 대중들이 '공감'할 수 있는 이야기였다.

이처럼 한국인과 일본인이 전쟁을 겪으며 느꼈던 '고통'이 공감을 불러일으켰던 것에 반해, 아시아-태평양전쟁의 직접 경험을 담은 영화의 양상은 일본과 한국에서 매우 다르게 나타났다. 일본에서는 반전영화, 가미카제 영화, 그리고 괴수영화가 다수 만들어졌는데, 한정선은 이 영화들이 대체로 '아시아-태평양 전쟁'에서 '아시아'를 망각하고

'태평양'을 기억하는 방식의 영화들이었다고 한다. 다시 말해 일본인의 대다수를 무고한 전쟁의 피해자로 여기는 이 영화들은 "진주만 폭격에서 원자폭탄"으로 끝나는 태평양전쟁 서사에 집중하며 상품화되었다.[11] 이는 일본의 전쟁 영화가 일본이 아시아에서 저지른 만행에 면죄부를 주는 방식으로 재현되었음을 보여준다.

반면 한국에서는 아시아-태평양전쟁에 관한 영화가 매우 드물었다. 박유희에 의하면 아시아-태평양전쟁, 징용, 정신대 등을 키워드로 한 영화들은 1958년에 세 편을 시작으로 많게는 아홉 편, 적게는 세 편이 생산되었고 대다수가 4·19를 전후한 시기에 만들어졌다.[12] 이승만 정부가 '왜색 문화'에 대한 검열과 반일주의가 공공미디어를 강력하게 통제하고 있었던 때와 비교하여[13] 4·19 이후의 자유로운 사회 분위기와 박정희 정권의 한일협정을 위한 일본에 대한 유화 정책을 시행하자 전쟁에 관한 기억이 텍스트에 조금씩 반영된 것으로 볼 수 있다.[14] 또한 한국전쟁 이후 대부분의 전쟁 재현은 가장 가까운 과거에 일어났던 한국전쟁의 경험으로 대치되는 경향이 있었으며,* 1950년대 후반에서 1960년대 초반의 영화들을 제외한다면, 1960년대에 아시아-태평양전쟁에 관한 영화는 대부분이 1960년대 중반 이른바 "만주웨스턴"으로 불리는 장르 안에 배경으로 흡수되어 등장했다. 박유희는 태평양전쟁의 재현이 1965년 한일협정을 기점으로 만주웨스턴 영화와 같이 현격

• 한국에서는 한국전쟁을 소재로 한 영화들이 붐을 이루고 있었지만, 미국에서는 '잊힌 전쟁'인 한국전쟁에 관한 재현이 그다지 많지 않았다. 있다 하더라도 한국전쟁은 종종 '베트남화'되곤 했다. 이에 관한 논문으로는 Woosung Kang, "The Vietnamization of the Korean War in The Manchurian Candidate(1962)," 《문학과 영상》 제17권 2호, 2016 참조.

히 "원경화"된 원인을 국가가 더이상 과거 식민 지배 문제에 관하여 관심을 기울이지 않았기 때문이라고 보았다. 확실히 한일협정 반대 시위나 이에 대한 반대의 목소리는 이 시기 국가에 의해 강력하게 규제되면서* 식민 과거를 국가 중심적으로 '청산'하려는 억압적 상황이 존재했다. 그러나 다른 한편으로는 아시아-태평양전쟁을 배경으로 한 영화들이 사라진 자리에 일본의 '현재'를 배경으로 한 영화들이 계속적으로 만들어지고 있었다는 점은 주목할 만하다.

1960년대 중후반에 일본과 한국의 외교가 정상화되자 두 국가 사이는 더이상 과거의 문제에 매인 사이가 아니라 현재의 동맹이 강조되는 방식으로 변모했다. 일본은 이제 식민지배자로서가 아니라 냉전 상황에서 남과 북을 연결해주는 애매한 혹은 위험한 동맹국으로 등장한다. 〈동경서 온 사나이〉(박성복, 1962), 〈검은 장갑〉(김성민, 1963), 〈동경비가〉(홍성기, 1963), 〈총독의 딸〉(조긍하, 1965), 〈잘 있거라 일본땅〉(김수용, 1966), 〈서울이여 안녕〉(장일호, 1969), 〈동경 특파원〉(김수용, 1968), 〈동경의 밤하늘〉(이성구, 1970) 등의 영화에서 일본은 과거의 지배자로서가 아니라 재일동포의 북송을 지지하고, 조총련을 보호하고 있는 위험하지만 버릴 수 없는 '냉전 동맹국'으로 그려진다.[15] 이런 면에서 당시 박정희 정부가 일본과의 문제에 관심을 기울이지 않았다기보다는 데이비드 데서가 주장했듯이, 동맹국으로서의 일본의 새로운 위상이 대중영화 속에 더 많이 나타났다고 봐도 좋을 것이다.[16]

---

* 대표적인 예가 1964년에 있었던 이른바 '앵무새 사건'일 것이다. 1964년 동아방송의 시사 프로그램 〈앵무새〉가 한일협정 반대 시위를 사주했다는 이유로 방송국 관계자 2명이 구속된 사건이었다. 최창봉·강현두, 《우리방송 100년사》, 현암사, 2001.

〈서울이여 안녕〉의 한 장면(한국영상자료원).

　더구나 일본을 배경으로 한 영화들이 ‘왜색’을 이국적인 매혹의 지점으로 사용했던 것은 영화에 표출된 대중의 잠재되어 있던 욕망, 즉 ‘식민지적 무의식’을 영화에 표출한 것이라 볼 수 있다. 프레드릭 제임슨은 인간의 무의식 혹은 이데올로기가 사실은 수많은 문화 텍스트의 “차이, 유동성, 전파력, 이질성”을 무시, 전체화totalize한다고 지적하며, “이미 존재하는 국가의 내러티브”에서 “억압되고 묻힌 현실”의 맥락을 찾아냄으로써 한 개인 혹은 지역의 ‘무의식’을 읽어낼 수 있다고 했다. 이 시기 만들어진 일본을 배경으로 한 영화들은 일본에 대한 ‘무의식적 욕망’을 잘 드러내고 있었는데, 즉 식민지배자로서의 일본을 ‘부인 disavowal’하면서 동시에 ‘욕망’하는 양가성을 가지고 있었다. 가령 〈잘 있거라 일본땅〉, 〈검은 장갑〉과 같은 영화는 “일본 현지 로케”를 영화의 중요한 선전 포인트로 사용하기도 했다. 〈총독의 딸〉은 일본 쇼치쿠와 합작하여 촬영하기까지 하여 ‘금지된’ 일본 영화를 ‘합작’이라는 경로를 통해 우회적으로 흡수하고자 했다. 물론 종국에는 일본 여배우 미치 가타코의 출연이 문제가 되어 한국 개봉이 무산되었지만 말이다.

이처럼 조선인의 대다수가 경험했으나 국가의 공식 역사에서 드러낼 수 없었던 일본에 대한 다양한 기억들은 이처럼 '식민지적 무의식'의 지형도 안에서 표출되고 있었다.

〈청춘극장〉, 〈돌아온 사나이〉, 〈현해탄은 알고 있다〉 또한 아시아–태평양전쟁에 대한 기억이 상대적으로 많이 담긴 영화이자 대중의 호응을 많이 받았던 영화라는 측면에서 덮여 있던 식민지적 무의식이 표출된 영화들이라고 할 수 있다. 영화의 원작자들이 모두 식민지에서 교육받고 청춘을 보냈던 식민지 세대였다는 점에서도 공통점을 가지고 있으며, 이런 이유로 영화는 주인공 설정이나 내러티브에도 자전적인 경험을 반영한 자기 반영성이 크게 표출되며 '전쟁 후일담'과 같은 형식으로 이야기가 전개된다. 일례로 〈현해탄은 알고 있다〉의 원작자 한운사는 자신이 학도병으로 징집되었던 경험을 바탕으로 이 이야기를 썼다고 다음과 같이 회고한 바 있다.[17]

나는 내가 태어난 시대에 전쟁이 자꾸 그렇게 계속이 되니까, 또 그러다가 일본 군대에 끌려가서 그걸 겪다 보니까, 전쟁이란 인간의 지랄병이다 그거야. … 그 시대에 우리가 겪은 전쟁을 소화를 하고 넘어가지니, 그 시대의 청년들이 어떻게 살았느냐, 그 시대 어른들이 무슨 이, 망발을 했느냐. 또 그 어려운 환경을 어떡해서 극복하고들 넘어갔느냐. 이런 얘기들은 하나의 그 시대의 보고로서, 마땅히 냉겨둬야 딘다, 그런 기분이었고, 전쟁 속에서 생기는 낭만, 이게 또 있단 말야. **독일어로는 이히 핫트 아이넨 카메라덴, 나 전우를 하나 가졌었다. 그런 노래가 있어. … 그 속에 낭만이 있거든?**[18]

한운사의 "비참한 전쟁 속에 낭만이 있었다"라는 발언은 아시아-태평양전쟁에 대한 단선화되었던 역사를 넘어서는 회고이자 일종의 노스텔지어마저 드러낸다. 선명한 대립 구도로 공식화된 아시아-태평양전쟁에 대한 기억이 전쟁 속에서 병사와 병사 사이의 동지애로 낭만적으로 기억된다는 점은 주목할 만하다.

전쟁 경험에 대한 이런 노스텔지어적 감정은 영화의 초반부터 등장한다. 〈현해탄은 알고 있다〉는 조선인 아로운이 징집당하여 일본인과 군 생활을 시작하는 것으로 이야기가 시작된다. 군에 소집된 아로운은 당시 조선 총독이었던 고이소 구니아키에게 조선인 병사 징집의 불합리성을 주장하며 일본이 선전한 바와 같이 조선인도 일본인과 같은 권리를 갖게 되는지 질문한다. 한운사는 고이소 구니아키에게 징집의 불합리함을 질문한 아로운의 경험을 실제 자기 경험이라고 증언하기도 했는데, 아시아-태평양전쟁의 직접적인 경험이 〈현해탄은 알고 있다〉에 녹아 있는 부분이다.[19] 그러나 총독에게 조선인의 징집에 항의했다는 이유로 미운털이 박힌 아로운은 군대에서 수많은 어려움에 처하게 된다. 특히 악독한 일본인 선임병사인 모리에게 온갖 수모를 받는 것에 영화의 많은 부분이 할애된다. 그러나 이러한 수모는 역설적이게도 일본 여인 히데코와 사랑에 빠지며 치유 받게 된다. 전쟁은 일본 본토의 폭격으로 끝나고 조선인, 일본인 모두가 이유 없이 죽어간다. 영화의 마지막은 폭격으로 죽은 줄만 알았던 아로운이 시체 더미 속에서 마치 산송장같이 걸어 나오는 장관을 폭풍처럼 그려낸다. 이 모든 이야기는 아로운의 과거를 회상하는 나레이션으로 서술되는데, 이러한 방식은 일정한 비애를 만들어내면서도 아련한 과거로서의 낭만성을 동반한다. 물론 한운사는 김기영이 영화로 완성한 〈현해탄은 알고 있다〉를 보고, "이 작품은 나의 것이 아니다!"라고 분노하기도 했지만, 김기영은 〈현해탄은 알고 있다〉 자체가 일본 작가 고미가와 준페이의 《인간의 조건》과 유사함을 지적하며 이 이야기에 독자성이나 고유함이 있다기보다는 아시아-태평양전쟁을 겪었던 사람들의 '공감'을 불러일으키는 지점을 더 강조했다.[20] 김기영 또한 아시아-태평양전쟁기를 겪었던 사람으로서, 이러한 아시아-태평양전쟁에 대한 감정을 공유했을 것이다. 이런 면에서 전쟁 이야기는 작가들, 감독들의 개인적인 이야기가 아니라 전쟁을 겪은 사람들의 공통된 감정의 발현으로 볼 수 있을 것이다.

〈청춘극장〉도 〈현해탄은 알고 있다〉와 마찬가지로 '식민 후'에 과거를 회상하는 방식으로 이야기가 전개된다. 〈청춘극장〉은 아시아-태평양전쟁 동안 주인공 백영민을 중심으로 세 명의 친구의 우정, 그리고 허운옥, 오유경이라는 두 여인의 사랑의 삼각관계 이야기를 펼쳐낸다. 백영민은 조혼한 사이인 허운옥과 사랑하는 여인인 오유경 사이에서 갈등하는 인물이다. 허운옥과의 조혼을 깨고 백영민은 오유경과 동거하며 행복한 시절을 보낸다. 오유경은 곧 백영민의 아이를 갖게 되지만 그들의 행복한 생활도 잠시, 백영민에게 징집영장이 떨어지고 만주로 강제 징집당한다. 강제 징집 후 백영민은 만주에서 시력과 청력

• 유지형, 앞의 책. 함충범 역시 한운사와 김기영의 영화화의 차이를 지적하는데, 이를 대중영화의 상업성에 기인한 것으로 파악한다. 함충범, 〈1960년대 한국 영화 속 일본 재현이 시대적 배경 및 문화적 지형 연구: 〈현해탄은 알고 있다〉를 중심으로〉, 《한일관계사연구》 47, 2014, 215-221쪽.

을 잃고 병원에 입원하게 된다. 백영민을 잊지 못한 허운옥은 우연히 백영민의 소식을 알게 되고, 만주로 찾아와 자신을 알아보지도 못하는 백영민을 지극정성으로 간호한다. 허운옥의 간호 덕에 몸을 회복한 백영민은 자신을 간호한 것이 허운옥이라는 사실을 뒤늦게 알게 된다. 고마운 마음에 갈등이 일어나지만 마침 전쟁이 끝나자 백영민은 조선으로 돌아와 오유경과 재회한다. 그러나 오유경은 백영민과 허운옥의 사이를 오해하여 그를 떠난다. 설상가상으로 백영민과의 사이에서 난 아이 금동마저 죽게 되자 오유경은 자살한다. 소설에서는 오유경이 죽은 것을 알고 백영민도 독약을 먹고 자살하는 것으로 끝나지만, 1959년 영화에서는 자살하는 장면은 사라지고 백영민과 독립운동가의 딸인 허운옥의 결합을 암시하며 끝난다.

이 이야기에도 원작자 김래성의 자전적 경험이 상당히 녹아 있다는 점은 주목할 만하다. 소설의 주인공인 백영민은 조혼한 경험을 가지고 있고 일본 와세다대학 법학부에 다닌 것으로 설정되어 있는데, 김래성의 이력과 동일하다. 또한 김래성은 해방 이전 아시아-태평양전쟁 기간이었던 1940년대에 이미 이와 비슷한 전쟁을 배경으로 한 소설 《태풍》과 《매국노》를 통해 큰 인기를 모은 바 있다.* 《태풍》은 전체적으로 탐정소설의 형식을 띠고 있지만 주인공이 '대동아주의자'라는 닉네임을 쓰고, 이후 '아시아인'이 서양에 맞서는 구조를 가진 '대동아'라는 이데올로기를 내세웠던 제국주의에 순응하는 이야기를 담은 대중소설

---

* 1940년대부터 연재되던 소설을 모아 1944년에 초판 《태풍》이 간행되었고, 8000부가 한꺼번에 팔리는 등 선풍적인 인기를 모았다.

이었다. 주인공의 일제에 대한 협력 경험만 제외한다면, 아시아-태평양전쟁을 배경으로 한 〈청춘극장〉은 식민지 시기 《태풍》의 연장선상에 있었다고도 볼 수 있을 것이다. 식민지 시기에 체제 순응적 인물을 그린 대중소설이 캐릭터의 변형을 통해 해방 후에도 큰 인기를 얻었다는 사실은 흥미로운 지점이다. 영화화되는 과정에서 인물들이 독립운동을 이어가는 해피엔딩으로 끝이 나는 것을 제외한다면 이 영화의 내러티브는 전체적으로 아시아-태평양전쟁을 둘러싼 청년들의 우정과 사랑, 그리고 '낭만'이 부각된다. 한운사가 전쟁 동안 '전우'들과 나누었던 낭만적 기억이 〈현해탄은 알고 있다〉에 노스텔지어적으로 회고되었듯 말이다.

〈돌아온 사나이〉의 각색자인 임희재는 니혼대학에서 유학했다. 초기에는 주로 전쟁의 참상을 소재로 한 희곡 〈기류지〉(1955), 〈복날〉(1956), 〈꽃잎을 먹고사는 기관차〉(1958)나 〈초설〉(김기영, 1958), 〈이 생명 다하도록〉(신상옥, 1960), 〈마부〉 등의 소위 '리얼리즘'적 시나리오를 많이 썼다.[21] 〈돌아온 사나이〉는 아시아-태평양전쟁을 겪은 한 남자가 1960년 현재의 사회에 적응하는 과정을 보여준다. 줄거리는 이제 막 결혼하여 행복한 신혼생활을 하던 부부의 이야기로 시작한다. 남자(박남호)와 여자(경희)는 모두 식민지 시대에 일본인이 운영하는 제약회사에 다니고 있었고, 이들 신혼부부는 '장미의 집'이라는 이층 양옥에서 살림을 시작한다. 행복한 나날을 보내던 중 어느 날 남호에게 징집영장이 떨어진다. 남호는 관동군의 어느 부대에 배치되어 "만주 벌판을 노예처럼 끌려다니며" 야전 병원에서 병사들을 돌본다. 그러던 어느 날 팔로군의 습격으로 막사가 폭파되고, 이로 인해 남호는 얼굴에 큰 화상을 입는다. 화상으로 인해 좌절한 남호는 자살을 기도하지만, 만주에 있던 독립운동가에 의해 구조를 받는다. 한편 경희는 남호가 죽었다는 전사 통보를 받게 되자 유복자를 낳은 채 다른 남자와 결혼하게 된다. 해방 이 되자 남호는 온갖 역경을 겪으며 만주로부터 돌아오게 되고, 그 와 중에 길에 버려진 아이를 딸로 삼아 남한에서 새로운 생활을 시작한 다. 비슷한 시기에 제작된 〈동경비가〉도 비슷한 내러티브를 가진 멜로 드라마였던 것으로 보아, 이 작품이 모파상의 원작에 근간을 두고 있 다고 하지만 아시아-태평양전쟁을 둘러싼 '후일담' 서사의 맥락 안에 서 이해될 수 있다.* 한국전쟁을 겪고 헤어진 가족과 연인이 재회한다 는 1960년대에 만들어진 많은 멜로드라마와도 소재가 공유되는 지점 이기도 하다. 이런 점에서 이 영화의 이야기는 허구적이기는 하지만 아시아-태평양전쟁과 더불어 한국전쟁을 겪은 작가의 경험이 담겨 있 는 '기록'이자 아시아-태평양전쟁이 끝난 지 15년이나 지나 펼쳐놓는 '후일담'이기도 하다.

　이 세 영화에서 무엇보다 흥미로운 점은 아시아-태평양전쟁 이전 의 삶에 대한 영화의 묘사다. 영화의 배경은 일제 식민지 말의 전쟁 상황이고 이때 겪은 어려움이 서사의 중심을 이룬다. 그러나 이 역사 적으로 암울했던 시공간은 주인공의 청춘과 낭만이 남아 있는 때로 그려진다는 측면에서 양가적이다. 가령 〈돌아온 사나이〉에서의 식민 지 말기는 그들의 중산층 가족의 꿈과 사랑이 서려 있는 "황금기"로 기

---

* 예를 들어서 〈동경비가〉처럼 〈모녀기타〉(강찬우, 1964)와 같은 영화도 아시아-태평양전 쟁 동안 헤어진 가족의 이야기 구조를 가지고 있다. 두 이야기는 멜로드라마적 구성에 대중음 악적 요소를 가미하여 주인공들의 슬픈 정서를 자아내는 데 중점을 둔다.

<돌아온 사나이>에서 행복했던 시절로 표상되는 식민지 시대 회상 장면.

록되고,* 이 시공간을 떠난 남녀 주인공은 모두 다시는 돌아갈 수 없는 과거로 인해 괴로워한다. <청춘극장>의 경우에도 전시체제하 '대동아 공영권'에는 대륙을 종횡하며 자신들의 전성기를 누렸던 식민지 청년들의 모습이 낭만적으로 그려진다. 파시즘 문화에서 느끼는 수치나 모순, 시대의 고민을 담고 있기도 하지만 그것이 일제에 대한 특별한 원한이나 악감정으로 나타나지 않는다. <청춘극장>의 세 친구는 각자 일본 유학생, 독립운동가, 무기력한 문학가로 서로의 인생을 인정하는 가운데 각자의 길을 가고, 이 외에도 노골적인 친일파, 타협적 친일파와 같은 다양한 스펙트럼의 조선인 캐릭터들 또한 등장한다. 영화가 그리는 인물형들은 다소 도식적인 면이 있지만, 원작자인 김래성은 마치 자신이 이 인물들의 대변자나 되는 것 같이 그들 개인의 삶에 대한

• 이는 송효정이 1960년대 과학영화에서 '미친 과학자'들이 식민지 시대를 자신들의 "황금기"로, 노스탤지어를 가지고 있다고 지적한 바와도 통한다. 송효정, <실험실의 미친 과학자와 제국주의적 향수>, 《대중서사연구》 23(3), 2014.

각각의 정당성을 부여해준다. 심지어는 악질적인 친일파 오창윤에게
도 그 나름의 논리가 있다. 이 인물들은 자신들의 상황에서 갈등하고,
선택하며, 포기하거나 저항하는 생동감 있는 인물이며 이 시기를 살아
낸 증인들이다.

〈현해탄은 알고 있다〉의 경우도 아시아-태평양전쟁을 생생하게 담
고 있는데, 타이틀이 오르면서부터 영화는 바다 위의 항공모함을 버
즈-아이-뷰Bird's eye view로 바라보며 시작된다. 시네마스코프에 펼쳐
진 넓은 바다와 이와 대조되는 폐쇄적 군함 안은 당시의 전쟁이 펼쳤
던 시각적 쾌감과 더불어 군함 안의 답답한 상황을 동시에 보여준다.
중간에 미군의 2차 세계대전 중 찍은 전투 푸티지로 보이는 장면들이
삽입되며 전쟁 상황을 그려내지만, 전체적으로 전쟁은 느리고 마치 정
지된 듯한 느낌으로 전개된다. 여기에 전쟁 중에 시작된 히데코와 아
로운의 느린 사랑의 전개는 아련한 회상을 통한 노스텔지어와 같은 감
각을 만들어낸다. 특히 둘이 첫날밤을 보내는 장면은 약 2분에 걸친 롱
테이크로 그려진다. 기모노를 입은 히데코와 아로운의 '운명적' 사랑의
순간은 '왜색'을 드러냄과 동시에 관객에게는 과거가 된 이 문화를 다
시 한 번 향유하는 순간을 제공한다. 이 장면에는 전쟁에 참가한 조선
인으로서의 서러움과 일본 여인과의 사랑이라는 아련한 감정이 동시
에 담긴다.

이처럼 세 영화는 모두 1940년대 아시아-태평양전쟁기에 청춘을
보냈던 사람들의 이야기를 아련하게 회상하는 감각으로 그려냈다.
작가들의 자전적 모습이 상당히 투영된 이 영화들은 1960년대에 막
40-50대가 된 사람들의 노스텔지어적 감각을 부각시키며, 이를 보는

〈현해탄은 알고 있다〉 기모노를 입은 히데코가 아로운이 치는 북에 맞추어 전통적인 춤을 추고 있다.

관객들 또한 영화가 자신들이 겪었던 참혹한 전쟁의 실상과 청춘을 상기시킨다는 점에서 크게 공감했을 것으로 보인다. 아시아-태평양 전쟁은 주인공들이 청춘을 보낸 무대였고, 따라서 전쟁의 종료는 이들에게는 청춘과 사랑의 종지부라는 역설적 노스텔지어를 담고 있었던 것이다.

3. 속할 곳이 없는 사람들의 '흉터' 지우기

이처럼 다소 낭만적으로 회상되는 아시아-태평양전쟁기의 경험이 어떤 대단원을 맞이하는가는 결국 이 영화들이 어떤 맥락에 담겨야만 했는지를 보여준다. 무엇보다도 그들의 청춘과 사랑의 종지부가 신체를 훼손당한 '흉터'처럼 남거나 자신의 목숨을 스스로 끊는 죽음으로 이어진다는 점은 상징적이다. 소설 《청춘극장》에서 백영민은 전쟁 중 시각과 청각을 잃었다가 곧 회복하지만, 해방 후 자살한다. 〈돌아온 사나이〉에서의 박남호도 얼굴에 심한 화상을 입고 "난 살 가치가 없는 놈입니다"라고 울부짖으며 자살을 기도한다. 〈현해탄은 알고 있다〉에서 아로운은 시체 속에서 걸어 나오는 거의 '반송장'의 모습으로 형상화된다. 이처럼 식민지의 결과를 '흉터'처럼 안고 살아가야 하는 아픔을 잘 드러낸다는 측면에서 공통적이다. 해방과 함께 주인공들의 청춘은 끝나고, 자신들의 청춘 이야기는 이별, 자살, 죽음과 같은 비극으로 막을 내린다. 영화 속에서 아시아-태평양전쟁에 나갔던 이들은 모두 신체가 훼손되고, 이러한 상처는 거의 복구가 불가능한 것으로, 혹은 죽음으로 직결된다.

이 가운데 〈돌아온 사나이〉에서는 전쟁으로 인해 훼손된 신체에 관하여 집요할 정도로 상처를 시각적으로 드러낸다는 점에서 더욱 주목된다. 영화의 시작부터 주인공 남호는 친구의 집을 방문하는데 이 장면에서 남호가 친구 집의 초인종을 누르자 친구의 딸은 "엄마! 문둥이가 왔어!"라며 문을 열어주지 않는다. 화상으로 인해 심하게 일그러진 남호의 얼굴을 문둥이로 착각한 것이다. 남호는 다행히 자신이 가지고 있던 과학적 지식으로 인해서 쉽게 제약회사에 다시 취직하지만, 그를 바라보는 사람들의 시선은 여전히 냉랭하다. 심지어는 아내였던 경희마저 화상으로 인해 심하게 일그러진 그의 얼굴을 알아보지 못한다. 박남호는 이 상처 때문에 스스로를 사회로부터 격리시킨다. 급기야 어떤 순간에는 딸에게마저 소리를 지르며 "내가 징그러워서 못 보겠으면 못 본다고 해!"라고 소리를 지를 정도로 그는 자신의 복구 불가능한 신체의 훼손을 저주한다. 아시아-태평양전쟁에서 얻은 상처가 결코 "영광의 상처"가 될 수 없는 것이다. 불명예스러운 전쟁에서 살아 돌아온

〈돌아온 사나이〉에서 상처로
뭉그러진 얼굴을 가진 주인공 남호.

자들이 속할 공간은 찾기 어렵다. '해방'은 이처럼 아시아-태평양전쟁
에 참여했던 이들에게는 청춘의 종말이자 훼손된 신체만을 자각시키
는 아픔의 기억인 것이다.

아시아-태평양전쟁에 참여했던 기억이 이별, 자살, 죽음으로 끝났
던 이유는 무엇이었을까? 그 이유는 아마도 해방 이후 민족국가의 현
실에서 자신들의 기억을 발화할 통로가 없었기 때문이었을 것이다. 한
국전쟁과 같이 적이 명백한 전쟁에 참여했던 참전용사들이 영웅으로
그려지거나 순결한 민족의 희생자로 그려지는 것과는 달리, 조선인의
아시아-태평양전쟁에의 참전은 결코 기념의 대상이 될 수 없었다. 한
국전쟁 이후 등장한 무수한 한국 영화는 전쟁을 통해 죽거나 다친 작
고 큰 영웅들의 아픔을 위로하고 기념했다. 이에 비해 아시아-태평양
전쟁에 참전하거나 부상당한 사람들의 귀향은 망각되었다. 그들이 만
약 전쟁에서 죽었다면, "무명용사의 무덤"을 통해 민족국가의 희생자
로서라도 자신들의 위치를 찾을 수 있었겠지만[22] 살아서 돌아온 이들
에게는 속할 곳이 없었다. 전쟁에서 죽은 조선인 병사, 타이완 병사들은

야스쿠니에라도 잠들었지만, 생존자는 '순수한' 일본인도 한국인도 아니었기 때문에 일본이나 한국 모두에서 외부자로 존재했다. 심지어는 가미카제로 자신들의 목숨을 버린 조선인조차도 "희생정신"과 "순수한 애국심"을 지닌 일본인 가미카제 용사들과는 다르게 취급되었다.[23]

이러한 역사적 상황에서 명확한 명분이 없는 전쟁에 참전했던 주인공들은 과거를 돌아보았을 때 자신들이 참전했던 전쟁의 적이 과연 누구인지를 계속 질문할 수밖에 없다. 마치 〈돌아온 사나이〉에서도 징집영장을 받은 경희가 "전쟁과 우리가 무슨 상관이란 말이에요? 누구를 위한 전쟁인가요?"라며 절규했던 것처럼 말이다. 남편의 얼굴에 화상이라는 큰 상처를 남긴 것은 전쟁 그 자체가 되는 것이다. 그들의 적은 자기 삶의 평화를 깨고 전쟁터로 자신을 호출한 일본제국인가? 아니면 전투 중 자신의 신체에 치명적 상처를 남긴 중국군인가? 전쟁 중 일본에 포로로 잡혀온 미국인은 동맹 국민인가, 적국의 포로인가? 이처럼 복잡한 아시아—태평양전쟁의 경험은 해방 후 민족국가가 그리듯이 쉽게 일본의 패배와 연합국의 승리라는 단순한 그림으로 그려지지 않는다. 오히려 적이 누구인가에 대한 질문을 통해 전쟁 자체에 의문을 던지게 되는 것이다.

칼 슈미트가 주권을 구성하는 가장 기본적인 구분이 '적'과 '우리'라고 했다는 점을 상기해본다면,[24] 영화 속의 주인공들이 느끼는 '적'에 대한 혼돈은 주권의 영역이 일본제국에서 대한민국으로 생성되는 과정에서 비롯된 것이라고 보아도 무방할 것이다. 제국의 전쟁에서 같은 '적'을 향해 싸웠던 일본은 과거의 '우리'였고, 이승만 정권기의 반일정서 속에서는 '적'이었다가, 다시 냉전의 동맹 속에서 같은 자유 진영으로서의 '우리'로 지속적으로 그 옷을 바꾸어 입었던 것이다. 더구나 제국의 '같은 몸' 안에서 만났던 다양한 일본인의 기억은 이제 새롭게 변한 역사적 맥락 속에서 다시금 위치 지워져야 하고, 따라서 영화 속 인물들의 고민은 더욱 심화된다. 이는 제국주의에 동참했던 많은 일본인이 자신들을 전쟁을 지휘했던 지도부들로부터 분리시키고, 국민의 자유를 뺏고 참혹한 전쟁 폭력의 희생자로서 자신들을 위치 지우는 것과도 비슷하다.[25] 전쟁을 겪은 모두가 전쟁의 '희생자'라는 인식 가운데, 영화는 전쟁에 참여한 자신에 대한 죄의식을 지워내고 휴머니즘에 기반을 둔 '반전Anti-War'의 정서를 그려냄으로써 자신들의 과거 행적을 지워버린다.

아시아–태평양전쟁에 참여한 조선인의 복잡한 심정은 〈현해탄은 알고 있다〉에 가장 극적으로 드러난다. 영화는 완전한 '우리'로 포용되지 못했던 조선인의 위치를 보여주며, 처음부터 아로운을 일본군으로 적합한지 '의심'받는 캐릭터로 그린다. 갈등의 양상도 매우 구체적으로 드러나는데, 특히 아로운과 악질 상사 일본인 모리의 관계가 그렇다. 아로운은 일본에서 대학을 다닐 정도로 지식인층에 속했던 인물이다. 그러나 그를 지속적으로 괴롭히는 일본인 병사 모리는 가난한 농민계급 출신에 변변한 교육도 못 받은 인물이다. 이러한 계급적 차이는 이 둘이 같은 부대에 속하면서 조선인과 일본인이라는 인종적 차이 때문에 역전이 되고, 자격지심이 많은 일본인 모리는 아로운에게 똥을 밟은 신발을 핥게 하는 가혹 행위를 통해서 인종적 우위를 차지한다. 물론 군대 내의 이런 가혹 행위를 그리는 것은 일본인의 조선인에 대한 차별에서만 비롯된 것은 아니었다. 아시아–태평양전쟁을 겪었던 많은 일본인 학병도 전쟁에서 "괴롭힘을 당하고, 들볶이고, '폐하'의 총대로 얻어터지고, 말똥을 억지로 먹고, 철굽이 박힌 군화로 얻어맞아 피를 흘리고, 이가 부러지고, 귀가 먹먹해졌다"라고 회상했다.[26] 다시 말해 〈현해탄은 알고 있다〉는 이러한 군대 내 폭력이 조선인인 아로운을 향해 가해진 것으로 그리고 있지만, 사실은 어찌 보면 이 경험은 일본의 군대문화를 보여주는 일본인 학병과 조선인 학병의 '공통의 경험'이기도 했다.

어찌 되었든 유학생 신분으로 상류층의 생활을 영위했던 조선인이 이제 전쟁을 통해서 '평등화'된 군대를 처음으로 경험하고 자신들의 계급적 위치가 뒤바뀐 것에서 '수치'를 느끼게 된 것이다. 그러나 이러한 수치의 감정과는 달리 자신을 지속적으로 괴롭히던 모리 병사가 나중에는 일본인 동료들에게서 인정받지 못하고, 오히려 다른 일본인 동료들과 아로운은 더욱 강한 유대감을 갖게 된다. 아로운도 일본인 동료들의 신뢰를 잃지 않기 위해 노력한다. 여기에서 사실은 일본제국이 설파했던 조선인-일본인 간의 '내선일체' 인식이 공유된다는 지점은 기억해둘 만하다. 영화 내내 애처로운 희생자로 그려지는 아로운은 사실상 김수연이 지적했듯이 "위기에 처한 조선 남성"이 아니라 "일본의 제국주의에 적극 동참한 참여자"였던 것이다.[27]

일본인 병사 모리에게 받은 상처를 인종에 대한 편견을 넘어 자신을 순정적으로 사랑해주는 일본 여인 히데코에게서 치유 받는다는 설정 또한 주목이 필요하다. 영화에서 재일교포 공미도리가 분한 히데코는 처음에는 조선인에 대한 선입견을 가진 여성이지만, 곧 자신의 인종적 편견을 극복하고 전심으로 조선인 아로운을 사랑하는 여자로 그려진다. 김기영의 카메라는 이들이 사랑하는 장면을 시적으로 그려내며, 조용하고 평안한 둘 사이의 사랑이 '순전한 사랑'임을 그려낸다. 그러나 조선인 남성과 일본인 여성 사이의 이러한 '순수한 사랑'은 식민 말기 내선-일체 사상의 최극에 달하는 '심정적 결합'을 상징하는 내선-연애의 그것과 완벽히 일치한다. 가령 정인택의 소설 《껍질》에서는 순수한 조선인과 일본 여성의 사랑을 조선인을 혐오하는 부모마저 설득할 정도로 아름다운 것으로 그려낸다.[28] 이 소설에서 일본 여인 시즈에와 조선인 학주의 사랑은 아로운과 히데코의 사랑과 정확하게 일치한다. 이렇듯 제국주의 프로파간다 아래에서 생산된 조선인 남성과 일본인 여성 사이의 사랑 이야기가 〈현해탄은 알고 있다〉에 부활되면서, 영화는 은밀하게 제국주의가 선전으로 그려냈던 관계를 자연스럽게 인종 관계를 벗어나는 휴머니즘적 '사랑'의 관계로 재배치시키는 것이다.

그럼에도 영화는 조선인 아로운의 위치가 제국주의적 담론 안에서 항상 의심받고 견제받는 존재였음 또한 간과되지는 않는다. 영화에서 아로운은 영어를 잘하는 조선인으로 설정된다. 그래서 그는 군대에서 새로운 임무를 부여받는다. 바로 미국인 포로를 감시하는 일이다. 영화에서 미국인 포로는 아로운이 조선인임을 알고 자신들을 도주시켜 달라며 회유한다. 제국에의 충성심을 받는 가운데, 일본의 적국인 미군이 사실은 조선에 해방을 가져올 것이라는 것을 직감한 아로운은 이 사이에서 갈등한다. 그러나 결국 제국의 군인으로서 임무를 다하고, 미군에게는 "Damn Koreans!(망할 한국 놈들!)"란 말을 듣게 된다. 결국 이를 통해 자신이 일본을 위해 임무를 수행한 제국의 군인임을 입증했

〈현해탄은 알고 있다〉 시체 더미에서 걸어 나오는 아로운.

〈현해탄은 알고 있다〉 불타는 시체를 바라보며 울부짖는 히데코와 일본인.

지만, 이 과정에서 나타나는 아로운의 심적 갈등은 그 누구도 적으로 삼을 수 없는 조선인의 위치를 드러낸다. 일본인도 미군의 동지도 아닌 경계에 선 존재로서 자신의 존재를 끊임없이 증명해야 하는 조선인의 복잡한 위치 말이다.

〈청춘극장〉에도 식민지기를 살았던 사람들의 정체성의 복잡성이 드러난다. 영화에는 다양한 인물의 전형 — 유학생, 독립운동가, 무기력한 문학가, 노골적 친일파, 타협적 친일파 — 등이 등장하지만, 그 어떤 인물도 절대 악이나 절대 선으로 그려지지 않는다. 오히려 모든 인물은 전시라는 주어진 상황에서 선택을 갈등하는 입체적인 인물로 그려진다. 특히 백영민의 오랜 선생이었던 일본인 야마모토는 일본 정부에 대해 계속 냉소적인 태도를 가지고 있고 일본이 일으킨 전쟁에 회의적인 태도를 취하지만, 결국은 참전에 응하고 마는 갈등하는 일본인으로 그려진다. 어쩌면 이 이야기에서 가장 '양심적 지식인'의 면모를 가지고 전쟁을 비판적으로 바라보고 있는 인물은 일본인 야마모토기도 하다.

이처럼 영화는 전쟁에 대한 책임도 직접적으로 일본제국으로 돌리지 않는다. 오히려 조선인이 느꼈던 전쟁의 비참함과 수치는 일본제국에 대한 반감이나 원한보다는 전쟁 자체에 대한 근본적인 회의로 드러난다. 조선인뿐만 아니라 전쟁은 누구에게나 잔혹한 것이라는 사실을 드러내며 영화는 반전영화적 성격을 보인다. 〈돌아온 사나이〉와 〈현해탄은 알고 있다〉는 모두 태평양전쟁의 폭격 장면을 사용해서 일본이 파괴되는 모습을 상당히 많이 보여주지만, 그 폭격 속에 일본인만 있었던 것이 아니라 조선인도 있었음을 명확히 보여준다. 〈현해탄은 알고 있다〉는 도쿄 공습 장면과 아로운이 폭격당해 다른 시체들과 같이 매립될 뻔한 과정, 그리고 그러한 시체 더미를 바라보며 울부짖는 일본인과 조선인의 모습 또한 영상에 담고 있다. 한국의 버려진 공터에서 촬영되었다는 이 장면은 일본인이나 조선인 모두 전쟁의 피해자임을 명확히 보여준다.

이 마지막 장면에는 전쟁 자체가 반인류적인 것으로 규탄됨으로써 이 전쟁을 만든 모든 비인간적 상황이 비판된다. 이러한 아시아-태평양전쟁의 재현은 어쩌면 한국전쟁 직후 일본에 반전영화가 만들어지며 가해자로서의 일본을 삭제하고 '피해자 의식'을 강화했던 것과 결을 같이하는 것이라고도 볼 수 있다.* 일본이 반전영화를 통해서 전범국으로서의 이미지를 벗고 피해자로서의 일본의 이미지를 만들 수 있었던 것처럼, 조선인으로서 일본의 전쟁에 참전했던 수치심 또한 전쟁 자체를 규탄함으로써 치유하고 이해받는 것이다. 이렇듯 조선인으로서 일본의 전쟁에 참가한 경험은 승리와 패배로 명확하게 선을 그을 수 없는 것이었으며 누가 적인가에 대한 명확한 답을 얻지 못했다. 이러한 '소속 불명'의 정체성 속에서 전쟁이 끝났을 때 주인공들은 자신들이 속할 '명확한' 영토 또한 잃었던 것이다.

4. 망각의 정치: "영원히 영원히 잊어주십시오"

이제 위 영화들이 만들어졌던 '1960년 현재'로 돌아와보자. 특히 〈돌아온 사나이〉는 명확하게 1960년에 '돌아온' 남호의 '지금, 여기'를 보여준다. 남호는 만주에서 한국으로 돌아오는 길에 우연히 한국전쟁의 고아인 평숙이를 만나 양녀로 삼는다. 그녀의 아버지가 된다는 것은 남호가 한국으로 돌아와서 살아갈 가치가 있음을 상징적으로 보여준다. 이들의 결합은 각기 다른 두 전쟁의 피해자가 서로 의지하며 살

• 이 시기 한국 영화와 일본 영화에 공통적으로 나타나는 반전 영화적 특성은 앞으로 비교 연구해볼 만한 주제다. 일본 영화의 반전적 특성은 한정선, 〈상품화된 기억: 전후 일본의 전쟁 기억과 영화 〈로렐라이〉〉, 전진성·이재원 엮음, 《기억과 전쟁》, 휴머니스트, 2009 참조.

아갈 희망을 찾은 것을 의미하기 때문이다. 숨어 살던 남호가 자신의 흉한 얼굴을 세상에 다시 드러내게 되는 것도 양딸 평숙이의 교육을 위해서다. 딸의 교육을 위해 그는 다시 한국 사회로 '돌아온' 것이다. 그러나 남호가 돌아온 한국 사회는 그가 알던 세계와 친밀하지 않은 공간이다. 과학자로서의 전문성을 바탕으로 쉽게 취직도 하고 일도 할 수 있었지만, 그는 여전히 자신의 상처에 매여 있다.

게다가 운명의 장난인지 자신이 일하는 회사의 사장이 바로 아내였던 경희의 새 남편이다. 양딸 평숙도 경희와 남호 사이에서 태어난 아들 철수와 사랑에 빠진다. 스토리는 급진전하여 남호는 우연히 4·19의 시위 행렬에서 다친 아들 철수를 구하게 된다. 그리고 이를 통해 철수와 남호는 서로가 부자 관계임을 알게 된다. 결국 자신의 양딸과 아들이 사랑에 빠진 상황을 직면하게 된 것이다. 근친상간과 같은 사랑이 '불가능한' 구조 속에서 남호는 돌연히 나타난 자신 때문에 아내의 새 가정의 행복을 깰 수 있다는 점을 깨닫는다. 결국 한때 자기 가족이었던 경희와 아들 그리고 양딸 평숙에게 "이 땅에 돌아오지 않았어야 할 이 사람을 영원히 영원히 잊어주십시오"라는 편지를 남기고 어디론가 떠난다.

이 영화가 만들어진 시점이 1960년 4·19 직후라는 점에서 보면 이 엔딩은 더욱 의미심장하다. 영화는 일부 4·19 시위 장면의 뉴스 푸티지를 삽입하여 다큐멘터리적으로 장시간 지속하는데, 4·19로 인해서 '달라진 세상'이라는 현재가 강렬하게 제시된다. 민주주의의 열망이 휩쓸고 있는 이 현재라는 시간성은 '아시아-태평양전쟁'을 겪은 세대가 이해하기 어려운 시대다. 이미 새로운 가족을 이루고 살고 있는 자신의 옛 아내에게 태평양전쟁에서 살아 돌아온 사람이 어울려 살아갈 자리는 없고, 새로운 딸, 아들의 세대는 자신과는 전혀 다른 '민주적인' 새 세상을 꿈꾸고 있다. 한국전쟁의 피해자로 고아였던 양딸마저도 사랑하는 사람을 만나서 새로운 삶을 꾸릴 수 있지만, 일본이 일으킨 전쟁에 참여했던 '돌아온 사나이'는 설 자리가 없는 것이다.

남호로 대표되는 아시아-태평양전쟁의 참전 병사들이 마지막으로 할 수 있는 역할은 새로운 세대에게 세상을 넘겨주는 것이다. 그리고 자신을 "영원히 영원히 잊어주십시오"라고 말하며 떠난다. 안드레아 후이센이 '기억한다는 것'은 기억할 것을 선별하여 나머지를 '잊는 것'이라고 했듯이,[29] 영화는 복잡한 심정을 지닌 아시아-태평양 시대를 겪은 세대의 이야기를 함과 동시에 그들을 잊기로 한다. 이렇게 잊히는 것은 새로운 세대에게 열린 민주주의의 희망에 들뜬 '대한민국'을 보존하는 방법이기도 한 것이다. 그리고 마치 남호의 이 마지막 말이 현실화된 것처럼 아시아-태평양전쟁에 참가한 이들의 기억은 한국 사회와 역사에서 수십 년간 잊혔다.

아시아-태평양전쟁에 동원되었던 사람들의 이야기는 1990년대가 되어서야 복원되기 시작했고, 아직도 여전히 복구중인 역사적 과제로 남아 있다. 현재까지도 소수의 연구자만이 이러한 역사를 복원하기 위해서, 여러 가지 방법—생존자의 구술 채록, 기록 수집 등—을 통해 이들의 삶의 이야기를 조금씩 그려내고 있다. 그런 면에서 본다면 영화에 남아 있는 아시아-태평양전쟁 참전 경험의 기억은 역사에 기록되지 못한 기억의 덩어리라고도 볼 수 있다.

이 장에서는 공식적인 역사 쓰기에서 매우 오랫동안 침묵되어왔던 아시아-태평양전쟁과 이 시기를 살아온 사람들의 경험을 재현한 영화들을 살펴봄으로써 공식 역사에 나타나지 않았던 개인과 대중의 기억 문제에 집중했다. 특히 이 장은 한국 영화의 황금기라고 불리는 1960년대 영화들에 주목했는데, 연간 100-200편 이상의 영화를 만들어냈던 이 시기에도 아시아-태평양전쟁에 관한 영화적 재현은 많지 않았다. 반일의 담론이 팽배했던 1950년대에는 조선인으로서 아시아-태평양전쟁에 참여한 사람들의 이야기는 공적인 영역에 거의 드러나지 않았다. 그러나 1950년대 말부터 1965년이라는 짧은 기간에 아시아-태평양전쟁에 참가한 경험을 바탕으로 한 영화들이 만들어졌고 상당한 인기를 끌었다.

이 장에서 살펴본 〈청춘극장〉, 〈돌아온 사나이〉, 〈현해탄은 알고 있다〉는 아시아-태평양전쟁에 동원되었던 개인의 경험을 4·19 전후라는 역사적 시점에서 재구성했다. 영화를 통해 참전의 기억은 독립운동이나 항일투쟁으로 설명될 수 없는 애매한 자신들의 삶을 적극적으로 그렸다. 이들은 명분을 찾을 수 없는 전쟁에 참여했던 괴로움과 이로 인한 상처, 그리고 과연 이 전쟁에서 적은 누구였는가 하는 질문을 던지며 '반전'의 메시지를 전했다. 어쩌면 누가 일으킨 전쟁인지를 묻지 않는 이 '반전'의 정서를 담은 영화는 일본에게 면죄부를 주는 정치성을 담기도 했지만, 다른 한편으로는 일본과 한국 그 어디에도 발을 둘 수 없었던 아시아-태평양전쟁의 참전자들이 자신들의 경험과 감정적 역사청산을 담을 수 있는 유일한 통로기도 했다.

7장

유신시대, '국책'이라는 '말더듬이' 영화

대중이 없으면 전체주의적 운동이 일어날 수 없으며, 전체주의 운동이 없이는 전체주의적 국가체제가 형성될 수 없다. … 따라서 전체주의의 핵심적인 목표는 대중의 운동을 끊임없이 유지하는 일이다. … 전체주의 정권은 대중을 통솔하고 끝까지 대중의 지지에 의존한다.

– 한나 아렌트, 《전체주의의 기원》

이제까지 살펴본 한국 대중영화는 국가의 정치가 강하게 개입하여 완전한 선전도 완전한 오락도 아닌 비균질적인 영화들이었다. 이는 식민지와 군사독재의 힘 아래 만들어진 일종의 정치 상태를 표시하는 문화적 징후였다고 해도 좋을 것이다. 그러나 1960년대까지의 정치적 상황을 살펴본다면 비록 1961년 박정희의 군사쿠데타로 독재가 시작되었지만, 주권을 구성하는 권력이 국민에서 나온다는 인식까지 부정되지는 않았다. 이는 5장에서 살펴본 바와 같이, 박정희 정부가 지속적으로 '4·19 혁명' 정신이 '5·16 혁명'에 이어지는 것으로 민주주의 정신을 전유하며 '한국적 민주주의'를 주창한 사실에서도 보인다. 그러나 1960년대와는 달리 1972년 박정희 정부는 유래가 없었던 유신헌법을 통해 국민의 기본권을 극단적으로 제한했다. 유신헌법 53조는 "대통령이 국가위기 상황이라고 판단될 때 헌법에 규정된 국민의 자유와 권리를 잠정적으로 정지할 수 있다"라고 했고, 이와 같은 헌법적 상태 아래에서 1974년 1월 이후 여러 번의 '긴급조치'를 발표했다.

그러나 2013년 헌법재판소가 긴급조치 1, 2, 9호에 대해 '위헌' 판결을 내린 바와 같이 국민의 기본권을 제한하는 '예외상태'는 그 자체로 무단적인 정치 행태였다. 조르조 아감벤은 칼 슈미트가 "주권자는 예외상태를 규정하는 자"라는 데에서 출발하여, 예외상태의 규정뿐만 아니라 국민의 권리를 한시적 상태로 '유예suspension'하는 것 또한 주권자의 특징으로 보았다. 아감벤은 '예외상태'의 예로 나치의 '국가와 민족 보호에 관한 긴급조치'나 9·11 사태 이후 미국의 '애국법'을¹ 들었다. 이런 면에서 본다면 유신헌법은 초월적인 국가권력을 통해 '예외상태'를 무분별하게 지정한 것이며 긴급조치를 통해 국민의 주권을 시시때때로 '유예'시킨 폭압이었다. 유신시대의 이러한 법구조의 폭압성을 객관적으로 보자면 이 시기의 국민은 시민적 권리가 유예되었던 일제의 전시체제 상황과 크게 다를 바가 없다고 해도 지나치지 않을 것이다. 1970년대의 한국은 파시즘의 부활을 목격할 수 있는 때였을 뿐만 아니라 현격히 질이 다른 "예외상태가 상례화"된 암울한 시기였다.²

이러한 정치적 상황에서 영화산업 또한 자유로울 수는 없었다. 유신 이후 1973년 공포된 제4차 영화법은 '유신영화법'으로도 불렸다. 영화사들은 기존의 등록제에서 허가제로 바뀌었고 영화진흥공사가 출발하면서 이른바 국책영화가 제작되기 시작했다. 허가를 통해 영화생산을 억압한 '유신영화법'은 식민지 시기 전시체제 아래 만들어진 영화법을 직접 연상하게 한다. 당연히 영화 내용에 대한 검열 또한 증가했다. 배수경에 의하면 1950년대 이승만 정부의 검열은 규정 자체가 불명확했으나, 1960년대 박정희 정권이 제정한 영화법은 "표현의 자유라는 기본권을 헌법을 통해 명확히 규정하는 동시에 제한의 범위도 제시"하여 규제를 법치화했다.[3] 그러나 1974년 긴급조치가 시행된 이후로는 법에서 명시한 국민의 기본권이란 무의미해졌다. 영화 시나리오 사전심의 통계를 보면, 1970년도 수정, 반려 비율이 3.7퍼센트에서 1975년에는 80퍼센트에 이르게 된다.[4] 하길종의 〈바보들의 행진〉(1975)의 상당 부분이 잘려 나가 영화의 맥락이 뚝뚝 끊기거나 1974년에 제작되었던 김기영의 〈반금련〉이 상영 허가가 내려지지 않아 1981년에야 개봉될 수 있었던 것도 이 시기 검열의 혹독함을 보여주는 하나의 예라고 할 수 있을 것이다. 엎친 데 덮친 격으로 1970년대에는 흑백 텔레비전 보급률이 높아짐에 따라 전반적으로 영화 시장 자체에도 침체의 분위기가 생기고 있었다. 이런 어려움 속에서도 새로운 영화 만들기를 지향했던 '영상시대'의 영화나 호스티스 영화만이 약간의 주목을 받을 뿐 이 시기의 대다수 대중영화가 영화사적 평가를 받지 못했던 것도 이러한 영화생산체계 자체가 가진 한계에서 기인한 바가 크다.

그렇다면 1970년대 유신체제 아래에서 생산된 대중영화는 그 이전과 현격히 달랐을까? 한나 아렌트가 전체주의 국가는 대중을 통솔하는 동시에 대중에 의지하면서 유지된다고 했던 바와 같이, 1970년대에도 영화는 대중을 국가의 이데올로기로 포섭하기 위한 설득 장치로 사용했으며 그 정도는 더욱 강했다. 5장에서 살펴보았듯이 1966년 법 개정부터 시작된 현상이기는 하지만, 1970년대의 많은 영화들에는 정부가 영화의 내용에 더욱 노골적으로 개입한 흔적이 두드러지게 나타났다.

가령 영화진흥조합이 설립된 후 진흥조합은 이른바 '국책영화'를 직접 제작하기 시작했다. 민간에서 제작하기 힘든 대규모 '스펙터클' 영화를 만들 수 있다는 이점이 있었기에 영화감독들은 기회를 놓치지 않고 국책영화 만들기에 참여했다. 대표적으로는 〈증언〉(임권택, 1974), 〈아내들의 행진〉(임권택, 1974), 〈울지 않으리〉(임권택, 1974), 〈들국화는 피었는데〉(이만희, 1974), 〈잔류첩자〉(김시현, 1975), 〈태백산맥〉(권영순, 1975) 등이 있다.[5] 이 가운데 〈증언〉의 경우 23만 명의 관객이 동원되어 흥행 면에서 성공하기도 했다. 이 성공은 학생을 동원한 강제 관람을 통해 만들어진 것이기도 하지만[6] 국가의 조력으로 만들어진 '스펙터클'이 관객에게 내보인 부분도 아예 없지는 않다. 물론 영화가 직간접으로 전하는 국가의 메시지가 누군가에게는 영향을 미쳤을 가능성도 아주 배제할 수는 없겠지만 말이다.

유신 직전에도 '국책'이라는 이름이 붙지는 않았지만, 일반적인 대중영화와 달리 명확히 국가 주도로 만들어진 영화들이 있었다. 예컨대 국립영화제작소가 제작한 〈팔도강산〉(배석인, 1967) 시리즈는 대중영화와 국책영화의 중간 자리에 위치했다고 볼 수 있다.* 영화의 줄거리는 아버지 김희갑과 어머니 황정순이 팔도에 흩어져 사는 자식들을 만나러 다닌다는 이야기다. 카메라는 이들의 여정을 따라가며 관객에게 "조국 근대화"를 유람하게 한다.[7] 영화에는 1970년에 경부고속도로가 개통되면서 '1일 생활권'이라는 개념이 생기고 이를 통해 더욱 강력하게 연결된 '국가 지리Geo-body'의 시각장이 펼쳐진다. 권은선은 〈팔도

• 배석인의 〈팔도강산〉이 흥행에 성공하자 이후 이른바 "팔도" 시리즈는 대유행을 하게 된다. 후속편인 〈속 팔도강산〉(양종해, 1968), 〈내일의 팔도강산〉(강대철, 1971), 〈아름다운 팔도강산〉(강혁, 1971), 〈우리의 팔도강산〉(장일호, 1972)이 만들어졌다.

강산〉 시리즈가 전국을 다니며 지
역 발전을 전시하는 "구경영화"
이며 이는 "국가주도 기간사업
장, 중공업산업체, 새마을운동의
현장 등"이 배치된 "기념 엽서화
된" 국가의 심상지리를 구획하는
하나의 지도-그리기 영화였다고
한다.[8] 노명우 또한 〈팔도강산〉에
서 조국 근대화가 "스펙터클"로
제시되며 구경거리로서의 대중
성을 확보했음을 지적했다.[9] 박
혜영도 〈팔도강산〉 시리즈에서

《월간 영화》 1977년 4월호 표지. 영화와는 관련 없
는 쭉 뻗은 도로 이미지를 보여준다. 이 도로는 나
치 독일의 아우토반을 그대로 모방한 것이다.

인기가수들이 히트곡을 부르는 장면들을 삽입한 "쇼 문화영화"의 요소
를 중요한 특징으로 꼽았다.[10] 이와 같은 '구경거리'로서의 영화는 초기
영화가 관객의 시선을 끌어모으기 위해 동원했던 '매혹의 영화'의 요소
이자, 식민지 시기부터 시작된 선전영화의 '견본template'이기도 했다는
점은 기억해둘 만하다.

　〈팔도강산〉과 같은 영화가 지역을 여행하며 볼거리를 제공하고 전국
의 발전상을 하나의 신체로 통합했다면, 반대로 낙후한 지역의 사람들
에게는 서울의 발전상을 '구경'할 수 있는 기회를 제공하기도 했다. 예
컨대 1960년대 말 계몽영화의 하나로 만들어진 유현목 감독의 〈수학
여행〉(1969)은 낙도의 아이들에게 '서울구경'을 시켜주며 서울의 빌딩
숲 발전상을 현란하게 드러낸다. 김보년은 이 영화를 두고 "시네마스

〈수학여행〉 자신들이 낮에 인터뷰하는 장면이 텔레비전에 나오는 것을 신기하게 바라보는 아이들.

〈수학여행〉 서울의 학생들과 선유도 학생들이 운동장에 같이 정렬하여 서 있다. 카메라는 아이들을 패닝하며 질서 정연한 모습을 연출한다. 학교의 군대화와 도농간의 화합이 전시되는 장면이다.

코프 비율의 화면을 가득 채운 채 여기저기 뛰어다니며 관객들의 눈을 피곤하게, 그리고 즐겁게" 만들어주는 영화라고 평가하기도 했는데,[11] 화면 가득 서울의 발전상을 보며 감탄하는 아이들의 시선은 서울에 와 보지 못한 지방민들의 관광의 시선이다. 이에 더해 국가의 발전상을 생생하게 보고 감동을 받는다는 계몽적 내러티브는 영화가 '국가'에 공헌할 수 있는 바를 명확히 한다.

이런 점에서 이 영화는 명확한 '구경거리' 영화이자 '선전' 영화다.

흥미로운 부분은 텔레비전을 본 적조차 없었던 아이들이 자신들의 수학여행 이야기가 텔레비전의 뉴스로 등장하는 장면을 보며 신기해하는 장면이다. '서울구경' 온 아이들은 우연히 기자와 인터뷰를 했는데, 인터뷰한 아이는 서울의 전깃불에 놀라 "이 빛이라면 캄캄한 우리 섬을 밝혀 볼텐디유"라고 서울구경 소감을 밝힌다. 그 장면이 녹화되어 텔레비전에 뉴스로 나오는 것을 아이들이 같이 보게 되는데, 인터뷰하는 자신들을 텔레비전을 통해 신기하게 바라보는 아이들이 담긴다. 이 장면은 첫째, 1970년대에 이르면 국가의 선전이 영화에서 텔레비전으로 넘어가는 매체 전환의 순간을 보여주며, 둘째, 텔레비전이라는 새로운 매체가 앞으로 어떤 '선전'에 동원될 것인지를 예견하기도 한다. 어찌 되었든 영화는 무질서하고 제멋대로였던 낙도의 아이들이 국가의 발전상을 보고 마음을 다해 근대화에 힘써야겠다고 결심하게 된다는 점을 그리는 명확한 계몽영화였다. 서울을 견학한 아이들은 서울과 농촌이 협동으로 연결되어 있다는 것을 깨닫고, 이제 운동장에서 스스로 정렬하여 서서 국가의 질서에 속하는 주체로 커나가갈 것을 맹세한다.

영화의 형식 면에서 보자면 이 영화들은 일제하 '영화신체제'나 대한민국 초기 선전영화와 매우 흡사한 모습을 가지고 있다. "쇼 문화영화"를 중심 스펙터클로 사용한 〈팔도강산〉을 보며, 식민지 시기 '조선관광'을 염두에 두고 조선의 명승지를 배경으로 노래를 부르는 오케레코드의 영화 〈노래조선〉 혹은 〈어화〉에서 조선의 폭포와 명승지 장면을 떠올리는 것이 이상하지 않으며, 〈증언〉을 보며 식민지 시기의 〈조선해협〉과의 유사성을 떠올리는 것도 무리는 아니다.[12] 또한 국가적 주체성을 가지지 못했던 아이들을 국가의 질서에 편입시키는 계몽영화 〈수학여행〉의 내러티브를 보며 일제의 전시체제하 〈집 없는 천사〉나 대한민국 정부수립기의 〈해연〉을 떠올리는 것도 지극히 자연스럽다. 이처럼 다양한 '볼거리'를 제시하면서 동시에 정치적 목소리가 강하게 전달했던 영화들의 재등장은 어찌 보면 박정희 '파시즘'이 낳은 퇴행적 영화 만들기라고도 할 것이다.

1960년대를 통틀어 박정희 경제개발과 국민 통합의 핵심이 가장 잘 드러나는 영화의 하나는 신상옥의 〈쌀〉(1963)이었다. 이 영화는 한국전 쟁 중 신체를 훼손당한 남성이 고향으로 돌아가서 마을 개간에 성공한 다는 서사로 이루어져 있다. 여기에는 농토 개척과 이를 성취하기 위하여 괭이를 들고 노동하는 역동적인 남성의 모습이 매우 선명하게 그려진다. 그리고 이를 독려하고 뒤에서 뒷받침하거나 이들을 위해 밥을 지어 나르는 역할은 여성에게 주어진다. 이광수의 〈무정〉이후의 영웅적 남성 지도자와 여성 보조자라는 캐릭터는 오래된 '개발' 혹은 '계몽'에 관한 지배적 이미지기도 했다.[13] 비록 '국책'이라는 이름이 붙여지는 않았으나, 박정희 정권과 신상옥 감독의 친연적 관계 아래에서 만들어진 이 영화는 극영화긴 하지만 국가경제개발에 계몽적 역할을 한 명백한 선전영화였다. 특히 '훼손된 신체'를 극복하고 마을을 개척한다는 서사는 국가가 장애 극복의 이야기를 통해 어떻게 주변화된 신체를 가진 국민을 끌어안는지를 보여주는 중요한 상징 장치라고 볼 수 있을 것이다.

1970년대에 들어서면 이와 같은 농촌 계몽의 서사가 더욱 많이 등장했다. 1960년대의 개발은 지극히 도시에 국한된 이야기였고, 도농 간의 개발 격차에 대한 비판이 빗발쳤다. 이를 극복하고자 박정희 정부는 대대적인 강제적 '운동'을 벌였다. 농촌의 가난 그리고 이를 극복하기 위해 사람들을 계몽하고 마을을 개발해야 한다는 이른바 새마을운동이 시작된 것이다. 이와 같은 정부의 대대적인 운동을 위해 국책영화는 대중을 향한 '설득 장치'로 더 강하게 동원되었다. 1970년대 대표적인 국책영화인 임권택 감독의 〈아내들의 행진〉을 살펴보면 이전의 영화들과 현격한 차이를 보이는 '국가 개입'의 순간이 극단적으로 명확히 드러난다. 이 영화는 가난하고 배우지 못한 농촌 마을에 도시에서 새색시가 시집오면서 마을을 변화시킨다는 단순한 계몽영화의 내용을 담고 있다. 영화에서 농민들은 배우지도 못하고, 아이가 아파도 무당에게 데려갈 만큼 미신을 믿는 근대화되지 않은 무지몽매한 인간형으로 등장한다. 도시에서 교육받은 '아내'가 가르치고 설득하여 결국에는 농민들이 협동하여 부농이 된다는 전형적인 개발 서사가 영화의 전반에 펼쳐진다. 전체적으로 근대를 관통하는 개발, 혹은 농촌 계몽의 서사를 가지고 있다는 측면에서 〈쌀〉과 비견할 만한 영화다.

그런데 흥미로운 부분은 이 영화가 관객에게 설득력을 갖기 위해 사용한 '영화적' 장치들이다. 신상옥의 〈쌀〉에서 가장 극적인 장면은 마을의 주민들이 수로를 뚫기 위해 거대한 산을 양쪽 반대편에서 곡괭이질을 하는 장면이다. 서로 보지는 못하는 가운데 양쪽 끝에서 곡괭이질을 하던 주민들은 결국 서로가 가까워졌음을 소리를 통해 듣게 된다. 이제 조금만 더 파면 수로가 뚫릴 것이라는 희망 아래, 양쪽에서 곡괭이를 내리치는 장면을 카메라는 좌우로 빠르게 패닝한다. 관객에게 카메라의 움직임과 괭이 소리를 통해 완전한 몰입감이 생긴다. 점점

농토를 일구기 위해 마을에 수로를 뚫기 위한 역경을 그려낸 영화 〈쌀〉의 한 장면. 수로가 뚫려 폭포처럼 떨어지는 순간 이를 보고 감동받는 주인공들.

빨라지는 곡괭이질 소리와 함께 리듬감을 상승시키며 영화는 클라이맥스로 치닫고 마침내 수로는 뚫린다. 이와 함께 관객들도 쾌감과 함께 이 계몽의 서사에 설득된다.

이와 같은 선동적 시각효과는 〈아내들의 행진〉에서도 쓰이는데, 가령 아내가 아이들을 가르치는 모습은 박력 있는 패닝으로 처리되는데, 이는 파시즘 영화에서 군사들을 사열시키고 카메라가 패닝하는 방식을 연상케 한다. 또한 다른 마을에서는 모두 협동하여 발전을 이루어 냈다는 모습을 보여주기 위해, 영화는 변화한 이웃 마을들의 사진을 영화의 중간에 인서트한다. 마치 누군가가 관객에게 국가 시책을 직접 설명하는 것과 같이 시각적 프리젠테이션이 만들어지며, '서사'로서만 설득력을 갖지 못하는 국가의 선전은 이와 같은 시각적 운동성과 스펙터클을 통해서 강화된다. 〈아내들의 행진〉 포스터만 보더라도 치마를 걷어 올리고 무거운 돌을 들고 서 있는 여성의 모습은 마치 북한의 만리마운동을 연상케 할 정도로 선동적이다. "싸우며 건설하자"라는 박

〈아내들의 행진〉 포스터.　　　　　　　　북한의 만리마운동 포스터.

정희 개발독재의 표어를 연상시키는 개발을 향한 전투적 자세가 여지
없이 드러난다. 정성일이 〈아내들의 행진〉을 보며 에이젠슈타인의 선
전영화 〈이반대제〉(1944)를 떠올린 것도 무리는 아니다.[14]

　그런데 흥미로운 지점은 영화의 후반에 "농지 개간"이라는 영화의
중심 줄거리와는 완전히 다른 무장공비와 관련된 에피소드가 붙어 있
다는 점이다. 마을의 부녀회 회장이었던 과부댁의 남편이 무장공비가
되어 나타나 이를 소탕하는 장면이 첨가된 것이다. 정성일은 이 부분에
박정희가 직접 개입하여 영화의 엔딩을 바꾸었다는 임권택 감독의 증
언을 제시하는데, 현재 남아 있는 영상자료원은 영화가 개봉되었을 당
시 상영되었던 버전이며, 그뒤에는 영화의 또다른 엔딩, 즉 무장공비
와의 총격전이 훨씬 더 가시화되어 있는 장면이 부록처럼 달려 있다.*

당연히 영화의 정합성은 현격히 떨어진다. 국가의 목소리가 계획된 텍스트를 찢고 갈라져 나와 '부록'처럼 존재하는 이 처참한 국가 개입의 순간은 스스로 '우수영화'라는 카테고리가 영화를 어떻게 파괴할 수 있는지 보여준다.

국책영화들의 또다른 흥미로운 지점은 '성'의 규율을 통해 '적합한 국민'을 만들어내려고 했다는 점이 더욱 강화되었다는 것이다. 1970년대의 많은 국책영화에서는 남성중심의 계몽 서사가 더이상 국민 주체화의 핵심을 이루지 못한다. 앞서 5장에서 살펴본 〈남정임 여군가다〉와 같은 영화에서 여군이 우수한 국가의 '주체'로 호명받았던 것과 마찬가지로 여성들의 국가 노동 인력으로의 호출뿐만 아니라 이를 이끄는 지도자 격으로 등장하며 1960년대 내내 지배적이었던 남성중심적 젠더 구조는 역전된다. 〈아내들의 행진〉도 전반에는 도시에서 교육받은 엘리트 '여성'에 의해 농촌의 무지몽매한 사람들이 계몽되는 서사가 주를 이룬다면, 후반에는 무장공비 소탕 과정에서 부녀회장이었던 과부댁이 죽는 것을 통해 마을은 '대통합'하게 된다. 영화는 과부댁의 장례를 치르는 장면을 매우 '숭고'하게 처리하는데, 이를 통해 의견이 통합되지 않았던 마을 사람들을 단결하게 한다. 죽어서라도 자신을 희생한 여성을 기억하며 개발에 힘쓰겠다고 다짐하는 마을 사람들의 결단으로 마을은 하나가 된다. 카메라는 장례식 직후 마을을 개척하러 줄지어 나가는 사람들을 롱쇼트로 전시하며 결집된 사람들의 모습을 전

• 이 엔딩은 박정희가 직접 수정할 것을 요구했다는 설도 있다. 정성일, 한국영상자료원 홈페이지 글.

면에 드러낸다.

또한 '적절하지 못한 국민'들은 정상적이고 건전한 국민으로 결집된다. 〈아내들의 행진〉에서 '적절하지 못한 국민'은 마을의 남성들을 술과 도박판으로 이끌었던 '작부'들인데, 이들을 영화에서 처리하는 과정은 매우 흥미롭다. 마을의 남성들은 작부들의 꼬임에 넘어가 술이나 먹는 인물들이 대다수인데, 성실하고 근면한 부녀회의 피나는 노력으로 남성들은 더이상 술집도 드나들지 않고, 노름도 하지 않게 된다. 결국 이 작부들은 마을을 떠난다고 선언한다. 그러나 심지어 영화의 마지막 부분에 이르면 이 작부들도 부녀회에 감복하여 다시 돌아와 마을의 개척 사업에까지 동참하게 된다. 결국 이러한 억지스러운 서사를 통해 마을의 다양한 여성과 남성 모두가 국가 개발의 주체로 서게 되고, 변두리 여성마저 사라진 깨끗하고, 부지런하며, 부자가 될 희망에 들뜬 모습의 농촌이 이상적으로 그려지는 것이다. 사실상 1960년대 내내 개연성 있는 내러티브와 인과관계 있는 핍진성을 만들어 '웰-메이드' 영화를 만들려고 했던 영화감독들의 노력은 우습게도 국가의 개입으로 이렇게 순간에 허물어진다.

새마을 영화로 제작되었던 1979년 김기영 감독의 〈수녀〉에서도 이런 갑작스러운 국가의 개입은 영화를 파괴하는 중요 요인이 된다. 이 영화에는 〈아내들의 행진〉보다 더 기괴할 정도의 갑작스러운 서사의 역행이 두드러지게 나타난다. 영화의 내용을 요약하자면, 베트남전 상이군인인 진석은 다리를 저는 자신의 신체적 약점 때문에 '정상적인' 여성과 결혼할 수 없다. 결국 '말더듬이' 여성 수옥과 결혼을 한다. 말더듬이인 것이 마땅치 않아, 구박을 받던 아내 수옥은 죽세공업회사를 차리고 성공적으로 마을 전체를 변화시킨다. 수옥을 닮아 말을 더듬는 아들은 진석에게 구박받는다. 흥미로운 것은 영화가 마지막에 수옥과 아들을 갑자기 말을 제대로 할 수 있는 '정상인'으로 변화시키며 〈쌀〉에서 보았던 것과 같은 '장애 극복'의 서사를 차용함으로써 명확한 계몽영화임을 드러낸다는 점이다. 물론 김기영 감독의 영화인 만큼 국책영화로서는 어울리지 않은 에로틱하고 기괴한 장면들이 등장하여 검열 과정에서 "강제 추행, 정사 장면, 그리고 협박, 공갈에 의한 자백 강요 등의 장면"은 대폭 삭제 순화 요청을 받기도 했다.[15] 어쩌면 진석과 술집 작부인 추월과의 관계에 묘사된 에로틱한 장면이 어쩌면 이 괴상한 계몽영화를 보러 온 관객에게 유일한 볼거리였을지도 모른다.

어찌 되었든 에로티시즘을 전시하던 영화는 후반부에 갑자기 '계몽'의 순간으로 전환된다. 말더듬이를 고치러 서울에 갔던 수옥의 아들이 교육을 통해 갑자기 말을 잘하게 되어 고향에 돌아오면서다. 영화에는 갑자기 1979년은 '세계 아동의 해'라는 지점이 강조되며, 갑작스럽게 말을 잘하게 된 수옥의 아들 영일이 '말'을 시작한다. 온 동네 사람들 앞에서 영일은 "어린이 헌장"을 외우며 마을 사람들은 마치 말 못하는 아이들이 글을 배우듯 영일의 말을 따라 한다.

첫째, 어린이는 인간으로서 존중되어야 하며 사회의 한 사람으로서 올바르게 키워야 한다.
둘째, 어린이는 튼튼하게 낳아 가정과 사회에서 참된 애정으로 교육하여야 한다.
셋째, 어린이는 마음 놓고 공부할 수 있는 시설과 환경을 마련해주어야 한다.

〈수녀〉 말더듬이가 된 아들이 마지막에 어린이 헌장을 외우는 장면.

넷째, 굶주린 어린이는 먹어야 한다. 병든 어린이는 치료해주어야 한다. 신체
　　와 정신에 결함이 있는 어린이는 고쳐주어야 한다. 불량아는 교화하여
　　야 한다.
다섯째, 어린이는 공부나 일이 몸과 마음에 짐이 되지 않아야 한다.
여섯째, 어린이는 위험할 때 맨 먼저 구출해야 한다.
일곱째, …

　마치 식민지 시기 영화 〈집 없는 천사〉에서 아이들이 '황국신민의
서'를 외치는 것과 같은 갑작스러운 이 장면은 그동안 말을 더듬던 아
이가 갑자기 말문이 터지는 극적인 순간을 연출한다. 영일이 또박또박
'어린이 헌장'을 읽어 내려가면 주민들도 그를 따라 읽는다. '국책'이라
는 이름 아래 "새마을운동에 적극 참여케 하는 내용, 농어민에게 꿈과
신념을 주고 향토문화발전에 기여할 수 있는 내용"[16]이 갑자기 삽입되
는 극적인 돌출 장면이 아닐 수 없다.
　그러나 약 2분 동안 이어지는 이 장면을 연출상으로 분석하면 더 흥

미로운 지점이 발견된다. 아이가 큰 소리로 "어린이 헌장"을 읽는 동안 어머니 수옥은 극도로 감정이 고양되어 눈물을 흘린다. 수옥은 진지함으로 가득 찬 얼굴로 어린이 헌장을 따라 읽으며 극적인 감동을 표현하는데, 그뒤로 두 모자를 바라보는 동네 사람들은 어색하게 아이의 말을 따라 하면서도 카메라를 바라보며 키득키득 웃는다. 여기에서 〈집 없는 천사〉가 연출한 엄격함과 절도 있는 모습, 완벽하게 컨트롤된 영화의 분위기는 찾을 수 없다. 어쩌면 이 장면은 유신정권이 지시한 '선전 무대'에서 진지하게 연기하고 있는 주인공을 바라보는 당대 관객의 반응을 보는 듯하다. 영화를 통한 선전의 기호들이 더이상 국민을 통솔할 수 있는 언어가 되지 못하는 상황이 김기영이란 감독에 의해 이렇게 연출되었을 수도 있겠다.

이렇듯 1970년대 유신체제 아래에서는 마치 식민지 시대와 같은 파시즘적 구조가 사회를 규율하고 국가에 의해 국민의 권리가 유예되는 일상이 지속되었다. 이러한 가운데 국책영화는 마치 일제하 '신체제' 영화와 같은 국가가 주도하는 영화 제작 시스템 아래에서 생존을 위한 '선전영화'를 제작하고 지속적으로 대중을 국가가 이끄는 방향에서 '국민화'하려고 노력했다. 그러나 근대적 영화관람에 목이 말랐던 20세기 초기의 관람객과 달리, 1970년대의 관람객은 국가의 목소리가 깊게 담긴 영화가 전시하는 광경에 더이상 몰입하거나 매혹되지 않은 듯하다. 오히려 〈수녀〉에 이 어색한 '계몽'을 연기하는 수옥을 보면서 킬킬거리는 동네 사람들의 모습이 '포착'된 것과 같이, 박정희가 추동했던 파시즘적 사회 구조는 더이상 사회를 통치할 수 없는 국면으로 변해가고 있었다.

국가의 개입이 강화된 1970년대 초반부터 텔레비전 보급과 함께 영화산업은 급속도로 기울기 시작했다. 국가의 개입이 증가한 1972년부터 연간 영화 제작 편수는 급감했으며,* 텔레비전과 영화를 오가던 스타들은 영화에서는 '저속'한 이미지를, 텔레비전에서는 '건전한' 이미지를 구축하는 이중전략을 펼치며 두 매체 사이를 오가고 있었다.[17] '황금기'에서 암흑기 혹은 야한 영화나 만들어내는 '저질' 매체로 국산 영화의 위상이 전락되는 가운데, 영화 속에 만들어진 국가의 목소리는 관객에게 닿지 않았다. 1960년대 영화법이 실제로 영화산업을 일정한 한계 내에서나마 부흥시켰던 것과 달리, 1970년대 영화에 보이는 국가의 영화에의 직접적 개입은 오히려 우스꽝스러운 결말만을 관객에게 맞닥뜨리게 했을 뿐이다. 〈수녀〉에서 말을 못하던 '말더듬이' 주인공이 유려하게 말함으로써 봉합하려고 했던 '계몽 서사'가 오히려 관객에게는 '소통 불가'의 순간을 마주하게 했듯이 국가가 직접적으로 '말'을 시킨 영화는 궁극적으로는 비유하자면 '말더듬이' 영화로 전락하게 되었던 것이다. 이후 1970년대의 유신과 국가의 직접 개입이 극에 달한 상황에서 만들어진 영화들은 '국가의 목소리'를 전달하지 못할 뿐만 아니라, 문맥이 이어지지 않는 다른 말들을 이해할 수 없는 방식으로 내뱉는, 어쩌면 '말더듬이' 영화만을 생산했다고도 할 수 있을 것이다.

---

* 한국 영화 제작 편수는 1970년 209편, 1971년 202편이던 것이 1972년부터 122편으로 급감했고 이 숫자는 1979년에 이르면 96편으로 줄어든다. 박지연, 〈영화법 제정에서 제4차 개정기까지의 영화정책(1961-1984)〉, 김동호 외, 앞의 책, 251쪽.

맺으며

가난한 나라의 제3세계 영화에 지나지 않았던 조선/한국 영화에는 '걸작'이라 불릴만한 것의 수가 적다. 이 책은 '걸작'의 바깥에 위치한 한국의 영화들을 다루었다. 토마스 엘세서는 영화의 역사는 "걸작의 역사"일 수 없으며, "잘 알려지지 않은 가치"를 계속적으로 부여할 수 있는 고고학적 가치를 가지고 있다고 했다.[1] 식민지와 전쟁 그리고 군사독재의 정치라는 강한 이데올로기적 개입 속에 태어난 한국의 대중 영화에 '걸작'이 드물다고 해서 한국 영화를 해석할 수 있는 영역이 적은 것은 아니다. 매혹과 선전이 조야하게 얽힌 권위주의 시대 한국 영화의 '다중적 비균질성'은 새로운 매체에 열렬히 환호하며 매혹되었던 근대적 관객 혹은 소비자의 욕망의 흔적이자 각 시대가 요청했던 정치의 순간이 발생시킨 문화적 장이었다. 이 점을 상기한다면, '걸작이 아닌' 한국 영화가 내재한 의미를 다채롭게 읽어낼 수 있는 가능성은 언제나 찾을 수 있을 것이다.

이 책은 한국의 대중영화와 영화 문화가 근대 대중과 어떤 영향을 주고받으며 형성되어왔는지 살펴보며, 20세기 초반부터 1970년대까지 '매혹'과 '선전성'이 강한 영화들을 중심으로 영화와 국가의 통치성 사이를 추적했다. '매혹'이 자본주의적 방식으로 관객들의 욕망을 충족시키거나 창출하는 것이었다면, '선전'은 이를 통해 국가가 전달하는 메시지였다. 이 책의 각 장에서 살펴보았듯이 영화는 대중을 유혹하면서도 '국민화'에 복무했다. 인기 있는 대중문화라면 그 무엇이든 적극적으로 차용하여 영화의 일부로 만들었다. 연극, 악극, 무대, 쇼, 무용, 대중소설, 수필, 외국의 영화, 라디오 드라마 등 각 시대마다 떠오르는 매체들에서 주목받았던 많은 요소가 영화의 일부를 이루었다.

그리고 불행히도 한국의 이러한 영화 문화는 식민 지배와 박정희 독재라는 폭압적인 체제 안에서 약 반세기를 지속했다. 관객을 매혹하던 다양한 것들은 국가 이데올로기를 넘어 자율적으로 성장하기 힘들었다. 태생적으로 가난했던 제3세계 국가이자 식민주의, 전쟁, 독재와 같은 정치체 아래에서 생산될 수밖에 없었던 조선/한국 영화의 조건은 이 '매혹'에 덧붙여진 선전과 정치적 메시지를 만나게 하는 강력한 배경이었다. 이 책은 이러한 한국의 역사와 영화의 역사가 겹치는 순간에 영화가 어떻게 대중과 조우하여 어떤 정치를 만들어냈는지 탐구하고자 했다.

국가가 호명하는 대상은 각 정치적 국면마다 달랐지만, 그 방식은 유사했다. 이 책은 통상 1945년을 기점으로 역사를 나누는 방법을 넘어 '트랜스-전쟁'의 관점을 채택하여 폭압적일 수밖에 없는 전쟁과 같은 삶을 살아냈던 식민지와 독재 아래 만들어진 영화들을 분석했다. 그 과정에서 일제하 식민지인을 '국민'으로 포용했던 문화적 방식이 해방 이후의 국민 만들기에 얼마나 큰 영향을 주었는지 살필 수 있었다.

관객을 극장으로 이끌었던 다양한 매혹의 기제들은 때로는 일본의 '신민'으로, 때로는 반공적 '국민'으로 때로는 민주주의적 '시민'으로 국가의 정치 안에서 유동했음을 살펴볼 수 있었다. 그러나 1970년대가 되면, 영화 매체의 쇠락과 함께 더이상 반세기를 지속했던 이와 같은 '비균질'의 문법은 관객에게 매혹으로 작동하지 않았음도 확인할 수 있었다.

1980년대가 되면 국민을 향한 국가의 목소리는 '땡전 뉴스'로 대변되는 텔레비전의 영역으로 넘어간다. 북한과 별 다를 바 없을 정도로 혹은 더 심했던 대통령의 신격화가 횡횡했던 1980년대의 텔레비전 프로그램들은 1987년 군부독재의 종식과 함께 얻어낸 정치적 자유와 함께 한국 사회에서 급속히 퇴출되었다. 1990년대부터는 영화, 텔레비전, 라디오, PC, 케이블 TV 등 다양한 매체들의 공존과 함께 개방, 세계화와 같은 국내외적 변화가 이전에 한목소리로 국가의 이데올로기를 전달하는 국가 중심주의는 거의 종식이 되었다고도 볼 수 있다. 이제 국가가 국민의 '주체성'을 구성하고자 하는 거대 프로젝트는 아마도 다시는 예전처럼 효력을 발생시킬 수 없는 과거의 문화일 수 있겠다.

더구나 눈을 뜰 때부터 잠이 들 때까지 모바일 폰으로 각종 OTT에 접속하여 세계와 한국의 소식과 다양한 국내외 영상을 접하는 21세기에, 커다란 영화관에서 수백, 수천 명의 관객들이 함께 모여 영화를 보며 집단적 정체성을 만들어내던 시대의 '시네마'를 논한다는 것은 먼 '과거'의 이야기로 들렸을 수도 있겠다. 그러나 하나의 거대한 화면이 비추는 세계와 다중의 매체에 접속한다는 것만 다를 뿐, 우리는 과거나 지금이나 미디어가 전하는 세상에 대단히 노출되며 살아가고 있다.

다양화된 매체와 채널은 우리에게 많은 '선택권'을 준 듯하지만, 알 수 없는 알고리즘의 흐름 속 '추천'의 메커니즘 안에서 같은 것을 반복해서 보는 현대의 미디어 사용자에게 자율성이란 생각보다 크지 않을 수도 있다. 그렇게 생각해본다면 과거 식민지와 독재 그리고 빅-스크린이라는 제한된 미디어 환경 안에서 영화를 보던 관객에게 끼친 위력을 단순히 과거의 것이라고만 말하기도 어려울 것이다.

이 책을 마칠 무렵 광화문 광장에 나간 적이 있었다. 각자가 유튜브를 켜고 개인 방송을 통해 개별적 목소리를 내는 현재의 모습을 보면서, 압도적인 국가의 목소리가 광장을 메웠던 시기와 전혀 다른 세상이 여기 있음을 더욱 강렬히 자각하게 했다. 그러나 그 다중이 내는 목소리에도 서로를 '우리와 적'으로 구분하는 정치 또한 더욱 강렬하게 작동하는 것을 쉽게 발견할 수 있었다. 매체는 다중화되었지만, 그 안에 담긴 폭력적인 목소리는 과거 선택과 배제를 통해 국민의 적합성을 따졌던 긴 역사의 흔적이 담겨 있다. 또한 여전히 방송과 전파를 장악하기 위해 분투하는 권력자의 행태들은 이제는 올드 미디어가 된 영화가 매체로서 어떤 역할을 해왔는지, 어떤 정치에 연루되었는지를 다시 한 번 되새겨 보게 한다. 미셸 푸코는 모든 역사는 "현재의 역사"라고 했다. 푸코가 말하는 "현재의 역사"는 현재의 눈으로 과거를 재단한다는 의미와는 다르다. 그에게 "현재의 역사"란 현재 사회의 구조가 등장한 과거의 순간을 인지하고, 과거의 구조가 현재의 시점에 이르기까지 어떻게 계보를 이루며 그 가운데 "어떻게 현재에 비밀스럽게 숨어서 활성화animate되는가"를 추적하는 것이다.[2] 이런 의미에서 '올드 미디어'인 영화가 어떤 구조로 정치에 복무했는지를 계보적으로 살펴보았던 이 책의 현재적 의미도 얼마간 찾을 수 있을 것이다. 미디어를 통해 어떤 세계를 만나고 어떤 관계를 맺고 또 어떤 주체성이 형성되는지는 여전히 중요한 현재의 문제이기 때문이다.

서론

1 이영일,《한국영화전사》, 소도, 2004, 41쪽에서 재인용.

2 Tom Gunning, "An Aesthetic of Astonishment: Early Film and the (In)
   Credulous Spectator," in Leo Braudy and Marshall Cohen ed., *Film Theory
   and Criticism*, Oxford University Press, 1999.

3 이길성, 〈1950년대 극장의 변화와 전문화의 양상 연구〉,《은막의 사회문화사》, 한국
   영상자료원, 2017.

4 "외국영화 독점 일색/지난달 서울 흥행계",《동아일보》1948년 12월 12일.

5 이길성, 앞의 글, 29-43쪽.

6 이화진, 〈노스텔지아의 흥행사: 1950년대 악극의 전성과 퇴조에 관하여〉,《대중서사
   연구》17, 2007.

7 Tom Gunning, "Cinema of Attraction: Early Film, Its Spectator and the Avant-
   Garde," in *The Cinema of Attractions Reloaded*, Amsterdam University Press,
   2006.

8 위의 글.

9 유선영, 〈초기 영화의 문화적 수용과 관객성: 근대적 시각문화의 변조와 재배치〉,
   《언론과 사회》123권 1호, 2003, 24쪽.

10 이화진,《소리의 정치: 식민지 조선의 극장과 제국의 관객》, 현실문화, 2016.

11 김은경, 〈경성부민의 영화 관람과 여가문화의 이중성〉, 서울역사편찬원 엮음,《일제
    강점기 경성부민의 여가생활》, 서울역사편찬원, 2018.

12 Aaron Gerow, *Visions of Japanese Modernity: Articulations of Cinema*,

Nation, and Spectatorship, 1895-1925, University of California Press, 2010.

13 Sergei Eisenstein, "Montage of Attractions: For Enough Stupidity in Every Wiseman," *The Drama Review*, TDR, Vol.18, No.1, Popular Entertainments(Mar., 1974), p.79.

14 이민영, 〈메이예르홀트의 생체역학과 송영의 〈호신술〉〉, 2024년 여름 한국극예술학회 정기학술대회 발표문, 8-9쪽.

15 수잔 벅-모스, 윤일성·김주영 옮김, 《꿈의 세계와 파국: 대중 유토피아의 소멸》, 경성대학교 출판부, 2008, 197쪽.

16 Jacqueline Reich, "Musolini at the Movies: Fascism, Film, and Culture," in Jacqueline Reich and Piero Garofalo ed., *Re-viewing Fascism: Italian Cinema, 1922-1943*, Indiana University Press, 2002.

17 Susan Sontag, "Fascinating Fascism," in *Under the Sign of Saturn*, Penguin Books Limited, 2013.

18 미셸 푸코, 오생근 옮김, 《감시와 처벌》, 나남출판, 1994, 295-298쪽.

19 조너선 크레리, 유운성 옮김, 《지각의 정지: 주의, 스펙터클, 근대문화》, 문학과지성사, 2003, 41-51쪽.

20 위의 책, 17쪽.

21 위의 책, 54쪽.

22 지크프리트 크라카우어, 김태환·이경진 옮김, 《영화의 이론: 물리적 현실의 구원》, 문학과지성사, 2024, 515-561쪽.

23 미셸 푸코, 오트르망·심세광·전혜리·조성은 옮김, 《안전, 영토, 인구》, 난장, 2011, 88쪽.

24 Jean Baudrilard, *Forget Foucault*, Semiotexte/Smart Art, 2007, p.65.

25 정종화, 《조선 영화라는 근대: 식민지와 제국의 영화교섭사》, 박이정, 2020.

26 이순진, 〈조선 무성영화의 활극성과 공연성에 대한 연구〉, 중앙대학교 박사학위논문, 2009, 26쪽.

27 이러한 초기 야외 상영에 관해 자세히 묘사한 글로는 이상의 〈산촌여정〉 참조. 이상, 《산촌여정: 이상 산문선》, 태학사, 2006.

28 Brian Yeices, *The Changing Face of Korean Cinema, 1960 to 2015*, Routledge, 2016.

29 Hye Seung Chung, "Toward a Strategic Korean Cinephilia: A Transnational Detournement of Hollywood Melodrama," in Kathleen McHugh and Nancy

Abelmann ed., *South Korean Golden Age Melodrama: Gender, Genre and National Cinema*, Wayne State University Press, 2005.

30 Tom Gunning, 앞의 글(2006), p.68 ; Rick Altman, *The American Film Musical*, Indiana University Press, 1989.

31 이순진, 앞의 글, 58쪽.

32 Miriam Hansen, *Cinema and Experience: Siegfried Kracauer, Walter Benjamin, and Theodor W. Adorno*, University of California Press, 2013.

33 Susan Buck-Morss, *Visual Empire*, http://susanbuckmorss.info/text/visual-empire/.

34 지그프리트 크라카우어, 《칼리가리에서 히틀러로》, 새물결, 2022, 17-19쪽.

35 사카이 나오키, 〈다민족국가에서의 국민적 주체의 제작과 소수자의 통합〉, 사카이 나오키 외, 《총력전하의 앎과 제도》, 소명출판, 2014, 27-30쪽.

36 Susan Buck-Morss, 앞의 글.

37 Michel Foucault, "The Subject and Power," in *Critical Inquiry*, Vol.8, No.4, 1982.

38 Brad Evans and Julian Reid eds., *Deleuze and Fascism: Security: War: Aesthetics*. London : Routledge, 2013.

39 칼 슈미트, 김효전·정태호 옮김, 《정치적인 것의 개념: 서문과 세 개의 계론을 수록한 1932년 판》, 그린비, 2012, 15-50쪽.

40 수잔 벅-모스, 앞의 책, 29쪽.

41 조르주 바타유, 김우리 옮김, 《파시즘의 심리구조》, 두번째테제, 2022, 85쪽.

42 미셸 푸코, 앞의 책(2011), 135쪽.

43 Takashi Fujitani, *Race for Empire: Koreans as Japanese and Japanese as Americans during World War 2*, University of California Press, 2011.

44 조지 모스, 임지현·김지혜 옮김, 《대중의 국민화》, 소나무, 2008.

45 릴라 간디, 《포스트식민주의란 무엇인가》, 현실문화연구, 2000, 21쪽.

46 김소영, 《파국의 지도: 한국이라는 영화적 사태》, 현실문화, 2014.

47 중국 근대사를 민족 중심의 "매끈한" 서술로부터 구해야 한다는 논의를 펼친 책으로는 Prasenjit Duara, *Rescuing History from the Nation*, University of Chicago Press, 1995 참조.

48 연구모임 시네마바벨 엮음, 《조선 영화와 할리우드》, 소명출판, 2014.

49 정종화, 앞의 책.

50 한상언,《조선영화의 탄생》, 박이정, 2018.

51 이화진, 앞의 책(2016).

52 Theodore Hughes, *Literature and Film in Cold War South Korea: Freedom's Frontier*, Columbia University Press, 2013.

53 이영재,《제국 일본의 조선 영화: 식민지 말의 반도 – 협력의 심정, 제도, 논리》, 현실문화, 2008.

54 Jinsoo An, *Parameters of Disavowal*, University of California Press, 2018.

55 Pei-yin Lin and Su Yun Kim ed., *East Asian Transwar Popular Culture: Literature and Film from Taiwan and Korea*, Palgrave Macmillan, 2019, pp.8-9.

1장 영화의 '매혹'과 식민지의 선전영화

1   설주희,〈1920년대 조선총독부의 '교화(敎化)' 전용(轉用): 도덕적인 백성에서 노동하는 '국민'으로〉,《민족문화논총》76, 2020.

2   김정민,〈1920년대 초반 조선총독부의 활동사진에 대한 인식과 활용에 대하여: 영화의 적극적 이용 정책의 성립과정을 중심으로〉,《인문과학연구》제27집, 2009, 149쪽.

3   권채린,〈1920-30년대 '건강'과 '질병'을 둘러싼 대중 담화의 양상〉,《어문론총》제64호, 2015.

4   설주희, 앞의 글.

5   미셸 푸코, 이규현 옮김,《성의 역사 1: 지식의 의지》, 나남출판, 1997, 44쪽.

6   김정민, 앞의 글, 152-152쪽.

7   山根幹人,《社會敎化と活動寫眞》, 帝國地方行政學會, 同朝鮮本部, 1923, 54-81項 (복환모,《조선총독부의 프로파간다》, 바른북스, 2023, 84-85쪽에서 재인용).

8   법의 내용은 복환모의 책 참조. 복환모, 위의 책, 146-150쪽.

9   다지마 데쓰오,《문화하는 영화, 이동하는 극장》, 박이정, 2017.

10 복환모, 앞의 책, 174-175쪽.

11 이경민,〈활동사진 구경 가다: 일제강점기에 개최된 박람회를 중심으로〉,《황해문화》제64호, 2009, 454쪽.

12 위의 글, 458-459쪽.

13 이하나,〈일제하 '활동사진(영화)대회'를 통해 본 식민지 대중의 문화체험과 감성공동체〉,《한국문화》84, 2018.

14 백두산, 〈식민지 조선의 상업, 오락 공간, 종로 권상장 연구: 1920년대를 중심으로〉,
    《한국극예술연구》 제42집, 2013, 57쪽.

15 유선영, 앞의 글, 25-29쪽.

16 한상언, 앞의 책, 49쪽.

17 《매일신보》, 1920년 4월 8일; 1920년 7월 2일.

18 이순진, 앞의 글.

19 나운규, 〈'아리랑'을 만들 때: 조선 영화 감독 고심담〉, 《조선영화》 창간호, 1936년
    11월호(김종욱 엮음, 《한국영화총서》, 국학자료원, 2002. 335쪽에서 재인용).

20 이상길, 《라디오, 연극, 키네마: 식민 지식인 최승일의 삶과 생각》, 이음, 2022, 204쪽.

21 유선영, 〈황색 식민지의 서양영화 관람과 소비실천, 1934-1942: 제국에 대한 '문화
    적 부인'의 실천성과 정상화 과정〉, 《언론과 사회》 13권 2호, 2005.

22 백문임, 〈감상의 시대, 조선의 미국 연속영화〉, 《조선영화와 할리우드》, 소명출판,
    2014, 26쪽.

23 "저금사진시영", 《동아일보》, 1923년 4월 11일.

24 안종화, 《한국영화 측면비사》, 춘추각, 1962, 58쪽.

25 "저금사진시영", 《동아일보》, 1923년 4월 11일.

26 복환모, 앞의 책, 90쪽.

27 이상길, 앞의 책, 192-193쪽.

28 설주희, 앞의 글, 92-93쪽.

29 박선영, 〈잡후린과 애활가〉, 《조선영화와 할리우드》, 소명출판, 2014, 175쪽.

30 김려실, 《투사하는 제국 투영하는 식민지: 1901~1945년의 한국영화사를 되짚다》,
    삼인, 2006, 141쪽.

31 김소영, 〈신여성의 시각적 재현〉, 《문학과 영상》 7권 2호, 2006.

32 이효인, 〈《미몽》, 신여성 비판을 위한 기획〉, 《영화연구》 49, 2011.

33 박현희, 〈계몽과 각성: 교통 영화 〈미몽〉〉, 《사이間SAI》 제21호, 2016.

34 Brian Yecies, "Sweet Dream(1936) and the Transformation of Cinema
    in Colonial Korea," in Sangjoon Lee ed., *Rediscovering Korean Cinema*,
    University of Michigan Press, 2019.

35 염복규, 〈영화 〈미몽〉과 1936년의 경성〉, 《문화와 융합》, Vol.45, No.2, 2023.

36 이상길, 앞의 책, 202-203쪽.

37 이광욱, 〈초창기 조선어 발성영화의 존재 조건과 매개변수로서의 관객: 〈미몽〉
    (1936)에 나타난 시청각 이미지의 양상을 중심으로〉, 《스토리앤이미지텔링》 18호,

2019, 104쪽.

38 Laura Mulvey, "Visual Pleasure and Narrative Cinema," in *Screen*, Vol.16, no.3, 1975.

39 Atkins, E. Taylor, *Primitive Selves: Koreana in the Japanese Colonial Gaze, 1910-1945*, University of California Press, 2010.

40 김백영, 〈가이드북이 그려낸 제국의 문화지리: 일본여행협회의 선만공식 관광루트〉, 《제국일본의 문화권력》 2, 소화, 2014.

41 1930-40년대 경성의 소비 문화에 관해서는 다음 논문 참고. 강심호·전우형, 〈일제 식민지 치하 경성부민의 도시적 감수성 형성과정 연구: 1930년대 한국소설에 나타난 도시적 소비 문화의 성립을 중심으로〉, 《서울학연구》 제21호, 2003.

42 무라야마 도모요시, 《조선악극비판(朝鮮樂劇批判)》, 桜占書店, 1947.

43 "오락흥행의 백미", 《조선일보》, 1936년 5월 8일.

44 신카나리아, "나의 교우록: 원로 여류가 엮는 회고", 《동아일보》 1981년 7월 13일부터 8월 13일까지 한 달간 연재.

45 국립예술자료원, 《예술사 구술총서 001: 박용구, 한반도 르네상스의 기획자, 1914년-》, 국립예술자료원, 2011, 269쪽.

46 박노홍, 〈한국악극사 9〉, 《한국연극》 38, 4.2, 59쪽.

47 〈朝鮮樂劇團の春鶯節〉, 《キネマ旬報》, 1939年 4月號.

48 《朝鮮樂劇團 第1輯》.

49 《매일신보》, 1941년 4월 6일.

50 《読売新聞》, 1939年 4月 30日.

51 요네야마 리사, 〈오락, 유머, 근대: '모던 만자이'의 웃음과 폭력〉, 연구공간 수유+너머 '일본근대와 젠더 세미나팀' 옮김, 《확장하는 모더니티: 1920~30년대 근대 일본의 문화사》, 소명출판, 2007, 163-171쪽.

52 《朝鮮樂劇團 第1輯》.

53 임다함, 〈1930년대 후반 조선 영화의 해외 진출 시도에 대한 일고찰: 안철영의 〈어화〉(1938)를 중심으로〉, 《아시아문화연구》 제55집, 2021, 87-87쪽.

54 《매일신보》, 1941년 8월 9일.

55 《매일신보》, 1941년 8월 12일.

56 안재석, 〈일제강점기 조선에서의 뮤지컬 영화 수용 양상 연구〉, 《영화연구》 82, 2019.

57 이승희, 〈전시체제기 연극통제시스템의 동원정치와 효과〉, 《상허학보》 41집, 2014.

58 Ching Leo T.S., *Becoming "Japaneses": Colonial Taiwan and the Politics of*

Identity Formation, University of California Press, 2001.

59 Micheal Baskett, "All Beautiful Fascist? Axis Film Culture in Imperial Japan," in Alan Tansman, ed., *The Culture of Japanese Fascism*, Duke University Press, 2009, pp.212-218.

60 위의 글.

61 《読売新聞》, 1939年 12月 24日.

62 《매일신보》, 1941년, 1월 8일.

63 《朝日新聞》, 1939年 3月 10日.

64 《朝日新聞》, 1939年 3月 19日.

65 이승희, 앞의 글, 202-203쪽.

66 青山哲, "樂劇의 새로운 體制", 《매일신보》, 1941년 10월 31일(김호연, 〈일제 강점 후기 연극 제도의 변화 양상과 그 의미: 이동극단, 위문대를 중심으로〉, 《인문과학연구》 30, 2011에서 재인용).

67 이순진, 〈기업화와 영화신체제〉, 《고려영화협회와 영화신체제》, 한국영상자료원, 2007, 223쪽.

68 이준식, 〈문화 선전 정책과 전쟁 동원 이데올로기: 영화 통제 체제의 선전영화를 중심으로〉, 방기중 엮음, 《일제 파시즘 지배정책과 민중생활》, 혜안, 2004, 206-210쪽.

69 〈《君と僕》를 말하는 座談會〉, 《삼천리》 제19권 9호, 1941.

70 위의 글.

71 하신애, 〈일제 말기 프로파간다 영화에 나타난 수해적 의례와 신체의 구성〉, 《사이間 SAI》 제7호, 2009.

72 Ian Aitken ed., *Encyclopedia of the Documentary Film* 3, Talyor&Francis, 2013, p.185.

73 〈조선 영화 특집〉, 《映畵旬報》, 1943년 7월 11일(이재명, 《일제 말 친일 목적극의 형성과 전개》, 소명출판, 2011, 380쪽에서 재인용).

74 윤대석, 《식민지 국민문학론》, 역락, 2006, 43-59쪽.

75 김의경·유인경 엮음, 《박노홍의 대중연예사 1》, 연극과인간, 2008, 168쪽.

2장 반공-엔터테인먼트의 탄생

1 이연식, 《조선을 떠나며: 1945 패전을 맞은 일본인들의 최후》, 역사비평사, 2012.

2 Charles Armstrong, "The Cultural Cold War in Korea, 1945-1950," *The Journal of Asian Studies*, 2003, p.85.

3   이길성, 〈해방 직후 뉴스문화영화의 상영 연구〉, 《영상예술연구》 Vol.27, 2015.

4   위의 글, 25쪽.

5   이순진, 〈냉전체제의 문화논리와 한국 영화의 존재방식: 영화 〈오발탄〉의 검열과정
     을 중심으로〉, 《기억과 전망》 29, 한국민주주의연구소, 2013.

6   이승희, 〈흥행장의 정치경제학과 폭력의 구조, 1945-1961〉, 《대동문화연구》, 74권,
     2011.

7   1960년대 영화 기업화 논의와 신필름에 관한 연구로는, Steven Chung, *Split Screen
     Korea: Shin Sang-ok and Postwar Cinema*, University of Minnesota Press,
     2014; 조준형, 《영화제국 신필름: 한국 영화 기업화를 향한 꿈과 좌절》, 한국영상
     자료원, 2009 참조.

8   이순진, 〈1950년대 공산주의자의 재현과 냉전의식: 〈정의의 진격〉, 〈피아골〉, 〈운명의
     손〉을 중심으로〉, 《매혹과 혼돈의 시대: 50년대의 한국 영화》, 소도, 2003, 134쪽.

9   Charles Armstrong, *North Korean Revolution 1945-1950*, Cornell University
     Press, 2004 참조.

10   위의 책, chapter 3 참조.

11   강만길 엮음, 《한국 노동 운동사》, 지식마당, 2004 참조. 대부분의 적산 문제는 한국
     전을 거치면서 일단락된 것으로 보인다. 공제욱, 《1950년대 한국의 자본가 연구》, 백
     산서당, 1999 참조.

12   우정은은 이러한 자본가들을 "정치적 자본가"라고 칭한다. 우정은, 〈비합리성 이면의
     합리성을 찾아서: 이승만 시대 수입대체산업화의 정치경제학〉, 박지향 외, 《해방 전
     후사의 재인식》, 책세상, 2006, 참조. Woo Jung-en, *Race to the swift: state and
     finance in Korean industrialization*, New York: Columbia University Press,
     1991 참조.

13   한국영화진흥공사, 《한국영화자료편람》, 78쪽 참조. 김미현 엮음, 《한국 영화 기술사
     연구》, 영화진흥위원회, 2002, 16-23쪽.

14   한상언, 《해방 공간의 영화, 영화인》, 이론과실천, 2013 참조.

15   "영화검열반대 문화단체서 성명", 《경향신문》 1946년 10월 24일; "영화상영하가제
     철폐를 팔개 문화단체에서 요구", 《조선일보》, 1946년 10월 24일.

16   이효인, 〈해방 직후 한국 영화계와 영화운동〉, 《한국 영화의 풍경(1945-1959)》, 문학
     사상사, 2003, 69쪽에서 재인용.

17   서광제, "건국과 조선 영화", 《서울신문》, 1946년 5월 26일.

18   김정혁, 〈기업의 합리화를 수립하라: 영화계 상반기 총결산〉, 《조광》, 1940년 9월호.

19 한국영상자료원 엮음,《한국 영화를 말한다》, 이채, 2005, 437쪽.

20 이준식, 〈문화 선전 정책과 전쟁 동원 이데올로기: 영화 통제 체제의 선전영화를 중심으로〉, 방기중 엮음,《일제 파시즘 지배정책과 민중생활》, 혜안, 2004.

21 "유령 드디어 자멸하다. 등록취소 백삼단체",《경향신문》, 1949년 10월 19일.

22 해방 이후 여수, 순천 반란의 진압과 보도를 통해 대한민국의 국민과 국가의 이미지가 어떻게 만들어졌는지에 관해서는 임종명 〈여순 '반란'의 재현을 통한 대한민국의 형상화〉,《근대를 다시 읽는다 2》, 역사비평사, 2006 참조.

23 정종화, 〈한국 영화 성장기의 토대에 관한 연구: 동란기 한국 영화 제작을 중심으로〉, 중앙대학교 석사학위논문, 2002.

24 "영화 재건에의 기대",《연합신문》, 1953년 3월 6일(정종화, 〈동란기의 한국 영화〉,《한국 영화의 풍경 1945-1959》, 문학사상사, 2003, 160쪽에서 재인용).

25 정태수 엮음,《남북한 영화사 비교연구》, 국학자료원, 2007, 40-49쪽.

26 1950년대 영화의 냉전문화 형성을 정전화 담론 형성 과정을 통해 파악한 연구로는 염찬희, 〈1950년대 냉전 국면의 영화 작동 방식과 냉전문화 형성의 관계: 한국과 중국의 경우〉,《냉전 아시아의 문화풍경 1: 1940-1950년대》, 현실문화, 2008 참조.

27 《신영화》, 1954년 11월호.

28 위의 잡지.

29 박인환, "외화 본수를 제한/'영화심위'설치의 모순성",《경향신문》, 1955년 1월 23일.

30 안재석, 〈수도영화사와 안양촬영소〉, 김미현 엮음,《한국영화사: 개화기에서 개화기까지》, 커뮤니케이션북스, 2006, 149-151쪽.

31 송낙원, 〈해방 후 남북한 영화 형성기(1945~1953)〉, 정태수 엮음,《남북한 영화사 비교연구》, 국학자료원, 2007, 53쪽.

32 《한국영화자료편람》, 48쪽.

33 "난립하는 극장, 대부분 시설이 미비, 마구 허가하는 당국 '단속법규 없다'고만",《서울신문》, 1958년 9월 15일; 〈극장 〈붐〉 초래: 대한과 세기의 개관과 반도의 신축개봉이 삼개관이 늘고, 기타가 서울만도 50관을 육박하는 극장 〈붐〉 시대를 초래〉,《국제영화》, 1958년 9월호.

34 오영진, 〈국산 영화의 산업구조〉,《사상계》, 1962년 5월호.

35 《현대영화》, 1958년 1월호.

36 〈연예계의 인기 배우들: 연애, 돈, 영화 방담〉,《명랑》, 1956년 10월호.

37 한국영화진흥조합사,《한국영화업서》, 1972, 315쪽.

38 〈명사들이 말하는 비평과 전망: 참석자 – 최세황(국방부 차관), 성인기(조선일보 편집

국장), 복혜숙(배우협회 회장), 오제도(서울지검 부장검사), 이상선(문교부 예술과장),
박계주(소설가), 이병일(영화감독), 정비석(소설가), 사회 – 허백년, 이영일〉,《현대
영화》, 1958년 1월호.

39 이청기, "해외시장의 개척문제/국산 영화의 발전을 위한 오직 하나의 길",《조선일보》,
    1955년 6월 8일; "[좌담회] 우리 영화를 해외로 1, 2/동남아 영화제 참가를 중심 삼
    아",《경향신문》, 1955년 7월 6-7일; 한편으로는 위기의식을 고조시키면서 국가 주
    도의 발전 논의를 합리화시켰던 것은 이때나 지금이나 마찬가지였다. 이러한 영화계
    의 담론 만들기에 관한 연구로는 문재철,〈한국 영화비평 담론의 타자성과 콤플렉스:
    50년대 후반에서 70년대까지 리얼리즘 담론의 '상상성'을 중심으로〉, 연세대 미디어
    아트센터 엮음,《한국 영화의 미학과 역사적 상상력》, 소도, 2006, 37-40쪽 참조.

40 유한철, "한국 영화의 재검토/기업성과 예술성 양면에서",《동아일보》, 1958년 5월 3일.

41 《국제영화》, 1959년 3월호, 34쪽.

42 이청기, 앞의 글; "[좌담회] 우리 영화를 해외로 1, 2".

43 박지연,〈박정희 근대화 체제의 영화정책: 영화법 개정과 기업화정책을 중심으로〉,
    《한국 영화와 근대성》, 소도, 2001.

44 《조선일보》, 1960년 8월 25일;《한국일보》, 1960년 8월 26일;《경향신문》, 1960년
    8월 26일.

45 유민영,《달라지는 국립극장 이야기》, 마루, 2001.

46 김정옥,〈상실된 주제의식과 오리무중의 흥행성: 한국 영화 1960년〉,《사상계》,
    1960년 12월호. "국제극장을 중심으로 한 선민영화사와 홍성기 부처가 가세한 ○○○,
    국도극장을 중심으로 하여 군소 제작사가 합류한 합동영화공사, 명보극장과 제휴한
    신상옥 프로덕션, 과거 자유당 세력을 정치적으로 이용하고 폭력으로 이루어진 한국
    연예 등이 그 대표적인 것으로 볼 수 있었다."

47 김의경·유인경 엮음,《박노홍의 대중연예사 1》에서 재구성.

48 〈김희갑에 관한 5장〉,《영화세계》, 1963년 8월호;〈특집: 희극 배우의 생활 스케치〉,
    《국제영화》, 1960년 3월호.

49 임영,〈광범한 기술적미개발지역: 한국 영화 1959년〉,《사상계》, 1959년 12월호,
    244-249쪽.

50 박선영,〈1950년대 말-1960년대 초 극장의 영화 상영 관행: 실연무대와 무대인사를
    중심으로〉,《은막의 사회사》, 한국영상자료원, 2017 참조.

51 임화수, "영화 육성과 예술인의 단합",《조선일보》, 1959년 6월 20일.

52 임화수,〈위기에 직면한 방화의 타개책: 무질서와 난립을 피하자!〉,《국제영화》,

1960년 4월호, 60-61쪽.

53 식민지 시기 아시아와 남방에 관한 상상과 이것이 해방 후 대한민국에 어떻게 냉전적 질서로 재편되었는지에 관해서는 장세진, 《슬픈 아시아: 한국 지식인들의 아시아 기행(1945-1966)》, 푸른역사, 2012 참조.

54 《현대영화》, 1958년 1월호.

55 송아름, 〈합작 영화: 제도로 정착시킨 '한국' 영화〉, 《씨네포럼》 제35호, 2020.

56 위의 글, 23쪽.

57 위의 글.

58 《명랑》, 1958년 4월호.

59 김석민, 《한국연예인 반공운동사》, 예술문화진흥회, 1989, 15쪽.

60 위의 책, 20쪽.

61 김의경·유인경 엮음, 앞의 책, 51쪽.

62 김석민, 앞의 책, 46쪽.

63 《명랑》, 1956년 10월호.

64 강옥희·이순진·이승희·이영미, 《식민지 시대 대중예술인 사전》, 소도, 2006. 127, 320쪽.

65 송일근의 증언, 《한국 영화를 말한다》, 이채, 2006, 55-60쪽.

66 《국제영화》, 1959년 2월호.

67 《동아일보》, 1959년 1월 30일.

68 한국영상자료원, 김한상 작성, 한국 영화인 정보조사, http://www.kmdb.or.kr/vod/mm_basic.asp?person_id=00004738&keyword=%EA%B9%80%ED%99%94%EB%9E%91#url.

69 〈특집: 희극배우의 생활 스케치〉, 《국제영화》, 1960년 3월호.

70 〈신춘폭소경연대회: 〈코메디 코리아〉, 〈키멘바〉 총출동의 지상 〈코메디〉〉, 《명랑》, 1957년 2월호.

71 Richard Dyer, "Entertainment as Utopia," in Rick Altman and Paul Kegan ed., *Genre: The Musical*, London: Routledge, 1981.

3장 악극, 할리우드를 만나다: 탈식민과 냉전 사이

1 신카나리아, 앞의 글.

2 유호 엮음, 《구술로 만나는 한국 예술사》(구술사 아카이브), 문예진흥원, 2006.

3 김상화, "무대예술의 회고와 전망", 《경향신문》, 1948년 1월 25일.

4   신카나리아, 앞의 글.

5   〈신사는 쑈를 좋아한다: 한국 '쑈'의 석금 – 뺀드와 씽거를 중심으로〉, 《국제영화》 8월호, 1960.

6   《동아일보》, 1946년 11월 7일.

7   김의경·유인경 엮음, 《박노홍의 대중연예사 1》, 연극과인간, 2008.

8   박노홍, 〈팔월 십오일 이후 악극의 동향〉, 《영화시대》 1, 1946.4, 영화시대사, 122-125쪽.

9   이유정, 〈태평양전쟁 전후 캠푸 쇼의 계보와 미군의 동아시아 인식〉, 《한국문화연구》 36권, 2019.

10 정겨울, 〈민주국 영화 제작과 통합되는 '민족상상': 리샹란과 〈지나의 밤〉을 중심으로〉, 《중국현대문학》 제103호, 2022.

11 이영미, 〈1950년대 대중가요의 아시아적 이국성과 국제성 욕망〉, 《상허학보》 34권, 2012.

12 《경향신문》, 1952년 7월 22일.

13 "가보니 어떻습디까? 밀항 악극인 강송으로 귀국", 《동아일보》, 1952년 8월 2일.

14 《경향신문》, 1952년 8월 30-31일.

15 정종화, 〈일본 영화 시나리오 표절 문제와 한국 영화계: 1950년대 후반부터 1960년대 중반 국면을 중심으로〉, 《대동문화연구》 126권, 2024.

16 "이해에 한마디 (7) 음악", 《동아일보》, 1960년 12월 22일. 이 기사뿐만이 아니라 뿌리 뽑히지 않은 일색 문화에 관해 한탄하는 글들은 수도 없이 많이 발견된다.

17 이화진, 앞의 글(2007), 64-66쪽.

18 〈우리가 기억하는 대중가요, 가수〉, 《명랑》, 1956년 10월호;〈신사는 쇼를 좋아한다! 한국 쇼비즈의 오늘과 어제〉, 《국제영화》, 1960년 8월호.

19 〈국산영화는 수지가 맞았나?〉, 《국제영화》, 1958년 11월호

20 백현미, 〈1950년대 여성국극의 성정치성〉, 《대중서사연구》 18호, 2007.

21 안재석, 〈1950년대 후반 한국 영화 장르의 분화와 뮤지컬 영화〉, 《아시아영화연구》 14권 2호, 2021.

22 한국영상자료원 소장 포스터. https://www.kmdb.or.kr/db/kor/detail/movie/K/00406/own/image#dataHashImageDetail0.

23 임긍재, "한국 영화 스타일의 문제점", 《조선일보》, 1957년 12월 3일.

24 이순진, 〈대중연희에서 영화로: 한국 대중영화의 기원을 찾아서〉, 한국영상자료원, 2004, 하한수의 인터뷰.

25 송미구, 〈한국의 영화감독 3인전〉, 《국제영화》, 1959년 7월호.

26 〈오발탄〉이 리얼리즘 영화로 정전화된 과정에 대해서는 김소연, 〈오발탄은 어떻게 '한국 최고의 리얼리즘 영화'가 되었나?〉, 《영화언어》, 2004년 봄호 참조.

27 김소연, 〈전후 한국의 영화담론에서 '리얼리즘'의 의미에 관하여: 〈피아골〉의 메타비평을 통한 접근〉, 《매혹과 혼돈의 시대》, 소도, 2003.

28 호현찬, 《국제영화》, 1959년 8월호.

29 Annette Kuhn, "Women's Genres: Melodrama, Soap Opera and Theory," *Screen* 25:1, 1984.

30 이영미, 〈신파성, 반복과 차이: 1950년대 악극·영화·방송극〉, 이임하 엮음, 《아프레걸 사상계를 읽다》, 동국대학교 출판부, 2009.

31 "국민오락과 가요", 《동아일보》, 1955년 1월 14일.

32 이호걸, 〈신파연구〉, 중앙대학교 박사학위논문, 2007.

33 Tom Gunning, 앞의 글(2006), p.116-117.

34 이영일, 앞의 책, 27쪽.

35 심우섭 감독과의 인터뷰, 2003.

36 Miriam Hansen, "The Mass Production of the Senses: Classical Cinema as Vernacular Modernism," in Christine Gledhill ed., *Reinventing Film Studies*, Arnold, 2000, pp.332-340.

37 송미구, 앞의 글.

38 김의경·유인경 엮음, 《박노홍의 대중연예사 1》, 연극과인간, 2008.

39 코미디언 구봉서와의 개인 인터뷰, 2005년.

40 《국제영화》, 1959년 5, 6월 합본호.

41 Jing Jing Chang, *Screening Communities: Negotiating Narratives of Empire, Nation and the Cold War in Hong Kong Cinema*, Hong Kong University Press, 2019.

42 김예림, 〈냉전기 아시아 상상과 반공 정체성의 위상학: 해방-한국전쟁 후(1945-1955) 아시아 심상지리를 중심으로〉, 《냉전 아시아의 문화풍경: 1940-50년대》, 현실문화, 2008, 92-95쪽.

43 《영화연예연감》, 국제영화사, 1970, 152쪽.

44 김석민, 앞의 책, 111쪽.

45 위의 책, 147쪽.

46 황문평, 《노래 백년사》, 숭일문화사, 1981.

47 "아세아영화제와 출품작 시비", 《서울신문》, 1958년 2월 24일; "트집잡힌 〈돈〉, 난 데없는 〈청춘쌍곡선〉, 아세아영화제 출품작 선정에 이상", 《한국일보》, 1958년 3월 7일; 황영빈, "영화제 출품과 나의 의견, 〈돈〉의 〈레알리즘〉을 이태리 것과 비교한다", 《한국일보》, 1958년 3월 9일; 이청기, "영화제 출품과 나의 의견, 자율성을 존중하라, 〈돈〉의 출품 불허는 시대착오이다", 《한국일보》, 1958년 3월 10일.

48 이우석, 〈광복에서 1960년까지의 영화정책(1945~1960년)〉, 김동호 외, 《한국영화 정책사》, 나남출판, 2005.

49 김소동, 《〈돈〉의 출품시비와 금후: 영화 〈돈〉과 나의 경우, 소사대취의 원칙을 기하라!》, 《국제영화》, 1958년 5, 6월호.

50 강형옥, 〈영화 제작에 '코리아니즘'을: 민족 고유의 문화와 윤리관의 확립 – 강형옥 (광영영화사 대표)〉, 《국제영화》, 1958년 5, 6월호.

4장 규격화된 시각장과 '코드화된' 민주주의

1 강만길, 《사월혁명 이론》, 한길사, 1983.

2 이영재, 〈무법과 범법, 쿠데타 이후의 주먹들: 1960년대 한국 액션영화의 두 계열〉, 《전쟁하는 신민, 식민지의 국민문화》, 소명출판, 2010, 441-445쪽.

3 Agenes Heller, "On Formal Democracy," in John Keane eds., *Civil Society and the State: New European Perspective*, New York: Verso, 1988.

4 자크 랑시에르, 양창렬 옮김, 《정치적인 것의 가장자리에서》, 길, 2008, 22쪽.

5 Jeniffer M. Miller, *Cold War Democracy: The United States and Japan*, Harvard University Press, 2019.

6 오구마 에이지, 조성은 옮김, 《민주와 애국: 전후 일본의 내셔널리즘과 공공성》, 돌베개, 2019.

7 Charles Kim, "Moral Imperatives: South Korean Studenthood and April 19th," *The Journal of Asian Studies*, Vol.71, No.2., 2012.

8 홍정완, 《한국 사회과학의 기원: 이데올로기와 근대화의 이론 체계》, 역사비평사, 2021. 특히 2장 〈전후 민주주의론과 야베 데이지의 정치학〉에는 4·19 이전의 민주주의의 논의들이 어떻게 전개되고 있었는지 자세히 살피고 있다.

9 이상록, 〈'예외상태 상례화'로서의 유신헌법과 한국적 민주주의 담론〉, 《역사문제연구》, 35권, 2016.

10 홍정완, 앞의 책, 2장 참조.

11 오영숙, 《1950년대 한국 영화와 문화 담론》, 소명출판, 2007.

12　이순진, 〈냉전체제의 문화논리와 한국 영화의 존재 방식: 영화 〈오발탄〉의 검열 과정을 중심으로〉, 《기억과전망》 통권 29호, 2013.

13　앙드레 바쟁, 박상규 옮김, 《영화란 무엇인가?》, 사문난적, 2013.

14　질 들뢰즈, 이정하 옮김, 《시네마 2》, 시각과언어, 2005.

15　이화진, 〈'극장국가'로서의 제1공화국과 기념의 균열〉, 《한국근대문화연구》 제15호, 2007.

16　이영일, "혁명과 문화", 《경향신문》, 1960년 5월 3일.

17　"방송연예계도 민주화되야 한다", 《동아일보》, 1960년 5월 1일.

18　"임화수, 유지광 정식 구속", 《한국일보》, 1960년 4월 24일; "반공예술인단 해체", 《조선일보》, 1960년 4월 29일.

19　"영화계 민주주의의 방향", 《조선일보》, 1960년 5월 12일.

20　"외국의 영화 검열제도: 국가검열제는 주로 후진국, 주요 영화국은 자율적으로", 《조선일보》, 1960년 5월 18일.

21　《한국영화업서》, 한국영화진흥조합, 1972, 337-338쪽.

22　"공청회에 나타난 영화 검열제의 시비", 《동아일보》, 1960년 5월 18일.

23　"검열제도 폐지에 따르는 영화윤리", 《서울신문》, 1960년 8월 11일.

24　위의 기사.

25　김윤지, 〈최초의 민간영화심의기구, 영화윤리위원회의 성립: 4·19혁명의 성과로서 영화윤리위원회〉, 《한국 영화와 4·19: 1960년대 초 한국 영화의 풍경》, 한국영상자료원, 2010.

26　함충범, 〈제2공화국 시기의 한국 영화계〉, 《한국 영화와 4·19: 1960년대 초 한국 영화의 풍경》, 한국영상자료원, 2010.

27　이청기, "영윤 규정 폭넓게 해석하겠다", 《한국일보》, 1960년 8월 18일.

28　"검열제도 폐지에 따르는 영화윤리", 《서울신문》, 1960년 8월 11일.

29　황형옥, 〈영화 제작에 코리아니즘을: 민족 고유의 문화와 윤리관의 확립〉, 《국제영화》, 1958년 5, 6월 합본호.

30　Tomas Doherty, *Pre-Code Hollywood: Sex, Immorality, and Insurrection in American Cinema 1930–1934*, New York: Columbia University Press, 1999.

31　위의 책.

32　김정옥, 〈상실된 주제의식과 오리무중의 흥행성: 한국 영화 1960년〉, 《사상계》, 1960년 12월호.

33　위의 글.

34 오영진, 〈협괴를 달리는 영화산업: 국산영화의 산업구조〉, 《사상계》, 1962년 5월호.

35 오영진, 〈혁명과 기회: 작가의 수기〉, 《사상계》, 1969년 5월호.

36 백문임, 〈1950년대 후반 '문예'로서 시나리오의 의미〉, 《매혹과 혼돈의 시대》, 소도, 2003.

37 양기철, 〈영화론〉, 《사상계》, 1958년 1월호.

38 김소연, 〈전후 한국의 영화담론에서 '리얼리즘'의 의미에 관하여: 〈피아골〉의 메타 비평을 통한 접근〉, 《매혹과 혼돈의 시대》, 소도, 2003. 최근의 한국 영화의 '리얼리즘'에 관한 논의로는 이준엽, 〈해방 이후 한국 영화의 리얼리즘 연구(1945-1965): 정전화된 작품과 비평 담론에 대한 분석을 중심으로〉, 한양대학교 박사학위논문, 2022 참조.

39 백문임, 《임화의 영화》, 소명출판, 2015 참조.

40 Ien Ang, *Watching Dallas: soap opera and the melodramatic imagination*, Routledge, 1996.

41 Micheal Warner, "The Mass Public and the Mass Subject," in Bruce Robbins ed., *Phantom Public Sphere*, University of Minnesota Press, 1993.

42 임영, 앞의 글, 246쪽.

43 할리우드 영화의 '봉합'을 정신분석학적으로 밝힌 대표적인 학자로는 Kaja Silverman, *The Subject of Semiotics*, Oxford University Press, 1984, 5장 "Suture" 참조.

44 이봉래, "건전한 오락", 《조선일보》, 1956년 6월 16일.

45 신상옥, 〈기업과 영화 예술〉, 《국제영화》, 1960년 2월호.

46 이형표 감독과의 인터뷰, 2005.

47 《서울신문》, 1961년 5월 5일.

48 《조선일보》, 1961년 10월 29일.

49 《경향신문》, 1961년 12월 17일.

50 가족영화의 장르에 관한 연구로는 이길성, 〈1960년대 가족 드라마의 형성과정과 제 양상 연구〉, 중앙대학교 박사학위논문, 2006 참조.

51 David Bordwell, "CinemaScope: The Modern Miracle You See without Glasses," in *Poetics of Cinema*, Routledge, 2012.

52 이지윤, 〈1950년대 중후반 서울 시내 영화관의 변화와 공간에 투영된 세계보편을 향한 열망〉, 《은막의 사회문화사》, 한국영상자료원, 2009.

53 정찬철, 〈1960년대 한국 시네마스코프 영화의 몰입적 스토리텔링 기법〉, 위의 책.

54 David Bordwell, 앞의 글, p.282에서 재인용.

55 오은실, 〈한국 영화에 나타난 희극성 연구〉, 동국대학교 석사학위논문, 1993 ; 김윤아, 〈한국 1960년대 초기 가족 코미디 영화연구〉, 동국대학교 석사학위논문, 1996.

56 조명기사 박창호 증언, 《한국 영화를 말한다: 한국 영화의 르네상스 1》, 한국영상자료원, 2005, 80-84쪽.

57 《한국일보》, 1961년 5월 4일.

58 "〈삼등과장〉 촬영중", 《경향신문》, 1961년 2월 25일.

59 김소연, 〈오발탄은 어떻게 '한국 최고의 리얼리즘 영화'가 되었나?〉, 《영화언어》, 2004년 봄호.

60 Stanley Cavel, *Pursuits of Happiness: The Hollywood Comedy of Remarraige*, Havard Film Studies, 1981.

61 김동광, 《라디오 키즈의 탄생: 금성사 A501을 둘러싼 사회문화사》, 궁리, 2021.

62 유호의 경우가 시나리오 작가와 라디오 작가를 겸한 대표적인 경우였다. 유호 엮음, 앞의 책.

63 유호의 증언, 위의 책.

64 서중석, 《이승만과 제1공화국》, 역사비평사, 2007, 170쪽.

65 Kitamura Hiroshi, *Screening Enlightenment: Hollywood and the Cultural Reconstruction of Defeated Japan*, Cornell University Press, p.34.

66 《아리랑》, 1960년 9월호.

67 조유재, 〈해방 이후 신생활운동의 전개와 관제화의 경향〉, 《한민족운동사연구》 108권, 2021.

68 김석민, 앞의 책.

69 《명랑》, 1961년 1월호.

70 〈일선 기자의 4·19 취재여화〉, 《명랑》, 1961년 4월호.

71 오제연, 〈사월혁명 직후 학생 운동의 후진성 극복 지향과 동요〉, 《기억과 전망》, 2010.

72 강정인, 〈박정희 대통령의 민주주의 담론 연구〉, 《철학연구》, 2011, 307쪽.

73 강인철, 〈한국전쟁과 사회의식 및 문화 변화〉, 《근대를 다시 읽는다 2》, 역사비평사, 2006.

74 이길성, 〈시대가 불러낸 아버지, 김승호〉, 《아버지의 얼굴, 한국 영화의 초상》, 한국영상자료원, 2007.

75 〈국산 영화는 수지가 맞았나?〉, 《국제영화》, 1958년 11월호.

76 김상협, 〈우리 사회와 문화의 기본문제를 해부한다〉, 《사상계》, 1958년 4월호.

77 이영미, 〈신파성, 반복과 차이: 1950년대 악극, 영화, 방송극〉, 《아프레걸 사상계를

읽다》, 동국대학교 출판부, 2009.

78 이길성, 〈가족드라마에서 보여지는 근대의 균열들〉,《영상예술연구 2》, 2002.

5장 전쟁의 '오락화', 그 안의 젠더 정치

1 Charles Armstrong, "The Cultural Cold War in Korea, 1945~1950," *The Journal of Asian Studies* 62 no.1, 2003, p.72.

2 가장 대표적으로는 손더스의《문화적 냉전》은 '문화적 냉전'이라는 말 자체를 확립시킨 저서로, 냉전 연구에 문화적 전환을 가져온 저작으로 평가된다. F. S., Saunders, *The Cultural Cold War: The CIA and the World of Arts and Letters*, NY: New Press, 2000.

3 대표적인 예로는 John Sbardellati, J. Edgar, *Hoover Goes to the Movies: The FBI and the Origins of Hollywood's Cold War*, Cornell University Press, 2012; David H. Price, *Cold War Anthropology: The CIA, The Pentagon, and the Growth of Dual Use Anthropology*, Duke University Press, 2016.

4 Charles Armstrong, 앞의 글; 공영민, 〈아시아재단 지원을 통한 김용환의 미국 기행과 기행만화〉,《한국학연구》40, 2016; 김려실, 〈댄스, 부채춤, USIS영화: 문화냉전과 1950년대의 USIS의 문화공보〉,《현대문학의 연구》49, 2013; 염찬희, 〈1950년대 영화의 작동방식과 냉전문화의 형성과의 관계에 대한 연구〉,《영화연구》29, 2006; 이성철, 〈1950년대 경남지역 미국공보원(USIS)의 영화 제작 활동: 창원의 상남영화제작소를 중심으로〉,《지역사회학》14(2), 2013; 허은,《미국의 헤게모니와 한국의 민족주의》, 고려대학교 민족문화연구소, 2008; 이순진, 〈아시아재단의 한국에서의 문화사업: 1954-1959년 예산서류를 중심으로〉,《한국학연구》40, 2016; 차재영·염찬희, 〈1950년대 주한 미공보원의 기록영화와 미국의 이미지 구축〉,《한국언론학보》56(1), 2012.

5 위의 내용과 관련된 주요 논문은 다음과 같다. 조혜정, 〈미군정기 영화정책에 관한 연구〉, 중앙대학교 박사학위논문, 1998; 조영정, 〈미국영화에 대한 양가적 태도〉,《매혹과 혼돈의 시대》, 소도, 2003; Chŏng Hye-seng, "Toward a Strategic Cinephilia: A Transnational Detournement of Hollywood Melodrama," in Nancy Abelmann ed., 앞의 책; 정종화, 〈한국 영화 성장기의 토대에 대한 연구: 동란기 한국 영화 제작을 중심으로〉, 중앙대학교 석사학위논문, 2002; 김한상, 〈냉전체제와 내셔널 시네마의 혼종적 원천:《죽엄의 상자》등 김기영의 미공보원(USIS) 문화영화를 중심으로〉,《영화연구》47호, 2011; 이선미, 앞의 글.

6 염찬희, 앞의 글.

7 정영권,《적대와 동원의 문화정치: 한국 반공영화의 제도화 1949-1968》, 소명출판, 2015, 248-252쪽.

8 John W. Dower, *War Without Mercy: Race & Power in the Pacific War*, New York: Pantheon Books, 1986, p.14.

9 정영권, 앞의 책, 253쪽. 훈련소 영화란 전선에 투입되기 이전 군인들을 훈련시키는 과정에 초점을 맞추는 영화를 말한다.

10 Michel Foucault, *The History of Sexuality: An Introduction*, Vintage, 1990, pp.3-49.

11 R. W. 코넬,《남성성/들》, 이매진, 1995, 69쪽.

12 동북아역사재단,《일제의 조선 참정권 정책과 친일세력의 참정권 청원운동》, 동북아역사재단, 2022.

13 조선인의 병사되기와 시민권 획득에 관해서는 Takashi Fujitani, 앞의 책; Brandon Palmer, *Fighting for the Enemy: Koreans in Japan's War, 1937-1945*, University of Washington Press, 2013. 참조.

14 Brandon Palmer, 위의 책, 3장 참조.

15 Ji Hee Jung, "The Self-Rehabilitation of Homeless Children, Reeducation Programs in the Transwar Tranpacific, and the Emergence of Post-Colonial Imperialism," *The International History Review*, Vol.46, No.3, 2024.

16 질 들뢰즈·펠릭스 가타리, 이진경 옮김,《카프카: 소수적인 문학을 위하여》, 동문선, 2001.

17 정종화,〈프로파간다와 예술영화 사이, 해방기 한국 영화의 선택: 이규환의〈해연 일명: 갈매기〉(1948)〉,《영화천국》 Vol.55, 한국영상자료원, https://www.kmdb. or.kr/story/173/3619.

18 김소영,〈〈집 없는 천사〉: 팬텀 시네마의 귀환〉, 한국영상자료원 연재글, https://www.kmdb.or.kr/story/10/5245.

19 백승덕,〈이승만 정권기 국민개병 담론과 징병제 시행〉, 한양대학교 석사학위논문, 2014.

20 병무청,《병무행정사(상)》, 1985, 507쪽. 1952년부터 1959년까지 공식적인 병역 기피율은 15-25퍼센트 정도에 달했다. 1960-60년대 상황은 다음 논문 참고. 김청강,〈국가를 위해 죽을 '권리': 병역법과 '성'스러운 국민 만들기(1937-1971)〉,《성스러운 국민: 젠더와 섹슈얼리티를 둘러싼 근대 국가의 법과 과학》, 서해문집, 2017.

21 《동아일보》 1952년 3월 13일(정영권, 앞의 책, 87쪽에서 재인용).

22 최은경, 〈1950-60년대 의료전문가의 동원과 징병검사의 수립〉, 《인문과학연구논총》 36(4), 2015, 247-248쪽.

23 문승숙, 《군사주의에 갇힌 근대》, 또하나의문화, 2007, 75쪽.

24 김청강, 앞의 글, 129쪽.

25 Brandon Palmer, 앞의 책, 3장 참조.

26 박유희, 〈1950년대 영화의 반공 서사와 여성 표상〉, 《여성문학연구》 21, 2009, 135쪽.

27 오영진 일기, 1958년(김윤미, 〈오영진 일기 연구: 1958-1959년 오영진 일기를 통한 한국 영화계의 문화현실 소고〉, 《한국극예술연구》 51, 한국극예술학회, 2016, 141쪽 에서 재인용).

28 김정혁, 〈기업의 합리화를 수립하라: 영화계 상반기 총결산〉, 《조광》, 1940년 9월호.

29 최은경, 앞의 글, 243쪽.

30 김윤미, 《우울과 환영: 오영진 일기와 영화론 연구》, 평민사, 2019, 61-62쪽.

31 홍성태, 〈유신 독재와 주민등록제도〉, 《역사비평》 여름호, 2012.

32 루인, 〈번호 이동과 성전환: 주민등록제도, 국민국가 그리고 트랜스/젠더〉, 《젠더의 채널을 돌려라》, 사람생각, 2008, 30쪽에서 재인용.

33 김청강, 〈국가를 위해 죽을 권리〉, 《법과 사회》 51호, 2016.

34 박지연, 〈영화법 제정에서 제4차 개정기까지의 영화정책(1961-1984)〉, 김동호 외, 앞의 책 참조.

35 "경쾌한 템포의 군사극 〈오인의 해병〉", 《조선일보》, 1961년 10월 27일.

36 "실전 방불한 시가전 로케", 《경향신문》, 1962년 12월 15일.

37 "넷 중경상, 영화촬영중", 《조선일보》, 1963년 3월 15일.

38 Paul Virilio, *The Vision Machine*, British Film Institute and Indiana University Press, 1994, p.4.

39 이영재, 〈비행기의 시선, 무정한 시선〉, 한국영상자료원 연재글, 2021. https://www.kmdb.or.kr/story/419/5627.

40 정영권, 앞의 책, 142-143쪽.

41 Rifas, Leonard, "Korean War Comic Books and the Militarization of the US Masculinity," *Positions: Asian Critique* 23:4, 2015.

42 조지 모스, 이광조 옮김, 《남자의 이미지: 현대 남성성의 창조》, 문예출판사, 2004, 11, 270-291쪽.

43 와카쿠와 미도리, 손지연 옮김, 《전쟁이 만들어낸 여성상: 제2차 세계대전 하의 일본

여성동원을 위한 시각 전선〉, 소명출판, 2008, 32쪽.

44 이순진, 앞의 책(2013), 383쪽.

45 남한의 병사가 미군에게 느끼는 유약한 남성성에 관한 논의로는 카투사의 남성성에 관한 권인숙의 흥미로운 논문을 참고. 권인숙, 〈헤게모니적 남성성과 병역의무: 카투사의 남성성을 중심으로〉, 《한국여성학》 21권 2호, 2005.

46 게일 루빈, 《일탈: 게일 루빈 선집》, 현실문화연구, 2015, 111쪽. 1장 〈여성 거래: 성의 '정치경제'에 관한 노트〉 참조.

47 위의 책, 131쪽.

48 〈남자 식모〉 광고, 《조선일보》, 1968년 4월 30일.

49 주디스 버틀러, 조현준 옮김, 《젠더 트러블: 페미니즘과 정체성의 전복》, 문학동네, 2008.

50 이영일, 앞의 책, 364쪽.

51 Janet Staiger, "Finding Community in the Early 1960s: Underground Cinema and Sexual Politics," in *Perverse Spectator: The Practice of Film Reception*, New York University Press, 2000. p.133.

52 심우섭 감독과의 인터뷰. 2004년 9월 4일.

53 김동리, 〈1970년도의 문제점〉, 《영상문화연구》, 1970년 8월호.

54 김수용, 〈'스크린'에 못다 비친 영화연출의 이 얘기 저 얘기〉, 《주간한국》 82, 1966년 4월호.

55 와카쿠와 미도리, 앞의 책, 46-47쪽.

56 허윤, 〈1960년대 여장남자 코미디 영화를 통해 살펴본 비헤게모니적 남성성/들〉, 《여성문학연구》 46, 2019.

57 John Dower, *Ways of Forgetting, Ways of Remembering*, New York/London: The New Press, 2014.

58 장연이, 〈《똘이 장군》에 반영된 반공적 이데올로기 이미지〉, 《한국 만화애니메이션 연구》 15, 2009.

6장 망각의 영화들: '아시아-태평양전쟁'이라는 '흉터' 지우기

1 〈암살〉 네이버 영화 관람평에서 '공감'을 많이 받은 댓글 퍼옴. https://search.naver. com/search.naver?where=nexearch&sm=tab_etc&mra=bkEw&pkid =68&os=1853532&qvt=0&query=%EC%98%81%ED%99%94%20 %EC%95%94%EC%82%B4%20%ED%8F%89%EC%A0%90.

2 YTN 뉴스, "'암살' 전지현 실제 인물, '남자현 지사'를 아시나요?" 2015년 8월 14일, https://www.youtube.com/watch?v=45tqlJ1k_ck.

3 Utumi Aiko, "Korean 'imperial soldiers': Remembering Colonialism and Crimes against Allied POWs," in T. Fujitani edits, *Perilous Memories: The Asia-Pacific War(s)*, Duke University Press, 2001, p.204.

4 김윤식, 《일제 말기 한국인 학병세대의 체험적 글쓰기론》, 서울대학교 출판사, 2007; 김건우, 《대한민국의 설계자들》, 느티나무책방, 2017.

5 미셸 푸코와의 인터뷰, 〈영화와 대중기억〉, 윤택림 편역, 《구술사, 기억으로 쓰는 역사》, 아르케, 2010.

6 정세영, 〈김래성 소설론〉, 동국대학교 석사학위논문, 1991.

7 최금동, 〈미쳐버린 4일간: 청춘극장과 나〉, 《국제영화》, 1959년 2월호.

8 《경향신문》, 1961년 12월 4일.

9 《경향신문》, 1960년 10월 16일, 17일, 22일; 11월 26일, 28일; 12월 12일; 1961년 2월 22일, 25일; 1962년 8월 27일, 28일자 광고 참조. 또한 이 장의 초고를 한양대학교 비교역사문화연구소에서 발표했을 때, 연세대학교 백영서 교수님으로부터 TV에서 이 영화를 보았다는 증언을 듣기도 했다. 공영방송을 통해 영화가 여러 차례 방영되었을 가능성도 높다.

10 마이클 김, 〈상실된 전쟁의 기억: 월경의 트라우마와 조선인들의 만주 탈출 1945-1950〉, 전진성·이재원 엮음, 《기억과 전쟁》, 휴머니스트, 2009.

11 한정선, 〈상품화된 기억: 전후 일본의 전쟁기억과 영화 〈로렐라이〉〉, 전진성·이재원 엮음, 앞의 책, 313쪽.

12 박유희, 〈남한영화에 나타난 태평양전쟁의 표상〉, 《한국극예술연구》 44, 2014, 104-110쪽.

13 함충범 또한 이런 지점을 지적하고 있다. 함충범, 〈1960년대 한국 영화 속 일본 재현이 시대적 배경 및 문화적 지형 연구: 〈현해탄은 알고 있다〉를 중심으로〉, 《한일관계사연구》 47, 2014.

14 박유희, 앞의 글.

15 일본과 남한이 맺은 이러한 냉전적 동맹구조에 관해서는 안진수의 책 참조. Jinsoo An, *Parameters of Disavowal: Colonial Representation in South Korean Cinema*, University of California Press, 2018.

16 David Desser, "Under the Flag of the Rising Sun: Imagining the Pacific War in the Japanese Cinema," in Micheal Berry and Chiho Sawada ed., *Divided*

Lensese: Screen Memories of War in East Asia, University of Hawaii Press, 2016.

17 한국문화예술위원회 구술 채록 시리즈, https://www.daarts.or.kr/ezpdf/Gusool CustomLayout.jsp?lang=427101.

18 위의 구술 채록, 139-142쪽.

19 위의 구술 채록.

20 당시 일본의 전쟁 영화 〈진공지대〉와 〈현해탄은 알고 있다〉의 공통점과 차이점에 관해서는 안민화의 다음 논문 참고. 안민화, 〈김기영 영화들의 식민지적 차이〉, 김소영 엮음, 《한국 영화, 세계와 마주치다》, 현실문화연구, 2018.

21 임희재의 사실주의적 희곡과 시나리오에 대한 연구로는 오영미, 〈임희재 〈초설〉의 전과 후, 그 시나리오적 의미〉, 《한중인문학연구》 제78집, 2023; 이승현, 〈전후 사실주의 희곡과 그 균열의 양상: 임희재 희곡을 중심으로〉, 《한국극예술연구》 제41집, 2013.

22 Benedict Anderson, 앞의 책, p.25.

23 배영미, 〈조선인 가미카제의 죽음과 그들에 대한 기억〉, 《동아시아 전쟁 기억: 트라우마를 넘어서》, 우리소리, 2013, 126-137쪽.

24 칼 슈미트, 앞의 책, 38-50쪽.

25 Recited from David Desser, 앞의 책, p.76.

26 오구마 에이지, 앞의 책, 66쪽.

27 Kim Su-yun, "Claiming Colonial Masculinity: Sex and Romance in Ch'ae Manshik's Colonial Fiction," in Pei-in Lin and Kim Su-yun ed., *Transwar Popular Culture: Literature and Film from Korea and Taiwan*, Palgrave Macmillan, 2018.

28 곽은희, 〈낭만적 사랑과 프로파간다〉, 《인문과학연구》 36, 2011.

29 Andreas Huyssen, "Present Pasts: Media, Politics, Amnesia," *Public Culture*, 12(1), 2000.

7장 유신시대, '국책'이라는 '말더듬이' 영화

1 Giorgio Agamben, *Homo Sacer: Sovereign Power and Bare Life*, Stanford University Press, 1998, pp.15-29.

2 유신헌법의 "예외상태 상례화"에 관해서는 이상록, 앞의 글 참조.

3 배수경, 〈한국 영화 검열제도의 변화〉, 김동호 외, 앞의 책, 484쪽.

4 위의 글, 489쪽.

5 위의 글, 229쪽.

6 정인선, 〈학생들은 국책영화를 보았는가: 국책영화와 학생 단체관람의 동맹부터 결별까지〉,《문화와 사회》제29권 2호, 2021.

7 김한상,《조국근대화를 유람하기: 박정희 정권 홍보 드라이브 '팔도강산' 10년》, 한국영상자료원, 2008.

8 권은선, 〈1970년대 국책영화와 대중영화의 상관성 연구〉,《현대영화연구》Vol. 21, 2015.

9 노명우, 〈스펙터클로 재현되는 '조국 근대화'와 영화〈팔도강산〉시리즈(1967-1971)〉,《인문콘텐츠》제38호, 2015.

10 박혜영, 〈쇼문화영화의 계몽성과 오락성: 국민적 오락과 근대화 프로젝트의 파편들〉,《지워진 한국영화사》, 한국영상자료원, 2014.

11 김보년, 〈한국 영화걸작선: 수학여행: 3월의 영화〉, https://www.kmdb.or.kr/story/10/5058.

12 전평국·이도균, 〈일제 강점 말기와 유신 정권 시기의 국책선전영화 비교연구: 사단법인 조선영화주식회사의 군사영화와 영화진흥공사의 전쟁영화를 중심으로〉,《영화연구》, 제50호, 2011.

13 식민지 시기 계몽서사와 신상옥 감독의 계몽영화의 유사성에 관한 연구로는 Steven Chung, 앞의 책 참조.

14 정성일이 작성한 한국영상자료원 홈페이지 글 참조. https://www.kmdb.or.kr/story/5/1164.

15 검열문서, 한국영상자료원.

16 박지연, 앞의 글, 228쪽.

17 이호걸, 〈1970년대 한국 여배우 스타덤 연구〉, 중앙대학교 석사학위논문, 2001.

맺으며

1 Thomas Elsaesser, *Film History as Media Archeology: Tracking Digital Cinema*, Amsterdam University Press, 2016, pp.17-68.

2 Michel Foucault, *Discipline and Punishment*, Vintage, 2012, p.31 ; Michel Foucault, *Language, Couter-Memory, Practice*, Cornell University Press, 1977, p.146.

참고문헌

1. 신문, 잡지, 일본어 자료

신문

《경향신문》,《조선일보》,《동아일보》,《한국일보》,《매일신보》,《만선일보》,《독립신보》,
《국민일보》,《서울신문》,《연합신문》.

잡지

《명랑》,《신영화》,《국제영화》,《영화세계》,《삼천리》,《신시대》,《녹성》,《영화시대》,
《사상계》,《현대영화》,《한국연극》,《주간한국》,《아리랑》,《조광》.

일본어 자료

《朝鮮樂劇團 第1輯》,《朝鮮演劇文化協會資料》,《朝日新聞》,《キネマ旬報》,《読売新聞》,
《日本映畵》,《映畵旬報》,《東寶》,《歌劇》,《東寶歌劇 脚本集》.
村山知義,《朝鮮樂劇批判》, 桜占書店, 1947.

2. 자료집

국립예술자료원,《예술사 구술총서 001 : 박용구, 한반도 르네상스의 기획자, 1914년-》,
　　국립예술자료원, 2011.
국립영상간행물제작소,《문화영화목록》, 2004.
강옥희·이순진·이승희·이영미,《식민지 시대 대중예술인 사전》, 소도, 2006.
김만수 외,《일제 강점기 유성 음반기 속의 대중 희극》, 태학사, 1997.
김의경·유인경 엮음,《박노홍 전집 1-5》, 연극과인간, 2008.

김수남 엮음,《조선 시나리오선집 1-4》, 집문당, 2003.

김종욱 엮음,《한국영화총서 1-2》, 국학자료원, 2002.

단국대학교 부설 동양학연구소,《일상생활과 근대 영상매체 1, 2》, 민속원, 2007.

영화진흥공사,《한국영화자료편람》, 1976.

이명자,《신문, 잡지, 광고 자료로 본 미군정기 외국영화》, 커뮤니케이션북스, 2009.

이상,《산촌여정: 이상 산문선》, 태학사, 2006.

윤소영 · 홍선영 · 김희정 · 박미경 공역,《일본잡지 모던일본과 조선 1939》,《モダン日本》, 1939년 11월 임시증간호, 어문학사, 2007.

윤소영,《일본잡지 모던일본과 조선 1940》, 어문학사, 2009.

한국영상자료원,《한국영화를 말한다: 한국영화의 르네상스 1》, 이채, 2005.

한국영상자료원,《한국영화를 말한다: 한국영화의 르네상스 2》, 이채, 2006.

한국영상자료원,《고려영화협회와 영화신체제》, 한국영상자료원, 2007.

한국영상자료원,《일본어 잡지로 본 조선영화 1》, 한국영상자료원, 2010.

한국영상자료원,《일본어 잡지로 본 조선영화 2》, 한국영상자료원, 2011.

한국영상자료원,《일본어 잡지로 본 조선영화 3》, 한국영상자료원, 2012.

한국영상자료원,《일본어 잡지로 본 조선영화 4》, 한국영상자료원, 2013.

한국영상자료원,《신문기사로 본 조선영화 1911-1917》, 한국영상자료원, 2008.

한국영상자료원,《신문기사로 본 조선영화 1918-1920》, 한국영상자료원, 2009.

한국영상자료원,《신문기사로 본 조선영화 1921-1922》, 한국영상자료원, 2010.

한국영상자료원,《신문기사로 본 조선영화 1923》, 한국영상자료원, 2011.

한국영상자료원,《신문기사로 본 조선영화 1924》, 한국영상자료원, 2012.

한국영화진흥공사,《한국영화 자료 편람》, 1976.

한국영화진흥조합사,《한국영화업서》, 1972.

한국예술연구소 엮음,《이영일의 한국영화사 강의록》, 소도, 2002.

한국예술연구소 엮음,《이영일의 한국영화사를 위한 증언록》, 소도, 2003.

한국정신문화연구원 엮음,《한국 유성기 음반 총 목록》, 민속원, 1998.

홍영철,《부산근대영화사》, 산지니, 2005.

《영화연예연감》, 국제영화사, 1970.

Hong Kong Film Archive, *The Shaw Screen: A Preliminary Study*, Hong Kong Film Archive, 2003.

3. 국내 논저

강만길, 《사월혁명 이론》, 한길사, 1983

강만길 엮음, 《한국 노동 운동사》, 지식마당, 2004.

강인철, 〈한국전쟁과 사회의식 및 문화 변화〉, 윤해동 외 엮음, 《근대를 다시 읽는다 2》, 역사비평사, 2006.

게일 루빈, 《일탈: 게일 루빈 선집》, 현실문화연구, 2015.

공제욱, 《1950년대 한국의 자본가 연구》, 백산서당, 1999.

구모룡 외, 《파시즘미학의 본질》, 예옥, 2009.

권김현영 외, 《남성성과 젠더》, 자음과모음, 2011.

권명아, 《식민지 이후를 사유하다》, 책세상, 2009.

권헌익 · 정병호, 《극장국가 북한: 카리스마 권력은 어떻게 세습되는가?》, 창비, 2013.

구선희, 〈해방 후 남한의 한국사 연구 성과와 과제〉, 《한국사》, 한길사, 2010.

기 드보르, 유재흥 옮김, 《스펙타클의 사회》, 울력, 2014.

김건우, 《대한민국의 설계자들》, 느티나무책방, 2017.

김동호 외, 《한국영화 정책사》, 나남출판, 2005.

김득중 외, 《죽엄으로써 나라를 지키자: 1950년대 반공, 동원, 감시의 시대》, 선인, 2007.

김득중, 《빨갱이의 탄생: 여순사건과 반공국가의 형성》, 선인, 2009.

김만수 외, 《일제 강점기 유성 음반기 속의 대중 희극》, 태학사, 1997.

김미현 엮음, 《한국영화사: 개화기에서 개화기까지》, 커뮤니케이션북스, 2006.

김미현 엮음, 《한국영화 기술사 연구》, 영화진흥위원회, 2002.

김백영, 〈가이드북이 그려낸 제국의 문화지리: 일본여행협회의 선만공식 관광루트〉, 《제국 일본의 문화권력 2》, 소화, 2014.

김려실, 《투사하는 제국, 투영하는 식민지: 1901-1945년의 한국영화사를 되짚다》, 삼인, 2006.

김려실, 《만주영화협회와 조선영화》, 한국영상자료원, 2011.

김소영, 《근대성의 유령들》, 현실문화연구, 2000.

김소영, 《근대의 원초경: 보이지 않는 영화를 보다》, 현실문화, 2010.

김소영, 《파국의 지도: 한국이라는 영화적 사태》, 현실문화, 2014.

김수용, 《나의 사랑, 씨네마》, 한겨레, 2006.

김석민, 《한국연예인 반공운동사》, 예술문화진흥회, 1989.

김소연, 〈전후 한국의 영화담론에서 '리얼리즘'의 의미에 관하여〉, 《매혹과 혼돈의 시대》, 소도, 2003.

김예림, 〈냉전기 아시아 상상과 반공 정체성의 위상학: 해방-한국전쟁 후(1945-1955) 아시아 심상지리를 중심으로〉, 《냉전 아시아의 문화풍경: 1940-50년대》, 현실문화, 2008.

김의경·유인경 엮음, 《박노홍의 대중연예사 1》, 연극과인간, 2008.

김윤미, 《우울과 환영: 오영진 일기와 영화론 연구》, 평민사, 2019.

김윤식, 《일제말기 한국인 학병세대의 체험적 글쓰기론》, 서울대학교 출판사, 2007.

김윤지, 〈최초의 민간 영화심의기구, 영화윤리위원회의 성립: 4·19혁명의 성과로서 영화윤리위원회〉, 《한국 영화와 4·19》, 한국영상자료원, 2010.

김은경, 〈경성부민의 영화 관람과 여가문화의 이중성〉, 서울역사편찬원 엮음, 《일제강점기 경성부민의 여가생활》, 서울역사편찬원, 2018.

김종욱 편저, 《한국영화총서》, 국학자료원, 2002.

김청강, 〈국가를 위해 죽을 '권리': 병역법과 '성'스러운 국민 만들기(1937-1971)〉, 《성스러운 국민》, 서해문집, 2017.

김한상, 《조국근대화를 유람하기: 박정희 정권 홍보 드라이브 '팔도강산' 10년》, 한국영상자료원, 2008.

김호연, 《한국 근대 악극 연구》, 민속원, 2009.

다지마 데쓰오, 《문화하는 영화, 이동하는 극장》, 박이정, 2017.

루인, 〈번호 이동과 성전환: 주민등록제도, 국민국가 그리고 트랜스/젠더〉, 《젠더의 채널을 돌려라》, 사람생각, 2008.

릴라 간디, 《포스트식민주의란 무엇인가》, 현실문화연구, 2000.

마루카와 데쓰시, 장세진 옮김, 《냉전문화론: 1945년 이후 일본의 영화와 문학은 냉전을 어떻게 기억하는가》, 너머북스, 2005.

마이클 김, 〈상실된 전쟁의 기억: 월경의 트라우마와 조선인들의 만주 탈출 1945-1950〉, 전진성·이재원 엮음, 《기억과 전쟁: 미화와 추모 사이에서》, 휴머니스트, 2009.

무라야마 도모요시, 《조선악극비판(朝鮮樂劇批判)》, 桜占書店, 1947.

문승숙, 《군사주의에 갇힌 근대》, 또하나의문화, 2007.

문재철, 〈한국영화비평 담론의 타자성과 콤플렉스: 50년대 후반에서 70년대까지 리얼리즘 담론의 '상상성'을 중심으로〉, 연세대 미디어아트센터 엮음, 《한국영화의 미학과 역사적 상상력》, 소도, 2006.

미셸 푸코, 오생근 옮김, 《감시와 처벌》, 나남출판, 1994.

미셸 푸코, 이규현 옮김, 《성의 역사 1: 지식의 의지》, 나남출판, 1997.

미셸 푸코, 〈영화와 대중기억〉, 윤택림 편역, 《구술사, 기억으로 쓰는 역사》, 아르케, 2010.

미셸 푸코, 오트르망·심세광·전혜리·조성은 옮김, 《안전, 영토, 인구》, 난장, 2011.

바네사 R. 슈와르츠, 노명우·박성일 옮김, 《구경꾼의 탄생: 세기말 파리, 시각문화의 폭발》, 마티, 2006.

박남옥, 《박남옥: 한국 첫 여성 영화감독》, 마음산책, 2017.

박선영, 〈잡후린과 애활가〉, 《조선영화와 할리우드》, 소명출판, 2014.

박지연, 〈영화법 제정에서 제4차 개정기까지의 영화정책(1961-1984)〉, 김동호 외, 《한국 영화 정책사》, 나남출판, 2005.

박찬호, 《한국가요사 1: 가요의 탄생에서 식민지 시대까지 민족의 수난과 저항을 노래하다, 1894-1945》, 미지북스, 2009.

박혜영, 〈쇼문화영화의 계몽성과 오락성: 국민적 오락과 근대화 프로젝트의 파편들〉, 《지워진 한국영화사》, 한국영상자료원, 2014.

발터 벤야민, 이윤영 옮김, 〈기계복제 시대의 예술작품〉(1936), 《사유 속의 영화》, 문학과지성사, 2011.

방기중 엮음, 《식민지 파시즘의 유산과 극복의 과제》, 혜안, 2005.

배영미, 〈조선인 가미카제의 굳음과 그들에 대한 기억〉, 《동아시아 전쟁 기억: 트라우마를 넘어서》, 우니소리, 2013.

배삼룡, 《한 어릿광대의 눈물 젖은 웃음》, 다른우리, 1999.

배수경, 〈한국 영화 검열제도의 변화〉, 김동호 엮음, 《한국영화정책사》, 나남출판, 2005.

백문임, 〈감상의 시대, 조선의 미국 연속영화〉, 《조선영화와 할리우드》, 소명출판, 2014.

백문임, 《임화의 영화》, 소명출판, 2015.

백현미, 《한국연극사와 전통담론》, 연극과인간, 2009.

병무청, 《병무행정사 상》, 병무청, 1985.

복환모, 《조선총독부의 프로파간다》, 바른북스, 2023.

사카이 나오키 외, 《총력전하의 앎과 제도》, 소명출판, 2014.

서정완·임성모·송석원 공편, 《제국 일본의 문화권력》, 소화, 2011.

서정완·임성모·송석원 공편, 《제국 일본의 문화권력 2》, 소화, 2014.

서중석, 《이승만과 제1공화국》, 역사비평사, 2007.

성공회대 동아시아연구소 엮음, 《냉전 아시아의 문화풍경 1: 1940-1950년대》, 현실문화, 2008.

송낙원, 〈해방 후 남북한 영화 형성기(1945~1953)〉, 정태수 엮음, 《남북한 영화사 비교 연구》, 국학자료원, 2007.

수요역사연구회, 《제국 일본의 하늘과 방공, 동원 1》, 선인, 2012.

수잔 벅-모스, 윤일성·김주영 옮김, 《꿈의 세계와 파국: 대중 유토피아의 소멸》, 경성대학교 출판부, 2008.

신상옥, 《난 영화였다》, 랜덤하우스, 2007.

안민화, 〈김기영 영화들의 식민지적 차이〉, 김소영 엮음, 《한국영화, 세계와 마주치다》, 현실문화연구, 2018.

안진수 외, 《매혹과 혼돈의 시대》, 소도 2003.

안종화, 《한국영화 측면비사》, 춘추각, 1962.

연구모임 씨네마바벨, 《조선영화와 할리우드》, 소명출판, 2014.

염찬희, 〈1950년대 냉전 국면의 영화 작동 방식과 냉전문화 형성의 관계: 한국과 중국의 경우〉, 《냉전 아시아의 문화풍경 1: 1940-1950년대》, 현실문화, 2008.

오구마 에이지, 조성은 옮김, 《민주와 애국: 전후 일본의 내셔널리즘과 공공성》, 돌베개, 2019.

오영숙, 《1950년대, 한국영화와 문화담론》, 소명출판, 2007.

와카쿠와 미도리, 손지연 옮김, 《전쟁이 만들어낸 여성상: 제2차 세계대전 하의 일본 여성동원을 위한 시각 전선》, 소명출판, 2008.

와타나베 나오키 외, 《전쟁하는 신민, 식민지의 국민문화: 식민지 말 조선의 담론과 표상》, 소명출판, 2011.

요네야마 리사, 〈오락, 유머, 근대: '모던만자이'의 웃음과 폭력〉, 연구공간 수유+너머 '일본 근대와 젠더 세미나팀' 옮김, 《확장하는 모더니티: 1920~30년대 근대 일본의 문화사》, 소명출판, 2007.

우정은, 〈비합리성 이면의 합리성을 찾아서: 이승만 시대 수입대체산업화의 정치경제학〉, 박지향 외, 《해방 전후사의 재인식》, 책세상, 2006.

위경혜, 《광주의 극장 문화사》, 다지리, 2005.

유민영, 《한국근대연극사》, 단국대학교 출판부, 1996.

유민영, 《한국연극운동사》, 태학사, 2001.

유민영, 《달라지는 국립극장 이야기》, 마루, 2001.

유석춘, 〈발전국가 한국의 지배구조와 자본축적: 박정희 시대와 이승만 시대의 비교〉, 《박정희 시대의 재조명》, 전통과현대, 2006.

유영익, 〈거시적으로 본 1950년대의 역사: 남한의 변화를 중심으로〉, 박지향 외, 《해방 전후사의 재인식》, 책세상, 2006.

유지형, 《24년간의 대화: 김기영 감독과의 인터뷰집》, 선, 2006.

윤대석, 《식민지 국민문학론》, 역락, 2006.

윤해동 엮음, 《근대를 다시 읽는다 1》, 역사비평사, 2006.

이경란, 〈총동원체제하 농촌통제와 농민생활〉, 《일제 파시즘 지배정책과 민중생활》, 혜안, 2004.

이길성 엮음, 《은막의 사회사》, 한국영상자료원, 2017.

이상길, 《라디오, 연극, 키네마: 식민 지식인 최승일의 삶과 생각》, 이음, 2022.

이순진, 〈1950년대 공산주의자의 재현과 냉전의식: 〈정의의 진격〉, 〈피아골〉, 〈운명의 손〉을 중심으로〉, 《매혹과 혼돈의 시대: 50년대의 한국영화》, 소도, 2003.

이연식, 《조선을 떠나며: 1945 패전을 맞은 일본인들의 최후》, 역사비평사, 2012.

이영미, 〈신파성, 반복과 차이: 1950년대 악극·영화·방송극〉, 이임하 엮음, 《아프레걸 사상계를 읽다》, 동국대학교 출판부, 2009.

이영일, 《한국영화전사》, 소도, 2005.

이영재, 《제국 일본의 조선영화》, 현실문화, 2008.

이영재, 〈무법과 범법, 쿠데타 이후의 주먹들: 1960년대 한국 액션영화의 두 계열〉, 《전쟁하는 신민, 식민지의 국민문화》, 소명출판, 2010.

이우석, 〈광복에서 1960년까지의 영화정책(1945~1960년)〉, 김동호 엮음, 《한국영화정책사》, 나남출판, 2005.

이임하, 《아프레걸 사상계를 읽다》, 동국대학교 출판부, 2009.

이재명, 《일제 말 친일 목적극의 형성과 전개》, 소명출판, 2011.

이준식, 〈문화 선전 정책과 전쟁 동원 이데올로기: 영화 통제 체제의 선전 영화를 중심으로〉, 방기중 엮음, 《일제 파시즘 지배정책과 민중생활》, 혜안, 2004.

이하나, 《'대한민국', 재건의 시대(1948-1968)》, 푸른역사, 2013.

이화진, 〈'극장국가'로서 제1공화국과 기념의 균열〉, 전진성·이재원 엮음, 《기억과 전쟁: 미화와 추모 사이에서》, 휴머니스트, 2009.

이화진, 《소리의 정치》, 현실문화, 2016.

이효인, 〈해방 직후 한국 영화계와 영화운동〉, 《한국영화의 풍경(1945-1959)》, 문학사상사, 2003.

이효인, 《한국 근대 영화의 기원》, 박이정, 2017.

임성모, 〈방법으로서의 '관전사'〉, 《제도와 문화현상》, 선인, 2020.

임종명, 〈여순 '반란'의 재현을 통한 대한민국의 형상화〉, 윤해동 엮음, 《근대를 다시 읽는다 2》, 역사비평사, 2006.

임화, 〈조선영화론〉, 정재형 엮음, 《한국 초창기의 영화이론》, 집문당, 1997.

자크 랑시에르, 김상운 옮김, 《이미지의 운명》, 현실문화, 2014.

자크 랑시에르, 양창렬 옮김, 《정치적인 것의 가장자리에서》, 길, 2008.

장세진, 《슬픈 아시아: 한국 지식인들의 아시아 기행(1945-1966)》, 푸른역사, 2012.

지크프리트 크라카우어, 김태환·이경진 옮김, 《영화의 이론: 물리적 현실의 구원》, 문학과지성사, 2024.

정영권, 《적대와 동원의 문화정치: 한국 반공영화의 제도화 1949-1968》, 소명출판, 2015.

정재형 엮음, 《한국 초창기의 영화이론》, 집문당, 1997.

정종화, 〈동란기의 한국영화〉, 《한국영화의 풍경(1945-1959)》, 문학사상사, 2003.

정종화, 《조선영화라는 근대: 식민지와 제국의 영화교섭사》, 박이정, 2020.

정태수 엮음, 《남북한 영화사 비교연구》, 국학자료원, 2007.

조나선 스턴, 윤원화 옮김, 《청취의 과거: 청각적 근대성의 기원들》, 현실문화, 2010.

조녀선 크레리, 유운성 옮김, 《지각의 정지: 주의, 스펙터클, 근대문화》, 문학과 지성사, 2023.

조르조 아감벤, 김항 옮김, 《예외상태》, 새물결, 2009.

조르주 바타유, 김우리 옮김, 《파시즘의 심리구조》, 두번째테제, 2022.

조영정, 〈미국영화에 대한 양가적 태도〉, 《매혹과 혼돈의 시대》, 소도, 2003

조준형, 《영화제국 신필름: 한국 영화 기업화를 향한 꿈과 좌절》, 한국영상자료원, 2009.

조준형, 〈한국 반공영화의 진화와 그 조건〉, 차하순 외, 《근대의 풍경: 소품으로 본 한국 영화사》, 소도, 2001.

조지 모스, 이광조 옮김, 《남자의 이미지: 현대 남성성의 창조》, 문예출판사, 2004.

조지 모스, 임지현·김지혜 옮김, 《대중의 국민화: 독일대중은 어떻게 히틀러의 국민이 되었는가?》, 소나무, 2008.

주디스 버틀러, 조현준 옮김, 《젠더 트러블: 페미니즘과 정체성의 전복》, 문학동네, 2008.

주유신 외, 《한국 영화와 근대성: 〈자유부인〉에서 〈안개〉까지》, 소도, 2001.

지그프리트 크라카우어, 장희권 옮김, 《칼리가리에서 히틀러로》, 새물결, 2022.

지그프리트 크라카우어, 김태환·이경진 옮김, 《영화의 이론: 물리적 현실의 구원》, 문학과지성사, 2024.

질 들뢰즈·펠릭스 가타리, 이진경 옮김, 《카프카: 소수적인 문학을 위하여》, 동문선, 2001.

차승기, 《반근대적 상상력의 임계들: 식민지 조선 담론장에서의 전통, 세계, 주체》, 푸른역사, 2009.

최유리, 《일제 말기 식민지 지배 정책 연구》, 국학자료원, 1997.

최창봉·강현두, 《우리방송 100년사》, 현암사, 2001.

칼 슈미트, 김효전·정태호 옮김, 《정치적인 것의 개념: 서문과 세 개의 계론을 수록한

1932년 판》, 그린비, 2012.

한민주,《권력의 도상학》, 소명출판, 2013.

한상언,《해방 공간의 영화, 영화인》, 이론과실천, 2013.

한상언,《조선영화의 탄생》, 박이정, 2018.

한정선,〈상품화된 기억: 전후 일본의 전쟁기억과 영화〈로렐라이〉〉, 전진성·이재원 엮
    음,《기억과 전쟁: 미화와 추모 사이에서》, 휴머니스트, 2009.

황문평,《노래 백년사》, 숭일문화사, 1981.

허은,《미국의 헤게모니와 한국의 민족주의》, 고려대학교 민족문화연구소, 2008.

R. W. 코넬,《남성성/들》, 이매진, 1995.

4. 국내 논문

공영민,〈아시아재단 지원을 통한 김용환의 미국 기행과 기행만화〉,《한국학연구》40,
    2016.

곽은희,〈낭만적 사랑과 프로파간다〉,《인문과학연구》36, 2011.

권명아,〈내선일체 이념의 균열로서 '언어': 전시 동원체제하 국책의 '이념'과 현실 언어
    공간의 관계를 중심으로〉,《대동문화연구》59, 2007.

권은선,〈1970년대 국책영화와 대중영화의 상관성 연구〉,《현대영화연구》Vol.21, 2015.

권인숙,〈헤게모니적 남성성과 병역의무: 카투사의 남성성을 중심으로〉,《한국여성학》
    21(2), 2005.

권채린,〈1920-30년대 '건강'과 '질병'을 둘러싼 대중담화의 양상〉,《어문론총》, 제64호,
    2015.

김경연,〈해방/패전 이후 한일 귀환자의 서사와 기억의 정치학〉,《우리문학연구》38,
    2013.

김려실,〈댄스, 부채춤, USIS영화: 문화냉전과 1950년대의 USIS의 문화공보〉,《현대문학
    의 연구》49, 2013.

김려실,〈조선을 '조센'하기〉,《영화연구》34호, 2007.

김소연,〈오발탄은 어떻게 한국 최고의 리얼리즘 영화가 되었나?〉,《영화언어》, 2004년
    봄호.

김소영,〈신여성의 시각적 재현〉,《문학과 영상》7권 2호, 2006.

김연갑,〈1940년대 전반기 악극〈아리랑〉 연구〉,《남북문화예술연구》통권 제6호, 2010.

김영희,〈일제 강점기 '레뷰춤' 연구〉,《한국무용사학》9호, 2008.

김예림,〈전시기 오락정책과 '문화'로서의 우생학〉,《역사비평》겨울호, 2006.

김윤미, 〈오영진 일기 연구: 1958-1959년 오영진 일기를 통한 한국영화계의 문화현실 소고〉,《한국극예술연구》 51, 2016.

김윤아, 〈한국 1960년대 초기 가족 코미디 영화연구〉, 동국대학교 석사학위논문, 1996.

김정민, 〈1920년대 초반 조선총독부의 활동사진에 대한 인식과 활용에 대하여: 영화의 적극적 이용 정책의 성립과정을 중심으로〉,《인문과학연구》 제27집, 2009.

김청강, 〈현대 한국의 영화 재건논리와 코미디 영화의 정치적 함의(1945-60): 명랑하고 유쾌한 발전 대한민국 만들기〉,《진단학보》 112, 2011.

김청강, 〈악극, 헐리우드를 만나다: 1950년대 한국 대중영화의 혼종성에 드러나는 식민성과 탈식민적 근대성의 문제들〉,《대중서사연구》 제29호, 2013.

김청강, 〈'조선'을 연출하다: 조선악극단의 일본 진출 공연과 국민화의 (불)협화음 (1933~1944)〉,《동아시아 문화연구》 62, 2015.

김청강, 〈냉전과 오락영화: 1950-60년대 군사주의적 남성성과 반공적 주체 만들기〉, 《한국학연구》 61, 2017.

김태희, 〈1950~1960년대 박구(朴九)의 영화계 활동 연구〉,《한국극예술연구》 43집, 2014.

김한상, 〈냉전체제와 내셔널 시네마의 혼종적 원천:〈죽엄의 상자〉등 김기영의 미공보원 (USIS) 문화영화를 중심으로〉,《영화연구》 47호, 2011.

김한상, 〈영화의 국적 관념과 국가영화사의 제도화 연구: '한국영화사' 주요 연구 문헌을 중심으로〉,《사회와 역사》 80호, 2008.

김호연, 〈1930년대 서울 주민의 문화수용에 관한 연구: 부민관을 중심으로〉,《서울학연구》 15, 2000.

김호연, 〈일제 강점 후기 연극 제도의 변화 양상과 그 의미: 이동극단, 위문대를 중심으로〉, 《인문과학연구》 30, 2011.

노명우, 〈스펙터클로 재현되는 '조극근대화'와 영화〈팔도강산〉시리즈(1967-1971)〉, 《인문콘텐츠》 제38호, 2015.

문재철, 〈식민지 조선영화에 있어 근대성에의 욕망과 초민족적 경향에 대한 연구〉,《영화연구》 45호, 2010.

문경연, 〈일제말기 '부여' 표상과 정치의 미학화: 이석훈과 조택원을 중심으로〉,《한국극예술연구》 33집, 2011.

박석태, 〈조선미술전람회를 통해 본 '향토성' 개념 연구〉,《인천학연구》 3, 2004.

박선영, 〈한국 코미디 영화 형성 연구〉, 중앙대학교 박사학위논문, 2011.

박유희, 〈1950년대 영화의 반공 서사와 여성 표상〉,《여성문학연구》 21, 2009.

박유희, 〈남한영화에 나타난 태평양전쟁의 표상〉,《한국극예술연구》 44, 2014.

박정미, 〈한국전쟁기 성매매 정책에 관한 연구: '위안소'와 '위안부'를 중심으로〉, 《한국여성학》 27(2), 2011.

박진수, 〈동아시아 대중음악과 근대 일본의 '조선 붐'〉, 《아시아문화연구》 제29집, 2010.

박현희, 〈계몽과 각성: 교통 영화 〈미몽〉〉, 《사이間SAI》, 제21호, 2016.

백두산, 〈식민지 조선의 상업, 오락 공간, 종로 권상장 연구: 1920년대를 중심으로〉, 《한국극예술연구》 제42집, 2013.

백승덕, 〈이승만 정권기 국민개병 담론과 징병제 시행〉, 한양대학교 석사학위논문, 2014.

백현미, 〈1950년대 여성국극의 성정치성〉, 《대중서사연구》 18호, 2007.

백현미, 〈'국민적 오락'과 '민족적 특수성': 일제 말기 악극의 경우〉, 《공연문화연구》 제11집, 2005.

백현미, 〈어트렉션의 몽타주와 모더니티: 1920년대 경성의 레뷰와 가극을 중심으로〉, 《한국극예술연구》 제32집, 2010.

서재길, 〈'제국'의 전파 네트워크와 식민지 조선의 자기 표상: 1930년대 중반 조선방송협회의 '전국' 중계방송을 중심으로〉, 《일본비평》 5호, 2011.

설주희, 〈1920년대 조선총독부의 '교화(敎化)' 전용(轉用): 도덕적인 백성에서 노동하는 '국민'으로〉, 《민족문화논총》 76, 2020.

성기완, 〈김해송과 조선 스윙 장단〉, 《대중음악》 통권 9호, 2012.

손민정, 〈1920년대 중반~1930년대 초반 악극 연구: 여성악극인의 근대성을 중심으로〉, 《이화음악논집》, 17권 1호, 2013.

손유경, 〈전시체제기 위안(慰安) 문화와 '삼천리' 반도의 일상〉, 《상허학보》 29집, 2010.

송아름, 〈합작영화: 제도로 정착시킨 '한국' 영화〉, 《씨네포럼》 제35호, 2020.

송효정, 〈실험실의 미친 과학자와 제국주의적 향수〉, 《대중서사연구》 23(3), 2014.

신영숙, 〈아시아태평양전쟁기 조선인 종군간호부의 동원실태와 정체성〉, 《여성과 역사》 14, 2008.

안재석, 〈일제강점기 조선에서의 뮤지컬 영화 수용 양상 연구〉, 《영화연구》 82, 2019.

양지영, 〈'조선색'이라는 방법과 '조선미'라는 사상: 식민지기 조선문화 만들기 운동과 야나기 무네요시〉, 《아시아문화연구》 제35집, 2014.

염복규, 〈영화 〈미몽〉과 1936년의 경성〉, 《문화와 융합》, Vol.45, No.2, 2023.

염찬희, 〈1950년대 영화의 작동방식과 냉전문화의 형성과의 관계에 대한 연구〉, 《영화연구》 29, 2006.

유선영, 〈식민지 대중가요의 잡종화: 민족주의 기획의 탈식민성과 식민성〉, 《언론과 사회》 가을 10권, 2002.

유선영, 〈초기 영화의 문화적 수용과 관객성: 근대적 시각문화의 변조와 재배치〉,《언론과 사회》, 123권 1호, 2003.

유선영, 〈황색 식민지의 서양 영화 관람과 소비실천, 1934-1942: 제국에 대한 '문화적 부인'의 실천성과 정상화 과정〉,《언론과 사회》, 13권 2호, 2005.

유선영, 〈답례로서의 연예: 1920년대 문화적 민족주의의 연예〉,《언론과 사회》 22권 3호, 2014.

오은실, 〈한국 영화에 나타난 희극성 연구〉, 동국대학교 석사학위논문, 1993.

오제연, 〈사월혁명 직후 학생 운동의 후진성 극복 지향과 동요〉,《기억과 전망》, 2010.

오태영, 〈지방문학, 국민문학, 세계문학: 식민지 후반기 조선문학의 존재 형식〉,《한국문학 이론과 비평》 제58집(17권 1호), 2013.

이경민, 〈기생사진과 조선향토색의 유통〉,《황해문화》, 2005.

이경민, 〈활동사진 구경 가다: 일제강점기에 개최된 박람회를 중심으로〉,《황해문화》 제64호, 2009.

이광욱, 〈초창기 조선어 발성영화의 존재 조건과 매개변수로서의 관객: 〈미몽〉(1936)에 나타난 시청각 이미지의 양상을 중심으로〉,《스토리앤이미지텔링》, 18호, 2019.

이규성, 〈한국 악극의 수용과정과 경연 활동에 관한 연구〉, 동국대학교 석사학위논문, 2005.

이길성, 〈가족드라마에서 보여지는 근대의 균열들〉,《영상예술연구》 2, 2002.

이길성, 〈1960년대 가족 드라마의 형성과정과 제 양상 연구〉, 중앙대학교 박사학위논문, 2006.

이덕기, 〈영화 〈수업료〉와 조선영화의 좌표〉,《극예술연구》 제29집, 2009.

이복실, 〈일제 말기 조선 극단의 만주 순회공연 연구〉,《한국극예술연구》 45집, 2014.

이상록, 〈'예외상태 상례화'로서의 유신헌법과 한국적 민주주의 담론〉,《역사문제연구》 35권, 2016.

이선미, 〈'햅번 스타일', 욕망/교양의 사회, 미국영화와 신문소설〉,《현대문학의 연구》, 47호, 2012.

이성철, 〈1950년대 경남지역 미국공보원(USIS)의 영화제작 활동: 창원의 상남영화제작소를 중심으 로〉,《지역사회학》 14(2), 2013.

이소영, 〈김해송의 대중가요에 나타나는 재즈 양식〉,《대중음악》 통권 9호, 2012.

이승희, 〈흥행장의 정치경제학과 폭력의 구조, 1945-1961〉,《대동문화연구》, 2011.

이승희, 〈전시체제기 연극통제시스템의 동원정치와 효과〉,《상허학보》 41집, 2014.

이순진, 〈한국 영화 연구의 현 단계〉,《대중서사연구》 12호, 2004.

이순진, 〈식민지 경험과 해방 직후의 영화 만들기: 최인규와 윤봉춘의 경우를 중심으로〉,

《대중서사연구》 14호, 2005.

이순진, 〈식민지 시대 조선 영화 남성스타에 대한 연구: 나운규와 김일해를 중심으로〉,
《영화연구》 34호, 2007.

이순진, 〈조선 무성영화의 활극성과 공연성에 대한 연구〉, 중앙대학교 박사학위논문, 2009.

이순진, 〈한국전쟁 후 냉전의 논리와 식민지 기억의 재구성: 1950년대 문화영화에서 구
축된 '이승만 서사'를 중심으로〉, 《기억과 전망》 겨울호 통권 23권, 2010.

이순진, 〈냉전체제의 문화논리와 한국 영화의 존재방식: 영화 〈오발탄〉의 검열과정을 중
심으로〉, 《기억과 전망》 29, 한국민주주의연구소, 2013.

이순진, 〈아시아재단의 한국에서의 문화사업: 1954-1959년 예산서류를 중심으로〉, 《한
국학연구》 40, 2016.

이영미, 〈1950년대 대중가요의 아시아적 이국성과 국제성 욕망〉, 《상허학보》 34집,
2012.

이유정, 〈태평양전쟁 전후 캠푸 쇼의 계보와 미군의 동아시아 인식〉, 《한국문화연구》 36권,
2019.

이준희, 〈일제시대 군국가요(軍國歌謠) 연구〉, 《한국문화》 제46집, 2009.

이준희, 〈1945년 이전 일본대중가요 음반에 나타난 조선인의 활동〉, 《대중음악》, 통권 7호,
2011.

이준희, 〈김해송 무대음악 활동 초탐〉, 《대중음악》 통권 9호, 2012.

이준희, 〈조선 제일 트럼페터 현경섭이 남긴 사진 속 영화 이야기〉, 영화천국, Vol.42,
2015, https://www.kmdb.or.kr/story/160/3551.

이태훈, 〈일제 말 전시체제기 조선방공협회의 활동과 반공선전전략〉, 《역사와 현실》 93,
2014.

이하나, 〈반공주의 감성 기획, '반공영화'의 딜레마: 1950-60년대 '반공영화' 논쟁을 중심
으로〉, 《동방학지》 159, 2012.

이하나, 〈일제하 '활동사진(영화)대회'를 통해 본 식민지 대중의 문화체험과 감성공동
체〉, 《한국문화》 84, 2018.

이호걸, 〈1970년대 한국 여배우 스타덤 연구〉, 중앙대학교 석사학위논문, 2001.

이호걸, 〈신파연구〉, 중앙대학교 박사학위논문, 2007.

이화진, 〈식민지 영화의 내셔널리티와 '향토색': 1930년대 후반 조선 영화 담론연구〉,
《상허학보》 13, 2004.

이화진, 〈노스텔지아의 흥행사: 1950년대 악극의 전성과 퇴조에 관하여〉, 《대중서사연구》
17, 2007.

이화진, 〈'극장국가'로서의 제1공화국과 기념의 균열〉, 《한국근대문화연구》, 제15호, 2007.

이화진, 《《한국영화전사》, 그 이후: 최근 식민지 말기 영화 연구의 성과와 한계〉, 《사이間 SAI》 11호, 2011.

이화진, 〈일제 말기 이동극단 활동의 전개 양상과 그 한계〉, 《한국학연구》 30집, 2013.

이화진, 〈전쟁과 연예: 전시체제기 경성에서 악극과 어트랙션의 유행〉, 《한국학연구》 36집, 2015.

이효인, 《《미몽》, 신여성 비판을 위한 기획〉, 《영화연구》 49, 2011.

임다함, 〈1930년대 후반 조선 영화의 해외 진출 시도에 대한 일고찰: 안철영의 〈어화〉 (1938)를 중심으로〉, 《아시아문화연구》 제55집, 2021.

장연이, 《《똘이 장군》에 반영된 반공적 이데올로기 이미지〉, 《한국 만화애니메이션 연구》 15, 2009.

전지니, 〈1950년대 초반 종합지 《희망》의 반공청년 표상 연구〉, 《어문론총》 68, 2016.

전우형, 〈일제식민지 치하 경성부민의 도시적 감수성 형성과정 연구: 1930년대 한국소설에 나타난 도시적 소비문화의 성립을 중심으로〉, 《서울학연구》 제21호, 2003.

전평국·이도균, 〈일제 강점 말기와 유신 정권 시기의 국책선전영화 비교연구: 사단법인 조선영화주식회사의 군사영화와 영화진흥공사의 전쟁영화를 중심으로〉, 《영화연구》 제50호, 2011.

정근식, 〈식민지 전시체제하에서의 검열과 선전, 그리고 동원〉, 《상허학보》 38집, 2013.

정명문, 〈반도가극단의 후기 가극 연구: 〈숙향전〉의 극작전략을 중심으로〉, 《한국극예술 연구》 40집, 2013.

정명중, 〈파시즘과 감성동원: 일제하 '국민문학(國民文學)'에 대한 고찰〉, 《호남문화연구》 제45집, 2009.

정세영, 〈김래성 소설론〉, 동국대학교 석사학위논문, 1991.

정수완, 〈소시민 영화연구: 일본의 이중적 근대화를 중심으로〉, 동국대학교 박사학위 논문, 2001.

정인선, 〈학생들은 국책영화를 보았는가: 국책영화와 학생단체관람의 동맹부터 결별까지〉, 《문화와 사회》 제29권 2호, 2021.

정종화, 〈한국영화 성장기의 토대에 대한 연구: 동란기 한국 영화 제작을 중심으로〉, 중앙대학교 석사학위논문, 2002.

정종화, 〈1950-60년대 한국 영화 스타시스템에 대한 고찰: 영화 기업화와 배우 전속제를 중심으로〉, 《영화연구》 34호, 2008.

정종화, 〈일본 영화 시나리오 표절 문제와 한국 영화계: 1950년대 후반부터 1960년대 중반 국면을 중심으로〉, 《대동문화연구》 제126집, 2024.

정혜경, 〈아시아태평양전쟁에 동원된 조선인 노무자의 기억과 서사〉, 《4·3과 역사》 9, 10호 합본호, 2011.

조유재, 〈해방 이후 신생활운동의 전개와 관제화의 경향〉, 《한민족운동사연구》 108권, 2021.

조형근, 〈식민지 대중문화와 '조선적인 것'의 변증법: 영화와 대중가요의 비교를 중심으로〉, 《사회와 역사》 99집, 2013.

조혜정, 〈미군정기 영화정책에 관한 연구〉, 중앙대학교 박사학위논문, 1998.

주디스 버틀러, 조현준 옮김, 《젠더 트러블: 페미니즘과 정체성의 전복》, 문학동네, 2008.

차재영·염찬희, 〈1950년대 주한 미공보원의 기록영화와 미국의 이미지 구축〉, 《한국언론학보》 56(1), 2012.

최규진, 〈대동아공영권론과 '협력적' 지식인의 인식지형〉, 《역사문화연구》 50집, 2014.

최성실, 〈근대 일본에서 조선문화 유행과 문화주체 분열의 양가성: 최승희 춤 연구의 문화론적 접근을 위하여〉, 《한국학논집》 45집, 2011.

최승연, 〈악극 성립에 관한 연구〉, 《어문논집》 49집, 2004.

최유준, 〈이난영의 눈물〉, 《한국인물사연구》 20호, 2013.

최은경, 〈1950-60년대 의료전문가의 동원과 징병검사의 수립〉, 《인문과학연구논총》 36(4), 2015.

하신애, 〈일제 말기 프로파간다 영화에 나타난 수해적 의례와 신체의 구성〉, 《사이間SAI》 제7호, 2009.

한만수, 〈1930년대 '향토'의 발견과 검열 우회〉, 《한국문학이론과비평》 30집, 2006.

한상언, 〈1920년대 초반 조선영화의 형식적 특징〉, 《한국콘텐츠학회논문지》, Vol.13, No.12, 2013.

함충범, 〈1960년대 한국 영화 속 일본 재현이 시대적 배경 및 문화적 지형 연구: 〈현해탄은 알고 있다〉를 중심으로〉, 《한일관계사연구》 47, 2014.

홍선영, 〈기쿠치 간(菊池寬)과 조선 예술상: 제국의 예술 제도와 히에라르키〉, 《일본문학학보》 제50집, 2011.

홍선영, 〈전시 예술동원과 '국어극': 1940년대 연극경연대회 일본어 참가작을 중심으로〉, 《일본문화연구》 제47집, 2013.

5. 영문 논저

Agamben, Giorgio, *Homo Sacer: Sovereign Power and Bare Life*, Stanford University Press, 1998.

Aitken, Ian ed., *Encyclopedia of the Documentary Film 3*, Talyor & Francis, 2013.

Altman, Rick, *The American Film Musical*, Indiana University Press, 1989.

An, Jinsoo, *Parameters of Disavowal: Colonial Representation in South Korean Cinema*, University of California Press. 2018.

Anderson, Benedict, *Imagined Communities: Reflections on the Origin and Spread of Nationalism*, Verso, 2006.

Ang, Ien, *Watching Dallas: Soap Opera and the Melodramatic Imagination*, Routledge, 1996.

Armstrong, Charles, *North Korean Revolution 1945-1950*, Cornell University Press, 2004.

Atkins, E. Taylor, *Primitive Selves: Koreana in the Japanese Colonial Gaze, 1910-1945*, University of California Press, 2010.

Bhabha, Homi K., *The Location of Culture*, Routledge, 1994.

Barthes, Roland, *Camera Lucida*, Vintage, 2000.

Baskett, Micheal, "All Beautiful Facist?" Axis Film Culture in Imperial Japan, in Alan Tansman, ed., *The Culture of Japanese Fascism*, Duke University Press, 2009.

Baskett, Micheal, *The Attractive Empire: Transnational Film Culture in Imperial Japan*, University of Hawaii Press, 2008.

Bemjamin, Walter, *Illumination*, Schocken Books, 1955.

Bordwell, David, Staiger, Janet and Tompson, Kristin ed., *The Classical Hollywood Cinema: Film Style and Mode of Production to 1960*, Columbia University Press, 1985.

Bourdieu, Pierre, *A Social Critique of the Judgement of Taste*, Harvard University Press, 1984.

Casey, Steven, *Selling the Korean War: Propaganda, Politics, and Opinion in the United States, 1950-1953*, Oxford University Press, 2010.

Chang, Jing Jing, *Screening Communities: Negotiating Narratives of Empire, Nation and the Cold War in Hong Kong Cinema*, Hong Kong University

Press, 2019.

Chatterjee, Partha, "Whose Imagined Community?" in *Empire and Nation: Selected Essays*, Columbia University Press, 2010.

Ching Leo T. S., *Becoming "Japaneses": Colonial Taiwan and the Poliltics of Identity Formation*, University of California Press, 2001.

Chŏng, Hye-sŭng, "Toward a Strategic Cinephilia: A Transnational Detournement of Hollywood Melodrama," in Nancy Abelmann ed., *South Korean Golden Age Melodrama: Genre, Gender and National Cinema*, Wayne State University Press, 2005.

Chow, Rey, *Primitive Passions: Visuality, Sexuality, Ethnography, and Contemporary Chinese Cinema*, Columbia University Press, 1995.

Chung, Steven, *Split Screen Korea: Shin Sang-ok and Postwar Cinema*, University of Minnesota Press, 2014.

Chung, Jonghwa, "The Technical Advancement of Cinematic Style in Korean Cinema: From Madame Freedom to The Female Boss," in *Han Hyung-mo: The Alchemist of Popular Genres*, Korean Film Archive, 2007.

Crary, Jonathan, *Techniques of the Observer: on Vision and Modernity in the Nineteenth Century*, MIT Press, 1991.

Crary, Jonathan, *Suspensions of Perception: Attention, Spectacle, and Modern Culture*, MIT Press, 2001.

Debord, Guy, *Society of the Spectacle*, Black and Red, 1970.

Desser, David, "Under the Flag of the Rising Sun: Imagining the Pacific War in the Japanese Cinema," in Micheal Berry and Chiho Sawada ed., *Divided Lensese: Screen Memories of War in East Asia*, University of Hawaii Press, 2016.

Dissanayake, Wimal ed., *Colonialism and Nationalism in Asian Cinema*, Indiana University Press, 1994.

Doane, Mary Ann, *The Emergence of Cinematic Time: Modernity, Contingency, The Archive*, Harvard University Press, 2002.

Doherty, Thomas, *Projections of War: Hollywood, American Culture, and World War II*, Columbia University Press, 1993.

Doherty, Thomas, *Pre-Code Hollywood: Sex, Immorality, and Insurrection in American Cinema 1930–1934*, Columbia University Press, 1999.

Doherty, Thomas, *Cold War, Cool Medium: Television, McCarthyism, and American Culture*, Columbia University Press, 2003.

Dower, John W., *War Without Mercy: Race & Power in the Pacific War*, New York: Pantheon Books, 1986.

Dower, John W., *Ways of Forgetting , Ways of Remembering*, New York/London, The New Press, 2014.

Dyer, Richard, "Entertainment as Utopia," in Rick Altman and Paul Kegan ed., *Genre: The Musical*, London: Routledge, 1981.

Eckert, Carter, "The South Korean Bourgeoisie: A Class in Search of Hegemony," in Hagen Koo ed., *State and Society in Contemporary Korea*, Cornell University Press, 1993.

Eisenstein, Sergei, "A Dialectic Approach to Film Form," in *Film Form: Essays in Film Theory*, London, 1949.

Elsaesser, Thomas, *Film History as Media Archeology: Tracking Digital Cinema*, Amsterdam University Press, 2016.

Evans, Brad and Reid, Julian eds., *Deleuze and Fascism: Security: War: Aesthetics*, London: Routledge, 2013.

Fisher, Eddie, *Been There, Done That*, Tomas Dunne Books, 1999.

Foucault, Michel, *Discipline and Punish*, Vintage, 2012.

Foucault, Michel, *Language, Couter-Memory, Practice*, Cornell University Press, 1977.

Fujitani, Takashi, *Race for Empire: Koreans as Japanese and Japanese as Americans during World War II*, University of California Press, 2011.

Fujitani, Takashi, *Perilous Memories: The Asia Pacific War(s)*, Duke University Press, 2001.

Gerow, Aaron, "Narrating the Nation-ality of a Cinema: the Case of Japanese Prewar Film," in *The Culture of Japanese Fascism*, Duke University Press, 2009.

Gerow, Aaron, *Visions of Japanese Modernity: Articulation of Cinema, Nation, and Spectatorship, 1895-1925*, University of California Press, 2012.

Guerin, Frances, *Through Amateur Eyes: Film and Photography in Nazi Germany*, University of California Press, 2012.

Gunning, Tom, "An Aesthetic of Astonishment: Early Film and the (In)Credulous Spectator," in Linda Williams, *Viewing Positions: Ways of Seeing Film*, Rutgers University Press, 1997.

Gunning, Tom, "Cinema of Attraction: Early Film, Its Spectator and the Avant-Garde," in *The Cinema of Attractions Reloaded*, Amsterdam University Press, 2006.

Halbwachs, Maurice, *On Collective Memory*, ed. transl. Lewis A. Coser, University of Chicago Press, 1992(Paris 1925).

Hansen, Miriam, *Babel and Babylon: Spectatorship in American Silent Film*, Harvard University Press, 1991.

Hansen, Miriam, "Early Cinema, Late Cinema: Transformation of the Public Sphere," in Linda Williams eds., *Viewing Positions*, Rutgers University Press, 1997.

Hansen, Miriam, "The Mass Production of the Senses: Classical Cinema as Vernacular Modernism," in Christine Gledhill ed., *Reinventing Film Studies*, Arnold, 2000.

Hansen, Miriam, *Cinema and Experience: Siegfried Kracauer, Walter Benjamin, and Theodor W. Adorno*, University of California Press, 2012.

Heller, Agenes "On Formal Democracy," in John Keane ed., *Civil Society and the State: New European Perspectives*, London, New York: Verso, 1988.

Hijort, Mette ed., *Cinema and Nation*, Routledge, 2000.

Hirano, Kyoko, *Mr. Smith Goes to Tokyo: under the American Occupation, 1945-1952*, Smithsonian Institution, 1992.

Hofmann, Reto and Ward, Max, "Introduction: The Long Transwar in Aisa," in *Transwar Asia*, Bloomsbury, 2022.

Hughes, Theodore, *Literature and Film in Cold War South Korea: Freedom's Frontier*, Columbia University Press, 2013.

Jean Baudrilard, *Forget Foucault*, Semiotext/Smart Art, 2007.

Jenkins, Henry, *What Made Pistachio Nuts? Early Sound Comedy and the Vaudeville Aesthetics*, Columbia University Press, 1992.

Jeong, Kelly Y., *Crisis of Gender and the Nation in Korean Literature and Film: Modernity Arrives Again*, Lexington Books, 2011.

Jort, Mette H. and Mackenzif, Scoot ed., *Cinema & Nation*, Routledge, 2000.

Karnick, Kristine Brunosovska and Jenkins, Henry ed., *Classical Hollywood Comedy*, New York: Routledge, 1995.

Keane, John, "Despotism and Democracy: The Origins and Development of the Distinction Between Civil Society and the State 1750-1850," in John Keane ed., *Civil Society and the State: New European Perspectives*, London, New York: Verso, 1988.

Kim, Kyung Hyun, *The Popular Culture Reader*, Duke University Press, 2014.

Kim, Su-yun, "Claiming Colonial Masculinity: Sex and Romance in Ch'ae Manshik's Colonial Fiction," in Pei-in Lin and Kim Su-yun ed., *Transwar Popular Culture: Literature and Film from Korea and Taiwan*, Palgrave Macmillan, 2018.

Kitamura, Hiroshi, *Screening Enlightenment: Hollywood and the Cultural Reconstruction of Defeated Japan*, Cornell University Press, 2010.

Koschmann, Victor, "Modernization and Democratic Values: The 'Japanese Model' in the 1960s," in David C. Engerman ed., *Staging Growth: Modernization, Development, and the Global Cold War*, University of Massachusetts Press, 2003.

Kuhn, Annette, "Women's Genres: Melodrama, Soap Opera and Theory," *Screen* 25: 1, 1984.

Kuznick, Peter ed., *Rethinking Cold War Culture*, Smithosonian Books, 2001.

Kwon, Nayoung Aimee, *Intimate Empire: Collaboration and Colonial Modernity in Korea and Japan*, Duke University. 2015.

Lin, Pei-yinand Kim, Su Yun ed., *East Asian Transwar Popular Culture: Literature and Film from Taiwan and Korea*, Palgrave Macmillan, 2019.

McHugh, Kathleen and Abelmann, Nancy, ed., *South Korean Golden-Age Melodrama: Gender, Genre, and National Cinema*, Wayne State University Press, 2005.

Minghelli, Giuliana, *Landscape and Memory in Post-Facist Italian Film*, Routledge, 2013.

Miller, Jeniffer M., *Cold War Democracy: The United States and Japan*, Harvard University Press, 2019.

Palmer, Brandon, *Fighting for the Enemy: Koreans in Japan's War, 1937-1945*, University of Washington Press, 2013.

Price, David H., *Cold War Anthropology:The CIA, THe Pentagon, and the Growth of Dual Use Anthropology*, Duke University Press, 2016.

Reich Jacqueline ed., *Re-viewing Fascism: Italian Cinema, 1922-1943*, Indiana University Press, 2002.

Ricci, Steven, *Cinema and Fascism: Italian Film and Society, 1922-1943*, University of California Press, 2008.

Robertson, Jennifer, *Takarazuka: Sexual Politics and Popular Culture in Modern Japan*, University of California Press, 1998.

Said, Edward W., *Orientalism*, Vintage Books, 1979.

Said, Edward W., *Culture and Imperialism*, Vintage Books, 1994.

Sawamura, Sadoko, *My Asakusa: coming of age in pre-war Tokyo*, Tuttle Publishing, 2000.

Saunders, F. S., *The Cultural Cold War: The CIA and the World of Arts and Letters*, New York, NY: New Press, 2000.

Sbardellati, John, *J. Edgar Hoover Goes to the Movies: The FBI and the Origins of Hollywood's Cold War*, Cornell University Press, 2012.

Schulte-sasse, Linda, *Entertaining the Third Reich: Illusions of Wholeness in Nazi Cinema*, Duke University Press, 1996.

Silverberg, Miriam, *Erotic Grotesque Nonsense: The Mass Culture of Japanese Modern Times*, University of California Press, 2007.

Silverman, Kaja, *The Subject of Semiotics*, Oxford University Press, 1984.

Sontag, Susan, *On Photography*, Penguin Books, 2008.

Sontag, Susan, "Fascinating Fascism," in *Under the Sign of Saturn*, Penguin Books Limited, 2013.

Steinmetz, George, *State/Culture: State-Formation after the Cultural Turn*, Cornell University Press, 1999.

Tansman, Alan, *The Culture of Japanese Fascism*, Duke University Press, 2009.

Taylor, Atkins E., *Primitive Selves: Koreana in the Japanese Colonial Gaze, 1910-1945*, University of California Press, 2010.

Tayler, Richard, *Film Propaganda: Soviet Russia and Nazi Germany*, Tauris

Publishers, 1998.

Uchida, Jun, *Brokers of Empire: Japanese Settler Colonialism in Korea, 1876–1945*, Harvard University Press. 2011.

Utumi, Aiko, "Korean 'imperial soldiers': Remembering Colonialism and Crimes against Allied POWs," in T. Fujitani edits, *Perilous Memories: The Asia-Pacific War(s)*, Duke University Press, 2001.

Woo, Jung-en, *Race to the Swift: State and Finance in Korean Industrialization*, Columbia University Press, 1991.

Yamanashi, Mikiko, *A History of Takarazuka Revue since 1914: Modernity, Girl's Culture, Japan Pop*, Global Oriental, 2012.

Yecies, Brian and Shim, Aegyung, *The Changing Face of Korean Cinema*, Routledge, 2018.

Yecies, Brian and Shim, Aegyung, "Sweet Dream(1936) and the Transformation of Cinema in Colonial Korea," in Sangjoon Lee ed., *Rediscovering Korean Cinema*, University of Michigan Press, 2019.

6. 영문 논문

Armstrong, Charles, "The Cultural Cold War in Korea, 1945–1950," in *The Journal of Asian Studies* 62 no.1, 2003.

Bhabha, Homi, "Of Mimicry and Man: The Ambivalence of Colonial Discourse," *October*, Vol.28, 1984.

Foucault, Michel, "The Subject and Power," in *Critical Inquiry*, Vol.8, No.4, 1982.

Huyssen, Andreas, "Present Pasts: Media, Politics, Amnesia," *Public Culture*, 12(1), 2000.

Jung, Ji Hee, "The Self-Rehabilitation of Homeless Children, Reeducation Programs in the Transwar Tranpacific, and the Emergence of Post-Colonial Imperialism," *The International History Review*, Vol.46, No.3, 2024.

Kang, Woosung, "The Vietnamization of the Korean War in The Manchurian Candidate(1962)," 《문학과 영상》, 제17권 2호, 2016.

Kim, Charles R., "Unlikely Revolutionaries: South Korea's first generation and the student protests of 1960," Ph.D Disseration, Columbia University, 2007.

Kim, Chung-Kang, "South Korean Golden-Age Comedy Film: Industry, Genre, and Popular Culture," University of Illinois Ph.D dissertation, 2010.

Kim, Chung-Kang, "Nation, Subculture, and Queer Representation: The Film Male Kisaeng and the Politics of Gender and Sexuality in 1960s South Korea," *The Journal of the History of Sexuality* V.24, no.3 Sep. 2015.

Kim, Michael, "The Aesthetics of Total Mobilisation in the Visual Culture of Late Colonial Korea," *Totalitarian Movements and Political Religions*, Vol.8, no.3-4, 2007.

Mulvey, Laura, "Visual Pleasure and Narrative Cinema," in *Screen* Vol.16, no.3, 1975.

Han, Benjamin, "Transpacific: The Kim Sisters in Cold War America," *Pacific Historical Review*, 2018.

Higson, Andrew, "The Concept of National Cinema," *Screen*, Vol.30. No.4, 1989.

Maliangkay, Roland, "Koreans Performing for Foreign Troops: The Occidentalism of the C.M.C. and K.P.K.," in *Sungkyun Journal of East Asian History*, 2011.

Moss, Susan Buck, *Visual Empire*, http://susanbuckmorss.info/text/visual-empire/.

Na, Jongnam, "Making 'a Small American Army,': Founding of the ROK Military Forces, 1945-1948," in *International Relations* 14(1), 2009.

Rifas, Leonard, "Korean War Comic Books and the Militarization of the US Masculinity," *Positions: Asian Critique*, 23: 4, 2015.

Shaw, Tony, The Politics of Cold War Culture," *Journal of Cold War Studies*, 3: 3, 2001.

Yoneyama, Lisa, "Liberation Under Siege: U.S. Military Occupation and Japanese Women's Enfranchisement," *American Quarterly*, 57(3), 2005.

영화, 그 매혹의 정치

현대적 주체성의 구성과 한국 대중영화, 1919-1979

1판 1쇄 2025년 5월 23일

지은이 | 김청강

펴낸이 | 류종필
책임편집 | 김현대
편집 | 이정우, 노민정, 권준, 이은진
경영지원 | 홍정민
표지 디자인 | 석운디자인
본문 디자인 | 박애영

펴낸곳 | (주)도서출판 책과함께
        주소 (04022) 서울시 마포구 동교로 70 소와소빌딩 2층
        전화 (02) 335-1982
        팩스 (02) 335-1316
        전자우편 prpub@daum.net
        블로그 blog.naver.com/prpub
        등록 2003년 4월 3일 제2003-000392호

ISBN 979-11-94263-44-9 93910

* 이 저서는 2018년 대한민국 교육부와 한국연구재단의 지원을 받아 수행된 연구임.
  (NRF-2018S1A6A4A01037502)